Raul Seixas

Não diga que a canção
está perdida

Jotabê Medeiros

Raul Seixas

Não diga que a canção está perdida

todavia

À memória de Waldir Serrão (1942-2018),
um genuíno herói do rock 'n' roll

Introdução **9**

O diabo é o pai do rock **13**
Quatro tabaréus na Urca **43**
Nos tempos das kavernas **100**
Dom Paulete **120**
Eu fiz a cama na varanda **212**
Na rua Rubi **254**
Eu morri, e nem sei mesmo qual foi aquele mês **308**
Toca Raul! **320**

Discografia **365**
Fontes e referências bibliográficas **379**
Índice remissivo **382**
Créditos das imagens **413**

Introdução

É possível que muitos heróis do rock tenham surgido da névoa do conformismo. Da pasmaceira coletiva, uma voz elevada se ergue, empunhando destemor e fúria, dando contornos a sentimentos feridos, vontades adormecidas, presságios e indignações. Nós reconhecemos essa voz como nossa, passamos a estimá-la e a protegê-la da mortalidade, dos vícios e das fraquezas.

Raul Santos Seixas (1945-89) encarnou como ninguém esse destino, e poucos vestiram tão intrepidamente esse figurino. Aqueles que o conhecemos e vivemos em seu tempo (e também muitos que vieram depois, aos quais chegou o seu eco de rebelião), todos temos consciência de que ele soube deixar sua marca indelével no coração de cada um de nós. Mas como, perguntarão os mais incrédulos, se ele viveu apenas 44 anos?

Sim, foi uma existência breve, mas de assombrosa intensidade. Em seus 44 anos de vida, vinte e poucos anos de carreira, Raul Seixas deixou 312 canções registradas como composições suas, trabalhando gêneros tão distintos quanto tango, country, baião, samba, *acid rock*, iê-iê-iê, marchinha, forró, folk, brega, xote, xaxado, balada. Raul também deixou dezenas de músicas inéditas nas mãos de ex-parceiros. Isso resulta em mais de uma canção por mês, o que dá a dimensão da prodigiosa criatividade e febril disposição do baiano para a arte da música. Para abordar esse legado, já foram produzidos mais de sessenta livros e dezenas de trabalhos acadêmicos, com múltiplos enfoques e pontos de partida. E, no entanto, a complexidade do trajeto de Raul Seixas pede ainda muitas reportagens e obras de reflexão.

Raul cresceu tanto na imaginação do povo que mesmo suas falhas (os shows que abandonou ou que o corpo não segurou) e seus fracassos (seus discos de pouca inspiração, suas apropriações indébitas) são muitas vezes elevados à categoria de acertos indubitáveis. Raul foi também uma figura propícia à voracidade dos caçadores de mártires.

Às vezes discutimos canhestramente sobre o que o transformou num artista de intuição extraordinária. Que tipo de mandinga? Que espécie de despacho? Que quantidade de peiote ou ácido, que reserva especial de uísque ou 51? Como ele virou o que virou? Quanto existe de acaso, ou mesmo de deliberação e astúcia?

Atrás de respostas a perguntas dessa natureza, mergulhei na trajetória de Raul e sua posterior assimilação pelos jogos do êxito e da permanência. Desde o início, percebi que seguir seu trajeto era adentrar terreno cercado de mitologias. Havia um bocado de sagrado a ser manuseado. Aqueles personagens remotos que encontrei sugeriam que ele tinha escapulido de um ambiente febril como o do início do romance *Moby Dick*, aquela usina de sortilégios em que os heróis se encontram, se medem e concordam que vão partir sem direção rumo a um destino de grandeza lendária ou de pura ruína. Na busca inicial, me vi chacoalhando pela velha Bahia num tempo anterior aos carnavais patrocinados, encontrando *rockers* de instrumentos inventados, revisitando o palco visionário do Cine Roma (que abrigou a rebeldia nos anos 1960 e agora é cenário da beatificação de irmã Dulce). Fui atrás, com muita esperança, de resquícios de uma cena que se perdeu no tempo. Tudo que escavei me capturou instantaneamente e sugeriu predestinação, profecia, encantamento.

Admitimos tacitamente, no ofício da crítica de música pop, que o rock 'n' roll envolve alguns pré-requisitos. Uma grande dose de intuição e incompatibilidade social dos seus protagonistas talvez seja o mais evidente. Certa propensão ao anarquismo, à negação das regras. Grande dose de crença na predestinação e no autodidatismo. Certamente também vem de brinde um escudo natural contra a capitulação, um antídoto congênito que faz com que um Johnny Rotten, mítico vocalista dos Sex Pistols, sobreviva quase intacto a um Malcolm McLaren, o empresário da banda que quase o levou à ruína. Ao conjunto desses fatores, alguns cronistas costumam chamar "atitude". Raul parecia, conforme sua vida e fecunda produção avançavam no tempo, encaixar-se em todas essas precondições.

Sua prodigiosa atuação na forja de uma música brasileira popular, embora distante das catalogações, o insere num nicho muito particular de criadores autônomos, capazes de imaginar, compor, atuar como *bandleader* e ainda finalizar tecnologicamente o produto de sua criação. Agregador e ao mesmo tempo solitário, transitou por variados mundos criativos, selecionando de cada um deles as ferramentas necessárias para compor o seu próprio universo.

Ao longo dos anos, Raul mostrou-se também depositário, involuntariamente, de todo tipo de demagogia e desvio de função. Em 1999, o senador baiano Antonio Carlos Magalhães citou sua canção "Ouro de tolo" (1973) na tribuna do Senado Federal. "Tenho uma porção de coisas para conquistar, não posso ficar aí parado." Foi rebatido pelo senador por Sergipe, Eduardo Dutra, que afirmou: "Talvez essa sua autocrítica possa ser explicada pela constatação de que é previsível ser uma metamorfose ambulante do que ter aquela velha opinião formada sobre tudo". A vampirização pela política chegou ao ápice em janeiro de 2019, quando um chanceler incidental da República voltou a mencionar "Ouro de tolo" em um esquizofrênico discurso. "Para não ter medo, vamos ler menos *New York Times* e mais José de Alencar e Gonçalves Dias. Vamos escutar menos a CNN e mais Raul Seixas", disse. Em seguida, citou um trecho de "Ouro de tolo": "Eu é que não me sento no trono de um apartamento com a boca escancarada, cheia de dentes, esperando a morte chegar".

No debate cotidiano, vê-se um esforço grande em condenar ou absolver Raul sumariamente, um tipo de reflexo moralista condicionado. Os dois esforços, condenar e absolver, se chocam às vezes com efeitos devastadores, expelindo cogumelos atômicos nos confrontos, criando duelismo, confusão ou exacerbando a idolatria. Exaltam-se suas fraquezas como dons, suas convicções como deboche. Raul, para ser honesto, alternou em quantidade parelha vícios e virtudes, perversidade e generosidade, grandeza e pusilanimidade. Passar por cima de qualquer dessas características não o torna maior, e evidenciá-las também não macula sua obra, porque se trata de uma produção que escaneia aquilo que o Brasil tem de mais profundo e ao mesmo tempo mais evidente: sua criatividade mestiça, desregrada, mutável, inesperada.

Agradeço a todos os que abriram os seus baús do Raul da memória para as questões por vezes minúsculas que lhes propus, porque todo o meu esforço foi contar uma história, articular uma coreografia escorada no maravilhoso acervo de canções & riffs dessa figura já lendária, contraditória e deflagradora da cultura brasileira. Não me preocupei em lustrar a lenda, porque essa já é do tamanho da eternidade.

O diabo é o pai do rock

No tempo que Lessa era goleiro do Bahia, um rapaz elegante subiu vagarosamente a avenida Luiz Tarquínio, saindo de uma das 258 casas da Villa Operária, pastiche miniaturizado das *tenement houses* inglesas, e cruzou o largo da Boa Viagem. Andava de um jeito que dava a falsa impressão de ter um ombro mais alto que o outro, por arbítrio de estilo (talvez uma espécie de antepassado do *air guitar*, um gesto parado no ar de quem se imagina recostado em uma Harley Davidson ou com a mão no canivete), e pegou o rumo de Monte Serrat, na Cidade Baixa. Seu nome era Waldir e atrás dele, com as mãos nos bolsos fundos, ia um garoto de lábios finos com Gumex no cabelo, Raul, que o desafiara a provar que tinha uma coleção com mais discos de rock 'n' roll do que a sua. Waldir já tinha mostrado a Raul os seus LPs, que ocupavam um quarto inteiro dos sete cômodos da casa de sua família na vila, e agora iam para a casa do garoto que acabara de conhecer em busca do capital do desafiante. Waldir sabia que ganharia, mas pensava em se divertir às custas do agora não mais tão confiante oponente, uma compulsão normal para qualquer garoto da idade deles — Raul tinha catorze anos, Waldir, dezessete.

A calça de Raul era muito limpa e tinha vinco, denunciando que alguém zelava diligentemente por ele — para não dizer mesmo que vinha de uma extensa linhagem familiar, o terceiro da série (pai, avô e filho chamavam Raul, o que o sobrecarregava de uma responsabilidade dinástica); já a calça de Waldir era de um brim grosso como o dos garimpeiros da Corrida do

Ouro do Colorado, *arranjada de contrabando*, para seguir na trilha da canção de Gilberto Gil. Os dois usavam camisas de mangas curtas, que eram dobradas nas bordas para realçar o muque que não possuíam. Raul parecia um pouco o Ralph Macchio de *A encruzilhada*, ar decidido na cara de bebezão, um tímido crônico e ao mesmo tempo cheio de autoconfiança; Waldir tinha sobrancelhas grossas arqueadas, em forma de para-lama de fusca, e o olhar parado como o de um porteiro de boate.

Chegaram à rua Rio Itapicuru, Raul abriu a porta e foi entrando, mas dona Eugênia não gostou daquilo e postou-se à frente, como se quisesse detê-los — o menino que entrava com o filho era diferente dos outros que já tinham vindo e ela não se agradou dele. Mas Raul a contornou sem levar em conta o cenho franzido. A coleção do garoto era boa, mas Waldir notou que havia Trio Irakitan no meio e aquilo era bolero, o que indicava que a coleção não era de Raul, mas sim do pai e da mãe dele. Foi um amigo comum, Titó, que iniciara a disputa, dizendo a Waldir: "Eu conheci um cara, Waldir, que tem mais discos de rock 'n' roll que você", ao que Waldir respondeu, desconfiado: "Ah, eu quero conhecer esse cara, traga ele aqui!". E assim começara a contenda.

O torneio não era justo com Raulzito: apesar da pouca idade e modesta estatura (1,63 metro), Waldir já era disc jockey de rádio àquela altura. Pilotava o programa *Só Para Brotos*, na Rádio Cultura AM, naquele final dos anos 1950, e por isso recebia dezenas de discos de vinil que iam turbinando sua coleção. Também era o *bandleader* do mais antigo grupo de rock de que se tem notícia na Bahia, Waldir Serrão e Seus Cometas, que criara dois anos antes (muito embora os Cometas fossem uma banda mais de coreografia, de playback). Em contrapartida, Raul por enquanto só tinha a pose no espelho e a vontade de ter o mundo a seus pés. Mas não havia jeito: já tinham feito o pacto de amizade eterna, e os planos de Raulzito e Waldir Serrão eram ambiciosos. "Ser popular no mundo inteiro ou ser artista de cinema ou cantor", escreveu Raul num dos seus diários, respondendo à própria pergunta sobre qual seria seu maior desejo.

Havia resistências à busca pela carreira artística na família de Raulzito, mas elas não eram exatamente tenazes. O pai de Raul se mostrava mais tolerante não só pela própria natureza conciliadora, mas também porque alimentava umas veleidades artísticas, tocava acordeão e chegou a gravar duas ou três músicas, além de ter lançado um livro de poemas e contos. A faceta artística do filho o deixava envaidecido, não enraivecido. Raul pai costumava ler os clássicos para os dois filhos, Raul e Plínio, que adoravam especialmente o *Dom Quixote*, de Cervantes, personagem com o qual o garoto Raul se considerava parecido. "Eu acho que todos nós temos um pouco de Dom Quixote", dizia o velho Raul ao filho.

Mas a mãe pensava diferente. "Quem é que queria que um filho fosse artista? Naquela época, artista não tinha o menor valor. Eram boêmios e boas-vidas. Batalhei um bocado para que ele não fosse artista", confessaria dona Maria Eugênia, no futuro. Ela batalhou também para que ele se mantivesse numa rota de educação convencional, mas Raul repetiu três vezes a segunda série no Colégio São Bento. Quando estavam matando aula, em geral, ele e o irmão Plínio, que arrastava para a clandestinidade, ficavam entocados nos cinemas da cidade, que brotavam em todos os bairros. O escorregadio Raulzito viu *O prisioneiro do rock* (*Jailhouse Rock*, terceiro filme de Elvis Presley, de 1957) 28 vezes.

Dona Maria Eugênia tinha um temperamento doce, mas uma vez perdeu as estribeiras com a dupla Plínio e Raul. Os dois furtaram suas cadernetas de avaliação no Colégio São Bento e Raul falsificou a assinatura da mãe para que ela não visse as notas baixas. O problema foi quando chegaram os boletins, no final do ano, e ela foi até a escola para descobrir horrorizada que tinham repetido. Ao chegar em casa, foi direto ao quarto para chorar. O marido, que não sabia o que se passava, foi procurá-la. Eugênia contou o que tinha acontecido a Raul e ordenou, furiosa, que se dirigisse ao quarto dos meninos e lhes desse uma surra de cinta. Antevendo a entrada do pai, os dois vestiram todas as roupas que puderam, para amortecer as pancadas. Quando o velho Raul entrou, começou a berrar que dessa vez tinham ido longe demais, que iam se arrepender. "Todos dois de pé, seus moleques, que agora vocês vão apanhar de verdade!"

Mas, para surpresa dos dois, Raul pai pegou o cinturão e começou a bater numa cadeira de madeira que ficava entre as camas dos dois. O barulho chegava à sala, o que alarmou dona Eugênia. Raul e Plínio, cúmplices, pediam aos berros para o pai não bater mais, controlando as risadas. "Para, Raul, já chega, assim também já é demais, assim você mata esses meninos", suplicou dona Eugênia. Na semana seguinte, a mãe de Raul o matriculou num internato, o Colégio Marista, e Plínio foi para outra escola, na Cidade Baixa, mas dormia em casa. Mesmo separados, os irmãos conseguiram um jeito de se comunicar: depois que os padres mandavam os alunos para a cama, às dez horas da noite, Raul subia na torre do colégio com uma lanterna e fazia sinal para o irmão, que já sabia do código e esperava a "ligação" da janela do apartamento onde a família morava na ocasião, no bairro do Canela. Os dois então fugiam para aprontar das suas.

Assim cresceram Raul e Plínio, nesse ritmo de meninos levados e inventivos de classe média bem-posta. A família tinha uma propriedade rural de veraneio na estância hidromineral de Dias d'Ávila (a Cidade das Águas, que antes chamavam de Feira Velha, a uns sessenta quilômetros de Salvador). Naquele tempo, a estrada era péssima, de terra. Como Raul Varella, o pai de Raul, era engenheiro da estrada de ferro da Rede Ferroviária Federal S/A (RFFSA), a família costumava ir a Dias d'Ávila de trem para passar os feriados, um trem que era apelidado pelos usuários de *Pirulito*. Raul faria algumas belas canções sobre trens no futuro, quase sempre tendo os trens como metáforas de passagens imemoriais.

Raul amava aqueles sítios e aquelas paragens. Costumava, mesmo já consagrado, regressar ali para renovar as forças, ouvindo cantadores sertanejos locais no alpendre, acompanhando-os em cantorias, em refrões esquecidos como "toda vida de vaqueiro tem uma realidade". Brincava com as crianças na gangorra dos fundos, divertia-se com os patos que invadiam a piscina, rendia os tributos coletivos à santa padroeira, Nossa Senhora da Boa Viagem, em 15 de agosto.

"Dias d'Ávila. De noite/ Quando eu morrer/ Me enterre fundo/ Debaixo do pé de cajarana/ Assim eu poderei ouvir/ O velho trem das 7/ Correndo sobre os trilhos/ Feira Velha, rancho e varanda", escreveu o baiano. Nesse sítio, Raul via e revia os satélites familiares, como a prima Heloisa e o primo José Walter, o Zeva, de natureza politizada, com quem trocava figurinhas, ideias, trotes e confidências. Zeva seria uma influência decisiva para a primeira consciência do mundo que Raul desenvolveria.

O que Zeva Seixas disse a Raul, basicamente, e que levaria seus pais a temerem por algum tipo de conversão subversiva, não era novidade: que a sociedade capitalista tratava o homem como mercadoria, tirava-lhe a capacidade de autogestão, comercializava sua vontade, espoliava sua originalidade, chupava e mascava e devolvia um caroço seco. Raul acrescentaria alguns itens a esse carrinho de compras ideológico e faria uma obra quase inteiramente estruturada em princípios humanistas.

Raul tinha o estrelato e a explosão nas linhas da palma da mão, mas sempre foi muito ligado aos pais, nunca ficou longe deles por muito tempo. Ao longo da sua trajetória, costumava ligar de madrugada para a mãe, após algum show, para contar como tinha sido e qual a reação do público. Ela mesma estranhava. Alguns anos mais tarde, ele faria um poema para Raul e Maria Eugênia, seus pais: "A casa de meu pai tem quatro quartos/ A dupla que fez cada um de nós/ Não gostaria de ver meu pai/ Sem seu terno largo e folgado/ Nem mamãe sem seus velhos ditados/ Seu mundo tão correto/ Eu não me arvoro a mexer/ Aquela sala de estar sempre arrumada, polida/ E que nunca é usada/ Não há nada para trocar de lugar".

Mas, ainda em seus primeiros passos de *rocker* gomalinado, havia providências e decisões a serem tomadas por Raul. A primeira era entrar para o clube. Em 13 de julho de 1959, com mais oito figuras, seu amigo Waldir Serrão tinha fundado, em seu próprio quarto de discos, o Elvis Rock Club, tributo à sua maior influência, Elvis Presley. Raul, que amava Elvis tanto quanto Waldir, recebeu a carteirinha número 9 e falseou a data de nascimento — pôs 1944 para parecer um ano mais velho. Waldir era inovador, tinha senso de show business, não era "o primeiro *rocker* da Bahia" por acaso. Assim alardeava Raul, que não teria problemas em repartir com Waldir seu maior trunfo: as tardes secretas gastas na loja Cantinho da Música, na rua Chile, uma rua de apenas quatrocentos metros no centro de Salvador, enfronhada entre as livrarias Civilização Brasileira e Universitária e o alfaiate Spinelli (que cunhou o pós-bíblico slogan "Adão não se vestia porque Spinelli não existia"), perto da loja do Adamastor, pai de Glauber Rocha, nas imediações do imponente Palace Hotel.

Ao ver que o rock 'n' roll o estava abduzindo, o primeiro impulso da mãe de Raulzito foi tentar impedir sua conversão. Desde que o primeiro filho tinha vindo ao mundo, em 28 de junho de 1945, ela sonhava em vê-lo diplomata. Maria Eugênia não era a dona de casa típica da época: assinava revistas de moda, tinha uma biblioteca eclética (de *A Moreninha*, de Joaquim Manuel de Macedo, até *Assim falou Zaratustra*, de Nietzsche) e ia ao cinema, cultivava ídolos de Hollywood e da TV. Era ela quem definia o ritmo da casa, que ordenava ao engenheiro ferroviário Raul, seu marido, que castigasse os filhos se eles assim o merecessem. Ela mesma não sujava as mãos.

O rock 'n' roll tinha se tornado, por todo o país, um combustível fabuloso. Os garotos do mundo inteiro que cresciam nos anos 1950 foram alcançados por aquela música e a mudança que sofreram estava se tornando evidente. Por todo canto, suas reações, que iam da contestação à conflagração, eram parecidas e simultâneas. Em Salvador, em 1956, quando da exibição do filme *Sementes da violência* [*Blackboard Jungle*], com a música de Bill Haley e seus Cometas, o Cine Guarany foi inteiramente depredado pelo público jovem, com as cadeiras arrancadas e atiradas na tela. Raul estava no cinema naquele dia. Os jovens reconheciam que flutuavam no centro de um tsunami cuja origem não era geopolítica, não partia de um lugar específico e não pertencia a algum iluminado, mas tinha o efeito de modificar suas vidas para sempre pela via da música. Crescendo num mundo que sempre lhes parecera hostil, tinham encontrado algo que lhes pertencia, que sempre estivera dentro deles e que lhes dava confiança para ir adiante. A Bahia estava em sincronia com o mundo, e não só na capital: em 1961, na terra natal de Jorge Amado, Itabuna, a 436 quilômetros de Salvador, o grupo Os Diamantes se tornava a primeira banda a utilizar instrumentos elétricos na Bahia.

Salvador se vestia apressadamente para as demandas dos novos tempos. No esforço de modernidade, grandes e luxuosas salas de cinema começaram a ser construídas na capital baiana: Pax, Aliança, Excelsior, Itapagipe, Santo Antônio. Em 1948, no largo de Roma, na Cidade Baixa, região da mítica Igreja do Senhor do Bonfim, surgiu o suntuoso Cine Teatro Roma, uma edificação art déco realizada por uma jovem construtora, a Odebrecht, fundada apenas quatro anos antes. O Cine Roma marcou época, com uma grande torre quadrada no meio, apoiada por dois cilindros que se postavam como guarda-costas de um lado e de outro. Com 1850 lugares, era propriedade de uma associação católica (como quase todos os cinemas da cidade). Sua época áurea foi nos anos 1950, com os grandes clássicos hollywoodianos, mas logo depois passou a ser reconhecido como o templo da juventude, nas matinês conduzidas pelo mestre de cerimônias Waldir Serrão, o amigo autoconfiante de Raul.

O Cine Roma ficava a poucas quadras da casa onde Waldir Serrão nascera. Waldir era alegria pura, sua compreensão do rock 'n' roll era a do preenchimento do espírito. O garoto se criara naquele ambiente e tinha tal credibilidade que conseguira espaço no portentoso cinema para montar os seus Festivais da Juventude, as disputadas tardes do rock 'n' roll, aproveitando a popularidade como disc jockey. Waldir anunciava seus trunfos: Cyro Aguiar, The Gentlemen, Os Jovens, The Lions. Tinha patrocinador, coisa rara até hoje nos festivais de rock: "Pinho Sol. Lava. Desinfeta. Desodoriza". Do outro lado da avenida Luiz Tarquínio, onde ficava o Roma, está o colégio Dom Macedo Costa, no qual estudava um outro que o destino manteria ao lado dessa trupe para toda a vida — o jovem Edivaldo Souza, o Edy.

Em 1961, Waldir e Raul já tinham se tornado célebres na incipiente cultura *rocker* baiana. Eram rebeldes, mas não arruaceiros. Rebeldes de boa índole, de mães diligentes, muito requisitados pelos soteropolitanos de bem. Um dia, foram chamados à clínica do dr. Fernando Nova, fundador do Instituto Baiano de Reabilitação, de fisioterapia para crianças, como convidados, com a missão de alegrar os meninos atendidos ali. Não havia um roteiro para sua performance. As crianças estavam à espera deles quando, subitamente, entrou no salão um rapaz de fraldas num carrinho de bebê, carrinho que era empurrado por outro rapaz. O moço deitado no carrinho, sem camisa, usava um babador. Era Waldir. O outro, que empurrava, era Raul. Quando o homem-bebê dizia qualquer coisa incompreensível, o que empurrava o carrinho o esbofeteava, como num esquete de *Os Três Patetas*. "Era algo politicamente incorreto, mas que levava as crianças a se acabarem de rir", contou anos mais tarde o filho daquele médico, Marcelo Nova, que via Raul e Waldir ali pela primeira vez. Marcelo tinha então dez anos.

Waldir fumava às claras, Raul fumava escondido e com culpa. Não tinha vindo ao mundo, evidentemente, com o dispositivo chamado alarme de perigo. Mandava o pequeno caçula Plínio, único irmão, três anos e meio mais novo, passar de uma janela a outra, pelo lado de fora do quarto andar do edifício no bairro do Canela, para onde mudariam, para buscar cigarros com a mãe de um amigo. As pessoas que passavam pela avenida Euclydes da Cunha paravam para ver o menino atravessar de um apartamento a outro, assustadas com a ousadia.

Em 1961, com dezesseis anos, Raul já era fumante inveterado. "O cigarro Continental que eu escondi de mim no bolso do paletó eu achei e fumei", escreveu ele, debochando da própria deliberação de parar de fumar. Waldir e Raul fariam uma música mais adiante, a única juntos, chamada "O crivo", sobre essa compulsão tabagista: "Vício miserável, acaba com o pulmão/ se eu não parar agora/ vou acabar no buracão". "Crivo" era um dos nomes pelos quais era chamado o cigarro nos anos 1960 (muita gente acha que Raul se referia à maconha, que ele só viria a conhecer nove anos depois). Essa canção, na verdade, é somente de Raulzito, contendo uma pitada do espírito picaresco de Waldir, mas foi creditada a Maurício Almeida e Waldir Serrão quando lançada em 1975 num compacto da RCA Victor (com "Pense bem, baby" no lado B).

Outro grande amigo de Raul era o elétrico Thildo Gama, que integrava a turma do largo Dois de Julho, gangue de farristas que agitava nos clubes do centro, durante o Carnaval, e que Raulzito chamava de Titilo. Thildo era cheio de ideias e soluções arrojadas, o que fascinava Raulzito. Com certos pendores para Professor Pardal, certa vez ele quebrou o braço do seu violão e, com a ajuda de um tio eletrotécnico, o refez para criar as ligações e o captador (as bobinas elétricas), causando sensação entre os músicos. Como Raul, Thildo também ia de trem para Dias d'Ávila passar o feriado com a família — dois terços das terras de Dias d'Ávila pertenceram a Raul, avô de Raulzito.

Thildo e Raul estreitaram amizade no colégio, em 1959, época na qual Raulzito vivia uma espécie de exílio forçado após repetidas façanhas contra a ordem do Colégio Marista. "Quando a pessoa não dava para nada, o pai botava no Colégio Ipiranga", contou Thildo. Raul estava na segunda série B, e Thildo, cuja casa ficava nos fundos do colégio, um pouco à frente, na terceira série C. Quando descobriu que podiam tocar juntos, Raul costumava acordá-lo às sete da manhã para compor e tocar violão. E ouvir. Ouviam Nat King Cole, Românticos, Bob Fleming, João Gilberto, Waldir Calmon. Um dia, Raul chegou à casa de Thildo com um violão da marca O Rei dos Violões, preto e azulado, com uma estrela desenhada na boca do instrumento, e ofereceu ao amigo por cinco cruzeiros. Thildo estranhou, mas comprou. Alguns dias depois, Raulzito retornou e disse que queria o violão de volta porque sua mãe, dona Maria Eugênia, tinha descoberto que ele havia vendido e exigia que trouxesse o violão de volta. "Só devolvo se você pagar sete cruzeiros", brincou Thildo. Injuriado, Raulzito ficou um mês sem falar com o amigo.

Aspirante ao *star system*, Thildo tinha uma lambreta e uma guitarra e estava, em termos comportamentais, à frente de Raulzito, que só ganhara um violão da mãe em fins de 1954 e demorava para iniciar sua conversão. Essas pequenas diferenças podiam representar muito naquele momento, em termos de autoconfiança e conquista de espaços, porque Salvador ainda era um ovo, tinha pouco mais de 600 mil habitantes.

No mesmo bairro de Raul e Waldir morava Edivaldo Souza, que vinha de Juazeiro. Edy tinha uma experiência como criança-prodígio do rádio (se apresentara no programa *A Hora da Criança*, na Rádio Sociedade da Bahia) e representara

Narizinho, de Monteiro Lobato, no teatro. Vivia a poucas quadras da casa de Waldir e também se tornara sócio do Elvis Rock Club. Edivaldo rebolava muito e já intuía alguns truques do *glam rock* que só apareceria anos mais tarde, com David Bowie. Um dia, por causa de uma briga de rua, o apelidaram pejorativamente de Bofélia (uma referência à personagem Ofélia, que a atriz Sônia Mamede interpretava no programa *Balança Mas Não Cai*, da Rádio Nacional do Rio). A palavra "bofe", na época, não era gíria para gay; usava-se para designar homem sem jeito, desengonçado, mal arrumado. A princípio, Edy e Raul se estranharam porque Edy, fingindo voz de garota, ligava para o programa de TV no qual ele e os amigos às vezes se apresentavam, para fazer perguntas a Raul, que ficava irritado. "Eu acabo com esse viado. Tá pensando que eu sou bobo?", disse Raul um dia, quando soube por Waldir que se tratava de uma pegadinha. Quando finalmente se encontraram, Raul disse a Edy: "Olha aqui: você tá pensando que sou idiota? Eu sei que é você que anda ligando para mim depois do programa. E é melhor você parar, senão te quebro a cara". Edy, que bem mais tarde viraria Edy Star, não perdeu a pose: "Engraçado. No telefone você conversa comigo e ao vivo não quer conversar. Por quê?". Raul acabou superando a irritação com o trote e viraram grandes amigos.

Apesar da vocação evidente, Raul ainda não estava certo de que queria ser *rock star*. "Ainda pensava em ser escritor. Escrever um tratado de metafísica ou então ser assim, feito Jorge Amado, vivendo de meus livros, escrevendo o dia todo, com uma camisa branca aberta no peito e um cigarro caindo do lado." Em meados de 1962, Thildo convenceu Raul a formarem uma banda, à qual deram o nome de Os Relâmpagos do Rock. Começou com pouca adesão: Raul até pensou em chamar seu grande escudeiro Waldir para o conjunto, mas Waldir já tinha seu próprio grupo e planejava dar seu pulo do gato — chegou a ir para São Paulo tentar a sorte como *rocker*, mas não foi bem-sucedido e retornou à Bahia. Assim, coube a Raul assumir os vocais e a Thildo Gama vestir a fantasia de guitarrista. Thildo trouxe à casa de Raul um outro garoto, Enelmar Chagas, que era da turma da rua Democratas, vizinha ao largo Dois de Julho, e tocava violão e — sensação — também piano. Raul aprovou Enel, como o chamava às vezes. Com essa formação, fizeram seu primeiro show no Good Neighbour Club, no Corredor da Vitória (onde hoje funciona a Associação Cultural Brasil-Estados Unidos, a ACBEU). Na época, tocava ali o contrabaixista Bira (que ficaria célebre na TV acompanhando o grupo de Jô Soares). Depois, exibiram-se no Clube Comercial, fazendo trilha para a apresentação de uma das candidatas ao concurso de Miss Bahia daquele ano.

Mas o destino tinha outros planos para o jovem Enelmar. Em 14 de novembro de 1963, Enelmar era um dos 132 728 torcedores que conseguiram ingresso para ver, no Maracanã lotado, o Santos FC, sem Pelé, bater o Milan de Maldini e Trapattoni por 4 a 2. O Santos foi para o intervalo perdendo por 2 a 0, mas virou o jogo com dois gols de Pepe, um de Almir Pernambuquinho e outro de Lima. O jovem Enelmar, eufórico com aquele épico a que tinham assistido, voltava com a família do Rio de Janeiro quando, na altura de Jequié e Boa Nova, já na Bahia, o DKW no qual viajavam capotou e caiu de um despenhadeiro. Enelmar quebrou nove costelas, a clavícula e ficou em coma por mais de dois meses. "Ficou difícil continuar no grupo", lamentou. A trupe acabou substituindo o músico pelo irmão de Thildo, Délcio Gama.

O nome de batismo dos Relâmpagos do Rock terminou sendo também um prenúncio da velocidade com a qual atravessariam a história da música pop baiana. Seu próximo show seria em Cruz das Almas, cerca de 150 quilômetros de Salvador, contratados pelo filho do prefeito local. Chegaram de ônibus e foram recebidos na rodoviária. Mas a noite tinha montado uma armadilha para os Relâmpagos: ansioso por um banho e uma muda de roupa, Thildo Gama foi levado de carona de lambreta para a casa de um dos organizadores para se preparar. O resto rumou para o colégio onde aconteceria o show. No meio do caminho, na escuridão de Cruz das Almas, a lambreta que levava Thildo atropelou um velho que cruzava a estrada. Todos foram parar no hospital, Thildo ficou cheio de escoriações, o motorista ficou em coma, o show foi suspenso.

De volta a Salvador, Raul resolveu produzir a banda com a *imagerie* do rock 'n' roll clássico à qual se acostumara tão bem. Convocou Thildo e Délcio Gama a comparecerem ao estúdio Foto Ideal, na avenida Joana Angélica, para fazer sua primeira foto de divulgação. Todos de terninho, Raul com uma gravata invocada de laço *slim*, terno cinza, os irmãos com violões, um preto e um branco, Raul segurando o microfone com uma mão pendente como a de Elvis. Depois, o trio conseguiu, após intervenção da mãe de Raulzito junto a uma amiga (mãe do produtor, apresentador de TV e ator Mecenas Marcos), uma participação num dos programas de maior audiência da época, na TV Itapoan. Numa quarta-feira, devidamente produzidos, todos de paletó com gravatinha, esperavam a entrada no programa. Raul ficou nervoso quando finalmente foi chamado. Tremeu e esqueceu a letra da música. Mas não perdeu a fleuma: apelou para sua performance de dança característica, junção de Jerry Lee com Elvis, e saracoteou feito um esquilo num fio desencapado, improvisando nas onomatopeias do esperanto do rock. Ele dizia que era uma imitação de Little Richard. A dança de Raul virou meme em Salvador. Na rua, quando o viam, todos diziam: "Ei, olha lá, é o Elvis da TV!". O próprio Mecenas Marcos gostou do garoto, que tinha impulsionado sua audiência.

Os Relâmpagos seguiram buscando um atalho por meio da televisão. Inscreveram-se no programa *Escada para o Sucesso* e foram classificados. No dia da finalíssima, ensaiaram "That's All Right, Mama!" (composição de Arthur Crudup, de 1946, primeiro grande sucesso de Elvis). Após a apresentação, todos concordaram que aquele tinha sido o ápice do grupo, a melhor apresentação dos Relâmpagos, mas um dos jurados se levantou e brandiu um argumento de legalidade: disse que não podiam levar o primeiro prêmio porque um dos critérios do programa era o ineditismo e a banda já tinha se apresentado em outro programa de TV. Gorou, mas a aparição teve ótima repercussão. Apesar do auê — em 14 de julho de 1962, a revista *A Bahia* chegou a fazer reportagem sobre Raulzito e os irmãos Gama dizendo que se tratava do maior grupo de rock da Bahia —, os Relâmpagos só conseguiram gravar seu testamento, um registro fonográfico, no ano seguinte. E calhou de ser o próprio pai de Raulzito, seu Raul, a assinar a única gravação do garoto nesse período: o primeiro registro do grupo do filho, em 1964, é uma versão de "Wooden Heart", sucesso de Elvis no filme *Saudades de um pracinha*. Na versão, feita pelo velho Raul Varella, a música viraria "Coração partido". Depois, a coisa arrefeceu, Raul desanimou um pouco. Mas Raul pai achava sempre um jeito de agradar o primogênito e não era raro que emprestasse seu automóvel Plymouth para o filho tirar onda de *rock star* pela capital baiana.

Apesar do fiasco dos Relâmpagos, Raulzito estava determinado a inventar um atalho para a fama. Certo dia, apresentou aos colegas mais um aspirante ao estrelato: Mariano Lanat, que Raul dizia ser seu amigo do bairro e que tocava bem o violão. A família Lanat era de uma burguesia antiga, muito conhecida na Bahia. Tinham sido proprietários do primeiro automóvel de Salvador, um Clément Panhard fabricado na França em 1898, com rodas de madeira e ferro, refrigerado a água e uma alavanca de madeira no lugar do volante. Há mais de um século, o automóvel dos Lanat vem sendo requisitado nas paradas cívicas, nos aniversários municipais, nas grandes exposições e feiras da Bahia.

Raul então convocou ao seu apartamento Thildo, Mariano e outros dois amigos, Carlos Anisio Santos Paranhos de Azevedo (o Carlô) e Aníbal Freitas, para uma *jam* no quarto andar do Edifício Nossa Senhora das Graças. Foi curto e breve na preleção aos amigos: queria formar um novo grupo. Nisso, não havia divergência: todos ali queriam a mesma coisa. Faltava um nome para o conjunto. Eles notaram que, na parede do quarto de Raulzito, havia uma flâmula de um time de colégio norte-americano, que Raul ganhara de um amigo, possivelmente um time de futebol americano — é imprecisa a origem. O símbolo era uma pantera, e acima do felino estava escrito Fermion (nome de uma das partículas elementares da Física). Em um logotipo desenhado em perspectiva, estava escrito Panthers. Foi dessa flâmula que eles tiraram o seu nome: The Panthers, e fizeram uma foto ali para registrar aquele símbolo inspirador.

A primeira formação do conjunto The Panthers contava com Thildo na guitarra solo, Mariano Lanat no contrabaixo (na verdade, era um violão do qual ele trocava as cordas para imitar o som do contrabaixo; só muito mais tarde, em 1965, é que compraria um Del Vecchio elétrico), Carlô no sax tenor e Aníbal na bateria. Raul apenas cantava. Com essa formação, gravaram algumas fitas demo no gravador de rolo Philips do velho Raul Varella, e que só seriam ouvidas em todo o país trinta anos mais tarde.

A mãe de Aníbal não gostou da história de rock 'n' roll, de novo aquela acusação de ser coisa do diabo, e retirou o filho da banda, o que levou o grupo a escalar Antonio Carlos "Carleba" Castro e sua bateria de lata como substituto — tipo Ringo Starr, entrando aos 45 do segundo tempo para a glória eterna. A habilidade percussiva de Carleba foi detectada por Thildo quando andava pelos corredores do Colégio Ipiranga batucando em carteiras, latas de lixo, portas de armários. Seu primeiro instrumento era precário, mas o barulho era de respeito.

Em 1964, The Panthers já tinha no currículo shows grandes em cidades como Juazeiro, e passara a acompanhar nomes de peso em turnê pela Bahia, como Ed Wilson e Wanderley Cardoso. O público também já questionava o nome em inglês, alguns preferiam chamar de Os Panteras, mudança que acabou se confirmando. The Panthers teve treze formações diferentes, mantendo o núcleo original. Isso acontecia porque, algumas vezes, os músicos ficavam muito pouco tempo no conjunto; alguns só iam mesmo às sessões de fotos, nada além disso.

Em 1965, quando anunciou-se que o núcleo primordial da Jovem Guarda — Wanderléa, Roberto Carlos e Erasmo Carlos — faria um show no Estádio da Fonte Nova, em Salvador, foi uma loucura. Tinham resolvido fazer o espetáculo em um estádio de futebol, algo inédito para a época. Mas havia graves problemas técnicos: como projetar um som capaz de encher um estádio? A resposta apareceu sobre rodas: desde os anos 1950, a capital baiana tinha desenvolvido um fabuloso novo sistema de difusão sonora que agitava os carnavais. Era uma versão pé de bode do trio elétrico, a invenção de Dodô e Osmar, acomodada em cima de um caminhão cedido pela empresa de refrigerantes Fratelli Vita — uma inovação baiana que hoje faz parte de todos os carnavais brasileiros, de Pelotas a Parintins.

The Panthers foram escalados para acompanhar Wanderléa e os astros da Jovem Guarda naquele show em Salvador. O caminhão ficava dando voltas dentro do gramado do estádio enquanto eles tocavam e cantavam. "Eu estava do lado direito cantando 'Uma vez você falou'... e, quando chegava do lado esquerdo, já estava cantando 'Por favor, pare agora!'", conta Wanderléa. "As pessoas só ouviam parte de uma música, não a música toda." O som do público também encobria a parca amplificação, e foi assim que se deu o primeiro encontro entre Wanderléa e Raulzito, superficial e rápido. Ele ficou encantado com aquela loira de natureza independente de apenas dezenove anos; era a primeira artista genuinamente roqueira que ele encontrava, e ele passou a alimentar sonhos de um dia fazer um disco com aquela mulher.

Essas apresentações com astros consagrados lustravam o prestígio dos Panteras. No palco do Cine Roma, Raulzito e seus *partners* eram anunciados em cartazes como "os Maiorais do Twist em todo o Norte". A cumplicidade entre Waldir Serrão e Raul, a fome com a vontade de comer, pavimentava as ambições e desafiava o futuro. Em seus primeiros passos rumo às ambiguidades do showbiz, Raul expressava uma vontade contracultural autóctone, original, com grande dose de legitimidade. Mas havia certos princípios de organização e disciplina que expressavam suas primeiras contradições. O contrato que ele tinha definido, em setembro de 1963, para ser assinado pelos integrantes de The Panthers, por exemplo, estabelecia regras e códigos de conduta e vestuário, além de comportamento e disciplina, que pareciam ir contra tudo que ele almejava — uma contradição que, de resto, o acompanharia por toda a vida. O contrato rezava, entre as normas, que os músicos deveriam ter "boa conduta quando em função ou nas circunstâncias adequadas", fixava multa de quinhentos cruzeiros a quem se atrasasse para ensaios e shows (funções), encarregava o baixista de organizar apresentações em TV, como se fosse um produtor, e definia as cores do "uniforme" da banda: calças e sapatos brancos, blusões vermelhos e amarelos.

Mas não era apenas um contrato de deveres. O tom socialista comparecia na divisão dos lucros: o cachê do grupo ficou fixado em 30 mil cruzeiros, e cada um dos cinco integrantes do grupo receberia o mesmo, 6 mil cruzeiros, por apresentação. Também se fixava que a banda faria uma apresentação mensal grátis para uma instituição de caridade.

Ainda no ano de 1965 aconteceu um teste definitivo: o rei Roberto Carlos voltou à Bahia para participar de um programa de calouros da TV Itapoan muito badalado nas tardes de sábado em Salvador, o *Bossa Broto*. Sempre havia um figurão para abrilhantar a jornada, e Roberto seria o daquele ano. Convocaram de novo a melhor banda da Bahia, evidentemente The Panthers, para acompanhar o astro, já um ídolo nacional, na apresentação transmitida a partir do Ginásio Antônio Balbino. Ao chegar a Salvador, de seu hotel, Roberto ligou para Mariano Lanat a fim de combinar um ensaio com The Panthers. Logo a seguir, pegou um táxi e desceu na casa da irmã de Mariano na Barra, munido de uma guitarra Giannini Supersonic com alavanca e vibrato e um amplificador Phelpa de 50 watts. Um dos garotos que acompanhavam a movimentação e o ensaio era um menino chamado Pedro Aníbal, que integrava a banda Ninos (ele mais tarde ficaria célebre com o nome de Pepeu Gomes). "Até dei uns cascudos nele por roubar meus acordes", lembrou Raul.

Roberto Carlos ficou plenamente satisfeito com o ensaio com The Panthers e voltou para o hotel elogiando os músicos. Eles, por sua vez, logo começaram a usufruir do upgrade de reputação que qualquer proximidade com Roberto Carlos causava. "A gente no nosso camarim, que era feito de compensado, dava pra ver pelo buraquinho as misses trocando de roupa, só de calcinha, foi a glória!", contou Thildo. Quando começou a apresentação, The Panthers surpreendeu Roberto com um conhecimento amigável do repertório e, ao final, após a calorosa recepção, Roberto agradeceu sinceramente aos músicos, prometendo ao público repetir a dose no Cine Roma, no domingo pela manhã. O cantor tinha agendado uma apresentação com o onipresente Waldir Serrão, desta vez com bilheteria.

Domingão no Cine Roma, casa cheia, e lá estava Roberto Carlos, camisa de malha preta, calça Lee apertada, botinha de salto afinado, com The Panthers a tiracolo. A fama de Roberto Carlos, como é sabido, atraía dezenas de *groupies*, e aquela vida já fascinava os moleques da Bahia, como contou Thildo. "Lá nos bastidores, atrás das cortinas, a gente apertava as garotas, era aquele sarro." Os Panteras já conheciam de cor o repertório: "Parei na contramão", "Splish Splash", "Parei, olhei", entre outras. Waldir Serrão tinha prometido pagar a Roberto conforme a arrecadação, mas bilheteria sempre dá aquela diferença de acerto e ele foi logo se explicando ao final da apresentação. "Beto, não deu os 200 mil cruzeiros, eu só arrecadei uns

100 mil. Depois eu te mando pelo Correio o resto." Chamava Roberto Carlos de Beto, o malandro. Roberto pegou o que lhe cabia e se mandou para os fundos, onde um táxi esperava para tomar o caminho do aeroporto. "Nós não gostávamos do que Roberto fazia, não era nosso negócio", escreveu Raulzito sobre aquele encontro em seus diários.

Mas Roberto Carlos era uma promessa constante de êxito. Ele tinha estandardizado os signos da rebelião da época, as garotas berrando na frente do palco, a imagem sempre fresca na emergente força de comunicação, a TV, a associação com os carangos envenenados. Curiosa essa ligação entre a gasolina e o os primórdios do iê-iê-iê (além da alusão óbvia à combustão). Há uma explicação pragmática: quando a televisão começava a se transformar numa febre no país, as distribuidoras de combustíveis buscavam se posicionar no novo veículo de comunicação de massa. Em 1967, a Shell contratou Roberto, já então o grande ídolo da Jovem Guarda, para ser garoto-propaganda de um comercial sobre as vantagens da gasolina aditivada com ICA (Ignition Control Additive). "Passei num posto Shell e botei gasosa com ICA. Minha caranga está uma brasa, mora?", propagandeava o rei, e para completar: "Isto é ou não é algo mais? Você pode confiar na Shell, mora?". Roberto foi tão longe nessa investida que chegou a abrir dois postos de gasolina no Shopping Iguatemi, em São Paulo.

Não se sabe se tinha algo a ver com isso, mas, naquele momento, um dos grandes points da juventude transviada em Salvador era ao largo de uma bomba de gasolina que havia no Campo Grande. "Todo mundo queria ficar ali na bomba do Campo Grande. Ali ficava a turma da pesada", contou Thildo Gama, de longe um dos elementos mais aglutinadores daquela geração. Em 1966, Thildo saiu do grupo e a formação clássica dos (agora renomeados) Panteras se consolidou, assim como sua miscelânea de influências. O baterista Antonio Carlos Castro, o Carleba, vinha de uma outra onda: adorava ouvir as *big bands* de jazz americanas: Count Basie Big Band, Stan Kenton & His Orchestra, Glenn Miller. Mariano Lanat era mais chegado à bossa. Carlos Eládio Gil Braz da Cunha, o Eládio, amava música erudita, chegou a ser violinista no início, mas acabou mesmo se convertendo ao fogo do rock 'n' roll.

E Raul... Bem, a mistura original que resultou em Raul já estava totalmente em processo naquele momento, como ele próprio se encarregou de equacionar, anos mais tarde: "Para a família, cantar em Salvador era como ser cobrador de ônibus. Estava tudo no ar. Luiz Gonzaga tocava o dia inteiro na Bahia, nas rádios, nas praças. Idem a loucura de Elvis Presley. Era idêntica a história de 'Cintura fina' (canção de Gonzagão e Zé Dantas) e 'Good Rockin' Tonight' (composição de Roy Brown, hit de Elvis). O mesmo tom safado, irônico. Saquei que Luiz Gonzaga tinha o mesmo suingue do Elvis Presley. Os dois eram bem safadinhos. Acho que o humor nordestino é muito parecido com o humor do americano do Sul, onde nasceu o rock 'n' roll", disse Raulzito.

Em 22 de agosto de 1964, inaugurou-se o Teatro Vila Velha, localizado nas imediações do Passeio Público. Enquanto o núcleo baiano tropicalista convocava a intelectualidade universitária para o show *Nós, por exemplo...*, espetáculo que se converteria no embrião definitivo do tropicalismo (e contou com as participações de Gal, Bethânia, Caetano, Gil, Alcyvando Luz e Djalma Corrêa), os gomalinados Waldir Serrão e Raul Seixas se ocupavam em atiçar as multidões lá na avenida São João, na Cidade Baixa, convocando os topetudos, os transviados, os desajustados e as gangues para a farra do rock 'n' roll. "Raul já era famoso em outra região da Bahia, na Cidade Baixa, e nós não tínhamos a menor ideia dessa difusão", confessou um dos emergentes daquela época, o cantor e compositor Antônio José, mais tarde universalmente conhecido como Tom Zé. "Mas o fato é que Raul lotava o teatro do Cine Roma e era um grande astro naquela região da cidade." Sim, sem dúvida era um astro, mas faltava a fagulha que o faria brilhar em toda a nação, e ela não tardaria.

Por esse tempo, Raulzito tinha aperfeiçoado o domínio do inglês, tanto que, ainda na primeira metade dos anos 1960, se tornara uma espécie de intérprete e amigo de todo americano perdido na Bahia — havia um grupo grande deles, vindos da Louisiana e do Texas, que trabalhavam para a Petrobras no litoral baiano. Durante sua festa de aniversário de dezoito anos, ficou com uma garota americana chamada Sandy, que usava rabo de cavalo e se vestia como Brigitte Bardot. Ainda assim, Raul queria ter um sotaque impecável e para isso arrumou aulas de inglês com uma americana na rua Visconde de Itaborahy, na praia de Amaralina, logo depois do quartel. Seu nome era Edith Nadine Wisner, filha de um pastor protestante de Michigan que trabalhava no Brasil. Caetano Veloso, alguns anos mais tarde, contaria que, ao conhecer Raul Seixas, já no Rio de Janeiro, ele "quase conversava mais em inglês do que em português, mesmo quando todos os presentes eram brasileiros", e que seu inglês era "fluente e natural e, a nossos ouvidos, soava perfeitamente americano". Quando falava o português, entretanto, Caetano anotou que Raulzito exagerava nas marcas da baianidade, "os 'ós' e os 'és' breves espalhafatosamente abertos, a música da frase quase caricaturalmente regional, a gíria antiquada da Salvador de nossa adolescência".

A família de Edith Wisner integrava um grupo de voluntários da paz. Criados nos Estados Unidos em 1961, os Corpos da Paz eram um programa governamental do governo John F. Kennedy esboçado com a intenção de melhorar a imagem do norte-americano pelo mundo. Jovens patriotas de formação universitária, afinados com o discurso de solidariedade e voluntarismo de luta contra a fome e a pobreza (que permitiria, segundo a avaliação do governo americano, o enraizamento do comunismo), saíam pelo mundo para levar o recado do *American dream*. Nesse esforço, entre 1961 e 1980, centenas de norte-americanos vieram ao Brasil, especialmente ao Nordeste — muitos aproveitaram para fugir da convocação para a Guerra do Vietnã. Atuaram em projetos comunitários, nas áreas da saúde, educação e agricultura.

Edith era loira, esguia e com os cílios grandes típicos do *waif look* britânico. Aquele tipo frágil e ao mesmo tempo distante, desencanado, e Raul ficou perdidamente apaixonado pela garota. Logo compôs uma canção para a musa, "Teus olhos azuis" ("Não sei por que/ Gosto tanto assim de você/ Não sei mais viver/ Sem teus olhos azuis"). Os dois descobriram, curtiam a invasão britânica, e ela também participava do culto a *King Creole*, filme de Elvis. Começaram a namorar, para desagrado do pai dela, o gigante pastor George. Na família (Edith tinha uma irmã, Esther), apenas a mãe da moça, Helen, dava uma força, e acabou muito amiga da mãe de Raulzito.

O pai de Edith também achava que rock era coisa do diabo. Fez de tudo para interromper o namoro, mas os dois estavam apaixonados. Como medida extrema para separá-los, em 1966, George Wisner tomou uma decisão radical: mandou a filha de volta aos Estados Unidos para estudar. Foi um período difícil. Raul e Edith combinaram que não deixariam o amor esfriar. Postaram, cada um, uma carta por dia durante todo o ano — consta que Raul tinha 365 cartas recebidas de Edith. Também gravavam fitas cassete, novidade tecnológica que vinha se difundindo naquele ano, com canções e juras de amor.

No mesmo ano, Raul tinha virado amigo inseparável de outro americano, filho de um entomologista contratado para fazer pesquisas para o Ministério da Agricultura brasileiro: Daniel Dickason. "O meu português era zero vírgula zero por cento, mas Raul já falava inglês sem sotaque, perfeito. Dizia que tinha aprendido nos discos do Elvis", lembra Daniel, que teve aulas de violão com o baiano no Edifício Nossa Senhora das Graças, na avenida Euclydes da Cunha, 410, no bairro do Canela. Quando explodiu a beatlemania, Raul não foi fisgado de imediato, mas logo fissurou no álbum *Rubber Soul*, lançado um ano antes, coisa que encontrava cumplicidade em Daniel, igualmente sequestrado pelo som dos Fab Four. Quando Edith voltou, Dickason constatou que estava meio enciumado, porque sentiu grande atração pela namorada do amigo (Daniel vive hoje no Oregon e guarda centenas de cartas, fotos, bilhetes e convites que Raulzito lhe mandou ao longo de 23 anos de correspondência).

Vendo que não tinha saída, Raulzito fez promessas à família de Edith: jurou que largaria o rock e faria um curso supletivo para recuperar o tempo perdido e tentar passar no vestibular de direito. Foi então que, em 1967, decidiu abandonar Os Panteras, em seu auge, e dedicar-se a estudar febrilmente. Recuperou dois anos em um e acabou passando no vestibular. Mas não chegou a cursar a faculdade, embora tenha descrito embates memoráveis com o movimento estudantil.

"E eu era o chefe do rock em Salvador... tanto que, quando entrei para a faculdade de direito, eu era superpichado, [olhado] torto pelo pessoal do diretório e olhado como o idiota do rock, entreguista. Eu não gostava de bossa nova. Tinha ódio de bossa nova. Eu não me ligava na cultura musical brasileira."

De todos os amigos de Raulzito, dona Maria Eugênia só não ia mesmo era com a cara de Waldir Serrão. Quando o via, dizia automaticamente: "Vai embora!". O garoto não se intimidava. "Eu era um marginal, rebelde, eu era da plebe, não era da sociedade. Era um operário da fábrica de Boa Viagem, ninguém queria minha amizade com Raul. Mas eu insisti. Fui atrás dele." Eram destinos siameses, como a história muitas vezes determina.

Cansada de remar contra a maré, dona Maria Eugênia desistiu e passou a ajudar nos planos do filho. Após conseguir aquela apresentação dos Relâmpagos com Mecenas Marcos (também ator, Mecenas chegou a participar do primeiro filme que Glauber Rocha produziu, *Tocaia no asfalto*), a matriarca dos Seixas mudou de postura e passou a incentivar o filho, agora decidido a conquistar o Brasil. O ano de 1967 foi crucial para Raulzito. Os Panteras, de quem ele tinha se afastado havia quase um ano, o chamaram para voltar, já com um novo projeto em mente. Com um olho ele fritava o peixe e com o outro ele olhava o gato: no dia 28 de junho daquele ano, Raul realizou seu sonho, casou-se finalmente com Edith Wisner e intensificou as apresentações com o grupo, tentando profissionalizar a carreira. A Bahia não era rota, mas tinha todos os santos a seu favor. E foi assim que, em janeiro de 1968, a caminho de Arembepe, um famoso cantor inglês fez uma parada em Salvador para conhecer o lendário sincretismo religioso da Bahia. Andou pelo Gantois, foi ao Pelourinho e logo chegou à Festa do Senhor do Bonfim, que era seu objetivo principal. Cabelos longos, chapéu de coadjuvante dos filmes da série *Sartana*, camisas de mangas largas esvoaçantes, muito magro e muito eloquente. Quem o ciceroneava era Luís Eládio, o Lalado, colega e xará de outro Eládio, o Carlos, guitarrista de Os Panteras. Foi assim, por intermédio de Lalado, que se desenrolou o meio de campo para Os Panteras encontrarem o famoso *rock star* gringo, ninguém menos que o vocalista dos Rolling Stones, Mick Jagger, e darem um *plá* com ele no hotel no qual se hospedava, o Hotel da Bahia, no Campo Grande.

Raul, Mariano e Eládio rumaram até o hotel em que Mick Jagger se hospedava com Marianne Faithfull. O Hotel da Bahia era um portento modernista projetado por Diógenes Rebouças em 1949. Jagger os recebeu no saguão com um bebê no colo, natural e desencanado como se estivesse em Camden Town. O bebê não era ainda um dos seus filhos: era Nicholas, de dois anos de idade, filho de Marianne com John Dunbar, de quem ela havia se divorciado recentemente. Karis Hunt, a filha mais velha de Jagger, só nasceria em 1970. "Ele [Mick] me antecipou os valores morais que estavam vigentes naquela época e que não tinham chegado ao Brasil", contou Raulzito, de um jeito surpreendentemente formal. "Me antecipou o que estava acontecendo musicalmente, culturalmente, em matéria de comportamento... foi interessantíssimo. Fiquei impressionado e me valeu para modificar os meus valores — eu era baiano arraigado, aquelas coisas em que você fica meio pendurado." Anos depois, Lalado revelaria que houve outro encontro: Raulzito, dias depois, sozinho, tinha ido à sua casa num momento em que Mick o visitava, e os dois conversaram longamente mais uma vez.

Em seu diário, Raul anotou o seguinte: "Mick Jagger, com o qual bati um papo na Bahia, me disse tudo que estava acontecendo lá fora. 'O rock mudou', ele disse. E foi como um tapa na minha cara". Já a revista *InTerValo* (a primeira dedicada à televisão) publicou a seguinte nota: "Mick Jagger, dos Rolling Stones, que esteve na Bahia com sua namorada, a cantora Marianne Faithfull, encontrou-se com Raulzito dos Panteras e ouviu as composições do baiano. Gostou, aconselhou-o a tocar candomblé e a cantar macumba, porque, segundo concluiu depois de ouvir a música brasileira na fonte, a bossa nova não passa de uma farsa".

Foi um percurso de mão dupla: Mick Jagger também sairia da Bahia profundamente mudado. Levaria — é famosa a história — um dos seus clássicos na bagagem, "Sympathy for the Devil", conforme ele mesmo contou alguns anos depois à revista *Esquire*. A música foi gravada no álbum *Beggars Banquet*, lançado onze meses depois que Jagger e Richards passaram pela Bahia — os dois assinam a autoria da canção. Mick sustentava que "Sympathy for the Devil", acusada de satanismo e outras bossas em seu surgimento, era um samba, mas sabia que não era um samba no sentido brasileiro do termo. "Tocávamos tambores com os negros do candomblé", disse o britânico sobre a passagem pela Bahia. Curioso notar que um dos maiores hits de Raulzito, "Eu nasci há 10 mil anos atrás", do álbum *Há 10 mil anos atrás*, tem alguma correspondência com "Sympathy for the Devil". Raul canta: "Eu vi Cristo ser crucificado/ O amor nascer e ser assassinado"; Mick canta: "*I was 'round when Jesus Christ/ Had his moment of doubt and pain*" [Eu estava ao redor quando Jesus Cristo teve seu momento de dúvida e dor].

Raul queria se aproximar de sua cultura, suas raízes e também dos artífices de um esforço de pertencimento cultural. Isso o impulsionava a ser aberto, curioso e solidário. Ele ficou chocado ao saber que Gilberto Gil, com quem tinha levantado uns trocados gravando jingles em Salvador, havia sido preso em São Paulo. Quando Gil foi solto, cinco meses antes de ser exilado na Inglaterra, baixou em Salvador ainda aturdido. Raulzito foi procurá-lo, levou-o até sua casa, mostrou os discos americanos de rock que tinha acabado de adquirir e ajudou a levantar o astral de Gil.

Os ventos da intransigência alvoroçavam até as famílias notáveis da Bahia. Em 1968, Jorge Amado com frequência rasgava papéis em sua casa no Rio Vermelho com receio de uma batida policial repentina. Seus filhos, João Jorge e Paloma, ainda muito jovens, mas já politizados, frequentavam as ruidosas passeatas que saíam da Sete de Setembro em direção à praça Castro Alves, manifestações não raro dispersadas com bombas de gás lacrimogêneo. Em um dia de grandes conflitos, o tempo foi o exato para Paloma e os colegas se abrigarem no Mosteiro de São Bento, mas o filho de Jorge Amado, João Jorge, foi espancado pela polícia e teve a foto publicada no jornal. Além disso, Carlos Marighella era caçado como um perigoso facínora.

Mas, naquele momento, Os Panteras só enxergavam a estrada acolchoada do estrelato. Tinham voltado a dar as cartas na Bahia e podiam se dar ao luxo de sonhar com o êxito. A apresentação com Roberto Carlos rendeu a reputação (além de um troféu) de Melhor Conjunto Jovem Guarda da Bahia. Mas a Bahia também estava se tornando pequena para suas ambições. Foi então que Jerry entrou em suas vidas.

Jair Alves de Souza, o Jerry Adriani, já era um ídolo popular absoluto de norte a sul do país desde 1966. O cabelo penteado de lado, as blusas com gola rolê ao estilo do pop europeu, a impostação da voz como se fosse ator do neorrealismo italiano: toda sua carroceria compunha um ar de bom moço descolado que fazia a moçada suspirar pelo paulistano do Brás. Era, como se dizia então, o genro com que todas as mães sonhavam. Um ano antes, ele tinha lançado o disco *Um grande amor*, seu primeiro em português (já havia gravado em italiano), e o álbum se tornara um sucesso inescapável. O país todo cantava "Triste amor" e "Deixe-me levá-la pra casa" ("Baby Let Me Take You Home"), entre outras versões.

Jerry também tinha estrelado, naquele ano, o filme *Essa gatinha é minha*, de Jece Valadão, a comédia que era "o fino do legal", como dizia o slogan, filme que armava cinematograficamente a disputa entre a bossa nova de Pery Ribeiro e o iê-iê-iê de Jerry, o barra-limpa. Frequentava a televisão com desenvoltura — naquele ano, apresentara programas de TV, como o *Excelsior a Go Go*, pela TV Excelsior de São Paulo, em parceria com Luiz Aguiar, dedicado ao público jovem.

Ainda assim, a cena do emergente iê-iê-iê nacional amargava os problemas do amadorismo em turnês. Não havia grandes produções, e correr o país, mesmo para alguém superfamoso, era uma verdadeira aventura. A banda com a qual os astros tocariam sempre era arrumada de última hora, quase invariavelmente era um grupo local contratado. Um dos conjuntos que sobressaíam nessa época eram os Tri Jormans (Jormans de Jomario, Raimundo e Manuel, que na verdade era Emanuel). Quando entrou Perinho, na bateria, mudaram o nome para The Jormans. Já tinham acompanhado Jerry Adriani no Balbininho, numa campanha da fábrica de refrigerantes Fratelli Vita, e também Roberto Carlos, o Brasa, em uma de suas excursões.

Muitos dos grupos jovens da Bahia eram compostos de meninos imberbes, garotos de doze, treze anos. Raimundo Góis era um desses meninos. Vindo do Barbalho, perto das docas, tinha aprendido a tocar violão nas serenatas e resolveu criar um conjunto jovem-guardista com dois amigos. O pai de Raimundo, Renato, apoiava, até tocava junto, então não foi difícil que acabassem virando mais uma das apostas de se tornar "a moçada do momento" em Salvador. Sabiam tocar Jimi Hendrix, Beatles, Renato e seus Blue Caps. Duas guitarras, uma solo e outra base; uma bateria e mais tarde um órgão — nos bailes, acrescentavam sopros, sax, pistão e trombone, além de um vocalista. Raimundo passou a tocar contrabaixo e, às vezes, violão de sete cordas.

Contratado para uma série de apresentações, Jerry Adriani estava em Salvador para mais um show-relâmpago. Chegou se queixando de não saber com antecipação qual seria seu grupo, como de hábito. Tinha por incumbência ser a cereja do bolo numa noite de gala do Clube Bahiano de Tênis, na rua Oito de Dezembro, na Barra. Naquela tarde, o empresário que o contratara, Carlos Silva, veio procurá-lo com uma má notícia: sua "banda" contratada sofrera um acidente na estrada, não ia chegar, teriam de arrumar outra.

Era mentira de Carlos. *Naquele tempo em que preto não entrava no Bahiano nem pela porta da cozinha*, os Tri Jormans tinham sido barrados no clube por ser todo mundo preto. Não iam deixá-los tocar nem que o coronel Francisco Peixoto de Magalhães (o pai de Antonio Carlos Magalhães) mandasse. Jerry não ficou sabendo do real motivo, e mesmo Raimundo, dos Tri Jormans, só soube a verdade algum tempo depois, pelos amigos. O agente prometeu a Jerry um novo grupo para substituir "o que não chegaria a tempo". Por uma dessas armadilhas do destino, aquele arbítrio monstruoso do Bahiano de Tênis acabou jogando Raulzito numa dessas espirais do imponderável e conduzindo sua trajetória para a eternidade.

Anos depois, Jerry iria mostrar que aquele episódio o marcara. "E eu não fiquei sabendo que esse era o motivo, só fiquei sabendo depois, mas foi exatamente esse ato de preconceito contra os negros, que é uma coisa mais do que abominável, que o próprio Raul repudiava. Eu que convivi tanto com ele sei disso, e repudiava com uma força enorme, mas foi exatamente esse ato que me propiciou conhecer um 'magrinho elétrico' que chegou lá", lembrou, referindo-se ao dia em que conheceu Raulzito.

Nesse show se apresentariam também Chico Anysio e Nara Leão. O clube estava lotado. Jerry ficou ali, conversando com Nara Leão, enquanto Chico contava pilhérias para entreter o povo que já superlotava o clube. Meia hora depois, ou podem ter sido quarenta minutos ou uma hora, Jerry não se lembrava mais com exatidão quando tentou reencenar em sua memória, chegou lá um rapazinho magrinho elétrico, falante, cabelinho curto, e se apresentou como se anunciasse o mágico da turnê: "Oi, eu sou o Raulzito".

Naquele momento, Jerry teve a exata noção do que estava para fazer e se apavorou. A poucos minutos do seu show, tinha à frente um esquálido desconhecido e não sabia o que esperar daquilo. Pegou na mão do garoto e disse: "Mas, venha cá, rapaz. Você vai acompanhar-me como, se a gente nem ensaiou?". Raulzito respondeu: "Não preciso ensaiar suas músicas porque conheço todas elas. Aliás, conheço todas as músicas do Elvis, conheço todas as músicas dos Beatles, conheço tudo. Pode cantar, que eu acompanho". Jerry ficou impressionado, e o pânico arrefeceu, com a autoconfiança que o rapaz demonstrava.

No camarim mesmo, deram uma passadinha rápida em três ou quatro canções que faziam sucesso na ocasião. Ao lado de Raul, o fiel escudeiro Waldir sorria como se estivesse no céu — aquilo era seu hábitat natural, ele conhecia o showbiz como a palma da mão, mestre de cerimônias inigualável do Cine Roma. Vendo a movimentação, Nara Leão se retirou e foi se sentar na plateia com o violão no colo, sobre o qual colocou as mãos. Raul e Os Panteras entraram antes. Cantaram coisas dos Beatles, John Lennon e Elvis. Depois, entrou Jerry Adriani e Raul saiu do microfone, para que o astro assumisse. "Eles tocaram maravilhosamente bem. Ainda hoje, olhando vocês aqui, lembro-me daquele clube lotado e a Nara Leão, que é outra amiga inesquecível, em pé, me assistindo", contaria Jerry, em 2002, durante uma homenagem a Raul na Câmara Municipal de São Paulo.

Nara Leão, depois daquela ovação no Bahiano de Tênis, após ver que aqueles meninos baianos acompanharam Jerry perfeitamente e com suave despojamento, como se tivessem tocado junto desde pequenininhos, aconselhou Jerry: "Esses caras são muito bons. Por que você não os chama para irem para o Rio?". Foi exatamente o que ele fez. Foi até Raulzito e disse: "Raul, na hora em que vocês quiserem podem ir para o Rio e, quando forem, procurem-me lá, porque vou ter muito prazer de fazer por vocês o que puder".

Deixar a Bahia significava romper o cordão umbilical. Waldir Serrão, o espelho torto de Raulzito, ficaria para trás momentaneamente, assim como os dias na fazenda em Dias d'Ávila, os duelos das matinês no Cine Roma, os shows nos clubes, os mergulhos no Yacht, as tardes no Campo Grande. Mas os anos 1960 já estrebuchavam no horizonte e era hora de buscar o pulo do gato, emancipar-se, ganhar o mundo.

Aquela coisa mimética do rock 'n' roll que os Panteras levavam na bagagem ainda não era a expressão de alguma revolução musical, mas Raul — e seus críticos — saberiam, mais adiante, que já se processava naquele momento iniciático uma alquimia fina, embebida em picardia e rebelião, que seria impossível de acontecer em outro lugar do mundo.

Quatro tabaréus na Urca

Num Rio de Janeiro em ebulição, que em breve seria sacudido por estrepitosas revoltas estudantis e operárias, chegou em meados de 1967, pela rodovia Rio-Bahia, uma kombi cheia de esperança e de baianos. Os Panteras iam audaciosamente aonde nenhum roqueiro baiano jamais tinha ido, experimentando sua décima formação e invadindo em comboio a Cidade Maravilhosa a partir da Cidade Baixa da Bahia. Iam na kombi Eládio, Carleba, Mariano, Emanuel Pacheco (que havia integrado a banda baiana The Jormans, aquela que foi preterida pelos Panteras no Bahiano de Tênis por ter negros na formação) e Alex, então empresário dos Panteras. Recém-casado, Raul só viajaria para o Rio alguns dias depois, com a mulher. Além das cinco pessoas na kombi, viajavam as malas e os equipamentos de som.

Os Panteras seguiram direto para a Urca, para o apartamento de Egberto Lanat, irmão de Mariano, no qual viveriam os próximos seis meses, amontoados. Raul chegaria dias depois, trazendo consigo algumas composições recentes, uma delas a nova música que tinha feito para a mulher, Edith, "Menina de Amaralina", que em breve faria parte da grande, e única, aventura discográfica de Raulzito e Os Panteras. Os versos da canção carregavam alguma nostalgia da velha Bahia: "Agora a praia chora/ Querendo lhe rever".

"Quatro tabaréus no Rio!", bradou Eládio, enquanto a kombi tossia pela avenida Brasil. Em cada esquina que passavam, havia um show fantástico, artistas que estavam mudando a música e a cultura, como os Mutantes, Tom Jobim, Chico

Buarque. Os Beatles liquidificavam a cabeça da juventude, as revoluções todas pipocando, a Jovem Guarda, o tropicalismo: tudo aquilo era como uma pancada na cabeça dos baianos. Chegaram com a intenção de ficar quinze dias e ficaram mais de um ano. Há algum tempo, por inércia, vinham usando o nome Raulzito e seus Panteras, mas isso estava incomodando e chegaram a um novo consenso: era preciso limar o pronome possessivo. "Seus Panteras", argumentou alguém, "lembra Renato e seus Blue Caps", e isso poderia parecer modismo ou mimetismo. Também havia uma intenção de delimitar a relação com Raulzito, afirmar uma independência da influência dele.

Não havia dinheiro nem para enviar uma carta, costumava dizer Carleba. O prato mais frequente no apartamento de Egberto era sopa Maggi com pão, em um período que motivaria o famoso verso "depois de ter passado fome por dois anos aqui na Cidade Maravilhosa" ("Ouro de tolo", 1973). Em pouco tempo, os Panteras passaram a viver o momento ebulitivo da Urca, e a nele integrar-se, inclusive a seus dramas muito particulares. No do dia 2 de agosto de 1968, o bondinho que liga o morro da Urca à praia Vermelha estancou no ar, com cerca de 150 pessoas a bordo, devido a um defeito numa das rodas de engrenagem do bonde. Durante horas tensas, os moradores nas calçadas e nas janelas, armou-se o arriscado resgate com uma caçamba de manutenção e uma brigada do Clube Excursionista do Rio de Janeiro, que recolheu os amedrontados turistas e os conduziu pela mata até o sopé do morro.

Se a vida já era dura para os músicos em busca de um lugar ao sol, era duplamente dura para Edith. A mulher de Raulzito vivia seus primeiros momentos de casada espremida entre rapazes famintos, cheios de instrumentos, sem espaço para a intimidade conjugal, longe da família. Seu pai ainda não engolia aquele casamento-relâmpago, que culminou com a filha indo morar sabe-se lá onde naquele Rio de Janeiro conturbado, e sabe-se lá em que condições.

Ali no Rio, Raulzito e os Panteras tinham como esperança primordial localizar imediatamente Jerry Adriani, seu novo padrinho artístico, que na época apresentava um programa na TV Tupi, do Rio de Janeiro, chamado *A Grande Parada*. E Jerry Adriani ficou sinceramente contente com a súbita aparição da trupe. "Você por aqui?", disse a Raulzito quando se deparou com ele na saída do camarim da emissora. "Pois é, rapaz, viemos aqui para o Rio, viemos lhe procurar. Veja o que você pode fazer por nós, estou aqui com a banda, com o pessoal, o Eládio, Carleba, Mariano", foi explicando o baiano. Jerry o abraçou, foi acolhedor e solidário, mas também sucinto, objetivo: "Raul, a primeira coisa que posso lhe dizer é a seguinte: vou fazer uma excursão pelo Nordeste e queria muito que você e a banda fossem comigo tocando". Raul coçou a cabeça e respondeu, sincero: "Não posso ir, Jerry". "Mas por que não?", perguntou o cantor. "Porque estou em lua de mel." Jerry sorriu e sentenciou: "Então, vamos todos em lua de mel para o Nordeste!".

Sempre acompanhado de Edith, a "americana maravilhosa" que fazia seu figurino, iluminava sessões de fotos (e também é coautora de sua canção "Let Me Sing, Let Me Sing") e segurava todas as ondas, como dizia Jerry, Os Panteras bateram ponto em todo o Rio de Janeiro e depois no Nordeste todo. Nasceu uma amizade para a vida inteira. Após a turnê, Jerry Adriani levou os recém-chegados para a gravadora, para apresentá-los e quem sabe descolar um contrato de gravação para a banda. Mas as primeiras tentativas pararam na trave. "Eu tentei de todas as formas levar os Panteras pra CBS e não consegui", disse Jerry. "Da mesma forma que às vezes você chegava pra um programador, indicava e tal, e não rolava." Os produtores não pareciam dispostos a dar-lhes uma chance. Chovia banda de iê-iê-iê no Rio e era difícil alguém que se dispusesse a garimpar as realmente promissoras. Foi nesse momento crucial que duas figuras se agigantaram na defesa dos baianos: Chico Anysio e Roberto Carlos.

Pelas artes do destino, Chico Anysio, que os conhecera no Bahiano de Tênis, tinha se tornado seu vizinho na Urca. O humorista cearense morava na rua Roquete Pinto, pertinho da praça Raul Guedes, e frequentemente os encontrava fazendo o reconhecimento do terreno. Chico admirou sua coragem de enfrentar a grande peneira do Rio e também testemunhara seu talento, e é óbvio que todo mundo admite que um dos grandes legados de Chico Anysio foi sua generosidade com os recém-chegados, os iniciantes e os excluídos da ampulheta da fama. Como necessitasse de fato de um grupo de apoio, um conjunto para ajudar no seu programa na TV Tupi, resolveu dar uma chance aos Panteras. O humorista cearense foi generosíssimo: além de inserir o grupo em todos os programas de TV que surgiam, ainda lhes deu emprego durante seis meses. Chico pagava o grupo do próprio bolso — como o videoteipe ainda não tinha sido inventado, a missão da banda era entreter a plateia de seu show enquanto ele trocava de roupa para viver algum dos seus inúmeros personagens. Como se fossem aqueles peões de rodeio que infernizam o touro e retêm sua atenção enquanto o desafiante é retirado em segurança da arena.

Em 20 de junho de 1967, os Panteras foram ao show de inauguração do Canecão, que apresentava como atração principal o grupo The Youngsters. Era uma noite de gala, e eles foram levados ao camarim após o concerto para conhecer a banda. Carleba conversou com um baterista que se tornara um ídolo, Ivan Conti, o Mamão (que fundaria o visionário grupo Azymuth anos mais tarde, com José Roberto Bertrami e Alex Malheiros). "Acho melhor voltar pra Bahia, esses caras tocam muito", disse o baterista dos Panteras a Raulzito. Mamão lhes disse o contrário, que deviam deixar para lá a ideia de voltar para a Bahia e que seu futuro estava ali, que insistissem na carreira.

Teimoso e esperançoso, Raul seguia peregrinando pelo Rio de Janeiro em busca de uma chance para si, para seu sonho de estrelato e para seu conjunto. Conseguiu então que um papa da produção os recebesse: Carlos Imperial, o Midas cafajeste da música jovem, o orgulhoso portador do bordão "somente a vaia consagra o artista". Imperial vivia em Copacabana. Imaginem a empáfia do sujeito: em 1967, ele tinha acabado de produzir os sucessos "A praça", de Ronnie Von, e "Vem quente que eu estou fervendo", de Erasmo Carlos. Estava nojento de metido.

Quando chegaram ao apartamento de Imperial, o capixaba desceu as escadas de roupão, com sua barriga indecente e seu costumeiro jeitão de pouco-caso, e Raul, ansioso, se antecipou: "Nós somos da Bahia". Imperial respondeu, blasé: "Sim, vocês querem o quê?". Raul: "Queria lhe mostrar umas coisas aí para ver o que o senhor acha". Imperial, já demonstrando enfado: "Mostra aí!".

Os Panteras tocaram uma, duas, três canções. Na terceira, Imperial perguntou: "Já entendi. Pode parar. Vocês são da Bahia, não?". Raul respondeu: "Sim, somos da Bahia". Imperial, já se levantando para sair, olhou para Raul e sentenciou: "Pois peguem o primeiro ônibus e voltem para a Bahia, porque iguais a vocês tem mais de 14 mil conjuntos aqui no Rio de Janeiro". Raul ficou lívido, arrasado. Quase chorou. A traulitada tinha sido forte o suficiente para fazê-lo considerar a desistência, entregar os pontos, mas a banda resistiu. Raul murmurava, cabeça baixa, vencido: "Esse cara entende disso...", ao que Carleba retrucava: "É um imbecil, é um bosta! Entende porra nenhuma!".

Essa história merece uma fenda espaço-temporal na narrativa. Em 1973, quando "Ouro de tolo" havia estourado em todo o país e ultrapassara 100 mil cópias vendidas (virou até uma espécie de meme após ter tocado no *Jornal Nacional*), Raul Seixas reencontrou Carlos Imperial nos bastidores de um programa de TV. Imperial sabia que Raul era uma estrela ascendente, estava tocando em todas as rádios do país, mas não se recordava de ter feito uma audição com ele. O capixaba cumprimentou o baiano efusivamente e o parabenizou pela canção, ao que Raul lhe respondeu: "Felizmente, eu não segui seu conselho". Imperial ficou boiando e Raul o lembrou do episódio. O produtor, em geral um espírito calhorda e debochado, enrubesceu, não sabia como se desculpar, ficou vendido, perdido. A vingança é uma canção que ultrapassa as 100 mil cópias vendidas.

Mas ali no passado recente, enquanto as coisas ainda não rolavam, Raulzito se contentava em tocar guitarra base no grupo de Jerry Adriani. Às vezes, empunhava também um violão e um pandeirinho, por necessidade rítmica. Ele não gostava muito da incumbência e costumava dizer para meio mundo, jocosamente, que era "pandeirista da banda de Jerry Adriani". Tinha uma alma rebelde, inimiga das rotinas, e havia algo no ar que, para ele, soava como um apito ultrassônico: a insatisfação e o espírito de revolução impulsionava os jovens por todo o país, e em meados de 1968 eles foram às ruas em passeatas gigantescas, a maior delas a de 26 de junho, a famosa Passeata dos 100 Mil. Ninguém estava conformado. Os confrontos se tornavam inevitáveis. Raul ficava inebriado com os ventos da mudança espalhando-se pela noite do Rio.

Enquanto gravitava em torno da corte de Jerry, Raul, que tinha facilidade em fazer amizades, conhecia outros astros e estabelecia conexões musicais. Durante um show beneficente em 1968, montado pela gravadora CBS num terreno grande ali perto da igrejinha da Urca, Raul integrava a banda de Jerry, como já tinha se tornado hábito. Tocava placidamente a guitarra base no palco. Era um sábado pacato, tudo corria bem, mas pintou uma turma de encrenqueiros na plateia, a gangue que chamavam de turma da Urca. Eles implicavam com os cabeludos da Jovem Guarda e começaram a incomodar, a chamar Jerry insistentemente de "bicha", e o cantor paulistano ficou passado. Raulzito, percebendo que Jerry estava descompensado, não teve dúvidas: pulou de cima do palco em cima do pitboy que xingava, e este não teve alternativa a não ser fugir correndo. Jerry se juntou a ele, mas os xingamentos já tinham cessado. Raul era magrelo, mas forte, ágil e principalmente destemido. Uma cena insólita que não combinava com o teor de açúcares das canções de Jerry, parecia mais adequada ao universo de Chuck Berry ou Jerry Lee Lewis.

Quando tudo afinal foi pacificado, Raul estava saindo em direção às coxias e viu ali, do lado de fora do seu camarim, um rapaz de uns vinte anos que ainda estava rindo de toda a presepada. Era um artista que tinha se apresentado antes deles. Raul já ia embora quando o reconheceu. Girou em cima das botas e voltou até onde estava o rapaz: "Ah, você não é o Leno? Tá estouradaço lá em Salvador!", comemorou, como se fossem velhos amigos. Na época, a música "Pobreza", do primeiro compacto de Leno (primeiro voo solo após abandonar a dupla Leno & Lílian), já tocava alucinadamente nas rádios. Leno lembra que simpatizou na mesma hora com a figura. "Pô, o cara era muito engraçado, agitado. Chegou e disse: 'Tô aqui com a minha banda, Os Panteras'." Ficaram amigos, trocaram amabilidades e telefones. No dia seguinte, Leno já estava no apartamento de Raul e Edith, conversando sobre música. "Éramos nordestinos, míopes e magricelas, interessados em astronomia e filosofia", resumiu Leno, décadas mais tarde.

Muito, muito antes de Jane & Herondy, Diana Ross e Lionel Richie e The Carpenters, Leno e Lílian encarnaram o sonho da parelha pop como ninguém mais. Gileno Osório Wanderley de Azevedo, o Leno, vinha de Natal, Rio Grande do Norte. O potiguar Leno conheceu a carioca Sílvia Lília Barrie Knapp quando tinha apenas dez anos — ambos moravam no mesmo prédio em Copacabana. Ao contrário do que se pensa, jamais foram um casal romântico, jamais namoraram. Lílian era namorada de Renato Barros, de Renato e seus Blue Caps. Em 1965, no entanto, Renato teve a ideia de formar a dupla que marcou o período do regime militar com baladas românticas doces e de apelo adolescente, como "Devolva-me" e "Pobre menina" (versão para o português de "Hang on Sloopy", dos americanos The McCoys). A sacada de levar ao furacão do olho público uma espécie de "romance ideal" tinha a eficácia de uma telenovela.

Era um mundo dominado, de um lado, pelas versões livres de sucessos anglo-saxônicos, e de outro pela inquestionável música de resistência de repercussão universitária, a chamada MPB. Um dos primeiros sucessos do iê-iê-iê nacional, "Banho de lua", que Celly Campello espraiou por todo o país em 1960, era uma versão edulcorada de um rock italiano, "Tintarella di luna", que foi sucesso na Bota na voz da cantora Mina. Wanderléa se projetava nacionalmente com duas versões matadoras: "Ternura" (versão de "Somehow it Got to Be Tomorrow Today", sucesso de Pat Woodell, composição de Estelle Levitt e Kenny Karen) e "Pare o casamento" ("Stop the Wedding", composição de J. Resnick e Young e sucesso com The Charmettes).

"Ternura" fez tanto sucesso que Wanderléa é chamada até hoje de "Ternurinha". Ronnie Von se tornara ídolo de carona em "Meu bem", versão de "Girl", dos Beatles (do disco *Rubber Soul*, de 1965). Um dos primeiros hits de Roberto Carlos, "Splish Splash", era um genérico do rock 'n' roll de raiz gravado por Bobby Darin em 1958 (composto por Darin e Murray Kaufman, conhecido como Murray the K). Raul Seixas não era partidário nem de um lado (os versionistas) nem de outro (a MPB universitária), mas inicialmente ele se articulou bem melhor com o iê-iê-iê, porque tinha os elementos necessários — os trejeitos da cultura *rocker* norte-americana, a facilidade de fisgar os riffs ainda no ar, assim como as vocalizações do pop, e certa elasticidade moral, que não o levava a condenar nem idealizar o esforço comercial.

Alto, magro, de olhar introspectivo, o cantor Leno era o galã dos sonhos das adolescentes dos anos 1960. Filho de militar, o potiguar tinha uma vocação inata para criar sons para a juventude. Tinha feito sua estreia aos onze anos num programa de TV do Rio de Janeiro, o *Domingo Alegre*, pilotado pelo "cantor caubói" Paulo Bob. Aos catorze anos, Leno já tivera sua própria banda, The Shouters. Sua tenacidade em busca da balada perfeita o tornaria alma gêmea dos sonhos de Raul Seixas. "A gente gostava de literatura, gostava de Little Richard."

Os Panteras, por sua vez, como anunciava Raul aos quatro cantos, estavam na área e também queriam seu quinhão daquele latifúndio cultural. Decidiram, após algumas reuniões, tomar a dianteira das ações. Foram à CBS para tentar falar com o chefão Jairo Pires. Mas tomaram um chá de cadeira homérico, Pires era um homem extremamente ocupado e estava farto daquele desfile de artistas em busca de um lugar ao sol. Estavam por ali esquecidos quando viram por acaso Roberto Carlos, que tinham acompanhado como freelancers em Salvador. Foram até o rei e perguntaram: "Você lembra da gente?". Roberto Carlos deu aquela sua risada característica e disse: "Claro, bicho!". Na caradura, pediram então que ele interviesse para que conseguissem um papo com Jairo Pires. Roberto os enfileirou atrás de si e levou-os até a sala de Pires. O *boss* ouviu atentamente a recomendação de Roberto e dali já os levou direto ao estúdio, para um teste. Após ouvi-los, Jairo Pires disse: "Olha, rapaziada, vocês são muito bons. De verdade. Mas a gente já tem Renato e seus Blue Caps, não tem mais espaço para outra banda assim no nosso catálogo".

De fato, o ano era de Renato Barros e seus Blue Caps. O grupo de Renato estava surfando no sucesso de sua versão dos Beatles, "Menina linda", erguida sobre as fundações de "I Should Have Known Better", que os Beatles tinham incluído na trilha do filme *Os reis do iê-iê-iê* (*A Hard Day's Night*, direção de Richard Lester, de 1964). "Menina linda" era tão tocada que Renato e seus Blue Caps começaram a ser tratados com o mesmo status de Roberto Carlos e Erasmo Carlos, na época. Dificilmente haveria lugar para outro grupo de apelo semelhante lá na companhia. Renato era tão prestigiado que conseguiu impor ali nos estúdios uma regra de ouro na sua relação com o mundo: era flamenguista tão doente que nunca gravava nada na hora dos jogos do seu time. Não adiantava marcar.

Tudo era distinto e tudo se conectava, de certa maneira, e tinha um sentido formativo naqueles anos de aprendizado. A trajetória como produtor também frutificava. A amizade entre Raul e Leno tinha evoluído para o entendimento artístico. Um dia, num domingo, o potiguar Leno baixou no apartamento de Raulzito para trocar ideias. O baiano mostrou a Leno uma canção, "Um minuto a mais", uma das primeiras versões assinadas por Raulzito, transcriação de "I Will", de Dick Glasser, que se tornara sucesso do roqueiro inglês Billy Fury (além de sucesso universal com Dean Martin). Leno acabou gravando essa versão de Raul em seu primeiro LP, *Leno*, lançado em outubro de 1968 (também entraria no disco *Raulzito e Os Panteras*). O álbum de estreia de Leno, além de contar com músicos de Renato e seus Blue Caps e dos Golden Boys, o tecladista Lafayette e o cantor Pedro Paulo, tem também participação dos Panteras de Raulzito.

Já a carreira solo de Raulzito e Os Panteras estava com o freio de mão puxado. Na CBS não dava mesmo pé, mas, por insistência de Roberto Carlos, Jairo Pires os encaminhou então para Milton Miranda, o homem que dava a última palavra na Odeon. A intervenção do rei foi providencial: os Panteras tinham um repertório complicado de se trabalhar por causa do momento dos estúdios, saturados de conjuntos de iê-iê-iê. Mas havia muito dinheiro disponível para prospecção e uma boa Lua para as aventuras. E foi justamente aí, quando tudo estava nebuloso, que pintou o primeiro contrato. "Quando tudo era 'negro' pra nós, surgiu o contrato com a Odeon. Fui, assinei e comuniquei ao Plínio, ao Carleba e ao Eládio que nosso futuro estava garantido", declarou Raulzito. Ele consta do contrato, assinado em setembro de 1967, como diretor responsável pelo grupo.

Raulzito e Os Panteras começou a ser gravado em quatro canais no final de 1967 e, quando afinal saiu, já era janeiro de 1968.

A capa era evidentemente um derivado dos Beatles. Preta e branca, emulava a foto do segundo álbum dos britânicos, *With the Beatles*, de 1963, com disposição dos personagens que evocava aquele conceito — três integrantes do grupo na parte de baixo, apenas um deles na parte de cima. A foto lendária da capa dos Beatles, que inspirou depois tantas capas de álbuns da Jovem Guarda, fora feita por Robert Freeman, que clicou a banda em preto & branco no hotel Palace Court, em Bournemouth (ele faria fotos para mais quatro discos do grupo, mas essa tornou-se influentíssima). "Em vez de dispor todos eles em uma linha, eu pus Ringo no canto de baixo, pelo fato de ele ter sido o último a entrar na banda. E também porque era o mais baixinho", explicou Freeman.

No caso de Raulzito e Os Panteras, coube a Mariano Lanat o lado solitário da cena, mas não há motivo aparente, já que Mariano não fora o último a entrar. Seria porque era o baixista? Nos créditos, a direção musical era concedida ao maestro, arranjador e pianista Lyrio Panicali, tendo Orlando Silveira como arranjador, orquestrador e regente. Panicali tinha uma trajetória interessante: com o nome artístico de Bob Rose, ele acompanhara o pioneiro Sérgio Murilo (que reinou antes de Roberto Carlos surgir com a Jovem Guarda) com seu conjunto e chegou a gravar dois LPs. Também dirigiu grandes orquestras a partir dos anos 1930. Dominava tanto a fantasia orquestral quanto o imaginário jovem de sua época.

Mas Panicali, pela posição na companhia, assinava tudo, mas não colocava de fato a mão na massa. Seu status era principalmente de chefe. Quem burilou mesmo a sonoridade do disco foi Orlando Silveira, acordeonista, maestro e arranjador. Silveira, já experimentado músico de 43 anos, tinha sido trazido ao Rio nos anos 1950 por ninguém menos que Luiz Gonzaga, para integrar-se ao Regional do Canhoto. Fez arranjos para Gonzagão e Jacob do Bandolim e, ao mesmo tempo, tinha formação erudita (foi aluno de Hans-Joachim Koellreutter).

As pontes musicais que já se insinuam nas doze canções desse primeiro disco de Raulzito têm a mão de Silveira. Na canção que o grupo chama de "a obra mais bonita do álbum", "Alice Maria", há um contraponto interessante aos ritmos jovens massivos da época. Os Panteras viam semelhança com a música barroca, pelo uso do órgão (que não é creditado ao instrumentista) e coro e ambiência de catedral. Raul arrisca umas aliterações, uns jogos de palavras ("Ali eu nasci/ Ali na Bahia/ Ali conheci Alice Maria [...]/ Adeus ao amor/ Que ali se partia"). Essa dança de palavras também comparece em "Vera Verinha" (de Eládio e Raulzito): "Vera Verinha, verá, verás/ Que serás minha/ Sempre será".

Com uma introdução parecida com a da música "The Night Before" (do disco *Help!*, dos Beatles), o álbum dos Panteras também apresenta a primeira das canções da chamada "série ferroviária" de Raulzito, a folk "Trem 103" (as outras são "A hora do trem passar", "O trem das 7" e "Metrô linha 743"). Os Beatles, onipresença em toda a música jovem internacional do período, bateriam ponto de forma explícita em "Você ainda pode sonhar", versão de Raulzito para "Lucy in the Sky with Diamonds", que tinha sido lançada pelos Beatles um ano antes, em *Sgt. Pepper's Lonely Hearts Club Band*.

O diretor musical da produção, Milton Miranda, rejeitou o verso inicial que Raulzito tinha escrito para sua versão de "Lucy in the Sky with Diamonds", que traía o anarquismo típico do compositor Raulzito. O início que ele planejou começava assim: "Pense em um dia com gosto de jaca". Miranda disse que assim seria impossível, aquilo era muito sem sentido, tinha que mudar. E Raul, sem a menor inibição pelo fato de ser um iniciante, debochava da incapacidade do chefe de compreender figuras de linguagem: "Então você me explica por que é que estou com gosto de cabo de guarda-chuva na boca", rebateu. No final, Raul cedeu e o início da letra ficou da seguinte maneira: "Pense num dia com gosto de infância/ Sem muita importância", canta Raulzito.

"Me deixa em paz", de Raul, Mariano e o baterista Carleba, com uma deliciosa marcação de baixo e coros afinadíssimos, harmonia moderna, é a canção mais alegre do disco. O texto da contracapa informa que ela foi composta em 1960, sob influência da "música americana" — ou seja, antes ainda de Os Panteras se conhecerem, portanto uma das premonições de Raul, que conclui essa canção com um muxoxo, uma quase desistência que viraria marca registrada no futuro ("Não quero mais amar ninguém"). "O dorminhoco" se constrói claramente a partir de uma costela de "I'm Only Sleeping", do disco *Revolver* (1966), dos Beatles, com o famoso toque *reversed* da guitarra de George Harrison. Mas é apenas inspiração, um dos belos tributos de Raul. Eládio faz das suas com seu solo de guitarra nesse reflexo dos Beatles em um lago cristalino: "Passo o dia dando duro e não vejo a hora de me deitar/ E quando volto está escuro e você me pede pra passear/ Só queria ver você caladinha ao me ver dormindo".

As juras de amor pontuam todas as letras, algumas vitaminadas por um ataque orquestral (como "Triste mundo", de Mariano). "Por quê? Para quê?", de Eládio, tinha a marca comum a todas as baladas da Jovem Guarda daquele momento, até com o teclado onipresente. Mas a banda salienta que ela fala de agnosticismo e, "por isso mesmo, nada se tem a dizer". "Dá-me tua mão", de Raulzito, dobra as vozes de Raul e Eládio e tem um toque instrumental influenciado pelos Incríveis, impressionante sucesso de 1967 com "O milionário" e a guitarra mágica de Waldemar Mozema, o Risonho.

Para comemorar a gravação do almejado disco, Os Panteras pediram 24 garrafas de coca-cola num bar, sem contar o pão com açúcar. Pareciam intuir que havia, ali, a confirmação da eternidade, que sua façanha sobreviveria a eles mesmos, seria contada aos filhos e aos netos e impulsionaria um culto que desconhece até as próprias bases, que é a música que gravaram. Os Panteras entravam para a história, mas isso nem sempre é garantia de facilidades.

"Depois de gravar é que ficou complicado. Porque a gravadora não ajudava, tinha outras prioridades", disse Raul. Os Panteras tentaram fazer sozinhos o serviço. Colocavam o disco debaixo do braço e corriam imprensa e rádios para "caitituar" (termo que definia antigamente o trabalho de autopromoção, e que podia incluir cativar ou até subornar programadores). O rádio era uma janela mágica naquela época. Ouvia-se rádio com a esperança da integração, da materialização da própria existência. Os sucessos da parada do rádio destacavam os artistas como integrantes de um novo clube, um Olimpo que concedia status e implicava reverência mútua entre seus integrantes. Uma vez ultrapassada essa barreira, era possível ao novo artista negociar os termos de sua rendição ao "sistema", além de auferir fama, badalação e fortuna. O dinheiro que jorrava no clube dava de sobra para todos que o integravam. Mas, para alguns, o que importava era algo mais que isso, era legar ao futuro uma marca, um som, algo que fixaria sua passagem pelo planeta. Raulzito pertencia a essa categoria.

Para Raul, tudo era possibilidade e delírio. O fracasso e o sucesso eram faces da mesma moeda, e eles não o seduziam por si, mas por constituírem o caminho. Um dia, foram parar no programa de TV mais cobiçado pelas bandas, conduzido pelo apresentador, produtor, locutor e empresário Haroldo de Andrade. Na TV Excelsior, havia fila de artistas para participar do *Haroldo de Andrade Show*, que tinha apresentações, jogos e concursos. Mas os Panteras olhavam em volta e todo mundo já era razoavelmente conhecido, todos já estavam encaminhados, e eles notaram que não teriam chance. Inseguros, fizeram uma apresentação sem brilho e saíram da mesma forma que entraram: invisíveis.

Em entrevista à *Revista do Rádio*, Raul deixou claro qual era a relação criativa entre ele e Os Panteras: "Gostaria de dizer que não se trata de um conjunto. Apenas sou um cantor que tem o seu próprio trio para acompanhá-lo nos espetáculos mais diversos". Raul estava no front de alguma espécie de rebelião que ele ainda não sabia exatamente qual era. Parecia, olhando de longe, que ele encarnava algum tipo de anti-intelectualismo militante, além do desafio da autoridade e das convenções da época. Sempre que podia, Raul enfrentava as convicções dos empresários da indústria musical. Isso geralmente se dava na hora de defender suas composições, com argumentos que desarmavam os chefes, mas que nem sempre conduziam ao resultado que ele queria.

Na praça do Pacificador, em Duque de Caxias, na Baixada Fluminense, numa noite especialmente fria de 1968, os Panteras se juntaram a uma porção de outras bandas, tendo à frente Renato e seus Blue Caps e The Sunshines, para tentar mostrar seu trabalho e angariar uma chance com agentes influentes, como Wilson Canária. Como outros shows de oportunidade, não foi um momento de brilho especial, mas Raul acabou se entendendo maravilhosamente com um garoto cheio de ideias e que conhecia tudo dos Beatles, para delícia de Raul. O rapaz tocava teclados com os Blue Caps e se chamava Mauro da Motta Lemos, ou simplesmente Mauro Motta. Mauro era um garoto que amava tanto os Beatles quanto Rakhmáninov, tanto a emergente escola negra de música da Motown quanto o R&B norte-americano, tinha tocado piano durante dez anos e estava sendo testado naquela vida de turnês, que lamentavelmente não duraria muito. Nos camarins improvisados no fundo do palco, os grupos confraternizavam e todos já se conheciam, de algum modo. Não havia um centavo nos bolsos, e os organizadores serviam Caracu (uma cerveja *sweet stout* fabricada no Brasil desde 1899) batida com ovo para os rapazes aguentarem as horas de espera e o frio da madrugada.

Raul chegou a sentir o abraço quente de um breve reconhecimento na cena da Jovem Guarda. Após concluir o disco *Raulzito e Os Panteras*, sobreveio aquela excitação típica de um sentimento de missão cumprida e de pertencimento. Raul não tinha plano algum de enfiar a viola no saco e se mandar. Saiu a campo procurando brechas para seu trabalho. Em 1968, conseguiu emplacar duas composições para dois grupos emergentes da Jovem Guarda que conhecera na cena carioca: The Sunshines e Os Jovens. Para The Sunshines ele fez uma versão de "How'd We Ever Get This Way", hit do canadense Andy Kim. Raul acelerou o andamento meio folk e criou "Um novo amor há de vir" (CBS), com produção do chefão Jairo Pires e uma letra pincelada até com algum refinamento simbólico ("Todo mal vai passar"). The Sunshines era um grupo encabeçado pelo guitarrista Walter d'Ávila Filho (filho do comediante gaúcho Walter d'Ávila, celebrizado como o Baltazar da Rocha na *Escolinha do Professor Raimundo*, de Chico Anysio). A formação tinha ainda os irmãos João Augusto Soares Brandão Neto (o Guty) e Geraldo Brandão (que calhavam de ser filhos de outro célebre comediante da *Escolinha*, Brandão Filho, o Sandoval Quaresma), além do baixista Rakami d'Ávila (primo de Walter) e do baterista Sérgio Barros.

O outro grupo a que Raulzito serviu foi a divertida dupla Os Jovens, formada por Francisco Fraga (o Puruca) e João José Loureiro. Raul conseguiu colocar uma composição original sua no seu novo compacto de Os Jovens, lançado pela CBS em 1968. O disquinho tinha de um lado a canção "Quero gritar", de Oswaldo Nunes e Santana, e "Se você me prometer", de Raulzito, levemente inspirada num hit de 1965 do grupo britânico The Merseybeats, contemporâneo dos Beatles em Liverpool, "I Stand Accused" (de Tony Colton e Ray Smith). Eram versos penteados pela ideia de macho legislador descascando regra para cima das garotas, algo que marcou aquela época. "Não estou pedindo demais/ Essas coisinhas normais/ Que uma moça faz pelo seu rapaz", escreveu Raulzito. A dupla Os Jovens deixou a CBS em seguida, ingressando na Polydor, mas aquelas canções que Raul pincelou para os garotos bem alimentados do iê-iê-iê serviram para mostrar à indústria que Raul possuía um belo background de rock 'n' roll para as massas.

Enquanto Raul se virava nessa confluência de lutas pelo palco e pelo futuro, o sonho dos Panteras virava fumaça após o evidente fracasso de seu primeiro disco. Nenhuma crítica foi publicada em nenhum veículo de imprensa. O contrato com a Odeon rezava que eles receberiam 3% das vendas dos discos. Como não tinha vendido nada, continuavam lisos. Waldir Serrão tentou dar uma força em Salvador. O velho parceiro fazia, em seu Waldir Serrão Show, no Cine Roma, além de concursos como "Lançamento na Bahia da Minissaia para Homens diretamente do Le Bateau (Rio)", sessões de sorteio do LP *Raulzito e Os Panteras*.

Mas a vida à base de sopa Maggi e pão não era mais tolerada por alguns integrantes. Mariano Lanat foi o primeiro a dar baixa: fez as malas e resolveu voltar para Salvador e retomar os estudos, passando no vestibular para cursar engenharia civil. Raulzito, desesperado, convocou o próprio irmão, Plínio, para substituí-lo como baixista. Plínio tinha uma banda em Salvador, Eles Quatro, mas não alimentava sonhos de pop star. Ainda assim, Plininho atendeu ao chamado do irmão mais velho e se abalou para o Rio a fim de assumir o contrabaixo por uns tempos. Carleba se virava também tocando bateria para outros astros emergentes, como Tim Maia, assim como Eládio.

Foi quando o próprio Raulzito se desiludiu e decidiu largar o grupo, retornando para a capital baiana. "Cada elemento do grupo foi desistindo devagar. O último fui eu", escreveu em seu diário. "Fiquei meio louquinho; o desbunde total. Passava o dia inteiro trancado no quarto lendo filosofia, só com uma luz bem fraquinha, o que acabou me estragando a vista. Eu não queria saber de ninguém. A Edith, minha mulher na época, que é americana, trabalhava lecionando inglês para me dar dinheiro. Eu comprei uma motocicleta e fazia loucuras pela rua. Estava pirado e me tratando com um psiquiatra."

Plínio volta em seguida, faz supletivo e passa no vestibular para cursar engenharia elétrica na Universidade Federal da Bahia. Eládio se casa com uma moça do Rio Vermelho, Cristina, para quem faria a música "Menina do Rio Vermelho". Carleba segue ainda um tempo no Rio. Os Panteras jogavam a toalha — ainda participaram, como convidados, de um festival de iê-iê-iê organizado por Waldir Serrão no Iceia (um colégio público estadual), numa formação que tinha Raul (voz e guitarra base), Carleba (bateria), Eládio (guitarra solo), Plínio (contrabaixo) e Emanuel (guitarra). Essa seria a última apresentação da banda com esse núcleo.

O disco *Raulzito e Os Panteras* só seria tocado integralmente ao vivo às dezoito horas do dia 2 de maio de 2009, 41 anos após seu lançamento, durante a quinta edição da Virada Cultural de São Paulo, na avenida Cásper Líbero, região central da metrópole. Carleba, Eládio e Mariano, agora transformados em lendas, se reuniram exclusivamente para o show. Na apresentação, que abriu e depois fechou o palco raul-seixista, Mariano e Eládio cantavam. Havia um músico adicional tocando guitarra base. Para o show, acorreram ônibus de todo o país em sintonia com o desejo de presenciar o momento histórico no palco *Toca Raul!*, uma maratona de bandas que se apresentaram das dezoito horas do sábado às dezoito horas do domingo. Era como se fosse algo longamente adiado, um encontro entre uma banda e seus fãs que nunca pôde acontecer quando o grupo estava em seu auge.

Ficou célebre o diagnóstico do cenário feito por Raulzito anos depois do fim da banda: "Chegamos num fim de safra. Os parâmetros eram antípodas. Tinha Agnaldo Timóteo de um lado, Gil e Mutantes do outro. As coisas que eu tocava não eram simples. As letras falavam de coisas como o agnosticismo. E nós não fazíamos a menor ideia do que era comercial naquele momento para a indústria fonográfica". Na verdade, não tinha agnosticismo nenhum ainda, era apenas uma sugestão em uma única canção. Foi só um descompasso do destino.

Ali, ainda naqueles estertores dos anos 1960, ao menos um amigo não estava disposto a deixar Raulzito jogar a toalha.

Jerry Adriani não se conformava em ter perdido seu parceiro de aventuras musicais. Nutria uma admiração genuína por Raul; aquele baiano decidido e de riso fácil tinha renovado em Jerry seus sonhos de insubordinação roqueira, de herói de matinê. Ele o havia apresentado ao executivo Evandro Ribeiro, da CBS, com a firme esperança de que Raul alcançasse o almejado estrelato por aquele caminho. E foi justamente um reencontro com Evandro, em Salvador, que mudou o destino de Raul. Mas não foi um encontro fortuito, como reza a lenda: Raul foi ao encontro de Evandro quando descobriu o hotel em Salvador onde o executivo estava hospedado. Raul não costumava esperar as coisas acontecerem, ele facilitava as circunstâncias. Evandro já o conhecia, e enquanto o ouvia falar, sacou que precisava daquele baiano eloquente.

O homem que evitou que Raul Seixas se tornasse um bancário era um mineiro discreto de Manhumirim que tinha começado a vida como feirante no Rio de Janeiro. Também exerceu os ofícios de office boy, balconista e bancário, até fazer um curso técnico de contabilidade. Foi por essa via que Evandro Ribeiro entrou no mundo discográfico: como contador, não como descobridor de talentos. Ao se tornar contador da Columbia, acharam que tinha proximidade com a música e ele acabou evoluindo para chefe de finanças da companhia, cargo no qual precisava lidar com os contratos de artistas. Como era um pianista diletante, admirador de cantores como Marlene, Emilinha e Francisco Alves, mostrava facilidade para detectar as suscetibilidades dos artistas e também seu potencial. Acabou sendo nomeado gerente-geral da Columbia.

Evandro enxergou de fato as qualidades de Raul, mas não o via como *frontman*, como líder de uma banda. Rejeitava seus sonhos de ser cantor. Tinha visto nele um talento inato para burilar sons, misturar coisas, peneirar talentos. "O seu Evandro nunca pôs fé nele de verdade. Mas tinha essa coisa de descobrir as coisas antes de as coisas acontecerem, e ele via em

Raul alguma coisa", conta o tecladista Lafayette Coelho Varges Limp, um ícone da Jovem Guarda. O mineiro então fez ao baiano uma proposta pragmática — tremendamente influenciada, claro, pelo desejo de um de seus mais bem-sucedidos artistas, Jerry Adriani: "Que tal voltar para o Rio para se tornar um dos produtores da gravadora?".

Naquela época, Evandro fez convite idêntico a outro talentoso músico que tinha acabado de ser dispensado da banda Renato e seus Blue Caps: Mauro Motta. Apesar de muito jovem, o mais jovem da gravadora, Mauro era um pianista muito dedicado, praticava até oito horas por dia para se tornar um músico de respeito. Ele e Raul comporiam a mais prodigiosa dupla de produtores da música brasileira mais popular do país nos anos seguintes, os próximos três ou quatro anos. Qual seria sua peculiaridade? A exemplo do que o produtor Phil Spector fazia na música anglofalante, Raul e Mauro se postavam em todas as fases da produção de um álbum: eram compositores, escolhiam material do álbum, atuavam como diretores criativos, supervisionavam arranjos e fases do processo de gravação e ainda tocavam instrumentos. E bem.

Raul, no entanto, tinha hesitado muito antes de aceitar o convite de Evandro Ribeiro para ingressar nesse mundo dos estúdios. A conversa definitiva rolou justo no momento em que o cantor tentava se integrar à rotina de homem de família, trabalhando e estudando febrilmente. Usava óculos e ensinava inglês e violão em aulas particulares, em Salvador, para aumentar as receitas domésticas. Buscava se nivelar à expectativa de cidadão comum, mas era difícil para ele. De vez em quando, recebia alguns trocados pelos direitos de vendagem dos discos em que tinha composições feitas ainda na primeira fase no Rio de Janeiro. Discos como os de Lafayette e o Trio Elétrico, a série de coletâneas anuais *As 14 Mais*, e alguns de Renato e seus Blue Caps. Mas nunca tinha deixado de sonhar com o estrelato. Raulzito sabia que a proposta de Evandro, feita na virada dos anos 1960 para os 1970, era o último vagão, a derradeira chance de se manter ligado à área da música, que ele não queria de jeito algum abandonar. À revelia das súplicas da família, finalmente fez as malas e retornou ao Rio de Janeiro para morar no Leblon, em um apartamento com banheira na rua Almirante Pereira Guimarães, número 72. Edith agora estava grávida de Simone Andrea, que nasceria em 19 de novembro de 1970, já no Rio. O padrinho, não tinha como ser outro, foi Jerry Adriani.

Imerso no trabalho na gravadora, agora longe do microfone, Raul iniciou uma atividade frenética como produtor. A vida no Rio, de certa forma, ainda era penosa para ele. "Minhas férias são em janeiro. Vou à Bahia. Preciso de ar puro. Rio de Janeiro é grande. Opressor. Desumano. O Rio abre os braços e aperta e aperta até você não poder respirar. Não posso ser carioca. Não sou robô", escreveu em carta a um amigo. Enquanto todos paravam para ver os jogos da Copa do Mundo, Raulzito, que não curtia futebol, trabalhava. Quase toda sua obra futura destinaria um olhar crítico, quando não sarcástico, sobre a paixão nacional pelo futebol. Já em seu álbum de estreia, *Sociedade da Grã-Ordem Kavernista* (CBS/Sony, 1971), no sambão "Aos trancos e barrancos", Raul entra de voadora na garganta da paixão nacional ("Pra que pensar se eu tenho o que quero/ Tenho a nega, o meu bolero, a TV e o futebol"). No clássico *Gita* (Philips/Universal Music, 1974), em "Super-heróis", a primeira canção do disco (um rock que começa e acaba citando "Kansas City", dos Beatles), ele é puro sarcasmo: "Como é que eu posso ler se eu não consigo concentrar minha atenção/ Se o que me preocupa no banheiro ou no trabalho é a Seleção/ Vê se tem um *Kung Fu* aí em outra estação". Em seu quinto disco solo, *Há 10 mil anos atrás* (Philips/Universal Music, 1976), na canção "Quando você crescer", ele diz: "o futebol te faz pensar que no jogo você é muito importante, pois o gol é o seu grande instante".

Mas era impossível passar incólume pela seleção em 1970. Pelo próprio empenho propagandístico do projeto de nação do governo militar, tudo tinha de ser um só coração, todos ligados na mesma emoção. Como era a primeira Copa com transmissão direta, embora a qualidade da transmissão fosse sofrível, o Brasil já vivia o climão: aulas eram canceladas, empresas liberavam os empregados mais cedo, repartições decretavam ponto facultativo. No Rio de Janeiro, a média de aparelhos ligados no evento foi de 93%, superior à da chegada do homem à Lua.

Raulzito declinava dos convites para ver os jogos. Estava além dos satélites naquele momento. Seu foco era obsessivo. Queria achar um lugar para recolocar seu trabalho autoral, suas composições. Um lugar no qual ele encontrou uma brecha foi a série de coletâneas *As 14 Mais*, que permitiam alguns voos. No volume 25, ele e Leno assinam um fabuloso sucesso de Renato e seus Blue Caps, "Se eu sou feliz, por que estou chorando?". "Na realidade estou mentindo/ Procurando ser o que não sou", diz a letra de Raulzito. Aos poucos, ele foi entrando num clube que tinha compositores de hits infalíveis: Renato Barros (dos Blue Caps), Rossini Pinto, Mauro Motta, e então chega Raulzito, um toque de imprevisibilidade nessa equação.

Naquele mesmo ano de 1970, Raul tinha iniciado uma grande amizade com um guitarrista norte-americano chamado Gay Anthony Vaquer, de Morgantown, Virgínia Ocidental. Filho de um militar norte-americano e de mãe brasileira, Gay era admirador de Hendrix, Cream e Led Zeppelin e se pirulitara dos Estados Unidos no final dos anos 1960 para não ter que ir ao Vietnã combater. Era contra a guerra. Aqui, foi contratado pela CBS. Em 1971, Raulzito assinaria, como diretor artístico da gravadora, um compacto que a banda de Vaquer, Fein, gravou pelo selo Epic. A cantora era a paraense Jane Duboc, que namorava Vaquer (com quem se casaria). O baterista era o também norte-americano Bill French. Jane cantava simplesmente fazendo *scats* com a voz, e o som da banda tinha uma pegada que misturava jazz, bossa e soul. Nenhuma das duas faixas tinha letra (a censura havia implicado com referências a um acidente com petróleo na baía de Guanabara) e a guitarra de Vaquer soava como um Jim Hall temporão, com um estilo mais lírico que os *guitar heroes* da época, mais introspectivo. Ele acabou se convertendo também em um precioso colaborador do baiano (seria dele o célebre slide de guitarra na introdução de "Metamorfose ambulante", um dos hinos de Raul).

Raul tinha feito uma previsão bem pouco modesta para seu próprio desempenho naquele ano de 1971 — que, de fato, seria fabuloso em termos de produção para o baiano. Festejou quando a primeira filha, Simone, completou três meses e seis quilos e também comprou um Chevrolet 1927. Em carta (datilografada no papel ofício da gravadora CBS) ao amigo norte-americano Dan Dickason, escreveu: "Este ano de 1971 vou dar o bote da cobra. Vou dar uma contribuição válida para a música brasileira, digo, vou fazer algo que realmente tenha uma honestidade artística, tanto no campo da produção como no de composição. Eu lhe informo melhor mais tarde".

Fora ainda das grandes loucuras coletivas e lisérgicas que marcariam sua carreira, mas atento ao mundo das ideias (num leque que ia do jazz ao bolero), Raul não perdia a chance de frequentar as noitadas ecumênicas no apartamento de Jerry Adriani. Ali, ia conhecendo a moçada com a qual colaboraria ou com a qual trocaria impressões fundamentais sobre a música e seu futuro. Um dia, se apresentou a ele um mineiro de Belo Horizonte chamado Márcio Pereira Leite, um baixinho desinibido e tremendamente bem-apessoado: olhos verdes, cabelos lisos, ar romântico, raciocínio rápido, voz um pouco rouca. Uma espécie de Ronnie Von sem a origem burguesa. Márcio tinha sido menino-prodígio na TV Itacolomi de Belo Horizonte. Usava o nome artístico de Márcio Greyck e tinha um contrato com a TV Tupi, o que lhe permitia circular tanto pelos programas musicais da emissora quanto pelas novelas.

Tinha até ganhado seu próprio programa com a cantora Sandra, *O Mundo É dos Jovens*. Mas era ainda um músico sem música, uma espécie de ovelha negra daquela turma. Márcio apenas sonhava com o estrelato musical.

O mineiro tinha chegado ao Rio na virada de 1965 para 1966, a Jovem Guarda já estava acontecendo e ele não achava mais lugar nela. Chegou à cidade grande para começar a vida e logo se arranjou na televisão. Mas tinha veleidades musicais, então ficou ali pela TV algum tempo gravitando em torno do mundo do disco. O irmão de Márcio, Cobel, também viera tentar a sorte no mundo artístico, e Raulzito se aproximou dele também. Até produziu um compacto para a dupla Sérgio & Cobel, em 1970, que conta com uma composição jovem-guardista fruto de uma rara parceria: "Não consigo te esquecer", composta por Raulzito, Leno e Rossini Pinto.

Mas era Márcio que estava predestinado ao sucesso, embora ele mesmo não acreditasse nisso. "Eu já fazia música, mas umas músicas ruins. Eu pensava: eu tenho que fazer uma música boa, tenho que fazer uma música boa." Em 1970, ele lançou um compacto pela CBS que mudaria os rumos de sua vida para sempre: "Impossível acreditar que perdi você", dele e do irmão, Cobel, sob direção de Renato Barros, de Renato e seus Blue Caps. Ao longo dos anos, como se não pertencesse a nenhuma época ou nenhum batalhão geracional, essa música seria ouvida e resgatada continuamente e terminaria sendo regravada por mais de sessenta artistas diferentes.

Além de estourar nacionalmente como artista da música, aquilo também permitiu a Márcio contar com os préstimos dos notáveis de seu universo, e nenhum lhe causava tão boa impressão quanto Raul Seixas. Márcio Greyck acompanhou Raul no intenso processo de gestar o disco *Sociedade da Grã- -Ordem Kavernista apresenta Sessão das 10*, com Miriam Batucada, Edy Star e Sérgio Sampaio. Notou inclusive a reação de desagrado do diretor da companhia, Evandro Ribeiro, que torcia o nariz para a proposta musical de Raul. "Esse negócio não tá certo." Evandro tinha um feeling para a música popular, a música que estourava, que vendia disco pra caramba. Mas era conservador no atacado.

Greyck, no entanto, achava aquele projeto de Raul visionário. Algo lhe dizia que seria resgatado no futuro. "Antigamente, tudo era muito eclético, todas as rádios tocavam tudo. Hoje, é mais compartimentado. O Chacrinha foi o rei de misturar tudo no programa dele, do brega ao superchique. Isso mostrou realmente a cara do Brasil, que o Raul Seixas descobriu. E Raul descobriu que poderia falar sobre essas coisas assim como os Beatles começaram a falar depois da beatlemania. Eles começaram de um jeito e alcançaram um novo paradigma musical. O desenvolvimento musical permitiu a Raul olhar tudo com clareza, com um olhar privilegiado", afirmou Márcio Greyck — que, embora fascinado pela capacidade do amigo, tinha sido empurrado para outro movimento dentro da máquina de fazer hits.

Somente num dos discos mais importantes do período, *Corpo e alma* (1971), Márcio Greyck, em ascensão, foi atrás do reforço da dupla dinâmica Mauro-Raul. Eles assinam juntos a canção "Foi você" (na gravação, é Mauro Motta ao piano) e já se percebem pistas débeis da lírica de Raulzito na letra. "Foi você a causa, o meio e o fim do nosso amor" prenuncia o famoso verso "eu sou o início, o fim e o meio". Uma espécie de lenda ronda a canção: Raul a teria composto para dar a Roberto Carlos, mas Mauro Motta assegura que isso não é verdade.

Simultaneamente, com o potiguar Leno, Raulzito começava a afinar outra parceria preciosa, muito peculiar, que já projetava seu olhar multifocal sobre a música brasileira. Quando voltou ao Rio de Janeiro, após o fiasco dos Panteras, a primeira pessoa para quem ligou foi Leno. "Bicho, estou de volta ao Rio. Fui contratado pela CBS para trabalhar de produtor", disse Raul ao amigo. Durante um ano e meio, Raulzito cantou como vocalista de apoio na banda de Leno. Ainda em março de 1970, ele compôs "Sha la la (Quanto eu te adoro)" para Leno gravar. No estúdio, Raulzito, como diretor artístico, regia e orientava o grupo da gravação: Leno no violão, gaita e vocal, Paulo Cezar Barros no contrabaixo, Serginho Barros na bateria, Luiz Wagner na guitarra e Zé Carlos Scarambone no piano acústico.

Raul vivia nessa gangorra, entre a necessidade de forjar uma linguagem e de encontrar uma "poção" de sucesso fácil, uma fórmula. A música cafona lhe parecia o caminho, e poucas figuras se encaixariam com tanta perfeição naquilo que viria a ser conhecido como "brega" do que o baiano José Roberto Sá Costa. Um sotaque suburbano, a voz ardida, uma figura construída com pequenos excessos (sapatos brancos, motocicleta na capa do disco, medalhões e camisas abertas no peito). Raul tinha conhecido José Roberto nos tempos de Salvador, quando o cantor dava os primeiros passos nos programas da TV Itapoan. Raul e Os Panteras costumavam acompanhar os artistas que vinham se apresentar. "Eu não era nem profissional. Ficamos amigos, ele deu muita força." Quando José Roberto chegou à CBS, Raulzito viu a chance de transformá-lo, com grande prazer, numa força da música cafona em gestação — compôs imediatamente seis músicas para o conterrâneo. Em 1973, embora com a carreira já decolando, Raul ainda embutiu no volume 27 da coletânea anual da CBS a canção "Lágrimas nos olhos", um dos grandes sucessos de José Roberto (no início, Mauro Motta levou o crédito sozinho, o que depois foi corrigido pela gravadora).

Quando veio para o Rio de Janeiro, José Roberto tinha 23 anos. Após estourar, ainda na Salvador nos anos 1960, com uma canção de Roberto Carlos ("Eu não presto mas eu te amo"), José Roberto chamou a atenção da CBS, que o trouxe para gravar um compacto na gravadora em 1970. O cantor surfou durante um bom tempo (está na ativa até hoje) no sucesso desse período, às vezes rivalizando com o próprio Roberto Carlos nas vendas de discos. Com "Lágrimas nos olhos", Raul e Mauro Motta cristalizaram a vocação definitiva do cantor. "Eu fiz a música, alguns versos. Raul fez os refrões, era o rei dos refrões", conta Mauro, que tinha um senso orquestral admirável (sua composição "Perdido em pensamentos", que produziu para o álbum de Márcio Greyck de 1974, pontuada pelos metais e crescendos circulares, é visionária).

"Lágrimas nos olhos" entrou no álbum *José Roberto e seus sucessos*, pelo selo Epic/CBS. Em 1972, durante apresentação no *Programa do Chacrinha*, José Roberto, que tinha um grande contingente de fãs do sexo feminino (contam que foi um dos primeiros a ter um fã-clube de *groupies*), conheceu a chacrete Angélica, com quem se casou. Raulzito desenvolvia ali uma alquimia rara para o cancioneiro popular, formulando as bases de uma música (que seria engolfada nesse rótulo geral de "brega") que dominaria os anos 1970 e persiste forte ainda hoje. Até aquele momento, o brega que vigorava nos anos 1960 era o bolero, as várias vertentes da balada romântica, o derramamento de Waldick Soriano, Nelson Ned, Agnaldo Rayol e Agnaldo Timóteo e, nos estertores da década, o notável Paulo Sérgio. Em seguida, foram surgindo os Josés Robertos, Josés Augustos, Fernandos Mendes.

A gravação de "Eu não presto mas eu te amo", de José Roberto, ainda continha elementos fortes da marcação ao estilo dos Fevers, tinha o DNA da Jovem Guarda. Mas, em "Lágrimas nos olhos", Raul impulsiona o cantor na direção de uma orquestração e um coro ainda mais dramáticos, torna a batida mais "maquinal", apropriada à fórmula industrial e seriada do brega setentista. Muitos artistas passariam a procurar Raul Seixas como produtor exclusivamente por sua inspiração nesse segmento. "Como os Beatles, que aprenderam no estúdio, eu aprendi tudo na CBS, os macetes todos. Aprendi a fazer música fácil, comercial, intuitiva, que levava direitinho o que a gente quer dizer. Aí desisti de vez do livro que eu ia fazer, o tratado de metafísica. Decidi chegar ao livro através dos discos, dos sulcos, das rádios. É mais positivo, é melhor", disse Raul.

Houve diversos hits e hospedeiros musicais que cimentaram a nova alquimia cunhada por Raulzito (e, claro, por seu onipresente parceiro Mauro Motta). O primeiro trabalho conjunto deles a estourar foi "Sheila", canção gravada por Renato e seus Blue Caps em um compacto, em 1971, com outras três canções: duas de Ed Wilson (irmão de Renato) e uma de Getúlio Cortes. Com muitos "I Love You" nos refrões, uma conclamação ao perdão dos eventuais pecadilhos da carne ("O seu passado em sua vida não me importa não"), era uma canção claramente derivada da interpretação dos Vips em "A volta", de Roberto e Erasmo, em 1966.

Misturando e fatiando, Raul e Mauro extraíam ouro de tudo em que punham as mãos. Foi o caso também de "Vim dizer que ainda te amo" (1972), interpretada por um certo Raphael (tratava-se de um primo do cantor Leno, que tinha o apelido de Begé). Prenhe de derramamento romântico, com o refrão cantado sob uma reiteração orquestral, a canção anuncia o tema do amante mansamente adaptado a uma circunstância de infidelidade (que ficaria conhecida, no futuro, como "música de corno"). "É normal, tão normal errar/ Esqueci que você fez meu coração sofrer e já lhe perdoei/ Vem, não deixe pra depois, o sol já vai sair brilhando pra nós dois."

A exacerbação de seu mergulho no sentimento periférico do Brasil surge mais adiante compactada em uma canção que fizeram para o LP do homem-bolero Túlio Monteiro. O disco *Túlio Monteiro* (CBS/Epic, 1971) traz uma canção de Raulzito e Mauro, "Amigo (Contigo eu me confesso)", que funde o clamor mais dramático de Waldick Soriano com o fatalismo do fracasso sentimental e autoindulgente ("Eu arrasto minha vida/ Que é tristeza e amargura [...]/ E eu demonstro nos meus olhos, hoje espelho de um fracasso"). Nessa confluência entre o bolero, o iê-iê-iê, a Jovem Guarda como eco da beatlemania, a soul music americana e algum tempero de forró, ia surgindo uma nova cena, uma nova trilha sonora, um novo futuro.

Muitos dos artistas nos quais Mauro Motta e Raulzito investiram nesse período não vingaram, embora tivessem chances de triunfar. Foi o caso, por exemplo, do paulistano Heitor Cardoso, o Monny (pronuncia-se esse nome acentuando a última sílaba, Moní). Em 1973, Raul e Mauro compuseram "Problemas", um dos quase hits de Monny (ao lado de "Ciuminho", de 1968), que era um cara boa-pinta, popular com a juventude, de voz bem colocada, afinado. Monny teve um bom momento, desfrutou de fama precoce, casou-se com a chacrete Vera Furacão. Mas acabou vendo a carreira minguar progressivamente. Há outros artistas que Raul e Mauro alimentaram com música e produção de compactos, como um certo Daniel, dos quais não restou nem uma memória pictórica ou memorialística. Para Daniel, Raul e Mauro compuseram "Se você soubesse", lançada pela CBS em um compacto de 1970.

Em 1972, o cantor tijucano bochechudo José Ricardo cantou, de Raulzito, "São coisas da vida" (Odeon), gravada com acompanhamento do grupo The Fevers. "São coisas da vida, que o tempo desfaz", dizia a letra, muito simples. Com o trompete fechando cada refrão e o corinho feminino de fundo, essa música é provavelmente um dos exemplares mais bem-acabados daquela sonoridade que alimentaria o brega de rádio daquela década. José Ricardo (nome artístico do carioca José Alves Tobias) desfrutava de grande afeto entre a turma da Jovem Guarda. Seu nome é citado na lista de boêmios de "Festa de arromba" ("Sérgio e José Ricardo esbarravam em mim"), de Roberto Carlos. Fez relativo sucesso em Portugal e na Espanha, mas foi a canção de Raulzito que permitiu que saísse de seu destino de compactos simples e ampliasse o público.

Mas crucial mesmo, nesse refinamento do conceito de música periférica que Raul e Mauro urdiam, foi a entrada em cena de um rapaz magro, rosto anguloso de guitarrista de banda inglesa, um goiano de Morrinhos que pulara do ônibus na praça Mauá em meados de 1967 para tentar a vida artística no Rio.

Esse sujeito afável tinha gastado dois anos cantando em puteiros e boates da rua do Lavradio, Lapa e praça Tiradentes e essa vivência lhe dava uma experiência e um tempero incomuns, vitaminados pelo fato de que tinha um raro talento cronístico da observação do *basfond* e dos sonhos periféricos. Esse fulano morava no morro da Viúva, na avenida Oswaldo Cruz, de onde tinha uma vista espetacular da baía da Guanabara. Odair José de Araújo, conhecido artisticamente como Odair José, estava buscando a oportunidade de gravar um disco, o que aconteceria no começo de 1970.

Ainda no final de 1969, ao chegar à avenida Rio Branco, na sede da CBS, gravadora que tinha um segmento popular muito forte e dominava 80% do mercado fonográfico àquela altura, mandaram que Odair procurasse o produtor Rossini Pinto, e ele o encontrou em sua sala, um biombo de eucatex sem teto que separava Rossini dos outros quatro produtores da casa. Com a saída de Jairo Pires da companhia, Evandro Ribeiro tinha criado cinco núcleos de produção na empresa. Rossini recepcionou efusivamente o novato, mas estava mergulhado em uma produção autoral. Quem acabaria cuidando com apuro e senso estético da obra de Odair José seria outro produtor, Raulzito, que se ocupava obsessivamente em produzir algo de relevância histórica naquele momento. Rossini Pinto era um produtor-letrista que pagava de poeta, publicava artigos em jornal e tinha menos paciência para os jogos do estúdio. Assim, Raulzito acabou trabalhando profundamente no acabamento do disco de estreia de Odair José, além de tocar guitarra nas faixas.

Não demorou para Odair perceber que Raulzito era o melhor homem de estúdio que ele já encontrara em sua curta caminhada. Tinha qualidade musical, capacidade de observação e era, ele mesmo, um músico refinado. Foi simpatia mútua, os dois se tornaram amigos, passaram a dividir refeições num restaurante português, já extinto, que os artistas frequentavam na avenida Rio Branco. Odair notou que, antes de comer, o baiano costumava tirar do bolso uma latinha igual àquelas de Pomada Minancora e sacar de lá algumas pílulas, de várias cores, que engolia com água. Uma vez, Odair lhe perguntou do que se tratava. "Essa aqui é para ficar mais forte. Essa aqui é para fortalecer os músculos. Essa aqui é para não cair cabelo", foi explicando Raulzito. Havia algo em Raul, notou Odair, que era o oposto da imagem que celebrizaria depois, aquele jeitão de não-tô-nem-aí, cheio de orgulho de sua diferença. "Ele queria ser bonito, ele queria ser apreciado pelas mulheres. Não gostava de ser magro demais."

No disco de Odair, *Por que brigamos*, Raul compôs para o amigo um quase hit, "Tudo acabado", uma composição visionária que foi gravada pelo próprio Raulzito em oito canais no estúdio da CBS. É como se estivéssemos diante de um laboratório de "Metamorfose ambulante", com os coros e as guitarras *fuzz* de Raul e o teclado psicodelizante. "Tudo é tão diferente/ Quando a gente fica só/ Quando a pedra esperança/ De repente vira pó/ Tudo acabado."

O álbum, no entanto, apesar de ter um desempenho médio, não agradou tanto assim. Havia um certo descontentamento entre as equipes criativas da gravadora. Eles iam para o famoso restaurante Angu do Gomes ou aos bares das imediações da gravadora, reuniam-se com aspirantes ao *star system* e ficavam horas debatendo o que poderiam fazer para se colocar no mercado, achar um caminho de força e originalidade. Todos buscavam uma pedra de toque, um hit maior do que a vontade, capaz de ocupar todos os dials das rádios.

Mas em 1972 Evandro Ribeiro chegou à CBS com um diamante bruto nas mãos. Evandro tinha "comprado" o passe de uma jovem cantora ipanemense, uma musa do próximo verão, na qual ele, se fosse jogador, apostaria rios de dinheiro que dominaria o *hit parade*. Ele andou procurando por um nome feminino para ocupar o lugar vago deixado por Wanderléa, que abandonara o cast da companhia pouco antes. Loira carioca do Leblon de dezoito anos e de olhar romântico, pele de pêssego, covinha no queixo, nariz de grã-fina, Ana Maria Siqueira Iório, que adotara o codinome Diana, tinha se tornado um fenômeno na temporada ao lançar por uma pequena companhia, Caravelle, um sucesso memorável no verão de 1969. Isso foi quando ainda era menor de idade. O compacto que Diana gravou popularizou a canção "Menti pra você" (o lado B do compacto era "Sítio do Pica-Pau Amarelo") e a projetou no Rio, mas faltava torná-la um fenômeno nacional, investir na carreira. "Menti pra você", carro-chefe daquele disco, tinha ficado em primeiro lugar na Rádio Globo por mais de quarenta semanas.

Como Marjorie Estiano e Kéfera décadas depois, Diana já frequentava o circuito das revistas *teen*, era presença frequente nas revistas *Amiga* e outras. Evandro Ribeiro passou a chamar Diana de "minha filha" e projetava um grande futuro para ela. Ele olhou para seus produtores e pensou que o que tinha um maior apelo de modernidade, de juventude, era mesmo o enfant terrible Raulzito. Ele o chamou a um canto e disse: "Quero que você produza Diana. Quero que ela se torne ídolo nacional já na estreia. Você acha que consegue?". Raulzito sorriu com a costumeira autoconfiança. "Faço mais que isso, seu Evandro", disse o topetudo Raulzito ao chefe.

Em 1970, após um compacto pelo selo Epic, Diana iniciou seu trabalho com Raulzito e Mauro Motta, a dupla dinâmica da CBS. Ela marcaria o ápice da carreira de Raulzito como produtor, porque o disco de estreia da cantora, *Diana*, lançado em 1972, era uma usina de hits, o maior deles a onipresente "Ainda queima a esperança", a última música do lado A do disco. Raulzito e Mauro compuseram ainda mais três canções do álbum.

"Ainda queima a esperança" passou a ser cantada instantaneamente em todo o Brasil, em parte por causa do refrão incontornável, em parte por causa do doce arrivismo de um amante inconformado ironizando a perda. A música era um pote até aqui de mágoa. A melodia é de Raulzito. Já a letra é metade de Raul, metade de Mauro Motta. Mauro sugeria: "Está feliz agora?", e Raul completava: "Depois que tudo acabou?". Foi uma das canções que mais renderam direitos autorais a Mauro Motta e Raul Seixas, até hoje sendo regravada (um dos *covers* mais recentes é da dupla feminina goiana Máida e Maísa).

> *Uma vela está queimando*
> *Hoje é nosso aniversário*
> *Está fazendo hoje um ano*
> *Que você me disse adeus*
> *[...]*
> *Meus parabéns agora*
> *E feliz aniversário, amor*
> *Estás feliz agora*
> *Depois que tudo acabou?*

Ninguém que tenha vivido aquele período escapou de ouvir o hit de Diana. O escritor, historiador, biógrafo e jornalista Paulo César Araújo lembra que, na infância, costumava ouvir lá do quintal a canção pipocando no rádio de sua casa, em Vitória da Conquista, Bahia. Quando afinal se tornou pesquisador da música, ficava ensimesmado com os versos que lhe vinham automaticamente à cabeça e foi assim que voltou a procurar aquela que ele considera "um clássico pop, o maior sucesso dessa fase". Diana se tornou, a partir dali, uma grande estrela. Ao mesmo tempo que galgava as paradas, a cantora namorou Mauro Motta, secretamente, e também iniciou um tórrido romance público com Odair José, com quem foi morar naquele mesmo ano. O chefe, Evandro Ribeiro, foi contra, mas ela se casaria com o cantor goiano em 1973. Sua vida era esquadrinhada pelas revistas de fofocas e suas roupas eram imitadas. E Odair e Diana tinham uma química propícia ao escarcéu midiático: em dezembro de 1973, os dois foram parar nas páginas de polícia dos jornais. Eles brigaram feio, Diana o acusou de tentar estrangulá-la e que, para se defender, o esfaqueou. Estavam casados havia apenas quatro meses. Odair foi internado com ferimentos na testa, nos braços e nas pernas. DIANA ATACOU À FACA ODAIR JOSÉ, estampou um jornal.

Estima-se que os álbuns de Diana tenham ultrapassado a marca dos 20 milhões de discos vendidos. Sob os cuidados de Raulzito (Rossini Pinto era encarregado de verter hits do inglês para o português para completar o repertório), Diana alcançou o topo das paradas de sucesso, emplacando canções de Raulzito como "Você tem que aceitar", "Estou completamente apaixonada" e "Hoje sonhei com você". O baiano também cunhou uma versão do *gospel folk* "Take My Hand for a While", de Buffy Saint-Marie (virou "Pegue as minhas mãos"). Raul mostrava um aguçado faro da ourivesaria musical: a canadense Buffy, ativista de origem indígena, criada em reserva, era cultuada por estrelas como Neil Diamond, Cher, Barbra Streisand. Aquilo tudo criava um curioso triângulo: Diana, Mauro Motta, Odair José (que era também produzido e abastecido de canções pela dupla) e a mediação da parabólica de Raul Seixas, delirantemente conectado ao som do mundo. O casal Odair e Diana jurou ódio eterno, mas era uma espécie de Brad-Angelina das paradas populares, todos os amavam.

Enquanto Raulzito se esmerava em municiar de composições os artistas que mais falavam ao coração das periferias, como Odair José e José Roberto ("Mundo feito de saudade" e "Que tolo fui"), parecia que desenvolvia simultaneamente um método para driblar com astúcia os dogmas industriais e as fórmulas de estúdio. Como fosse muito cioso da individualidade artística, se preocupava em deixar sua marca na sonoridade não apenas do seu tempo, mas em projetá-la de alguma forma no futuro. "Ninguém tentou, ainda, transmitir ideias novas, de vanguarda, através de uma música que mantivesse o seu caráter popular. Descobri que poderia fazê-lo ao ver o país inteiro cantando 'Doce doce amor', do repertório do Jerry. Então me veio à cabeça aquele negócio lógico. Se eu tivesse escrito uma música chamada 'Amargo amargo amor', ela teria sido cantada da mesma maneira."

Sua contribuição é facilmente identificável nos sucedâneos, os gêneros populares de anos recentes, como a sofrência (que deriva do arrocha e é, não por acaso, também fruto da Bahia). Os versos "Meus parabéns agora/ E feliz aniversário, amor" poderiam caber harmoniosamente num hit como "Porque homem não chora", aríete do repertório do cantor (e ex-vendedor de picolés baiano) Pablo, por exemplo.

O ambiente em que Raul transitava não estava tão pacificado como a inocência do repertório da época sugeria. Havia entre os artistas uma insatisfação crescente com as exigências de padronização da CBS, o que impelia muitos deles a procurar novos caminhos. Os produtores concordavam que havia uma espécie de camisa de força na sonoridade da gravadora. A mais evidente era que todos se viam obrigados a acomodar a base de Renato e seus Blue Caps nas fundações de toda música que produziam; era como um selo de qualidade. Isso levava o velho Evandro Ribeiro a recusar terminantemente qualquer música que destoasse demasiado do padrão, e foi o que o fez rejeitar o instrumentista, arranjador e compositor Dom Salvador, por exemplo. O pianista Dom Salvador, pioneiro do samba jazz e do samba soul, foi um dos primeiros expatriados da bossa nova nos Estados Unidos, nos anos 1960, e um dos mais requisitados músicos de estúdio brasileiros em Nova York. Quando Odair José inventou de levar Dom Salvador para tocar piano em um disco seu, levou uma bronca do *boss*. "Jazzístico demais!", ralhou Evandro. Ninguém estava satisfeito com aquilo, nem mesmo o pacífico Raulzito.

Odair, por insistir em fugir dessa estandardização, acabou se queimando na gravadora. Estava para ser dispensado, já tinham lhe dito que não ia gravar mais, quando alguém intercedeu junto a Rossini Pinto para que ele gravasse ao menos um compacto derradeiro, para que saísse da gravadora com dignidade. Rossini Pinto discordou, a princípio, mas Raul e os outros amigos insistiram muito. "Deixa o cara gravar", pediu Raul. Rossini balançou e enfim assentiu. "Só não faça besteira", aconselhou o produtor.

Odair gravou o compacto, que continha a música "Eu vou tirar você desse lugar", um dos maiores sucessos da música brasileira de todos os tempos. A reação foi colérica. "Isso é uma merda, música de puta!", esculhambou Rossini. O compacto, no entanto, desmentiu os maus bofes do produtor e vendeu meio milhão de cópias. A CBS tentou reconquistar Odair, ao se dar conta do equívoco, mas o contrato não existia mais. Correram atrás de Odair, mas já era tarde, ele acabara de assinar com a Polydor. Odair se foi, mas manteve no coração a esperança de voltar a trabalhar com Raulzito; tinha se dado conta de que era um privilégio tê-lo conhecido.

Em 1975, Odair José e Diana se separaram após um processo ruidoso, e um ano depois nasceria a filha do casal, Clarice. Eles ainda viveram de idas e vindas até 1981, mas hoje em dia Odair não gosta nem de ter seu nome associado ao dela.

Diana, vivendo no mundo machocêntrico das gravadoras, alcançou o estrelato, mas não ficou satisfeita com os rumos de sua carreira, que a aprisionavam num estereótipo de loira dócil e sem vontade própria. Em 1975, ela empreendeu uma viagem nova por um trabalho autoral: pelo selo Polydor, lançou o álbum *Uma nova vida*, assinando pessoalmente sete das doze faixas e tendo como banda de apoio o grupo Azymuth. O disco abria com uma versão do hit de Johnny Nash, "I Can See Clearly Now" (transformada em "Ainda sou mais eu"). Já a música-título era do marido, Odair José.

Com produção de Jairo Pires e Tony Bizarro (da dupla Tony e Frankye) e arranjos de José Roberto Bertrami (do Azymuth) e Luiz Cláudio Ramos, o disco-grito de emancipação de Diana tinha arranjos sofisticados, que flertavam com a soul music (incluindo uma música de Tony Bizarro, "Se você tentasse"). Ela rompia com as fórmulas, de certa maneira, mas o fato é que as fórmulas agora já eram maiores até que seus criadores e ditavam o rumo das coisas, e Diana nunca mais alcançaria aquele patamar que um dia as canções de Raulzito lhe proporcionaram.

Raulzito também seguia trabalhando com Jerry Adriani, o benfeitor que articulara seu retorno à gravadora nos bastidores. Fazia vocais de apoio nos discos do camarada e, de vez em quando, buscava resgatar algum dos velhos companheiros da Bahia. Foi assim, por exemplo, que ele e Mauro Motta escreveram uma canção para tentar catapultar a carreira do inesquecível Waldir Serrão. Lançaram "A qualquer hora" (Raulzito/Mauro Motta) em 1972. Serrão veio ao Rio, participou de luaus no Riviera Clube, na Barra da Tijuca, com Jerry e Leno, integrou-se momentaneamente à corte do antigo parceiro na emergente indústria fonográfica.

Mas não durou muito: Waldir estava destinado a ser um herói doméstico, um guerrilheiro do rock da mística Bahia, e logo voltou para casa para se transformar num soberano do auditório em programas de TV, como o lendário *O Som do Big Ben*, que era seu apelido (uma paródia do carioca Big Boy), na TV Itapoan. Em 1991, Gilberto Gil gravou a composição "Madalena" e creditou-a como de domínio público, mas Serrão foi à Justiça alegando que era uma canção sua e de Isidoro Ferreira. Quando ia à Bahia, Raul dava um jeito de fazer uma aparição no programa do velho cúmplice, nunca o esqueceu (Serrão também nunca abandonou os primeiros afetos, tanto que deu ao primeiro filho o nome de Elvis).

Trabalhando na produção de discos variados na CBS, Raul ajudava a moldar a face de uma década. Ele parecia intuir que era hora de dar ouvidos aos chamados da introversão, da introspecção e das revoluções individuais. Começou a burilar isso em discos como os de Raphael, Paulo Gandhi (*Eu vou mudar a minha vida* e *Muito obrigado, meu bem*, de 1972), Roberto Barreiros, Edy (*Aqui é quente, bicho* e *Matilda*, de 1970), Tony e Frankye (*Viu menina*, de 1970), esforçando-se metodicamente para se enquadrar no esquema, embora sem vocação para isso. Raulzito agora estava sem barba e andava de terno e pastinha 007 debaixo do braço. Foi então que Jerry o convidou para uma aventura maior: produzir seu novo álbum inteiramente, o que de início não foi tão bem recebido na gravadora.

Jerry já tinha gravado, em seu disco de 1969 pela CBS, uma canção de Raul chamada "Tudo que é bom dura pouco" (ao lado de músicas de Leno, ainda assinando Gileno, Renato Barros e Puruca). A lírica meio melancólica de Raul seduzia o paulistano. "Algo estranho em nosso amor está para acontecer/ Com esse olhar fugindo ao meu nem precisa dizer/ Eu sei que tudo que é bom dura pouco, minha querida." Mas agora Jerry iria desfrutar do toque de refinamento e habilidade que o produtor Raulzito vinha desenvolvendo junto com a ascensão de uma nova música jovem urbana. Raul tinha virado um químico de estúdio, de truques e invenções, e Jerry soube se beneficiar de sua gigantesca intuição. "Eu gosto mais de gravar que de dar show. Estou mais para cientista. Gosto de ficar brincando com os tubinhos de ensaio dentro do estúdio, ver explodir tudo e dar aquela risadinha…"

E se as invencionices de Raulzito comprometessem o prestígio do astro da gravadora?, questionou Evandro Ribeiro. "O sr. Raul já é meio maluco, o senhor e ele vão tumultuar, vão fazer besteira!", disse o diretor da companhia a Jerry. Mas Evandro, que também sabia ser generoso, acabou cedendo. E não se arrependeu: *Jerry* (1970) foi um disco onipresente no dial das rádios populares. Na capa, Jerry Adriani de azul, empunhando o violão como um Elvis caboclo, cabelo escovado, costeletas aparadas, ar de poeta de sacristia. Curioso notar que, embora assinasse como Raulzito a canção-chave do disco, "Se pensamento falasse", a direção artística era creditada a Raul Seixas, como se aquilo estabelecesse um rito de passagem de um para outro.

Mas foi em *Pensa em mim*, de 1971, disco de Jerry também produzido por Raul Seixas, que Raulzito colheria o seu primeiro sucesso extraordinário: a canção "Doce, doce amor".

Primeiro ato de sinergia entre dois *hitmakers* ardilosos, "Doce, doce amor" (composta com Mauro Motta, que toca piano e órgão na gravação) virou emblema de um certo sentimento romântico juvenil, profundamente careta e ingênuo, e tocou de forma absurda nas rádios. Era tão alienada que, muitos anos depois, Jerry blefaria dizendo que a letra fazia referências subliminares à supressão das liberdades civis pelo AI-5, de 1968. Jerry ria quando admitia publicamente que aquilo tinha sido apenas um blefe, a canção não tinha nem uma casquinha de engajamento.

Pouco tempo depois, em carta ao amigo norte-americano Daniel Dickason, Raulzito escreveria, abordando seu trabalho no LP *Jerry* (1970):

> Jerry Adriani, que antes cantava músicas sempre "quadradas". Minha primeira gravação com ele foi para as *14 Mais*, "Não faço segredo". Continuei com o estilo antigo dele e só mudei a orquestração e os arranjos ao meu modo. Assim o povo ia se acostumando com o novo estilo que estou fazendo com ele. Jerry tinha e ainda tem um público grande que compra os discos dele e eu não quis arriscar na primeira gravação, sabe? Era muito perigoso pois se o disco não vendesse ia ser mau pra mim. Felizmente a música "Não faço segredo" vendeu muito e isso me animou para fazer um LP com ele usando algumas músicas mais avançadas. O LP *Jerry* lançado agora aqui no Brasil está indo muito bem. Gravei de experiência "Gioconda", "Seis horas", "Eu sou assim" e compus duas músicas pra ele, "Se pensamento falasse" e "Seu táxi está esperando". Ele está muito contente com seu novo disco, e eu mais ainda porque entre as doze músicas as duas minhas composições são as mais tocadas no rádio.

Aquelas amizades e colaborações nos bastidores da gravadora impulsionavam os sonhos e a imaginação de Raulzito para ainda mais longe. Animados com o resultado de suas aventuras juntos na gravadora, Raul e Leno (que pertencia ao cast da CBS) começaram a gestar uma joia do período, um ambicioso disco autoral. Trabalharam febrilmente, entre novembro de 1970 e janeiro de 1971, nas canções de um álbum que tinha o título provisório de "Canções com Raulzito". "Johnny McCartney", a composição central desse álbum, dizia: "Ainda hei de ser famoso um dia/ meu nome nos jornais você vai ler/ vou ganhar mais de um milhão/ comprar o meu carrão cantando o iê-iê-iê". Essa música seria gravada depois por Edy Star, parceiro de Raulzito, no álbum *Sweet Edy* (1974), primeiro disco explicitamente *glam* do Brasil, agora rebatizado com o título de *Super Estrela*.

Esse disco perdido de Leno e Raulzito, cujo nome futuro seria *Vida e obra de Johnny McCartney*, espanta hoje pela ousadia política e artística. A primeira qualidade, a política, não lhes trouxe exatamente boa recepção. O disco causou uma reação insólita do governo militar, cujo Departamento de Censura proibiu, de cara, quatro canções e retalhou outras. "S.O.S." (que foi gravada no segundo álbum do artista, *Gita*, em 1974, e posteriormente viraria "Objeto voador", um dos seus maiores hits) foi uma das canções vitimadas pela censura e engavetadas. Era uma música, como muitas do compositor, que surgia em cima de uma costela de um sucesso internacional — no caso, "Mr. Spaceman", hit dos anos 1960 do grupo norte-americano The Byrds, de David Crosby (depois integrante do Crosby, Stills, Nash & Young). Raul cantava: "Ôôôôôô, seu moço, do disco voador, me leve com você pra onde você for". The Byrds cantavam: *"Hey, Mr. Spaceman/ Won't you please take me along/ I won't do anything wrong"*. É literalmente a mesma música, e Raul jamais deu crédito.

"Enquadrada" pelos censores, a canção "S.O.S." foi posta de lado pela dupla. Teria de ser repaginada para que pudesse voltar e virar hit anos depois. Para completar o desastre, a fita máster do disco de Raul e Leno foi "cancelada" pela gravadora. O próprio diretor, Evandro Ribeiro, ao ver o material, ficou convencido de que outra canção do LP, "Pobre do rei", era uma agressão gratuita a Roberto Carlos, uma heresia, portanto. Quando foi perguntar pelo destino do seu material ao engenheiro de som, Eugênio Carvalho, Leno foi informado de que as fitas seriam arquivadas ou apagadas para serem reutilizadas em outras gravações. Mas os tapes ficaram intactos e só seriam reencontrados nos anos 1990, com o lançamento no ano seguinte, 24 anos depois de gravado, em uma tiragem limitada de 3 mil exemplares.

Essa é uma história digna das escavações aventurosas de Indiana Jones. Foi em 1994 que o jornalista e pesquisador Marcelo Fróes, um obsessivo caçador de relíquias da música brasileira, entrou nos arquivos da Sony em Acari, no Rio, para examinar fita por fita do acervo da CBS. Fróes estava escrevendo um livro sobre a Jovem Guarda. Por acaso, localizou uma caixa com o nome do cantor Leno e diversas músicas não catalogadas. "Encontrei dois tapes gravados em oito canais do Leno que continham diversas faixas estranhas e liguei para o Leno. O cara pulou da cadeira, porque em 1971 a CBS havia dito a ele que o disco havia sido cancelado e as fitas, reaproveitadas", contou Marcelo.

Redescobertas as fitas do disco, havia ainda alguns desafios a serem transpostos. Fróes foi até o estúdio de publicidade de um amigo para usar o gravador vintage que ainda rodava as fitas, uma raridade. Ao ouvir os primeiros acordes, o pesquisador sacou que ali estava uma gema, uma espécie de Santo Graal da música de um certo período. Leno então conseguiu retirar as fitas da Sony e finalmente pôde-se socializar o som que Raulzito e Leno tinham esculpido quase um quarto de século antes. As fitas foram remixadas digitalmente e o disco lançado em CD em 1995 pelo próprio Leno no selo que criou para isso, o Natal Records.

O título de *Johnny McCartney* não era um tributo aos Beatles, mas uma gozação em cima do estrelismo. Também remete, segundo os seus artífices, a títulos de livros enciclopédicos em moda na época, tipo *Vida e obra de Machado de Assis*, *Vida e obra de Shakespeare*. É fato também que os Beatles, em 10 de abril de 1970, tinham se separado, e esse debate estava em todo lugar.

A crítica enxergou elementos do *hard rock* do grupo inglês Free ("Por que não"), Bob Dylan ("Sr. Imposto de Renda", gravação na qual Leno e Raul fumaram um baseado juntos, o primeiro de Raul, e é por isso que riem muito no meio da faixa), do *power trio* Cream ("Sentado no arco-íris") e *country rock* ("Não há lei em Grilo City"). Além de Leno e Raul, entre os compositores desse disco também estavam Marcos e Paulo Sérgio Valle ("Pobre do rei"), Arnaldo Brandão, de os Bolhas ("Peguei uma Apollo") e Ian Guest ("Contatos urbanos", com vocais do Trio Ternura).

Raulzito compôs, fez arranjos (para "Lady Baby"), tocou violão e também cantou. A banda de estúdio foi A Bolha, de Arnaldo Brandão, com apoio ainda de Renato e seus Blue Caps e o grupo uruguaio Los Shakers. Leno lembra que Raul, quando voltou ao Rio após o naufrágio de seu projeto com os Panteras, tinha ido inicialmente viver com uma tia no Leblon. Nesse período, meio desenturmado na cidade, foi procurado por Leno para sair, fazer algumas atividades culturais. Foram juntos à avant-première do filme sobre o festival de Woodstock no Cine Rian, em Copacabana. Também viram um show de A Bolha, e ali entraram em contato com seus integrantes, que tinham acabado de chegar da Inglaterra e estavam impregnados do espírito da Swingin' London (presenciaram os shows do festival da ilha de Wight). Leno então os convidou para participar de *Johnny McCartney* e eles toparam. "O Leno e o Raul tocaram a base da música no violão para nos familiarizar e deixaram que nós tocássemos com nosso estilo mais pesado", contou o guitarrista de A Bolha, Renato Ladeira.

Não era só o peso que chamava a atenção, mas a lírica também. A faixa "Sentado no arco-íris" traz uma letra de Raul que o mostra como um inconformado, assinalando um *turning point* político-existencial que chamou a atenção. Há uns ecos de filosofia nietzschiana na letra ("Aonde Deus está"), uns avanços de sinais na cartilha do pop corrente. "Eu me lembro dele dizendo que se orgulhava daquela letra", recorda Leno. "Os versos falavam de reforma agrária, antecipavam até a existência do Movimento dos Sem-Terra", afirmou o cantor anos à frente. A letra, de fato, é premonitória:

Tambores gritam guerra em código e fumaça
E os olhos da cidade vigiam cada esquina
Fico em vão sem saber, fico em vão a buscar
Aonde Deus está

Vejo de longe, sinto de perto
Se está errado ou se está certo
Olho essa gente, gente sem terra
Gente sem nome, velha de guerra

Para Leno, o álbum, com certo grau de experimentalismo, significava um grito de independência artística. Tinha 21 anos, o Brasil vivia sob o AI-5, havia temas candentes se apresentando e ele estava incomodado com a ideia de viver aprisionado em um rótulo de cantor romântico. "Eu queria falar de coisas mais maduras." O potiguar aproveitou o status de que desfrutava como grande vendedor de discos da companhia, que o deixou inaugurar o mais moderno estúdio da CBS para gravar. A foto de capa foi feita no estúdio (o primeiro de oito canais) ainda em construção, com o cantor e compositor Getúlio Cortes segurando a moldura de um quadro ao lado de Leno — Getúlio estava passando pelo corredor e Leno o puxou inesperadamente para compor a cena. Outros elementos da foto são um exemplar do *Pasquim*, um saco de cimento, uma guitarra e o vinil de *Não acredito*, disco de Leno e Lílian.

Raulzito ainda não falava em carreira solo, mas o álbum com Leno era certamente um atestado de sua independência autoral, uma transição para o definitivo Raul Seixas. Algumas canções estão nas fundações das músicas mais famosas de Raul Seixas, como "S.O.S.". Por exemplo: "Convite para Ângela" seria reaproveitada em "Sapato 36". "Eu queria fazer rock, uma coisa mais contestadora, queria desabafar", disse Leno, já nos anos 1990. O cantor potiguar atribui o engavetamento do disco aos interesses comerciais da época e também ao "jabá", que definia aquilo que seria tocado e aquilo que jamais entraria na programação das rádios. "Não tem nada a ver com a sua imagem", reagiu Evandro Ribeiro. A gravadora fez corpo mole para liberar as canções presas na Censura Federal e Leno, com o disco na mão, acabou pedindo rescisão de seu contrato e indo para a Philips. Em 2008, saiu uma edição em vinil do trabalho.

Naquele LP, Raul se mostrava definitivamente emancipado dos passos iniciais como astro derivativo, de província. Já tinha ali se tornado grande amigo de Mauro Motta, Cláudia Telles, produtores e artistas. Costumava ir até a Ilha do Governador, à casa do tecladista Lafayette Coelho Varges Limp, para ficar conversando e trocando impressões sobre música. Expandia suas ideias e acomodava-se às ambições da metrópole. Tanto é assim que, em 1973, quando ele soube que a gravadora pretendia reeditar seu disco com Os Panteras, ficou espantado: "Vai editar? Mas que absurdo", afirmou ele, em entrevista ao *Pasquim*. Ele tinha o álbum como um arroubo de juventude, impregnado das canções adocicadas com as fórmulas da época, não achava útil recolocar em circulação. O relançamento acabou não acontecendo naquele ano, mas não foi pela vontade de Raul e sim por questões internas da gravadora. Em janeiro de 1984, "aproveitando a volta do ié-ié-ié", segundo escreveu a *Folha de S.Paulo*, a gravadora EMI-Odeon resolveu relançar *Raulzito e Os Panteras*, mas sem grande repercussão. Nunca saiu uma resenha do álbum, por exemplo.

A gravação original de *Raulzito e Os Panteras*, em som mono, acabou virando uma preciosidade de sebos e colecionadores. O baterista Carleba lembra que chegou a ver um original do álbum à venda por uma fortuna.

Raul, ao mesmo tempo que avançava no domínio do universo da produção, também se preocupava em se afastar dos

estereótipos da canção romântica típica do período jovem-
-guardista e do arcabouço de roqueiro clássico. Em uma famosa entrevista ao *Pasquim*, ele afirmou:

> Eu sou muito dado à filosofia, eu estudei muito filosofia,
> principalmente a metafísica, ontologia, essa coisa toda. Sem-
> pre gostei muito, me interessei. Minha infância foi formada
> por, vamos dizer, um pessimismo incrível, de Augusto dos
> Anjos, de Kafka, Schopenhauer. Depois eu fui canalizando
> e divergindo, captando as outras coisas, abrindo mais e acei-
> tando as outras coisas. Estudei literatura, comecei a ver a
> coisa sem verdades absolutas. Sempre aberto, abrindo por-
> tas para as verdades individuais. Assim, sabe? E escrevia
> muita poesia. Vim pra cá publicar.

Enquanto se dedicava a um lado profissional mais técnico,
Raulzito também achava brechas para exercer sua generosidade familiar, tribal: escolheu um grande hit entre aqueles que ele tinha composto para Jerry Adriani, "Ainda gosto
dela", e creditou a Plínio Seixas e seu velho parceiro Waldir
Serrão. Tirava assim o próprio nome da autoria para que o
irmão e o amigo, coautores, recebessem mais dinheiro de
direitos, tirassem os pés da lama. Raul burilava com os pressupostos do pop internacional as canções que queria que
tivessem maior impacto. "Canta mais escrachado, Jerry!",
aconselhava Raulzito a Jerry, para dar uma dose adicional
de perfídia à canção.

A vida doméstica ia se acomodando às ambições de Raul.
Edith fazia o que podia para ajudá-lo a decolar. Um dia, o sogro de Raulzito, George Wisner, não se conteve e resolveu
viajar ao Rio para conferir como vivia a filha recém-casada.
Nessa época, Raul e Edith moravam num edifício na avenida
Visconde de Pirajá, o Edifício Upacy. Não possuíam nada além
de uma cama, copos, chuveiro e toalha.

Raulzito ficou preocupado. Precisava mostrar alguma prosperidade, algum tipo de conquista material. Então, teve uma ideia. Raul armou uma cena: convocou Eládio, dos Panteras, para apanhar o sogro no aeroporto com seu fusca, como se fosse seu motorista particular. Pediram a um amigo da TV Excelsior para decorar o apartamento com objetos de cena dos programas da emissora, sofás, armários e quadros, para forjar um *lounge*. Raul contara ao sogro que estava na multinacional CBS, ganhava bem e estava progredindo muito. George Wisner foi levado a um *sightseeing* pelo Rio de Janeiro, passaram horas rodando com ele antes de levá-lo ao apartamento-cenário. Ao final de tudo, Wisner ficou tão convencido que acabou premiando Eládio com uma gorjeta, quando este o levou de volta ao aeroporto para regressar a Salvador.

Certo dia, no ano de 1970, chegou aos estúdios da CBS um cantor e compositor carioca chamado Odibar Moreira da Silva. Odibar tinha marcado um teste, mas não tocava violão e levou consigo para acompanhá-lo um músico capixaba magricela chamado Sérgio Moraes Sampaio. Odibar se tornaria conhecido, mais adiante, pela coautoria, com Paulo Diniz, da canção "Quero voltar pra Bahia", uma homenagem a Caetano Veloso. Ele e Paulo Diniz costumavam compor no lendário Solar da Fossa, casarão e refúgio multidisciplinar que abrigou a nata da intelectualidade brasileira por cerca de seis anos no Rio de Janeiro.

Muitos viveram no Solar da Fossa, o nosso equivalente do Chelsea Hotel de Manhattan — entre eles aquele que se tornaria o maior parceiro de Raul, Paulo Coelho. A pensão instalada no casarão de dois andares na avenida Lauro Muller, em Botafogo, abrigou, de 1964 a 1971, gente como Gal Costa, Tim Maia, Paulinho da Viola, Betty Faria, Antônio Pitanga, Zé Kéti, Guarabyra, Caetano Veloso, entre inúmeros outros. Ali foram gestadas canções como "Alegria alegria", de Caetano Veloso, e "Sinal fechado", de Paulinho da Viola. O guitarrista dos Fevers e o policial do esquadrão da morte Mariel Mariscot exibiram naqueles corredores seus riffs (o primeiro) e suas correntes de ouro (o segundo). Viviam ali naquela comunidade esperando o momento de inscrever seu nome na fama e na glória do show business.

Naquele dia, para o teste do tímido e modesto Odibar na gravadora, foi escalado um dos quatro produtores da CBS: Raulzito Seixas. Odibar não convenceu, e sua trajetória tornou-se trôpega dali em diante — terminou a carreira sem jamais gravar um disco. Os bafejos da fortuna têm seus cruéis desígnios — Odibar tinha belas canções, mas sua carreira minguou e ele foi viver no Rio Grande do Sul, onde ficou doze anos. Morreu em 2010, esquecido.

Mas conversa vai, conversa vem, o violonista que tinha chegado acompanhando Odibar, Sérgio Sampaio, acabou mostrando duas músicas autorais para Raul, que as adorou. Eram "Coco verde" e "Chorinho inconsequente". Acabaram se tornando grandes amigos, Raulzito e Galo Seco (como o pessoal na gravadora chamava Sérgio). O baiano conseguiu, inicialmente, pôr Sampaio para fazer coro em gravações de Renato e seus Blue Caps, entre outros artistas da companhia. Sob o pseudônimo Sérgio Augusto, Sampaio assinou a letra de "Sol 40 graus", uma melodia do produtor e arranjador húngaro Ian Guest (que assinava então como Átila). A música viraria sucesso em 1971 nas vozes do Trio Ternura. Raul sugeriu a Guest, que era o coordenador do Departamento Nacional, a contratação de Sérgio Sampaio pela gravadora, e acabaria se tornando o produtor da obra-chave de Sampaio, o LP *Eu quero é botar meu bloco na rua* (Philips, 1973).

Naquele momento, a cena musical do Rio de Janeiro ainda fervilhava num pequeno trecho da rua Duvivier, entre os números 21 e 37, em Copacabana, que compreendia o Little Club e o Bottle's Bar, o mítico Beco das Garrafas. Era ali que tinha se delineado a pétrea revolução da bossa nova. No final dos anos 1950, chegando ao Brasil como imigrante, o jovem pianista húngaro Ian Guest virou habitué daquela turma da bossa do Beco das Garrafas, que de certa forma o adotou. Ian tornou-se amigo de Luiz Carlos Vinhas, Luizinho Eça, Rubens Bassini, Sergio Mendes e obteve até a carteirinha do Clube de Jazz e Bossa. Boa-praça e arguto nas observações musicais, logo se tornaria coautor de duas músicas de Vinicius de Moraes ("Tempo de solidão" e "Pergunte a você"), entre outras parcerias com luminares daquele grupo.

Ian admirava as qualidades musicais da bossa e torcia o nariz para o rock e o samba-rock. Emergindo de uma cena análoga à do jazz, tendo testemunhado o nascimento de clássicos como "Garota de Ipanema", Ian não parecia o tipo de sujeito que fosse se tornar amigo inseparável de Raulzito, mas foi justamente o que aconteceu. "Raul foi amor à primeira vista. Por um lado, as músicas dele eram execráveis, limitadíssimas, grande pobreza harmônica e melódica. O vocabulário musical era limitado. Mas era sensacional em letra. Eu propus a ele: por que não vamos fazer uma parceria? Ele gostava de minhas músicas, mas não entendia nada do que eu fazia." No começo, Guest dizia que as canções de Raul lhe soavam como "mousse de chocolate com molho à campanha". Mas logo ele aprendeu a flanar por aquele universo de iluminações de Raul Seixas, e acabaria deixando sua marca também em outro álbum "perdido" dessa fase, *Vida e obra de Johnny McCartney* (1971).

O húngaro falava com um sotaque indecifrável, era tranquilo e cordato. O "João", como Raul o chamava (e também as pessoas nos estúdios), era filho de um pianista de grande reputação na Hungria, George Geszti, e tinha chegado ao Rio de Janeiro em 1956, fugindo da revolução na Hungria (um levante popular que, partindo do movimento estudantil, se insurgiu contra o controle da antiga União Soviética). Naquele ano, 200 mil húngaros viraram refugiados em alguma parte do mundo, e a parte que coube a János Geszti (seu nome de batismo) foi o Rio de Janeiro.

Foi um conterrâneo de Guest, Zoltán Merky, que trabalhava como engenheiro de som na Odeon, que arrumou para o garoto

Ian uma ocupação além da boêmia: um trabalho de técnico de estúdio na companhia de discos, o primeiro trabalho com carteira assinada, bem remunerado. Logo, Guest tornou-se coordenador do Departamento Nacional da CBS. Tornou-se, portanto, o chefe dos outros produtores do estúdio, e foi assim que conheceu o baiano arretado que se tornou seu amigo: Raul Seixas. Ian torcia o nariz para os gostos de Raulzito, odiava o rock 'n' roll. "Era um gênero periférico, como chamavam na academia, a cada dois anos mudava, sumia, entrava outro." A recíproca de fato não se provou verdadeira: Raulzito adorava as composições de Ian Guest. Chegou a colocar letra em uma delas, mais antiga, de 1969, denominada "Ainda é hora de chorar". "Amiga, escute o que eu pedir/ E não me leve a mal por bem."

Como Guest compunha com grande facilidade, todos logo descobririam que ele era um músico de mão cheia. Muitos outros músicos recorreram a suas composições, como Trio Esperança, Trio Ternura, Lafayette e seu Conjunto. Guest morria de vergonha porque achava que os parceiros sempre escolhiam as piores músicas para gravar. Por isso, mudou de nome, passou a assinar simplesmente Átila. "Todo meu amor você levou", de Renato e seus Blue Caps, é composição de Átila. "Se por acaso te encontrar", sucesso de Márcio Greyck, de 1971, é composição de Átila.

Raulzito ainda se ressentia do fracasso de sua grande aventura, o disco *Raulzito e Os Panteras* (1968). Buscava mostrar serviço. Aquele mundinho da CBS acabou se tornando uma nova família para ele. Logo, a trupe também agregaria o irmão de Sérgio Sampaio, o compositor Jorge Sampaio, que usava o codinome Dedé Caiano (também era conhecido como Kokó). E todos começaram a trabalhar juntos: Ian Guest, Raul Seixas e Sérgio e Jorge Sampaio. Com Dedé Caiano, Raulzito faria pelo menos uma grande canção, "Anos 80", um country de protesto que está no disco *Abre-te Sésamo*, lançado em 1980. "Pobre país carregador/ Dessa miséria dividida/ Entre Ipanema/

E a empregada do patrão/ Varrendo lixo/ Pra debaixo do tapete/ Que é supostamente persa."

Já Sérgio Sampaio, Guest definia como "inteligente, humilde, refinado". Todos gostaram dele, cada um por um motivo. Depois de Elvis, Little Richard e Luiz Gonzaga, Sérgio Sampaio seria o artista que de fato mais chamaria a atenção de Raulzito. Um iniciante. O talento e a grandeza do capixaba reacenderam uma chama no coração de Raulzito. "O fato é que Sérgio foi o primeiro cara que eu realmente descobri. Logo que o conheci e que o vi tocando e cantando, acreditei muito nele. Acho até que ele teve um papel fundamental na volta do meu desejo de ser artista, coisa que parecia estar adormecida dentro do figurino do produtor."

Um dia, no estúdio ao lado de Mauro Motta, Raul estava flagrantemente inquieto. Vestia uma camisa branca social, calça Lee desfiada, cinto marrom, um híbrido de roqueiro e executivo. Gravavam "Coco verde", a canção abre-alas de Sérgio, e Raul estava ao seu lado. "Que foi, Raul?", perguntou Mauro, notando sua agitação. O baiano respondeu: "Bicho, eu tenho a maior inveja desse cara". Motta olhou em volta. "De quem, do Serginho?", perguntou. "Mauro, eu sou aquilo ali, eu não sou produtor coisa nenhuma, cara, eu sou cantor, minha vida é cantar."

Sérgio Sampaio não tinha nada de "maldito", como se convencionaria que ele seria chamado para a posteridade. Era doce, fiel e genuíno. Mas certamente não tinha paciência para os jogos de bajulação do show business. Uma vez, ao ganhar o Troféu Imprensa no SBT de Silvio Santos, foi receber o prêmio vestido de forma casual, enquanto o traje requisitado era smoking. Ao receber o troféu das mãos de Silvio Santos, contou ao apresentador que ia enviar a peça para sua mãe em Cachoeiro, que tinha paciência para guardar "essas besteirinhas". Nunca mais pisou no SBT. Enfrentava também, com bravura insólita, as injustiças típicas de um Brasil de racismo dissimulado. Uma vez, convidou o sambista Nelson Sargento para ir à sua casa no Leblon. O porteiro, ao ver Sargento, negro, o intimou a subir pelo elevador de serviço. Enquanto conversavam, Nelson Sargento deixou escapar o que o porteiro tinha feito e Sérgio interrompeu a conversa. Desceu e passou a dar um esporro homérico no homem. "Esse cara é um baluarte da MPB, o que você está pensando?", berrava.

Sérgio Sampaio tinha um temperamento forte e uma honestidade artística de poderosa capacidade de contaminação. "Coco verde" é de fato uma convocação irresistível de Sérgio, um elogio à liberdade e à camaradagem (seria regravada com sucesso por Doris Monteiro): "Leio, ouço, comento e grito/ Que o mundo não tem razão/ Nunca mais eu me largo, amigo/ Na sombra de sua mão". Raul e Sérgio se tornaram amigos para além do mapa astral, para além do destino de almas gêmeas da música. Tinham liberdade para serem francos um com o outro. "Você produz bem. Por que não produz a si mesmo?", perguntou Sérgio a Raul certo dia, o tipo de toque que fez o baiano não apenas reformular suas prioridades, mas questionar o próprio sentido de sua carreira.

Não demorou para aquilo causar uma reação de amplitude imprevisível. Após classificar "Eu sou eu, nicuri é o diabo" (que seria defendida pela banda Os Lobos, de Niterói) e "Let Me Sing, Let Me Sing" no VII Festival Internacional da Canção (FIC) da TV Globo, Raul começou a se preparar para defender pessoalmente a segunda canção no palco. Foi até uma loja em Copacabana, explicou que tinha se classificado e conseguiu o empréstimo de uma jaqueta *biker* de couro e a calça também de couro acolchoada nos joelhos, um figurino semelhante ao que Marlon Brando usou em *O selvagem*. Arrumou um cinto maior que o do campeão dos pesos-pesados Muhammad Ali. Passou gel nos cabelos e tornou-se uma espécie de Elvis suburbano de gestos pausados e sorriso de menino.

Sérgio Sampaio, por sua vez, tinha classificado a marcha-rancho "Eu quero é botar meu bloco na rua" no festival e criava grande expectativa entre os jurados, que reconheciam nele um talento muito particular. Ele acabara de conhecer na CBS um violonista piauiense extraordinário chamado Renato Costa Ferreira, um garoto que integrava o conjunto Os Selvagens, recém-contratado pela CBS. É engraçada a história de como ele e Renato Piau, como ficou célebre o violonista, se conheceram. Novo no Rio de Janeiro, Renato Piau tinha escutado na Rádio Mundial, certo dia, uma música que o impressionara muito. Era "Classificados nº 1", de Sérgio Sampaio. "Ah, Sérgio Sampaio é aquele cabeludo magrinho com a barriga de fora lá da CBS, eu vejo esse cara todo dia e não sabia que ele era tão bom assim", pensou Piau. No dia seguinte, foi até Sérgio na CBS e disse: "Rapaz, eu escutei uma música sua muito bacana, parecia até o Caetano Veloso". Sérgio não gostou nem um pouco da comparação, ficou puto com Piau: "Que Caetano porra nenhuma, é Sérgio Sampaio, bicho!". Demorou para acalmar os ânimos, Renato teve que convidar Sérgio para um almoço para selar um armistício. Já aproximados pela boa música, Sérgio disse que se sua música passasse de fase, Renato o acompanharia ao violão. Ao mesmo tempo, Raul também gostou do piauiense e o escalou para a gravação de "Let Me Sing, Let Me Sing".

No momento em que Sérgio Sampaio chegou ao Maracanãzinho para defender sua música, viu que o diretor musical do festival estava conduzindo Renato Piau e seu violãozinho para o fosso junto com os outros músicos. Sérgio o resgatou. "Não, ele vem para o palco comigo!", sentenciou. Após a apresentação, mesmo com o ginásio inteiro tendo cantado junto, Piau e Sérgio descobriram que não tinham sido classificados. Apesar da aclamação popular, não foram para a final. Aí, já resignados, eles seguiram para a casa de Raul Seixas, para acompanhar a apresentação do baiano pela TV ao lado de sua mulher, Edith. Era tudo uma grande confraria, todos juntavam forças em busca de seus sonhos de glória e fama. De lá do apartamento de Raul, ficaram sabendo que houve uma reviravolta: a chefe do júri, Nara Leão, tinha feito uma revisão do resultado e que estavam na grande final.

Já Raul viveu uma transfiguração no palco. Sua aparição foi rápida, porém marcante. Após sua primeira apresentação solo, ao vivo, Raul sabia que teria de procurar um contrato com uma companhia discográfica para dar continuidade ao seu projeto. Um belo dia, baixou no Hotel Intercontinental, em São Conrado. Soubera que estava hospedado ali um dos produtores mais festejados daquele momento (e de muitos outros): Roberto Menescal, da Polygram. Com um gravador dentro de uma pasta 007, localizou Menescal no lobby e já foi se apresentando, no seu estilo de centroavante rompedor, dizendo que tinha vindo com uma proposta irresistível, que sabia que "Menesca" estaria ali, que curtia ousadias e queria que ele fosse o produtor de suas canções. Menescal ficou divertidamente surpreso com o assédio sincero do baiano, de quem já conhecia a reputação, e se dispôs a ouvir as canções que ele trazia. Gostou mais de "Let Me Sing, Let Me Sing". Raul, que tinha a lealdade no DNA, também apresentou a ele as canções de Sérgio Sampaio no gravadorzinho cassete que levava a tiracolo. "Quero os dois", lhe disse Menescal, e encaminhou as gravações.

Raul começou a preparar seu conceito de estúdio. Soubera que um dos seus ídolos, o paraibano Jackson do Pandeiro, estava sem gravadora e dava mole nos estúdios do Rio. Raul foi até ele e o convidou, e ao seu conjunto Borboremas (composto ainda de seu irmão Cícero Gomes e Severo do Acordeon), para participar da gravação de "Let Me Sing, Let Me Sing". Doze anos antes, Jackson do Pandeiro gravara a síntese daquela que parecia ser a ambição conceitual de Raul: "Chiclete com Banana" (Gordurinha e Almira Castilho). Na canção, além do debate da assimilação cultural, já aparecem termos como "samba rock" e *bebop no meu samba*", o tipo de hibridismo que interessava a Raulzito.

Jackson do Pandeiro, um herói franzino, gaiato, de bigodinho de Adoniran, camarada que o povo às vezes chamava de

Zé Jack, tocava habitualmente como instrumentista de estúdio para segurar a barra naqueles anos difíceis. A partir de 1967, ele experimentara um declínio em sua carreira. Enfrentou uma separação conjugal, depois um acidente de carro (no qual quebrou o braço e teve comprometido o manuseio do pandeiro para shows ao vivo). Sofria também de diabetes. Gil (gravando "Sebastiana", com Gal, no primeiro disco da cantora, de 1969, e "Chiclete com banana", em 1972, em *Expresso 2222*) buscou ajudar no resgate do ídolo, mas essa fase mais obscura só cessaria no final dos anos 1970, quando ele foi redescoberto pelo Projeto Pixinguinha.

Ali, nos estúdios, quem o conhecia sabia do privilégio que era ter Jackson do Pandeiro como ritmista numa gravação. Um dia, quando o cantor Benito Di Paula chegou ao estúdio para gravar, deu de cara com Jackson, escalado para acompanhá-lo. Como não tivesse conhecimento daquilo, ficou emocionado, trêmulo, não sabia o que fazer defronte ao ídolo, chegando às lágrimas ao abraçá-lo. Mas Raulzito sabia perfeitamente em frente de quem estava, o fabuloso compositor de 426 clássicos da música brasileira, o lendário Rei do Ritmo. Ele voltaria a convocar o notável paraibano para outras aventuras musicais, como na gravação de "O homem", do disco *Há 10 mil anos atrás* (Philips/Universal Music, 1976). E, em 1978, Raul gravou o fabuloso forró "Negócio é", no disco *Mata virgem* (WEA), composição de Cláudio Roberto e Eduardo Brasil, que conta com o Regional Jackson do Pandeiro na cozinha e até o auxílio luxuoso da guitarra de Pepeu Gomes. "Que pra passar a noite na cocheira/ Tem que ter o mesmo cheiro do cavalo/ Pra não incomodar."

Sabe-se que o baião teve sua origem no século XIX, no Nordeste brasileiro, mas não há informação histórica precisa sobre sua gênese. Permite mil elucubrações. Baião também lembra *bayou*, nome que designa os riachos do Sul norte-americano, terra da primeira gestação do rock 'n' roll, com o pioneiro Bo Diddley. Agora, é unânime que sua popularização se deu pelas mãos e pelos baixos de Luiz Gonzaga a partir dos anos 1940. Apesar da mesma estrutura do xote, ambos compassos binários, xote e baião diferem em ritmo e velocidade. Para Raulzito, o baião era de fato irmão de sangue do rock 'n' roll, e ele tinha intuído isso lá em Salvador ainda, ouvindo Luiz Gonzaga no rádio. Raulzito chegou mesmo a cunhar um nome para sua fusão: baioque (baião com roque).

"Let Me Sing, Let Me Sing" (Philips, 1972), além do rock 'n' roll *fusion*, traz os elementos definidores dessa fase da obra de Raul. Por exemplo: John Lennon. Quando diz "o sonho terminou", Raul cita explicitamente a canção "God", do primeiro álbum solo de Lennon, lançado em 1970, que contém o famoso verso *"the dream is over"*. Também reafirma princípios contraculturais uterinos ("Num vou cantar como a cigarra canta/ Mas desse meu canto eu não lhe abro mão") e apreço pela desobediência civil ("Se o V de verde é o verde da verdade/ Dois e dois são cinco, não é mais quatro, não"), assim como dialoga com o hit subcutaneamente politizado daquele ano, "Como dois e dois", de Caetano Veloso, gravada por Roberto nos Estados Unidos, por cautela política.

Raulzito escalou, para gravar "Let Me Sing, Let Me Sing", os seguintes músicos: Mauro Motta e Lafayette ao piano, quatro mãos nas teclas, mais seus amigos americanos Gay Vaquer (na guitarra) e Bill French (na bateria), Paulo Cezar Barros no contrabaixo, Abdias na sanfona e ainda Cícero Gomes e Jackson do Pandeiro. O produtor foi o inefável Marco Mazzola, que Raul apelidou rapidamente de Mazzolera. O produtor acompanharia Raulzito dali até 1977, quando gravou com Raul seu sétimo disco de estúdio, *O dia em que a Terra parou* (WEA). Mauro Motta conta que a participação de Mazzola em "Let Me Sing, Let Me Sing", aquele single inicial, ainda foi praticamente inócua. "Nem chegou ao estúdio, ficou só na técnica."

Lançados os compactos simples dos dois artistas, houve o seguinte fato: o disco de Sérgio Sampaio com "Eu quero é botar meu bloco na rua" estourou de cara, vendeu 100 mil cópias. O de Raul com "Let Me Sing, Let Me Sing" vendeu 10 mil cópias. Raul então perguntou a Menescal como estava o desempenho. "Ó, o do Sérgio disparou, e o teu tá indo, tá indo, mas tá devagar ainda." Raul respondeu que era assim mesmo, mas que o disco dele iria ultrapassar o do Sérgio. "Eu sou um número 1, o Sérgio é um número 2." Menescal tentou entender a presunção: "Você é o número 1?". Raul explicou pacientemente: "Não, eu sou UM número 1, ele é um número 2. Tem as pessoas número 1, tem as pessoas número 2, tem as outras, 3, 4, 5". Menescal: "Mas por que essa relação que você faz com ele?". Raulzito: "Porque eu sempre vou ser um número 1, o que eu fizer vai aparecer. O Sérgio é muito bom, mas ele é um número 2. Então, o que que acontece, ele vem e depois ele começa a cair". Menescal descobriu em seguida que Raul se escorava mais do que em premonição. Não se tratava de um menosprezo, mas de uma leitura dos estratagemas da realidade.

Mesmo exibindo talento nos diagnósticos do sucesso, Raul só experimentaria mesmo o bafejo da fama algum tempo depois. Teria que aprender ainda a conjugar a curiosidade filosófica e metafísica com suas manhas de produtor e seu mais importante ativo: a coragem, a honestidade de se postar contra as marés e unanimidades. "Saquei iê-iê-iê, maxixe, baião, tudo. Peguei uma tremenda experiência musical, uma maneira de canalizar tudo isso. Um macete. Uma manha", diria ele, em 1982, à revista *Amiga*.

Na Philips, Raul também reencontrou Gilberto Gil, camarada de Salvador que recepcionara após a prisão arbitrária em São Paulo e colega dos tempos em que ambos gravavam jingles publicitários. Convidado por Nelson Motta, um dos diretores musicais da gravadora, ele topou participar de um disco que até hoje é ponto fora da curva em sua discografia: *Carnaval chegou!* (Philips, 1972). É um disco da Série de Ouro da gravadora e que conta com artistas como Chico Buarque, Caetano,

Jorge Ben, Gil, MPB4, Nara Leão, O Terço, Gal Costa e alguns em início de carreira, como Fagner, Sérgio Sampaio e o próprio Raul Seixas. Gil foi o diretor de estúdio da aventura.

Notório desafeto do Carnaval, Raul gravou a marchinha "Eterno Carnaval!", na qual já insinuava um melancólico sarcasmo sobre as alegrias compulsórias das festas brasileiras:

Eu vou brincar
O ano inteiro neste Carnaval
Não vou deixar que a cinza venha
E suje o meu quintal
Eu abro a boca
E fico rindo à toa

A vida, a carreira e as parcerias corriam em uma velocidade impressionante, mas Raulzito tinha o seu ponto de partida no retrovisor e não abria mão de sua conexão mais profunda com a família, com as raízes. Assim que ganhou seu primeiro dinheiro respeitável, revelou alma generosa. Um dia, desembarcou em Salvador e pediu emprestado o fusca do irmão Plínio para passear. Saiu e demorou demais para voltar. Quando regressou, vinha num carro novinho que comprara para presentear o irmão — tinha se livrado do fusca. Plínio, tentando se estabelecer na vida, tinha decidido se casar. Raul ajudou a pagar uma parte do apartamento para que ele pudesse sair da casa dos pais e finalmente casar com a namorada.

Nos tempos das kavernas

O dinheiro que ganhava como produtor da CBS proporcionava uma vida modesta a Raul, mas não significava ainda uma independência financeira. Ele tinha assumido uma dívida de 40 mil cruzeiros por mês ao comprar o apartamento onde vivia com Edith, mas ganhava, quando muito, 7 mil cruzeiros na CBS. Estava se endividando e ficando angustiado. O ano de 1970 fora de muita produção, muito aprendizado, mas a vida seguia dura e a rotina de executivo o deixava indócil e irritadiço. Assim como também o desafiava a ser inovador.

O ano seguinte, 1971, já encontrava Raul mergulhando num experimentalismo de grande ousadia, o que refletia o nível de ecletismo que alcançara na atividade de produtor. "Eu gosto muito de artes em geral e por isso eu me amarro em teatro", disse. "Meu desejo ultimamente é produzir e dirigir um filme de arte e, de preferência, um filme surrealista." Nessa nova abertura de interesses, Raul contratou, como produtor, a dupla Tony e Frankye, que faziam uma música diferente daquela que tinha prevalecido até então. "São dois rapazes de São Paulo que vieram morar no Rio quando eu os contratei. São bons. Há um novo movimento começando aqui. Não é exatamente o soul, mas é parecido", escreveu Raul. "O estilo deles é muito pessoal, é bem americano. Não há compositores para escrever músicas para Tony e Frankye."

A primeira providência foi produzir um compacto para a dupla. O disco continha a visionária "Viu menina" (CBS, 1970), que se configurava num tipo de pedra fundamental da soul music nacional, ao lado de outras iniciativas pioneiras. Logo depois, quando Raul finalmente burilou o álbum *Tony e Frankye* (CBS, 1971), a sonoridade esboçada no trabalho emitia o primeiro sinal de que ele agora tinha antenas apontadas para as estrelas: um coquetel de soul, funk, guitarras *fuzz* psicodélicas, um toque lisérgico e um lote memorável de compositores comparecia em sua ousada direção artística. Canções de Tim Maia, Getúlio Cortes (que compôs um tributo ao guitarrista Carlos Santana), Murilo Latini e Jacobina, Robson Jorge, entre outros, tingiam tudo com um sabor de universalidade, cosmopolitismo. A faixa mais lisérgica é justamente "Trifocal", composição do próprio Raulzito (música na qual a voz dele faz uma aparição à la Hitchcock, gritando a palavra "Trifocal" entre os refrões). Essa música conta com uma pegada meio Sá e Guarabyra, meio *space rock* caboclo. "Lente em alto grau/ Trifocal/ Sensual/ Não faz mal/ Deixe a gente para mim/ Quero ler gibi/ Quero rir pra dormir/ Aprendi/ Que a noite está no fim/ Se a minha cara não lhe mete medo/ Eu quero lhe dizer um segredo/ Te amo como que/ Te amo pacas/ Podes crer!/ Filme de terror/ Um robô estrangulou, já matou/ Mais de trinta de uma vez."

Aquele ambiente em que ele agora pisava era um universo pioneiro de *funk soul brothers* da pesada. Tony era o codinome do paulistano Luiz Antonio Bizarro (o Tony Bizarro, também afeito às coisas da produção de estúdio) e Frankye era Fortunato Arduini (1947-2017). Como uma dupla, eles só legaram esse álbum para a posteridade, e depois seguiram outras direções — Tony Bizarro trabalhou com Tim Maia, Cassiano, Sidney Magal, entre outros. Frankye virou executivo, em Miami, da gravadora Paradoxx International.

Em julho de 1971, aproveitando uma longa viagem do diretor da gravadora, Raul radicalizou ainda mais. Esqueceu totalmente as recomendações de limitar-se às atividades de técnico e entrou no estúdio já com os planos concretos de gravar o que imaginava que seria uma ópera rock, o segundo LP de sua carreira, que receberia o nome de *Sociedade da Grã-Ordem Kavernista apresenta Sessão das 10*. Mauro Motta topou participar da produção. Seria a consagração de sua sintonia com Sérgio Sampaio, mas o disco reunia ainda duas figuras insólitas para as balizas do mercado fonográfico da época: Miriam Batucada e Edy Star.

Edy era o velho amigo dos tempos heroicos de Salvador. Em 1970, Edy estava trabalhando como apresentador e produtor de musicais na TV Itapoan, no programa *Poder Jovem* — ajudou a revelar nomes como Maria Creuza, Os Leif's (grupo de Pepeu Gomes antes dos Novos Baianos) e Antonio Carlos e Jocafi. Um dia, Edy estava no ar com suas roupas excêntricas quando resolveu cobrar, ao vivo, salários atrasados. "Tem quatro meses que não recebo! Quero meu dinheiro!", berrou. Saiu de lá demitido. No centro de Salvador, um tempo depois, ouviu uma voz atrás de si chamando seu nome. Voltou-se. Era Raul. "Eu tava te procurando." Raul pagou o ônibus e Edy foi morar no Rio, importado da Bahia para integrar o cast de novos artistas da CBS que Raul garimpava pelo país. Nos cabarés da praça Mauá, onde fez shows eróticos na Boate Cowboy, foi descoberto também como performer por Jaguar, Millôr e Tarso de Castro, a turma do *Pasquim*, e foi ali que ganhou o sobrenome artístico, tornando-se Edy Star. Ele chegou a ser entrevistado pelo trio do *Pasquim*, mas a censura federal vetou a capa da publicação. Tinha o título EDY, O REI DOS ANDRÓGINOS (a palavra "andrógino" acendeu a vigilância dos censores).

Os Panteras nunca entenderam por que Raulzito o chamara, não o achavam assim aquela maravilha, mas muita gente apostava no talento dele. "Guardem seu nome, não tardará que seja repetido e consagrado", disse Jorge Amado. "Há muito tempo que o conheço e sempre foi uma aparição, uma figura", declarou Caetano Veloso. "Edy... Starrecer!", afirmou Gilberto Gil.

Talvez apenas Edy se encaixasse naquilo que Raulzito tinha em mente, uma sacudidela sísmica nas convenções da música pop do Brasil. Naquele mesmo ano, Raulzito produzira o primeiro compacto de Edy pela CBS. Continha duas canções: "Aqui é quente, bicho" (Raulzito) e o calipso "Matilda, Matilda" (Harry Thomas/Leno), que tinha sido gravada anteriormente (em outra versão) em 1957 pelos Garotos da Lua. "Quem gosta de duro é faquir/ Vai lá, vai lá, vai lá/ Eu fico por aqui", cantava Edy, em "Aqui é quente, bicho". Era uma levada com metais, coro, *funky*, irresistível. "Peça mais um chope!" Edy tinha assumido, em entrevista à revista *Fatos & Fotos*, sua homossexualidade, passando a ser considerado um símbolo da comunidade gay e o primeiro artista do Brasil a declarar isso publicamente.

Na mesma cena, flanava pela noite do Rio outra figura ímpar: Miriam Ângela Lavecchia, a Miriam Batucada. Ela cantava na noite na Boate Drink e buscava uma chance nas grandes gravadoras. Nessa altura, as candidatas para a voz feminina do novo projeto de Raulzito eram as cantoras Diana ou Lílian (ex de Leno). Também estava na parada a cantora piauiense Lena Rios. Mas quando Miriam apareceu, causou uma bela impressão na cabeça visionária de Raul.

Miriam era um dos três filhos de uma família de italianos imigrantes de Salerno que se estabeleceu na Mooca, na Zona Leste de São Paulo. Criança-prodígio, ela teve uma carreira meteórica. Seu pai tinha uma fábrica de móveis. Um dia, um cliente o procurou dizendo que não podia pagar pelo serviço que tinha contratado, e se dispôs a pagar com um instrumento musical: uma sanfona. Miriam tinha seis ou sete anos e passou a tocar a harmônica sozinha, demonstrando espantoso domínio. Os pais a matricularam então numa escola de música. Um ano depois, a irmã mais velha, Mirna, comprou um violão e começou a tocá-lo pela casa. O pai, aflito, a procurou. "Quanto você pagou nesse violão?", perguntou a Mirna. Ela respondeu que tinha pagado uns 6 mil cruzeiros. O pai, com aquela sutileza italiana da Mooca (celebrizada histrionicamente pela atriz Nair Bello), grunhiu: "Dou 10 mil a você, mas para de tocar porque você é horrorosa!".

Miriam, por seu lado, tinha um talento percussivo impossível de parar. Mesmo antes da fama, todos conheciam o seu jeito de bater as mãos como se as estivesse esfregando, e os sons que conseguia extrair dessa prestidigitação sutil. Também era famosa sua risada escrachada e a voz grave, debochada, pigarrenta, precursora de Angela Ro Ro. Um dia, o sambista e ex-gari Antonio Monte de Souza, o Gasolina (o "Sammy Davis Jr. dos pobres", segundo a imprensa da época), a viu ainda molecota batucando nas paredes de eucatex de um camarim em São Paulo e a levou para fazer um show em Santos. Logo a seguir, o radialista Blota Jr. também ouviu falar de Miriam e a "encaixou" em um programa da Record. Logo, ela já tinha seu próprio programa e o empresário Marcos Lázaro, que representava Roberto Carlos, lhe ofereceu um contrato.

Foi nessa escalada de rochedos na busca de uma carreira solo que Miriam, aos 22 anos, foi parar no Rio de Janeiro. O jornal *O Globo* perguntou se ela tivera algum problema em São Paulo para ir parar no Rio, e Miriam respondeu: "Eu tinha sim. Minha irmã. Era perfeita. Sabia se vestir, bordar, pintar, tudo. Era manequim, divina. Botava um trapo, ficava linda. Eu botava um trapo, ficava um trapo. Um dia resolvi sair dessa fossa e trouxe para o Rio meu batuque, meu ritmo, meu senso de humor, minha alegria. E estamos aí".

Os programas de TV a abraçaram, ela gravou com Billy Blanco, agigantou-se. Um dia, chegou à CBS em busca de um contrato para gravar. Lá, quando se apresentou a Raulzito, acendeu a faísca de um projeto alternativo que ele já engendrava. Ela adorou Raul, e vice-versa. Uma vez, durante um show em Maringá, muitos anos depois daquela estreia, ela o defendeu veementemente das acusações que lhe faziam, na imprensa, de ser um "drogado", como ela dizia. "Raul é bacana, Raul é tranquilo. Não tem nada de drogado", disse, encarando o público com firmeza.

Além de cantar sambas e do tal talento percussivo, que lhe valeu o apelido famoso (chegou a ser demitida de uma fábrica por fazer batucadas no teclado da máquina de escrever), Miriam era multi-instrumentista (tocava acordeom, violão, bateria, cuíca, piano) e tinha um talento musical imenso.

Raul então se aproveitou do que ficou célebre como "um descuido" do diretor da gravadora (talvez uma das brincadeiras de Raul, porque Evandro Ribeiro sabia perfeitamente do que se tratava, embora não visse com simpatia), e entrou no estúdio para gravar com seus novos cúmplices, Sérgio, Miriam e Edy. O nome "kavernista" foi definido na hora. Raul e Sérgio estavam num papo de que o planeta estava prestes a ser destruído pela bomba atômica e que os homens que sobrevivessem iriam viver em cavernas após a hecatombe. O termo "sociedade" era caro a Raul, que vivia querendo criar alguma. Reza a lenda que entraram de madrugada para gravar e que chamaram o porteiro da gravadora para o coro. "Acho que esse disco foi mais revolta que qualquer coisa", disse Raul. "Foi o desespero", emendou Sérgio Sampaio.

Raul, Miriam, Sérgio e Edy fizeram a foto da capa do SGOK (como chamavam o LP, pelas iniciais) na frente do Cinema Império, na praça Floriano, joia da cultura carioca inaugurado em 1925, na Cinelândia. O fotógrafo era Masaomi Mochizuki, uma figura que entraria para a história do país cinco anos depois, em setembro de 1976, ao insistir em integrar uma comitiva do presidente Ernesto Geisel rumo ao Japão. Masaomi não era ninguém para o cerimonial, mas conseguiu chegar até Geisel para tentar convencê-lo a levá-lo consigo. Ao ouvir o general chamá-lo de "japonês", ele retrucou: "Sou mais brasileiro que o senhor". Geisel perguntou o motivo. "Presidente, o senhor nasceu aqui por acaso, mas eu não. Eu escolhi o Brasil como minha terra." Geisel fez tirar da lista da comitiva o fotógrafo João Pinheiro de Carvalho e levou Masaomi consigo.

Masaomi tinha fotografado para *O Globo* e *Manchete*, e faria ainda mais capas de discos após esse clássico (como a do disco *Yo Maria Creuza*, de 1991), mas nada de tamanho peso histórico. Já o logotipo do disco, caracteres com tinta escorrendo das letras como se fosse sangue, e os desenhos psicodélicos da contracapa (totens, símbolos, inscrições e raios) são atribuídos a um certo Horácio, que na verdade era Edy Star, também artista plástico.

O disco que esse time fez é uma maravilha. Começa com a voz de Miriam, com seus erres de uma pauliceia antiga, lendo o texto circense de abertura, sob o som da fanfarra de circo: "Respeitável público! A Sociedade da Grã-Ordem Kavernista pede licença para vos apresentar O MAIOR ESPETÁCULO DA TERRA!". Em seguida, um trio de vozes masculinas invade a parada com "Eta, vida!" (de Raul e Sérgio Sampaio), manifesto da condição de migrante na Cidade Maravilhosa: "Moro aqui nessa cidade que é de São Sebastião/ Tem Maracanã domingo/ Pagamento a prestação/ Sol e mar em Ipanema/ Sei que você vai gostar/ Mas não era o que eu queria/ O que eu queria mesmo era me mandar".

Em todo o disco, um coro operístico sempre faz a transição entre as músicas, com alguns versos incidentais. "Eu comprei uma televisão a prestação, a prestação/ Eu comprei uma televisão, que distração, que distração!".

"Sessão das 10" é uma seresta iconoclasta, um manifesto manuseado com extremo sarcasmo por um Edy Star arrojado, autoconfiante, cheio de energia. É como se ele colocasse do avesso "Deusa do asfalto", sucesso derramadíssimo de Nelson Gonçalves (composição de Adelino Moreira). Contra a escravidão da afinação, o deboche; contra a solenidade do velho romantismo, um autossarcasmo "inocente, puro e besta".

"Curtiu com meu corpo por mais de dez anos/ E foi tamanho desengano que o cinema incendiou." Edy vai pontuando as *boutades* todas com intervenções de mestre de cerimônias: "Fala, flautinha matadeira!/ Mas numa seresta dessa não tem quem resista!". Raul regravaria a canção "Sessão das 10" três anos depois, em *Gita*, mas cuidando zelosamente para que a faixa registrasse o crédito de Raulzito, não de Raul Seixas, como as demais músicas.

O sarcasmo segue escorrendo com "Eu vou botar pra ferver" ("Ei, amigo, assim os discos voadores nunca irão pousar", diz Raulzito na introdução), um xaxado atômico que ironiza a fabricação de ídolos, cantado por Raul e Sérgio. "Quero ver o sol fervendo no salão entediado/ Quero ver as menininhas no salão desarrumado/ Quero ver gente cantando no salão entediado/ Muita gente se arrumando no salão entediado/ Eu vou botar pra ferver no Carnaval que passou."

Antes de "Eu acho graça", de Sérgio Sampaio (cantada por Sérgio), uma *jam* de *hard rock* entra de background em um verdadeiro papo aranha "pelo telefone" entre Raul e Miriam. "É Jorginho Maneiro? É verdade que agora você é hippie?", ao que ele responde: "Podes crer!". A vinheta vai crescendo num ritmado led-zeppeliniano de guitarra, que some repentinamente, e aí é que começa a música.

"Há um hippie em pé no meu portão!", adverte a vinheta que antecede "Chorinho inconsequente", uma das duas cantadas por Miriam Batucada. É um choro clássico de Sérgio Sampaio, vitaminado por uma guitarra baiana, e foi composto com o radialista Erivaldo Santos, da Rádio Continental, numa mesa de bar. O elemento hippie encarna, na ironia dos kavernistas, o inimigo figadal da burguesia, o pária a ser eliminado da sociedade. "Queria ter o meu amor lá no cinema/ No poeira de Ipanema, gargalhando pra valer/ E uma patota inconsequente na Tijuca/ Estraçalhando a minha cuca e me dando o que fazer." "Poeira" é como chamavam os cinemas de segunda categoria do Rio naquela época.

Escorre de "Chorinho inconsequente" um clima fraternalmente irmanado ao espírito tropicalista da marchinha "Alegria alegria" (Caetano Veloso, 1967) e do libelo político de "A banda" (Chico Buarque, 1966). Sérgio Sampaio e Erivaldo compuseram uma canção embebida da ideia de eufórica integração a uma rotina, embora fiel aos impulsos libertários próprios da juventude. "Queria ter a praia/ O sol e a contramão/ A confusão da rua/ O som de uma canção/ A multidão que passa/ A praça é agitação/ O futebol de areia/ O chope em vocação/ E eu queria ter amor, ter liberdade/ Pra ter toda esta cidade dentro do meu coração."

"Quero ir" é um funk ao estilo Tim Maia, uma canção que é prima-irmã de "Coroné Antônio Bento" (composição do maranhense João do Vale), com *blackmusic* norte-americana e xote na base. Tim Maia tinha gravado "Coroné Antônio Bento" um ano antes, e Raul tateava também nesse território da música black, coisa que levaria mais longe ainda com a dupla Tony e Frankye.

Miriam Batucada domina a cena na próxima canção, a única que não pertence aos compositores Raul e Sérgio. "Soul tabaroa" foi feita especialmente para a cantora pela dupla Antonio Carlos e Jocafi. Ao lado de "Caminho de Pedro", dos Novos Baianos, pode ser considerada uma das canções de psicodelia cabocla mais forrozeira daquele ano (e de muitos outros posteriores).

"Este álbum merece algumas palavras a respeito", disse Raul.

Todas as músicas exceto uma foram escritas por mim e por Sérgio. Foi uma caricatura incrível. Valeu a pena, apesar de ter vendido pouco. Nós nos divertimos muito. Foi também a primeira vez que eu fiz algo para ser consumido e do qual me senti paranoicamente orgulhoso e feliz. Tem duas músicas minhas nesse disco que eu não consigo esquecer. Uma chamada "Sessão das 10" que eu dei para o Edy cantar. Ficou maravilhosa. A outra é "Dr. Paxeco" (com X), na qual eu toquei todos os instrumentos com exceção da bateria, além de cantar comigo mesmo uma terça acima. O disco termina com o público vaiando (que é costume desde o grande advento dos festivais) e uma descarga de privada pra terminar. Esse disco foi em 71. Foi a última coisa que fiz de bacana antes de colocar duas músicas no festival.

Em 1972, Raul Seixas teve duas músicas classificadas no Festival Internacional da Canção: "Let Me Sing, Let Me Sing" e "Eu sou eu, nicuri é o diabo".

A melhor resenha do disco de Raul, Sérgio, Miriam e Edy foi do cartunista Henfil. Ele a fez em forma de charge, numa seção do *Pasquim* chamada "Charanga do Urubu". "Finalmente, um disco para a torcida cri-cri!", inicia Henfil. "*Sociedade da Grã-Ordem Kavernista*, um disco CBS. Os membros da SGOK são Sérgio Sampaio, Raul Seixas, Edy e a gostosíssima Miriam Batucada (que joelhos!). Disco piradão! Músicas cafonistas! No início de cada faixa tem uma gracinha e no fim um ruído horripilante de legorne [legorne é um tipo de galinha poedeira]! É genial! Parece gravação que a gente faz em casa, todo mundo se despingolando na frente do gravador... Aí, no fim, o disco se suicida com um formidável som de descarga! Juro!"

O nível de modernidade do disco coincide com o que se fazia de mais avançado na música internacional naquele momento. "Dr. Paxeco", que Raul gravou praticamente sozinho, demonstrava admirável senso de simultaneidade artística, lembrava muito o que o Pink Floyd tinha feito no disco *A Saucerful of Secrets* (1968) ou o que Frank Zappa tinha burilado em *Little House I Used to Live In* (também em 1969), mas com um condimento de anarquia e deboche musical próprio do espírito de Raulzito, "um sorriso fabricado pela escola da ilusão", como diz a letra. Em toda a sua carreira dali por diante, Raul nunca mais iria tão longe num trabalho experimental como foi em *Sociedade da Grã-Ordem Kavernista apresenta Sessão das 10*, nem forjaria um trabalho conceitual tão orgânico.

O disco, de modo geral, não foi mal recebido pela crítica, que o considerou "uma bem-humorada crítica à sociedade de consumo", mas a trajetória da obra, abortada pela própria companhia, foi curta e o disco foi empurrado para a cultura underground muito precocemente — ao contrário do que Raul pretendia, que se tornasse consumido. Ainda assim, rendeu bons frutos para ao menos um de seus artífices. Em abril do ano seguinte ao lançamento, Miriam Batucada conseguiu emplacar uma microturnê de dez shows pelos Estados Unidos, com um show no imponente hotel Waldorf Astoria, de Nova York (antes, só Martinho da Vila e Jair Rodrigues tinham se apresentado lá). Recebeu 2 mil dólares pelos shows e já tinha agendado, na volta, um show no Zicartola nº 2 ao lado de Cartola e Clementina de Jesus. Já Edy Star, a princípio, não ficou lá muito feliz com a experiência, como contou ao *Jornal da Tarde* em junho de 1974: "Hoje moro num apartamento de cobertura, mas o início foi difícil. Houve até uma época de muita fome e falta de trabalho, no Rio. Em fins de 71 gravei, com Raul Seixas, um disco horrível que tenho até vergonha de comentar".

O coordenador do Departamento Nacional da gravadora, Ian Guest, não tinha relutado nem um minuto em entrar no estúdio com Raulzito e coproduzir seu delírio kavernista. Foi Ian Guest quem instalou o microfone dentro da privada que deliciou Henfil. Raul e Guest seguiriam amigos por toda a vida, mas a vida do húngaro na gravadora foi curta: ele seria demitido pela direção geral após ter insistido, à revelia do velho Evandro, em fazer um "disco diferente": o clássico *Som, sangue e raça* (1971), de Dom Salvador e Abolição. "Era uma coisa maravilhosa, de bom gosto", lamenta. Sua escolha para a linha do horizonte já tinha sido feita com aqueles discos. Em 1975, Ian Guest largou a turma e rumou para os Estados Unidos, para estudar música na Berklee College of Music, em Boston. Ao voltar, não quis mais enquadrar-se na produção de álbuns, sentiu que já estava esgotado aquele veio, e investiu na educação musical. Mas continuou visitando Raul no Leblon.

Da *Sociedade da Grã-Ordem Kavernista*, dizem que só foram lançadas mil unidades. Certo dia, Evandro Ribeiro chamou Raul e lhe mostrou um telegrama da matriz da CBS nos Estados Unidos. "*What is this?*", perguntava um executivo, abaixo da rubrica com o nome do álbum da Sociedade Kavernista.

Essa dura em Raul gerou a mitologia (que ele, habilmente, ajudou a espraiar) de que tinha sido demitido em seguida. "Isso é baboseira. Raul nunca foi demitido, tinha prestígio na gravadora", assegura Mauro Motta. "Já falei mais de mil vezes que ele nunca foi demitido", resmunga Edy Star, exausto da dúvida plantada.

De fato, as datas não coincidem: se tivesse sido demitido após *Sociedade da Grã-Ordem Kavernista*, Raulzito não teria sido o artífice, um ano depois, do compacto de Miriam Batucada que continha as músicas "Diabo no corpo" (Sérgio Sampaio) e "Gente" (de Aluísio Machado) — disco que ele assinou ainda como diretor artístico. Também não teria sido o prestidigitador que cunhou um dos maiores sucessos nacionais daquela década, o disco mais popular da cantora Diana. O próprio Raul tinha dito ao novo parceiro Paulo Coelho, em seu primeiro jantar, que havia pedido demissão da CBS em 25 de maio de 1972.

O fato é que Raul seguia buscando seu grito de independência artística, mas também certo conforto financeiro. Um olho frita o peixe, o outro vigia o gato. Mesmo tendo virado um mago dos estúdios, no início daquele ano de 1972, o que Raul ganhava não pagava suas novas aspirações de classe média alta; ele tinha comprado o apartamento 202 da rua Almirante Pereira Guimarães, 72, perto do Jardim de Alah, no Leblon, e a dívida do apartamento, fora de controle, aperreava o baiano. Vendo a pressão crescer em torno do amigo, Mauro Motta ficou apreensivo com a possibilidade de ele largar tudo, e não apenas o emprego na gravadora, o salário e a pasta 007. Temia um acesso de derrotismo. Mas o lance era outro. Raul estava decidido.

Raul invejava Sérgio Sampaio, no sentido bom da palavra, porque o amigo estava vivendo plenamente sua utopia, estava cavando seu lugar ao sol como compositor e intérprete. De peito aberto, com coragem e destemor. Por sua vez, Sérgio admirava Raul porque sabia que aquele personagem não era sua pele, não era seu destino, já o tinha visto em ação, sabia de sua singularidade. Muitos acreditam que Sérgio, vendo a angústia do amigo, teria inscrito Raulzito secretamente na sétima edição do Festival Internacional da Canção, da TV Globo, de 1972 — versão espalhada pelo velho parceiro Thildo Gama. Mas Thildo não sabia de um detalhe: na miúda, Raul também concorrera na sexta edição do festival, um ano antes, sem êxito. Na verdade, quem inscrevera uma letra de Raul Seixas fora Leno, parceiro na canção "Sentado no arco-íris", ousada composição dos dois, que foi defendida por Leno e o grupo Matéria Prima.

Era a segunda vez de Leno no festival. No ano anterior, 1970, ele também tinha apresentado a baladinha "A última vez que vi Rosane". Mas dessa vez, disse um determinado Leno à imprensa, sua parceria com Raulzito consistia numa absoluta novidade do chamado "*acid rock*", um som "mais alegre e agitado" das três tendências do rock, explicou. Uma história sobre um sujeito que "vê o mundo de longe". O som lembrava bastante "We Can Be Together", do Jefferson Airplane, e foi apresentado entusiasticamente pelos apresentadores Sonia Ribeiro e Hilton Gomes. Mas foi uma novidade além das expectativas dos jurados e acabou não vingando, não passou para as finais.

O júri internacional era presidido, naquela sexta edição do festival, em 1971, pela atriz Regina Duarte. O júri popular, pelo ator Grande Otelo. As músicas apresentadas na fase nacional não foram consideradas de bom nível (a audiência ressentiu-se da ausência de nomes consagrados) da música popular brasileira. Jorge Ben, com "Porque é proibido pisar na grama", era o mais conhecido do público e foi muito aplaudido. Era uma edição bastante careta, conservadora, amparada na presença de baladeiros românticos concorrendo na parte internacional.

Então, Raul estava, na verdade, insistindo no festival. E dessa vez obteve êxito. As candidatas foram inscritas pelo próprio Raul. Ele tinha a convicção de que era a hora certa para fazer tal investida porque o evento vivia um impasse: a era dos festivais estava se esgotando e os organizadores diziam nos jornais que estavam em busca de uma nova expressão, mais afeita aos desejos da juventude.

O produtor Solano Ribeiro, paulistano de Perdizes, tivera uma banda de rock nos anos 1950, The Avallons. Depois, integrou o Teatro de Arena. Até virar produtor. Vinha de uma experiência exitosa na TV Excelsior e ajudara a criar o conceito de festivais de música no Brasil, nos anos 1960, para se contrapor à invasão italiana que desembarcava via Festival de San Remo. Criara o festival livre, "entra quem quer", como dizia, e carregava no currículo as estreias de Elis Regina, Edu Lobo, Chico Buarque, Nara Leão, Jair Rodrigues. Por conta da situação política no país, Solano estava vivendo na Alemanha naquele início dos anos 1970. Um telegrama enviado à casa de Gilberto Gil em Londres, e depois reenviado a ele (já que poucos sabiam seu endereço no Brasil), trazia um belo convite de José Bonifácio de Almeida Sobrinho, o Boni: voltar ao Brasil para dirigir o festival da TV Globo e ajudar a oxigenar o evento. Se topasse, viria com carta branca para renovar o cenário da música. "Caetano e Gil já poderiam voltar, então achei bom aceitar o convite porque, além de tudo, voltava com emprego", contou Solano.

Ao chegar ao Rio, Solano encontrou um climão. O festival do ano anterior, organizado por Augusto Marzagão, tinha criado alguns constrangimentos, o assédio da ditadura era muito grande e os grandes nomes estavam se afastando do evento. Urgia iniciar uma estratégia de mudança, mas qual seria o ponto de equilíbrio para não cutucar o cão com vara curta?

Solano convidou Nara Leão para ser a presidente do júri nacional. O clima era tenso: em reunião com agentes do governo nos porões do Palácio do Catete, Solano foi advertido de que o festival não tivesse artistas com o punho levantado, "letras perigosas", incitação ao "poder negro" e decotes muito ousados. Pisava em brasas, precisava de fatos novos na escalação, uma vibração que lhe permitisse enxergar o futuro. "E de repente apareceu aquela coisa estranha ali. Todo mundo vibrou com a virada de baião com rock 'n' roll que o baiano Raul trazia", conta Solano. Nara Leão já sabia do que Raulzito era capaz, já o tinha visto com Jerry Adriani em Salvador, seis anos antes, mas para o resto da elite da MPB, ele era uma avis rara ainda indecifrável, pedindo passagem.

Houve 1912 músicas inscritas, 97 selecionadas pelo júri, 36 passaram para a etapa final e, finalmente, selecionaram dezoito composições. Alguns jurados davam seus palpites para a imprensa sobre canções que os impressionaram. "Começa com um rock e termina com um baião dos bons", disse o poeta Décio Pignatari sobre uma das canções que tinha ouvido, sem nomeá-la. Já era o efeito Raul.

Nos dias 16 e 17 de setembro daquele ano, 1972, munido da classificada canção "Let Me Sing, Let Me Sing", Raul enfrentaria sua prova de fogo: inscrito no festival, que tinha como favoritos Fagner, Mutantes, Walter Franco, Hermeto Pascoal, Alceu Valença e Geraldo Azevedo, ele tinha à frente aquele famoso tiro único para dar seu salto definitivo, mudar de status, sair dos bastidores e retomar o centro do palco. E foi bem-sucedido, embora não tenha passado adiante. Sua apresentação no Maracanãzinho causou boa impressão.

"Mas fiquei realmente impressionado com o 'Let Me Sing, Let Me Sing', não só pela beleza e melodia, mas também pelo arrojo do compositor", declarou o pianista, arranjador, compositor e produtor César Camargo Mariano à revista *Fatos & Fotos*. "A música vai do rock 'n' roll ao baião com sotaque da Bahia, eletriza e arrepia do princípio ao fim. A letra é original e vigorosa, uma beleza de criação."

O primeiro efeito de estar no redemoinho dos festivais de música, passaportes para a glória naquele tempo, não foi imediatamente tão decisivo para o futuro do baiano, já que Raul não passou adiante. Apenas sua outra canção classificada, e defendida pelo grupo Os Lobos, ficou em sexto lugar. Mas, ao mesmo tempo, ele ganhou muito: a exposição foi grande, recebeu um convite da Philips para fazer um compacto simples com as canções "Let Me Sing, Let Me Sing" e "Teddy Boy, rock e brilhantina", música que já exalava uma rebeldia generalizada: "Não vim aqui tratar dos seus problemas/ O seu Messias ainda não chegou/ Eu vim rever a moça de Ipanema/ E vim dizer que o sonho/ O sonho terminou".

Havia em "Teddy Boy" um substrato de confronto e um balé das tensões que mobilizavam a juventude no período. "Eu vivo num clima brabo, cheio de violência/ E você faz sinal de paz e clemência/ E ainda me diz que é um bicho muito underground// Eu vivo de olho na vitrine da moda/ Vendo robôs padronizados e soda com coca-cola/ e bugigangas que é pop// Hey bicho! Onde é que vai com essa flor no cabelo?/ Com esse sorriso de paz e desespero?/ Olhe pro lado e você vai entender/ Entender// Agora todo imbecil passa por gênio poeta/ Em cada esquina um pseudoprofeta/ Com um guarda-chuva e um pirulito na mão."

Raul esbanjava habilidade em construir sua própria mitologia. Aquela fase inicial passou a ser incorporada à sua história, como se a vida e a música tivessem se tornado indissociáveis. "Depois de sair da CBS, onde ganhava 4 mil cruzeiros por mês, decidi ser Raul Seixas. Então usei, esse é o termo, aquele negócio de brilhantina, do rock, do casaco de couro, como trampolim, como uma maneira de ser conhecido", afirmou. "Porque eu só passei a existir depois daquela encenação, daquele teatro que eu fiz. Combinar rock com baião foi a fórmula certa para chamar a atenção, mas foi só o começo."

Não quero mudar o mundo com esse papo furado
Só acredito em quem pulou o cercado
Quatro buldogues vigiando o portão
Quatro buldogues vigiando o meu portão

Mas, ao contrário de uma *highway* à frente, Raul ainda tinha de encarar uma pirambeira para encaixar-se no mundo dos astros. Era muito trabalho árduo. Num dia ensolarado do ano de 1972, Raulzito se enfiou num ônibus em Copacabana e foi até a barca da travessia de Niterói. Ao chegar à praça Arariboia, do lado de lá, colocou metade dos pés em cima do paralelepípedo e metade fora e ficou esperando como que suspenso numa elevação do terreno. Após uns cinco minutos de espera, um fusca branco se aproximou, dirigido por um cabeludo. O rapaz abriu a porta e Raulzito entrou.

O guitarrista Cássio Tucunduva, da banda Os Lobos, tinha sido o encarregado de buscar Raul. Quando viu o rapaz comportado, magrelo, cabelo alisado para trás, pastinha de executivo na mão, passou pela cabeça de Cássio que ali à sua frente estava o contrário da ideia do compositor ousado que lhe tinham descrito. Mas ele havia testemunhado a sua verve e sabia que estava diante de um autor extraordinário. Tucunduva ainda não sabia, mas logo Raul passaria por uma conversão tal que nem em festival de exorcismo se julgaria possível.

O fusca branco, com Raulzito a bordo, rumou para a Zona Sul de Niterói, para a casa da mãe do guitarrista, em Icaraí. Cássio tinha transformado uma antiga estufa no fundo do quintal em espaço para ensaios. Ali, esperavam por Raul os músicos Fred Vasconcelos (teclados), Roberto Gomes (contrabaixo), Luís Sérgio Pacheco (bateria), Dalto (vocais) e Cristina Tucunduva, irmã de Cássio, também vocalista.

O sexteto Os Lobos tinha sido escolhido, pela direção do festival, para defender a "outra música" que Raul tinha classificado (além de "Let Me Sing, Let Me Sing", o rock afro-latino "Eu sou eu, nicuri é o diabo"). Convidaram um percussionista para tocar as congas nas viradas rítmicas que a canção pedia. Os Lobos, que faziam *pop rock*, tinham feito sucesso na virada dos anos 1960 para os 1970 com um charleston, a composição "Fanny". Também emplacaram nas rádios uma canção, "Santa Teresa" (de Luis Carlos Sá), de pegada hendrixiana. Seu principal vocalista era um cantor de 22 anos chamado Dalto Roberto

Medeiros, que se tornaria no futuro um dos cantores de maior sucesso nos anos 1980 (com "Muito estranho" e "Bem-te-vi", além de ter sido o compositor de "Leão ferido", megassucesso de Byafra). Mas, naquele momento, Dalto tinha passado no vestibular para medicina e não tivera alternativa senão escolher a universidade. Largara momentaneamente o grupo, assim como a música. Acontece que o vocalista que substituiu Dalto, Antônio Quintela, também classificara uma música solo no festival e deixou a banda na mão.

Como Os Lobos tivessem conseguido um contrato com a Som Livre, companhia que os chamou para interpretar a canção classificada de Raulzito, o guitarrista Cássio Tucunduva, ao ser convocado, tomou coragem e chamou Dalto de volta para uma apresentação extraordinária. Dalto já conhecia Raulzito como produtor, tinha inclusive autorizado o uso de duas composições suas para um trio que Raul produzia. Mas não sabia que também era um tremendo compositor, ficou surpreso. Ao saber que era dele a música que defenderiam, aceitou no ato.

Os Lobos trabalharam no arranjo e nos ensaios duramente. Raulzito chegou para o ensaio e viu firmeza na banda, que tinha um grande domínio musical. "Veio, assistiu, elogiou. Eu o vi depois no palco, cantando 'Let Me Sing, Let Me Sing', e nunca mais o vi", conta hoje Cássio Tucunduva. "Mas nós somos muito honrados em ter participado do processo de transformação de Raulzito em Raul Seixas." Dalto voltou à faculdade, concluiu medicina mas não a praticou. "Muito estranho" o lançou em outra frente de trabalho. Mas também não esquece da sensação de ter estado na primeira frente de combate de palco do baiano. "Acho que nos saímos bem, ficamos em sexto lugar na final", lembra, orgulhoso.

Há uma alternância de ritmos em meio à canção "Eu sou eu, nicuri é o diabo", chá-chá-chá com tango com Motown. Raul fala, na letra, em não perder o contato com a origem, com as motivações iniciais, consigo mesmo.

Eu sei quem sou
E por onde estou
Eu aguento a barra
Limpa ou da Tijuca

As premonições de Raul em "Nicuri" não são nada otimistas em relação ao que virá, mas ele luta com as armas da Justiça, da resistência, agudo e denunciador. Os censores não captaram, mas o público entendia perfeitamente quando ele cantava "E por falar nisso/ Kid-Jango/ E por falar nisso/ Kid-Jango?". Evidentemente, o KD era uma antecipação da baquigrafia (algo que conheceríamos muito bem nas redes sociais dos anos 2000), uma abreviação de "cadê?". O que ele dizia era "E por falar nisso, cadê Jango?", uma referência temerária ao golpe civil-militar de 1964, que depôs o presidente João Goulart, o Jango.

E quem souber disso
Que me cante um tango:
Que el mundo fué y será una porquería
ya lo sé, en el 510
y en el 2000 también...

Raul também principia ali a brincar com os signos da cultura pop, como sempre, mas intimamente associados à tradição brasileira, à cultura. O Kid Colt de que fala a música é um personagem da Marvel Comics, desenhado originalmente por Pete Tumlinson nos anos 1950. Já "nicuri" tem muitas vertentes de interpretação. A mais admitida é que Raul a extraiu de uma expressão popular na Bahia, "eu sou eu, nicuri é coco", já que nicuri (ou licuri) é um tipo de coquinho, o fruto de uma palmeira. Por causa da associação com Satã, muita gente acredita que ele pode ter se referido ainda à arraia-jamanta, ou micuri, um tipo de peixe que apresenta as nadadeiras cefálicas em forma de chifres (por isso os nomes populares de peixe-diabo e morcego-do-mar).

A gravação de "Eu sou eu, nicuri é o diabo" foi marcada para um estúdio que havia no sétimo andar da sede da gravadora, na avenida Rio Branco. Os músicos eram arregimentados na hora, e o produtor do fonograma puxou um jovem músico de 23 anos, paraibano de Brejo do Cruz, que tinha vindo participar de uma gravação, para tocar violão base acompanhando Raul. Ninguém ainda conhecia o jovem como Zé Ramalho. Mas Raul foi com a cara dele. Elogiou todos os músicos que participaram da gravação, mas deteve-se um tempo a mais conversando com Zé. Elogiou a base que fizera e lhe deu um exemplar da revista *Billboard* de presente. No topo das paradas da publicação, "Papa Was a Rollin' Stone", dos Temptations, "A Horse With no Name", do America, "Long Cool Woman (In a Black Dress)", dos Hollies, entre outros.

Dom Paulete

Em maio de 1972, vestido como produtor da CBS, com o terno careta de evangelizador e a pasta 007 na mão, Raul entrou numa modesta sala do décimo andar de um edifício comercial na Cinelândia, no centro do Rio de Janeiro. Não era muito longe de onde trabalhava, nos escritórios da CBS, na rua Visconde de Inhaúma. Raul tinha ligado para marcar um encontro com um jornalista, Augusto Figueiredo, que assinava artigos na revista *2001*, uma publicação da editora Poster Graph (assim como outras duas, *A Pomba* e *Pipocas*) destinada a escritos alternativos, com ilustrações, HQs, fotos e textos de pretensão filosófica. Um reduto da imprensa alternativa dos anos de chumbo.

Raul foi recebido por um sujeito muito magro, cabeludo e barbado e de voz metálica, que o olhou desconfiado. "Augusto não está, saiu. Quer deixar recado?", disse o rapaz. "Ele demora? Posso esperar aqui?", replicou o baiano, pacientemente soteropolitano. "Pode...", disse o moço, duplamente ressabiado agora. Raul tinha ligado antes de vir, para marcar um avistamento com o cronista Figueiredo, mas parecia então que não tinham avisado o jornalista.

O rapaz que recepcionara Raul o examinava de longe, como se aguardasse que ele desistisse. Era por precaução que ele dissera que Augusto Figueiredo saíra: o personagem em questão não existia de fato. Por falta de colaboradores (e recursos para pagá-los), Augusto era um dos inúmeros codinomes que Paulo Coelho, o rapaz que recepcionara Raul, usava para assinar artigos na revista. Ele não dizia quem era para poder examinar o visitante, que julgava um policial à paisana, ou pior: um agente da repressão.

Raul sentou-se e passou a folhear um exemplar da revista *2001*. Quem lhe tinha dado a revista no sábado anterior fora Leno, sabedor de seu interesse por ufologia. Os dois gostavam do tema das viagens espaciais. "Raul, lê essa matéria desse cara aqui!", disse Leno. Raul leu e foi atrás do cara.

Na segunda-feira já estava na redação da revista. Começou a ler exemplares mais antigos. Notou que havia algumas liberdades criativas, como leu em um editorial: "E que já vi os melhores gênios da minha geração destruídos pela loucura ou pelo esquecimento". Isso é praticamente igual ao célebre início do poema "O uivo" (1956), do poeta norte-americano Allen Ginsberg, uma obra fundacional do movimento beatnik ("*I saw the best minds of my generation destroyed by madness, starving hysterical naked...*").

A redação das revistas funcionava numa antessala da casa do casal de escritores Eduardo Prado e Elvira Vigna (autora ainda incubada; ela só publicaria seu primeiro livro dali a seis anos). Na época, Elvira não participava muito das decisões editoriais, ficava mais com a produção e os livros da editora. No último número, justamente naquele ano, 1972, ela foi coeditora de *A Pomba*. Depois, todas as publicações faliram.

Em pouco tempo na poltrona de espera, Raul já tinha lido todos os exemplares anteriores, dos dois anos precedentes da publicação. Acendeu um cigarro, permaneceu esperando placidamente. Angustiado, Paulo não teve remédio, após torcer pela desistência do visitante, senão contar a verdade para o "careta":

— O senhor me desculpe, mas não existe nenhum Augusto Figueiredo aqui. Quem escreveu o artigo fui eu, Paulo Coelho. Qual foi o problema?

Raulzito não se aborreceu com a desconfiança. Demonstrando genuína alegria com a revelação, exibiu um largo sorriso e ameaçou um abraço.

— Mas então é com você mesmo que eu quero falar, rapaz! Muito prazer, meu nome é Raul Seixas.

Raulzito tinha um artigo sobre astronomia na pasta e o tirou para mostrar a Paulo. "Olha-se o céu com a finalidade extremamente prática de saber se amanhã fará bom tempo, se o Cristo está coberto ou se há nuvens no Sumaré", dizia o artigo. O editor e articulista gostou da contribuição, primeiro porque era voluntária e não precisaria pagar por ela, e segundo porque o personagem que se apresentava tinha as credenciais de ser um produtor musical da CBS, o que acendeu seu interesse. Paulo sonhava angariar anúncios para a revista e, eventualmente, também se aventurar naquele mundo musical tão cheio de novos milionários e vida frenética.

Paulo Coelho tinha então 24 anos, estava imerso em um mundo de excentricidades esotéricas e vivia uma vida cigana que implicava mudanças de endereço frequentes, assim como de companhias. No momento, vivia no Flamengo com a arquiteta Adalgisa Eliana Rios de Magalhães, a Gisa, intelectual e ativista mineira, filha de médico, miúda, cabelos e olhos castanhos, e que também era editora e principal ilustradora da *2001*. A casa do escritor abrigava ainda uma seguidora de suas ideias, Stella Paula, uma garota de Ipanema.

Apesar de breve, o encontro na redação da revista rendeu. "Pô, bicho! Sabe aquele jornal que você me emprestou? Convidei o cara do artigo sobre discos voadores para jantar lá em casa. Vamos lá! Vamos tomar um vinho!", disse Raul a Leno no dia seguinte na gravadora. O jantar seria na quinta-feira. O súbito convite de um estranho causou desconfiança nas companheiras domésticas de Coelho, Gisa e Stella, que tiveram longo debate sobre se seria adequado ir ou não. Mas Paulo venceu, Gisa acedeu e Stella desistiu.

Na quinta-feira, enquanto ainda pensava no jantar, Paulo entrou numa loja de música e comprou um LP com prelúdios e fugas de Johann Sebastian Bach para órgão. Queria, além de se mostrar mais afável que no encontro inicial, criar um clima para envolver Raul em suas teses. Raul ainda não tinha a menor intimidade com aquele mundo do ocultismo que Paulo frequentava, embora fosse fascinado pelo mistério. Entre as pirações, eram os óvnis sua mais frequente preocupação.

Gisa e Paulo pegaram um ônibus até a rua Almirante Pereira Guimarães, 72, apartamento 202, no Jardim de Alah, no Leblon. Era ali que viviam Raulzito, Edith e Simone, então com dois anos. No caminho, foram parados por uma batida policial. Isso enregelou o sangue em suas veias: segundo os arquivos da Polícia Política da ditadura, Paulo tinha ficha de filiação ao PCBR e Gisa, ao PCdoB. As batidas policiais tinham essa conotação, geralmente eram pentes-finos ideológicos e o objetivo era deter "subversivos" (todo mundo que pensasse diferente da ditadura, claro). Em termos políticos, Gisa era a que tinha uma maior proximidade com integrantes de grupos de resistência ao regime.

O encontro durou cerca de três horas. Logo após chegarem à casa de Raul, alguém mais tocou a campainha, e era o cantor e compositor Leno. Leno observou que Paulo, ao contrário de sua expectativa, falava muito sobre bruxaria e magia, e ele esperava uma conversa sobre ciência. Paulo discorreu longamente sobre um livro que tinha trazido para mostrar ao anfitrião, *O despertar dos mágicos* (*Le Matin des magiciens*), de 1960, escrito pelo jornalista Louis Pauwels e pelo engenheiro químico Jacques Bergier. Trata-se de uma obra que aborda alquimia, sociedades secretas, civilizações perdidas, ciências ocultas e esoterismo com verniz científico. O cantor potiguar também ficou convencido de que Raul não estava interessado naquela leitura que Paulo recomendava tão enfaticamente. Era uma leitura esotérica em voga: em 1975, Jorge Ben Jor lançou um disco, "Solta o pavão", no qual inclui uma música inspirada por esse livro, "Luz polarizada". "Acabei comprando o livro, e achei uma perda de tempo. Não passei da página 40", contou Leno.

O relato de Paulo Coelho daquele encontro, reproduzido pelo seu biógrafo, Fernando Morais (ao qual Coelho deu também acesso às anotações que fez na capa do disco de Bach que ele levou ao apartamento de Raul e Edith), não menciona a presença de Leno no jantar, assim como o relato de Leno não menciona a presença de Gisa. Paulo descreveu o encontro da seguinte maneira:

Fomos recebidos pela mulher dele [Raul], Edith, com uma filha pequenininha, que deve ter no máximo três anos. É tudo caretinha, tudo bem-comportado. Serviram umas cumbuquinhas com salgadinhos... Há anos que eu não janto em casa de ninguém que tivesse cumbuquinhas com salgadinhos. Salgadinhos, que coisa ridícula! Aí veio o cara:

— Querem um uísque?

Claro que queríamos uísque, né? Bebida de rico. Mal acabou o jantar Gisa e eu já estávamos doidos para ir embora. Aí o Raul disse:

— Ah, eu queria mostrar umas músicas minhas pra vocês.

Puta merda, ainda íamos ter que ouvir música? Mas eu precisava conseguir o anúncio de qualquer maneira. Fomos para o quarto de empregada e aí ele pegou o violão e tocou umas músicas maravilhosas. No final, o cara me diz:

— Você escreveu aquela matéria de discos voadores, não é? Estou planejando voltar a ser cantor, você não quer escrever umas letras para mim?

Eu pensei: fazer letras? Imagina se eu vou escrever letras para esse careta que nunca tocou numa droga na vida! Nunca botou um cigarro de maconha na boca. Nem um cigarro normal. Mas já estávamos saindo e eu não tinha falado do anúncio. Tomei coragem e pedi:

— Nós vamos publicar o seu artigo, mas você não conseguiria um anúncio na CBS para a revista?

Imaginem meu espanto quando ele disse que tinha pedido demissão da CBS naquele dia.

— Estou indo para a Philips porque vou seguir o meu sonho. Não nasci para ser executivo, quero ser cantor. Naquele momento eu percebi: o careta sou eu, esse cara é do maior respeito. Um cara que larga o emprego que lhe dá tudo, a filhinha, a mulherzinha, a empregada, a familinha, os salgadinhos. Saí de lá impressionado com o cara.

25 de maio de 1972

Raul acabou escrevendo no número 2 da revista *2001*. Mas Paulo Coelho não botou fé na parceria, a princípio. Estava mais concentrado em arrumar uma vaga de repórter em *O Globo*, uma coisa mais sólida, pensava. Tinha feito mochilão pela América Latina e pela Europa e queria assentar a vida. Raul tentou demovê-lo da ideia.

— Deixe disso. Não vá pedir emprego em jornal nenhum, vamos fazer música. A TV Globo vai regravar *Beto Rockfeller* e me pediu a trilha sonora. Por que não fazemos juntos? Eu componho a música e você escreve os versos.

Muitos anos depois, Paulo contou a uma emissora de TV que a ideia de fazer música popular naquele momento o desagradava profundamente. "Eu era um simples intelectual, bem presinho no meu mundinho", contou. "Fazia teatro pra ser vaiado, ser incompreendido, e depois então ir para casa e dizer pra minha namorada: 'Aí, tá vendo? Ninguém me entende'. E um dia eu encontrei o Raul e o Raul veio me falar de música, coisa à qual eu reagi imediatamente com horror. Eu não queria saber muito de música, porque segundo eu e meus amigos intelectuais, era uma coisa secundária."

Paulo, portanto, escolheu o que lhe parecia mais seguro e próximo de sua vocação. Ao menos era o que pensava. Arrumou um emprego como estagiário de repórter B, o mais modesto degrau da redação de Roberto Marinho. Do final de 1972 até abril de 1973, Paulo trabalhou na redação do jornal sete horas por dia, com uma folga semanal, por um salário de 1200 cruzeiros mensais. Sua primeira incumbência seria contar defuntos frescos nos hospitais e no IML do Rio e inventariar entre os mortos aqueles que poderiam rechear as páginas policiais de *O Globo*. Por causa do seu aspecto desleixado, o próprio Roberto Marinho, dono do jornal, chegou a adverti--lo para que cortasse o cabelo. Ele acatou a exigência. Entre os colegas com os quais trabalhou, estava o dramaturgo Nelson Rodrigues. Fez reportagens sobre tudo, inventou reportagens. Também deu aulas em cursinhos pré-vestibular.

Progressivamente, Raul Seixas, com o qual Paulo seguia mantendo contato, foi entrando em sua vida. O contrário era que causava espécie: os amigos de Raul notavam aquela presença entrando em sua rotina, figura que, por vezes, achavam incômoda. "Na casa dele, aparecia sempre um cara que ele chamava de Dom Paulete. Era encanador? Quando ninguém estava por perto, esse cara soprava coisas no ouvido do Raul do tipo 'como enriquecer na vida sem fazer força'", conta o produtor Ian Guest, colega de CBS. Paulo era um estranho no ninho, mas era uma figura da qual não se negava o faro e o talento, e a associação de Raul com ele começava a gerar certo debate. "Se Raul tivesse seguido meu conselho, ele não seria ninguém hoje", brinca Guest.

Anotações, um dos vícios de Paulo, denunciavam o envolvimento com o novo parceiro, mesmo ainda de forma renitente. "Estou cansado. Bati à máquina o dia todo e agora não consigo me lembrar da música que prometi ao Raul." Outra: "O Raul está cheio de escrúpulos bobos em fazer música comercial. Ele não percebe que quanto mais você domina os meios de informação, mais importante se torna sua ação".

A primeira canção que assinaram juntos foi "Caroço de manga", na qual Paulo não botou tanta fé. Quando viu, já estava pronta e quase nada ali era dele. Instado por Raul, assinou "Paulo Souza", seu outro sobrenome, no registro da música. Raul tentava, forçosamente, trazê-lo para seu universo e o aconselhava a deixar de lado seu bicho-grilismo exacerbado. A música "Caroço de manga" era um belo cartão de visitas: tinha sido encomendada para a trilha da novela *A volta de Beto Rockfeller*, em 1973. "Eu não fiz nada e ele botou meu nome. Botou meu nome para me estimular, me incentivar", contou Paulo.

"Caroço de manga" é *funky*, pontuada por metais, embalada por um contrabaixo irresistível, estilhaçada nas pontas por uma guitarra matadora. Um achado. A letra, cuja baianidade bate ponto no sotaque desabrido ("Nos olhos cegos do *murrcego*", canta Raul), é puro Raulzito, uma genuína declaração de sarcasmo e liberdade:

Tou aqui pro que vier
Eu danço o que você tocar
É só dar corda no boneco
Tango, rock ou chá-chá-chá

Após trabalhar em projetos tão distintos quanto o conceito de ópera urbana de *Sociedade da Grã-Ordem Kavernista*, o visionarismo *rocker* de *Vida e obra de Johnny McCartney*, as baladas populares de Odair José, Diana, Balthazar e José Roberto e o soul e o funk antecipadores de Tony e Frankye, Raul se configurava como um dos mais completos e ecléticos artistas que a música brasileira jamais teve. A abrangência de sua compreensão da música talvez nunca tenha sido igualada por nenhum músico, compositor e produtor — não com tal potência e alcance. Mas ele, modestamente, humildemente, didaticamente, estava ali se esforçando para fazer o novo parceiro, Paulo Coelho, em quem apostava, compreender os códigos mais básicos do universo pop, a comunicação direta e sem subterfúgios, o "gancho" da música de sucesso, o mecanismo misterioso dos hits. Dizia muitas coisas definitivas ao neófito de Copacabana:

> Esse seu jeitão de artista incompreendido não está com nada. Se você quer atuar, tem que falar de um jeito que as pessoas entendam o que você quer dizer. Para falar a sério com as pessoas, você não precisa falar difícil. Ao contrário: quanto mais simples você for, mais sério pode ser. Fazer música é escrever em vinte linhas uma história que a pessoa pode ouvir dez vezes sem ficar com o saco cheio. Se você conseguir isso, terá dado o grande salto: vai fazer uma obra de arte que todo mundo entende.

Não passaram despercebidas na gravadora Philips as mudanças que Raul processava na direção de sua carreira, o amadurecimento do rapaz. O diretor artístico da gravadora, Roberto Menescal, seguindo uma sugestão de Nelson Motta, que tinha se amarrado na participação do baiano no Festival Internacional da Canção com "Let Me Sing, Let Me Sing", aconselhou a companhia a acionar o seu *rocker* baiano, usar mais seu talento. Nelson Motta sabia que havia uma série de discos na gravadora sob a rubrica A Era do... (projetos especiais que reuniam coisas tipo a Era da Bossa, a Era do Twist). Ele argumentou que Raul se sairia bem numa série sobre o rock (Nelson já tinha conversado com Raul nos bastidoress de um programa da TV Globo sobre a ideia). Assim surgiu um álbum revisionista, de exame das fundações do rock, e seu resultado estético na sociedade de então. A ideia era reunir algumas músicas clássicas do rock americano e brasileiro que sustentassem um conceito, uma tese, e saiu então o LP *Os 24 maiores sucessos da era do rock* (selo Polyfar). Era como se Raul, em febril atividade de composição, estivesse com um pé em um Aston Martin dos anos 1950 e outro num Lamborghini Countach dos anos 1970, futuro e passado em uma pista de mão única. O disco era um verdadeiro manifesto. A gravadora, no entanto, não permitiu que Raul assinasse o disco de *covers* com seu nome, pois um trabalho simultâneo nas lojas poderia prejudicar as vendas de um eventual LP solo que pensavam em gravar com o roqueiro. A solução foi creditar *Os 24 maiores sucessos da era do rock* a uma certa banda fictícia batizada como Rock Generation, que tinha Raul, Gay Vaquer (guitarra), Luiz Paulo Simas (sintetizador), Paulo Cezar Barros e Novelli (baixo) e Bill French (bateria), além de dois virtuosos do Azymuth, José Roberto Bertrami (piano) e Mamão (bateria). O nome Raul Seixas só constava na contracapa, ocupando a função de diretor de produção. "Eu vendi a ideia para a gravadora e fiquei muito puto quando o LP foi lançado como sendo da banda Rock Generation", contou Nelson Motta.

O álbum não teve nenhum tipo de divulgação e acabou inicialmente sendo negligenciado também pela distribuição. Mas alguns anos depois, após o primeiro sucesso maciço de Raul, a gravadora Philips resolveu resgatar aquela brincadeira, relançando o trabalho em 1975.

Os 24 maiores sucessos da era do rock tinha de "Rock Around the Clock" (Jimmy Dede Knight/Max C. Freedman), sucesso ancestral de Bill Haley, a "Long Tall Sally", de Little Richard, e "Blue Suede Shoes", de Carl Perkins. Abria com "Bop-a--Lena" (Tillis-Pierce), e ia abrindo a boca do jacaré da diáspora do rock 'n' roll, passando do lado mais internacional a outro caboclo (que incluía até "É proibido fumar", de Roberto e Erasmo). Nessa viagem, mostrava uma coesão extraordinária da viagem fundacional de Raul. As duas capas eram pop, com uma garrafa de coca-cola estilizada de um lado (mas sem o marketing, com um rótulo escrito *Blup*, onomatopeia de um arroto) e do outro uma visão semelhante ao personagem O Motoqueiro Fantasma (de Mike Ploog), um motoqueiro *chopper* com cara de esqueleto. O Motoqueiro Fantasma, o personagem, tinha sido criado um ano antes na revista *Ghost*

Rider. Os desenhos do disco de Raul são do artista argentino Luis Trimano.

Raul, num período de um ano, se mostrava profundamente mudado. Do soteropolitano tímido e espirituoso com um cardápio modesto de canções, passou a apresentar uma produção nova instigante e coerente, canções profundas, um material quase conceitual. Menescal, que era seu interlocutor, ouvia as músicas novas que Raul lhe trazia entusiasmado e ficava cada vez mais convicto de que devia seguir sua intuição a respeito do garoto: acionar a máquina de produção da Philips e permitir que Raul gravasse um disco inteiro autoral. O baiano estava pronto para o futuro. A ação de Paulo Coelho na lírica de Raul, pensava Menescal, já estava se convertendo em uma abertura comportamental e filosófica que devia ser registrada em um disco. O diretor artístico convocou então o mais jovem produtor da companhia, Marco Mazzola, para trabalhar no projeto de Raul.

Era uma estrada de mão dupla: ao mesmo tempo que trazia Paulo Coelho para o universo da composição e da alquimia da produção musical, Raul também ia sendo gradativamente convertido para seu universo movediço como um aforismo voluptuoso de William Blake, do tipo "o caminho do excesso conduz ao palácio da sabedoria". Paulo sabia que, em sua parceria musical, precisavam de um "gancho", uma proposta de coletivização de fundamentos utópicos. Naqueles dias, ele equilibrava a atividade de neoletrista de música com as doutrinas de uma sociedade esotérica Ordo Templi Orientis, a OTO. Surgiu então, quase como um exercício iniciático dessa organização, a ideia da Sociedade Alternativa, mixando um espírito hippie com a disciplina religiosa. Havia uma organização secreta, a Astrum Argentum (AA), que derivava da OTO, e a cuja iniciação Paulo Coelho se dedicava (grosso modo, era como se a OTO fosse a igreja e a AA, o mosteiro). Esse "gancho" místico acabou fisgando Raul e sedimentou a fusão de propósitos entre os dois criadores, ao mesmo tempo que distanciava Raul do seu velho mundo. "O Raul foi se transformando numa outra entidade, e fomos nos afastando", contou o amigo Leno.

Numa noite paulistana às margens do rio Tietê, Raul Seixas, numa espécie de teste de fogo de sua nova disposição artística, subiu ao palco como atração de um show coletivo paulistano. Vestia uma microjaqueta roxa aberta no peito, um medalhão solar de latão com pedras amareladas no pescoço, o cavanhaque que parecia mais flamejante que nunca, quase avermelhado, a calça de veludo amarelo dourado que, quando mexia, movia reflexos como a lua num lago, as botas cinza com franjas nas bocas insinuando um Davy Crockett caboclo. Não houve momento mais significativo da transformação de Raulzito no definitivo Raul Seixas do que aquela apresentação do baiano no festival Phono 73: O Canto de um Povo, organizado pela Phonogram.

Raul iniciou com um pot-pourri, introduzindo "Let Me Sing, Let Me Sing", seu batismo nos festivais, para a plateia. No meio do show, pintou com batom, no próprio peito, uma chave mística, a chave da Sociedade Alternativa (que viria aplicada em sua mão na capa de *Krig-ha, bandolo!*). "Está lançada aqui a semente de uma nova idade!", decretou a seguir. Depois, desfilou a misteriosa e envolvente canção "Loteria da Babilônia", dele e de Paulo Coelho, ainda inédita.

A chave desenhada no peito de Raul provinha do Ankh, símbolo encontrado na escrita hieroglífica egípcia. No passado, esse símbolo era usado para representar a vida, ou a vida eterna. A forma do Ankh evoca a cruz, mas é uma representação ainda mais antiga. Tem a haste superior vertical substituída por uma alça ovalada, como uma cabeça. Em algumas simbologias primitivas, possui as suas extremidades superiores e inferiores bipartidas. Era esse o sinal adotado por Raul e Paulo Coelho como logo da sua Sociedade Alternativa, da qual os fundamentos ficariam conhecidos progressivamente mais adiante — ou, para ser mais honesto, nunca ficariam completamente conhecidos. Raul explicou que não dava para comparar o seu conceito de Sociedade Alternativa com nenhuma experiência que porventura estivesse se realizando no mundo naquele momento, porque o Brasil vivia "um sistema civilizatório diferente".

O Ankh de Raul tinha dois degraus na haste inferior, referindo-se ao que chamavam de "Degraus da Iniciação", a chave que abre todas as portas. Há muitas especulações para o surgimento e o significado do Ankh mas, ao que tudo indica, surgiu na quinta dinastia egípcia. Quanto ao seu significado, há várias teorias. Muitas pessoas veem o Ankh como símbolo da ressurreição. Os movimentos ocultistas se apropriaram dele no final do século XIX, mas a ideia básica seguia sendo a mesma: fazer reviver. Raul fez imprimir a chave, como se fosse um carimbo, na capa de quatro dos seus discos: *Krig-ha, bandolo!* (1973), *Gita* (1974), *Novo Aeon* (1975) e *A pedra do Gênesis* (1988).

O show de Raul era um dos mais de trinta no cartaz que anunciava três noites de música no Palácio de Convenções do Anhembi, em São Paulo, nos dias 11, 12 e 13 de maio de 1973. Foi um festival extraordinário, não só pelos nomes envolvidos, mas pela junção de talentos, como a união entre Odair José e Caetano Veloso e o inédito projeto Cilibrinas do Éden, de Rita Lee e Lúcia Turnbull. "O maior elenco jamais reunido na música popular brasileira", como dizia a propaganda, apresentou-se por um preço de vinte cruzeiros cada noite. Mutantes e as Cilibrinas tocaram na primeira noite. Na segunda, os pesos-pesados: Chico, Elis, Gil, Jorge Ben, MPB4 e Ivan Lins. No sábado, Jorge Mautner, Ronnie Von, Wanderléa, Simonal, Erasmo, Sérgio Sampaio e Raul Seixas, entre outros, a partir das 20h30. A aparição de Raul e "Loteria da Babilônia" era algo mais que um show, era a apresentação de um manifesto.

"Loteria da Babilônia" é o título de um conto do livro *Ficções* (1944), do escritor argentino Jorge Luis Borges. A letra mostrada ali no Phono 73, além de embalada por aquele discurso missionário, marcava a entrada de Raul Seixas no universo das sociedades esotéricas e dos mistérios. Paulo Coelho era fascinado pela erudição de Borges, que usava oximoros como quem usa cubos de açúcar no café. Uma vez, em 1976, Paulo até mesmo tentou aproximar-se fisicamente do autor argentino, durante uma viagem a Buenos Aires. Acompanhado de uma namorada, Beth, ele chegou a Buenos Aires com um endereço escrito num papelzinho: Calle Maipu, 994, 6º B. Era ali, na Recoleta, que vivia então o escritor. Logo após chegar à cidade, Paulo dirigiu-se até lá e perguntou ao porteiro como poderia falar com Borges. O porteiro informou que Don Jorge tinha acabado de atravessar a rua e estava em um café defronte, que era só abordá-lo. Paulo Coelho chegou a ficar à espreita durante algum tempo, olhando pela vitrine do café, mas não teve coragem de abordar Borges e acabou indo embora sem falar com o mestre.

Embora Paulo Coelho não tenha dirigido a palavra a Borges, a presença literária de El Brujo o marcou fundo. Em "O Zahir" — conto incluído em *O Aleph*, de 1949 —, Borges anotara: "Na figura que se chama oximoro, aplica-se a uma palavra um epíteto que parece contradizê-la; assim os gnósticos falaram de luz obscura, os alquimistas de um sol negro". Doravante, em sua arquitetura de letras de música, a "Loteria da Babilônia" de Paulo Coelho brincaria com essas aparentes oposições ("Resolveu as equações/ Que não sabia") e também se nutriria habitualmente do fluxo contínuo da narrativa. Tudo isso já era familiar a Raul Seixas, mas agora parecia fortalecido com um discurso conceitual que Paulo Coelho esgrimia com argúcia e reverência literária.

Em *O Aleph*, sobravam exemplos do estilo de fluxo contínuo de Borges e seu eco posterior na lírica de profecias e anunciações de Raul Seixas. "Vi o populoso mar, vi a aurora e a tarde, vi as multidões da América, vi uma prateada teia de aranha no centro de uma negra pirâmide, vi um labirinto roto (era Londres), vi intermináveis olhos próximos perscrutando-me como num espelho, vi todos os espelhos do planeta e nenhum me refletiu", escreve Borges. Essa estrutura narrativa está presente em essência em "Eu nasci há 10 mil anos atrás" ("Eu vi Moisés/ Cruzar o mar Vermelho/ Vi Maomé/ Cair na terra de joelhos/ Eu vi Pedro negar Cristo/ Por três vezes/ Diante do espelho/ Eu vi!"), que é de 1976.

Mais do que evidenciar a influência borgiana, "Loteria da Babilônia" era a declaração de fé no fabulário do mago britânico Aleister Crowley (1875-1947), o novo guru da dupla de compositores Paulo Coelho e Raul. Há decisivas referências ao ocultista na letra. O britânico Crowley era um exímio enxadrista, e o jogo está encenado na letra ("Agora é necessário/ Gritar e cantar rock/ E demonstrar o teorema da vida/ E os macetes do xadrez"). Outra referência diz respeito à perda da fortuna do pai por Crowley, algo que marcou a juventude do ocultista ("Mas o que você/ Não sabe por inteiro/ É como ganhar dinheiro").

Ao mesmo tempo que era um cartão de visitas do ocultismo, a tessitura musical de "Loteria da Babilônia" envolvia uma reiteração da influência dos Beatles no background musical de Raul. O ritmo lembra muito o da canção "Polythene Pam", dos Beatles, do disco *Abbey Road* (1969), assim como pode ser perfeitamente sobreposto a "Instant Karma!", de John Lennon (1970). De qualquer forma, dava já uma pista do universo de referências que atraía e continuaria atraindo a atenção de Raul até o último acorde.

A aparição do novíssimo e desafiador Raul Seixas no palco do Anhembi não passou incólume pelas hostes do antigo establishment. Seus shows seguintes, nos teatros das Nações, em São Paulo, e Tereza Rachel, no Rio, seriam monitorados pela repressão. A polícia apreendeu duas pilhas do folheto promocional distribuído aos fãs na entrada do espetáculo.

A ficha do cantor na Polícia Federal registrou que ele participara de um evento em que, na portaria, eram distribuídos folhetos "clandestinamente", contendo "propaganda subversiva e mensagens justapostas e subliminares". Era o gibi do encarte de *Krig-ha, bandolo!*. Essa pequena ousadia gráfica de 23 páginas custaria muito caro à vida pessoal de seus articuladores: dois deles sofreriam torturas físicas e um dos torturados ficaria com a vida praticamente aniquilada.

Produzido como peça de divulgação do disco que a Philips preparava, a ideia surgiu de um momento de euforia de Paulo Coelho. "A chave da compreensão do long-play está em ouvir o disco lendo 'A fundação de Krig-ha'", dizia o encarte. Paulo estava lendo um número da revista em quadrinhos *Tarzan* (*A mina do inferno*, editada pela Ebal em 1973) enquanto debatiam o nome do disco. Subitamente, Paulo subiu na mesa, bateu no peito e começou a imitar o personagem, gritando "Krig-ha, bandolo!". Imediatamente, todos aceitaram o nome como mais que adequado ao novo disco, e a estratégia promocional foi traçada.

"A coisa mais penosa do nosso tempo é que os tolos possuem convicção, e os que possuem imaginação e raciocínio vivem cheios de dúvida e indecisão", dizia o final do texto ilustrado *A Fundação Krig-ha*, assinado em 31 de julho de 1973. O gibizinho era uma miscelânea pop que fundia figuras de personagens da indústria de quadrinhos, como Hulk, Batman, Mandrake, Homem de Ferro e Homem-Aranha, com excertos de textos apócrifos. Raul amava esse universo — talvez tenha sido um dos primeiros no Brasil a encampar a iconografia das histórias em quadrinhos em um disco. De resto, os quadrinhos se acomodam em sua obra de forma tranquila e orgânica. Na canção "Super-heróis" (Raul Seixas/Paulo Coelho), ele cita o Zorro (Ai-Oh, Silver!) e o Capitão Marvel (Shazam). Em "Dentadura postiça", alardeia: "Vai sair a Máscara Azul, vai sair o verde do mar, vai sair um novo gibi, vai sair da cara o suor". Gibi é um dos nomes das histórias em quadrinhos. Paulo Coelho e Raul receitavam a ironia como uma das "muitas formas através das quais a imaginação pode se expressar nesse momento". Uma desinibição típica dos procedimentos da pop art norte-americana que tinha se incorporado às técnicas de combate cultural de Raulzito.

Krig-ha, bandolo! tinha o agravante de ser um berro anti-imperialista, em sua origem. Trata-se de um dos gritos de guerra do personagem Tarzan (criado por Edgar Rice Burroughs em 1912), uma expressão inventada pelo cartunista norte-americano Hal Foster, um dos maiores artistas dos *comics* de todos os tempos. Burroughs criou uma linguagem ficcional, o mangani, cujas palavras eram usadas naquele reino perdido ficcional. Em 1981, o guitarrista e compositor Frank Zappa, norte-americano de quem Raul era fã ("Tomei conhecimento dos Mothers of Invention. Frank Zappa era demais", tinha declarado), também batizou uma de suas canções assim. "Kreegah Bundolo" acabou ficando mais conhecida como "Let's Move to Cleveland" e está gravada no disco *Does Humor Belong in Music?*, lançado em 1984.

No encarte do disco, os desenhos de Adalgisa Rios, a namorada de Paulo Coelho, iam de mapas pré-colombianos a figuras antropomórficas. Alguns trechos escritos repetiam obsessões do escritor. "Nós temos andado pelo mundo e temos visto as cabeças baixas; temos visto a loucura atingindo nossos companheiros de época porque eles pensavam que estavam sós." É, de novo, uma citação sem fonte de "O uivo", de Allen Ginsberg. Um dos desenhos mostra uma espécie de agente secreto, de óculos escuros e terno preto, com o balão: "Temos visto também os carrascos, vítimas de um mecanismo do qual já perderam o controle".

A censura fustigou severamente a dupla Raul e Paulo Coelho nesse período. Uma das canções que produziram para *Krig-ha, bandolo!* foi inapelavelmente condenada ao esquecimento.

Trata-se de "O exercício (Exercício de relaxamento yoga)", que consistia numa experiência meio macabra de imaginar uma pessoa dentro de um caixão de defunto tentando se libertar e respirar. "Oferece potencial psicológico negativo a personalidades imaturas, neuróticas ou psicóticas incipientes", anotou o censor, que viu possibilidade de "desvios psicopatológicos" nos eventuais ouvintes do material.

A performance de Raul nos, por assim dizer, pré-eventos de lançamento do disco chamou a atenção da imprensa tradicional, além de seus sócios da repressão. Em 7 de junho de 1973, em um belicoso artigo nas páginas de um então emergente diário, o jornalista José Nêumanne Pinto, crítico de música na *Folha de S.Paulo*, fez imprimir aquilo que intitulou como "Recado a Raul Seixas". Nêumanne se investia da tarefa de responder ao discurso de Raul no palco do Phono 73 e, nesse intuito, cristalizava um preconceito comum àquela época, além de arvorar-se guardião dela: o de fazer a distinção entre cafonas, alta MPB e baixa MPB. De quebra, ainda acusava Raul de copiar Bob Dylan (estava redondamente enganado; Raul copiava muitos outros, mas Dylan não).

"Afinal de contas, é preferível o Raulzito autor das baladas de Wanderley Cardoso, Jerry Adriani e Renato e seus Blue Caps ao Raul Seixas metido a filósofo encarapuçado de gênio, tendo como credenciais o orgulho da baianidade e da bagagem de uma pretensão inexplicável para um rapaz da sua idade e com seus curtos conhecimentos culturais."

Com um tom paternalista, o jornalista sentenciou: "Você precisa ouvir umas verdades, Raulzito". E, já bem menos afetuoso, emendou: "Não pense que você é um gênio. No Brasil existem muitos bons compositores e letristas, mas certamente você não está entre eles só porque pertence à mesma gravadora deles". Já mais exaltado, investiu-se do papel de sacerdote a conceder ao penitente algo com o peso de uma extrema-unção estética: "Eu sei que há mais gente culpada pelo que você passou a ser do dia para a noite, Raulzito. Existe toda uma mentalidade estratificada em busca de deuses frágeis como você".

No dia seguinte à publicação, Raul, identificando o histrionismo cheio de certo senso de oportunidade do jornalista, resolveu responder. A sua carta foi publicada três dias depois, em 10 de junho de 1973, em um tom de contraponto, um texto profundamente ponderado: "Em momento algum eu neguei as músicas que fiz para Jerry Adriani e Renato. Pelo contrário, sem aquele tipo de vivência talvez não tivesse hoje a maleabilidade musical que me é tão necessária para falar com as mais variadas espécies de público", afirmou.

Uma delicada ironia, quase generosa, marcava todo o artigo-resposta de Raul. "Bob Dylan é exatamente o que você diz, um grande sujeito. Deflagrou um estilo, assim como Edith Piaf, Nelson Gonçalves, Beatles, Jesus Cristo, Aristóteles. Mas as coisas se sucedem, e só porque a Lua cismou de passear pelo céu ninguém vai dizer: 'Olha! Está imitando o Sol! E com menos brilho!'.

"Mas vamos parar por aí, porque essa carta não é uma tentativa de justificar nada, nem de tentar convencê-lo a mudar de opinião", afirma Raul, como se soubesse da esterilidade do embate.

Raul estava em um ponto da carreira em que cortejava a invenção, tempo ainda no qual a palavra "medo" não se ajustava ao seu vocabulário. Sua trupe também estava em ebulição artística, e ele tinha uma agenda feérica. Naquele mesmo ano, saiu finalmente pela Philips o fabuloso LP de estreia de Sérgio Sampaio, *Eu quero é botar meu bloco na rua*, com blues, samba, chorinho, bolero, rock. Era produzido por Raul Seixas, que também fez arranjos para o álbum. Entre os músicos, além do próprio Sérgio, o escudeiro Renato Piau nos violões e guitarras e Ivan Mamão e Wilson das Neves na bateria. Eram onze canções, e na 12ª Sérgio fez um cadenciado tributo para o amigo que se debruçara com tanto entusiasmo sobre seu cancioneiro. Era a faixa "Raulzito Seixas", uma microbiografia em forma de canção:

Meu nome é Raulzito Seixas
Eu vim da Bahia
Vim modificar isso aqui
Toco samba
E rock, morena
Balada e baioque

Sérgio era um artista visionário, corajoso, tinha um talento cronístico fabuloso e o disco era uma obra de rara inspiração, mas talvez estivesse demasiadamente à frente do seu tempo. Em termos gráficos, a capa seguia a linha ousada de *Sociedade da Grã-Ordem Kavernista*, com o logotipo "ensanguentado" com o nome do artista e uma série de fotos do cantor fazendo caretas em diversas poses, como se fosse um rolo de filme a ser revelado. Entre as letras, diversas referências aos anos de chumbo da ditadura militar, com o clima sombrio da desconfiança entre vizinhos, o medo de deixar filhos sozinhos, labirintos, prisões inexplicáveis e solidariedade em meio à barbárie. Tal coquetel não funcionou, o álbum foi um fiasco de vendas, meras 5 mil cópias (face ao sucesso do compacto com a música, foi frustrante). Caetano Veloso, por exemplo, que não era um grande vendedor de discos, vendia cerca de 20 mil cópias de seus álbuns. *Eu quero é botar meu bloco na rua* era uma crítica à ditadura militar (a expressão era usada por jovens manifestantes quando iam para as passeatas). Mas o pretexto da venda fraca levou a gravadora a rescindir o contrato de Sérgio em seguida. Entretanto, a linguagem multigêneros de Sérgio, sua abordagem poética e pop, fariam dezenas de discípulos nas décadas seguintes.

O ano de 1973 não aliviava para os artistas. Raul também entrava em uma inequívoca rota de colisão com a censura da ditadura civil-militar. No dia 12 de abril daquele ano, a letra de uma *country song* do baiano chamada "Check up" foi vetada integralmente pelo departamento de censura. "Condicionamento a tranquilizantes que lembra em [sic] dependência física", escreveu um censor. "Deixa de ser liberada por ser inconveniente o conteúdo", anotaram no prontuário. Raul tentou de novo gravar "Check up" em 1986, em *Uah-bap-lu-bap-lah-béin-bum!* (Copacabana), mas só conseguiria gravar essa música em 1988, no álbum *A pedra do Gênesis* (Copacabana, 1988):

> *Acabei de tomar meu Dienpax*
> *Meu Valium 10*
> *E outras pílulas mais*
> *Duas horas da manhã*
> *Recebo nos peitos*
> *Um Tryptanol, 25*
> *E vou dormir quase em paz*
> *E a chuva promete não deixar vestígios*
> *E a chuva promete não deixar vestígios*

Raul ironizou a proibição mais adiante, já nos anos 1980: "São remédios que eu tomo com prescrição médica", brincou. "Com receita e tudo." O baiano dizia que tinha, na época, "umas onze músicas presas na Censura" que ainda não tinham sido liberadas, "apesar da aparente liberalidade". Segundo comentou, havia uma cisma pessoal com ele, "uma perseguição muito com Raul Seixas", que suscitava pretextos para se buscar algum substrato subversivo em suas letras: "olha a letra para ver se tem segundo sentido, olha de trás para diante, para ver se tem mensagem secreta".

A vigilância do regime militar pedia estratégia e sagacidade, e ele desenvolveu alguns truques. "Tive que camuflar o nome de alguns barbitúricos, Valium, Dienpax e Tryptanol, para poder colocar a música 'Check up' entre as faixas do disco *A pedra do Gênesis*." Viraram quilindrox, discomel e ploct-plus.

A apresentação de Raul no festival Phono 73 foi um *teaser* dessa nova conjugação de esforços que reunia seu antigo staff da CBS, os pioneiros da Jovem Guarda e o visionarismo de Paulo Coelho. "Está lançada aqui a semente. A semente de uma nova idade. De uma nova idade da qual vocês todos são testemunhas", discursou o baiano. Mais do que testemunhas, eles também estavam convictos de que precisavam provocar a adesão. Não demorou a pedirem, no espaço do jornal que lhes franqueava aliados como Nelson Motta, que os interessados em integrar a comunidade escrevessem para um determinado endereço: Sociedade Alternativa, Praça Quinze, 38, A, sala 65. Raul se divertia bastante com o debate que se criara em torno da ideia. "Ela existe. Ela é palpável, ela está aí no ar", dizia. "Eu tenho recebido cartas que nem consigo responder. Gente que pergunta quanto deve pagar para fazer parte da Sociedade Alternativa. É o maior barato! Cartas de sociólogos, convites para palestras. Uma vez fui contratado por uma universidade pensando que ia fazer um show. Cheguei lá, era uma palestra sobre sociologia para quinhentos estudantes. O tema era Sociedade Alternativa. Adorei!"

A canção-hino que arquitetaram, "Sociedade Alternativa", é irretocável no propósito de convocação. É vitaminada por uma seção de metais (trompete, trompa, sax tenor, sax barítono), batida de bateria e coro triunfalista, o que confere uma conformação popular, brasileira, às ideias de Aleister Crowley, o mago, poeta, ocultista, filósofo, enxadrista, iogue, montanhista e escritor britânico. Essa era uma sacada que impulsionava, popularizava de forma eficiente e nova um ideário que poderia ser rejeitado por sua reputação trevosa, sombria, caso não tivesse alguma camuflagem. "Todo homem, toda mulher é uma estrela." Os versos "tomar banho de chapéu/ ou esperar Papai Noel/ ou discutir Carlos Gardel" tinham a marca de uma rebelião alegre, colorida. Talvez como, antes, só os Beatles tinham feito na capa de *Sgt. Pepper's*, em 1967, colocando Crowley, a "Grande Besta", como uma das figuras de proa do bestiário do mundo moderno (ao lado de ícones como Marilyn

Monroe, Marlon Brando, Bob Dylan, Muhammad Ali, D. H. Lawrence e Shirley Temple).

A ideia de se criar uma utopia comunitária chamada Sociedade Alternativa foi urdida logo nas primeiras manhãs do relacionamento entre Paulo Coelho e Raul Seixas. Em *As Valkírias*, seu livro de 1992, Paulo Coelho chegou a mencionar que a ideia se inspirava também numa proposta do próprio Crowley, que tentou criar um núcleo comunitário em Cefalù, na Sicília (a 69 quilômetros de Palermo), em 1920. Crowley chegou a Cefalù com a namorada, Leah Hirsig, alugou um lugar chamado Villa Barbara e logo adicionou à vida conjugal uma segunda mulher, Ninette Shumway. Ele buscou fundar ali, no lugar que considerou "minha ideia de paraíso", uma comunidade de telemidas (que chamou de Abadia de Thelema em referência à pentalogia *Gargântua e Pantagruel*, escrita no século XVI por François Rabelais).

Vestido com um robe escarlate e preto, Crowley sacrificava galinhas para retirar seu sangue, além de praticar outros tipos de bestialidade em seus ritos, e o uso ritual de algumas drogas, como contou Mary Butt, uma das seguidoras. Um relato dá conta de que teria induzido uma de suas discípulas a fazer sexo com um bode. Crowley esperava criar ali a semente de uma nova religião. Em 1921, Leah Hirsig escreveu em seu diário: "Eu me dediquei totalmente ao grande trabalho. Trabalharei pela maldade. Vou matar meu coração. Serei envergonhada ante todos os homens. Prostituirei meu corpo com todas as criaturas".

Viciado em heroína e cocaína, Crowley rezava o que chamava de missas gnósticas, fazia rituais ao deus do Sol, Ra, e apregoava o amor livre e o sexo heterodoxo — qualquer comunidade de sexo livre, àquela altura do século, seria considerada herética e subversiva. Por displicência com os serviços básicos, o local acabou sendo considerado de pouca higiene, com problemas sanitários. Mas os novos seguidores continuavam a chegar em hordas, entre elas a estrela do cinema mudo norte-americana Jane Wolfe, que se tornou secretária do mago e galgou posições na ordem. Alguns, como o matemático Cecil Frederick Russell, não toparam as cerimônias sexuais e deram no pé muito cedo (Russell criaria sua própria ordem ocultista). Então, uma mulher, Betty May, detestou aquilo tudo, a despeito do seu marido, Raoul, ter adorado. Betty ficou ainda mais amargurada quando o marido morreu na abadia de uma infecção mal curada no pulmão e, quando voltou a Londres, contou à imprensa como tudo se dava. Sua mágoa pode tê-la levada a exagerar no relato. Mas o então governo fascista de Benito Mussolini veio a ter conhecimento das atividades do britânico e deportou Crowley em abril de 1923, e a abadia foi fechada. Hoje, está em ruínas.

Raul e Paulo vinham trabalhando febrilmente na customização cabocla dessas ideias desde seus primeiros encontros. O arcabouço dos projetos e suas intervenções continham quase que uma visão operística da inserção da música popular na imaginação das audiências, e envolvia também outras visões, como as histórias dos discos voadores. Essa foi uma fantasia caprichosamente arquitetada por Raul, que descreveu com minúcias, em dois momentos de sua parceria com Paulo, a história de um avistamento na Barra da Tijuca. A primeira vez que contou a façanha foi numa entrevista ao *Pasquim*; depois, ele a repetiu, desta feita afirmando que ele e Paulo tinham presenciado juntos, no meio da tarde, na Barra, o sobrevoo de um óvni. Ainda não se conheciam, a aparição os teria aproximado.

Precisamente a 7 de janeiro deste ano (1974), às dezesseis horas, quando houve o eclipse parcial, estava eu na Barra da Tijuca, perto do Recreio dos Bandeirantes, quando avistei um disco em cujos lados havia uma auréola cor de fogo em propulsão. Quando surgiu e consegui visualizá-lo, uma coisa estranha me tocou. Foi então que percebei que era um predestinado e as coisas começaram a clarear para mim, sedimentando-me este conceito. Simbolicamente, parece-me viajar no tal disco voador e consegui ver a Terra com toda sua problemática. Ao retornar da viagem espacial, não sei explicar o personagem que encarnei por alguns momentos, mas pareceu-me um jacobino, dentro daquela Revolução Francesa. Refeito, voltei a casa e passei a interessar-me pelo cósmico. Dois meses depois, acordei bem cedo, com vontade de escrever. Era uma espécie de ânsia. Telefonei a um amigo e ele me aconselhou a voltar ao local onde tinha visto o disco voador. Voltei e, lá chegando, tive um sentido amplo do que significava a terra, o fogo, a água e o ar, esses quatro elementos que compõem um todo a ser vivido por mim, mas por etapas.

Na segunda, o cenário era absolutamente o mesmo, mas o "amigo" ao qual ele se referia na primeira descrição estava junto, ao lado da namorada. Era Paulo Coelho, acompanhado de Adalgisa:

A história dessa sociedade é realmente interessante. Às quatro horas da tarde de um dia de sol, há alguns meses, eu estava na Barra, apreciando a paisagem. De repente, vi, quase em cima da minha cabeça, uma nave espacial toda alaranjada, respirando, respirando. Era um disco voador. Fiquei atônito por alguns instantes, mas ele decolou e sumiu. Quando eu me recuperava do choque, vi um casal correndo para mim, os braços abertos. Era Paulo Coelho e a mulher. Perguntara-me se eu tinha visto o disco também. Daí nos abraçamos e ficou no ar a impressão de que tínhamos, eu e Paulo, alguma missão a realizar. Ele me falou dos freaks da Holanda que auscultavam o mundo todo por meio de computadores eletrônicos instalados em cavernas. Subi ao morro e vi o ridículo de tudo. Vi que precisávamos derrubar as cercas que separam os quintais. Fundamos no Brasil um equivalente, a Krig-ha, bandolo, que, por enquanto, tem poucos membros: eu, minha mulher, são Francisco de Assis, Paulo, John Lennon, o escritor [armênio] Gurdjieff, professor do sábio francês Louis Powels [na verdade, o nome é Louis Pauwels, autor do livro *O despertar dos mágicos*, em parceria com Jacques Bergier], e José Celso Martinez Corrêa.

A eficiência marquetológica dessa história era evidente: projetava Paulo não apenas como um letrista, mas como um criador que partilhava o universo de visões e crenças do excêntrico novo roqueiro. Não era um penduricalho, era parte do conceito. "Aos 27 anos de idade, ele é o primeiro músico brasileiro a receber um apoio integral de sua gravadora. Na última semana, André Midani, presidente da CBS [na verdade, tratava-se da Philips/Phonogram], tomou uma decisão inusitada na história da empresa: garantir técnica e financeiramente o grupo de um dos seus contratados — Raul", escreveu Luís Carlos Cabral no jornal *Diário de Brasília*.

A gravadora, portanto, chancelava as ações de todo o entourage de Raul Seixas como um tipo de ação inédita. Paulo passou também a assinar a direção do show de Raul, no qual estreava um agente novo, o infalível Guilherme Araújo — o trio marcou um show único no Teatro das Nações, na avenida São João, 1737, em São Paulo, com uma banda incontestável: o virtuoso Wagner Tiso no piano, Fredera na guitarra, Milton Botelho (que tocava com Gal e Luiz Melodia) no baixo e Luiz Carlos dos Santos (o Luiz Carlos Batera da banda Black Rio) na bateria. A partir daquele momento, o relato do disco voador ia mudando progressivamente conforme a interlocução midiática, incorporando novos personagens e arcabouços estéticos. "Eu já falei sobre disco voador/ E da metamorfose que eu sou/ Eu já falei só por falar/ Agora eu vou cantar por cantar", refletiu o artista na letra de "Cantar" (Raul Seixas/ Cláudio Roberto, 1987). Já era Raul fazendo a diferenciação entre a mitologia e a estética, entre o ato de contar histórias e o de cantar canções.

Mas Raul estava fervilhando de entusiasmo. Concentrava talentos em torno de si, como se fosse o centro de um sistema planetário. Os amigos também não o deixavam só. Certo dia, saiu para comemorar a boa fase com o irmão, Plínio, e a cunhada, Helena, trazendo a tiracolo Thildo Gama, o velho parceiro dos Relâmpagos e dos Panteras. Também iam junto Paulo Coelho e Adalgisa, além da mulher de Raul, Edith. Nutriam planos de viajar, os quatro, para os Estados Unidos, visitar Graceland, usufruir da fase. Foram jantar no restaurante Rio Gerez, na avenida Atlântica, perto da Galeria Alaska, em Copacabana, e passaram uma noitada escrevendo "*statements*" de sua condição humana e artística. "Eu sou como o fogo que queima o seu combustível e depois a si mesmo", declarou Raul, enquanto comiam mexilhões e tomavam chopes. Dali, saíram em caravana para a Boite Cowboy, na praça Mauá, para encontrar outro velho amigo: Edy Star, que cantava ali numa versão do espetáculo *Cabaret*, de Liza Minnelli. "Thildo! Que prazer ver vocês aqui!", gritou Edy do palco. A confraria estava de novo reunida, agora em torno de um novo superstar, Raul Seixas.

Ao mesmo tempo que aglutinava, Raul também era convocado. Em dezembro de 1973, o tijucano Jards Macalé, notável experimentador que tinha feito história na virada da década com o seu hit "Gotham City", estava determinado a afirmar, em plena ditadura militar, os princípios básicos da Declaração Universal dos Direitos Humanos. Concebeu então um show coletivo no Museu de Arte Moderna do Rio, e saiu à cata de artistas de grande impacto e conceito musical revolucionário para participarem.

Certo dia, Macalé marcou de ir visitar o baiano Raul Seixas, notável imagem da contestação e rebeldia naqueles anos iniciais da década. Macalé já o conhecia pessoalmente, mas de um jeito formal, em reuniões de gravadora. Raul o tinha convidado para ir a seu apartamento no Jardim de Alah e o recebeu de forma afetiva, e Macalé percebeu que havia ali um clima de informalidade que estava a anos-luz das convenções de executivo de gravadora. Naquele momento, realizava-se uma reunião da nova sociedade secreta de Raul no apartamento. Um ambiente furtivo e codificado era o cenário de fundo. Era um tipo de debate para o estabelecimento da pedra fundamental da Sociedade Alternativa. Na ocupação do espaço da sala, Jards notou que Paulo Coelho sentava à direita de Raul, como se compusessem uma diretoria corporativa. "Estava fechado, escuro. Eles debatiam alguma coisa sobre a sociedade alternativa à luz de velas", recorda Macalé, que demorou para conseguir explicar a Raul seu intento. "Mas Raul aceitou de imediato. Escolheu entre os artigos da Declaração Universal de Direitos, e ele acabou sendo uma das coisas mais bacanas do show", recorda. "Ele fez o que quis. Escolheu a música e ditou o ritmo de sua performance."

O concerto foi batizado de *Banquete dos mendigos*, que poderia sugerir uma óbvia referência ao disco *Beggars Banquet*, dos Rolling Stones, lançado no ano das revoltas estudantis, 1968. Mas não tinha relação, revelou Macalé: "Era a nossa condição, de artistas mendigos, à margem". Além de Raul, responderam ao chamado Gonzaguinha, Paulinho da Viola, Jorge Mautner, Milton Nascimento, Chico Buarque. O registro desse show foi proibido de ser lançado em disco no ano seguinte, 1974, e só o seria em 1979. Raul cantou "Cachorro urubu", dele e de Paulo Coelho, que estaria em seu disco de estreia (gravação na qual Raul tocava "com cordas presas à la Paul Anka"). O baiano não sabia que "Cachorro urubu" era uma valsa, sua produção por vezes era marcada pela pura intuição. O artista se mostrava (e também Paulo Coelho, atento a essa esfera do ativismo global) antenado com o impacto político e estético de Maio de 1968 em Paris. "Baby, o que houve na trança/ Vai mudar nossa dança/ Sempre a mesma batalha/ Por um cigarro de palha/ Navio de cruzar deserto", dizia a letra.

A canção foi desfigurada em seus termos-chave, por causa da censura. "Trança", na verdade, é França. Quando Raul canta "eu sou cachorro urubu em guerra com ZÉU", ZÉU é, na verdade, os EUA (Estados Unidos da América). Trata-se de uma citação marota de Raul: Crow Dog, o "cachorro urubu" ao qual ele se refere, foi um chefe da tribo Dakota Sioux que, nos Estados Unidos, matou um outro chefe índio que julgava vendido ao povo branco e traidor dos princípios dos povos originários. Crow Dog foi julgado por duas leis: na dos índios, pagou uma indenização à família da vítima. No julgamento dos brancos, "em guerra com ZÉU", foi sentenciado ao enforcamento, mas a Suprema Corte o libertou, reconhecendo que o conselho tribal era soberano.

Krig-ha, bandolo é um disco pleno dessas camuflagens de sentido. A canção "Dentadura postiça" é óbvia referência à "ditadura postiça", e a canção é de destampado espírito de confronto. "Vai sair da cara o terror/ Vai sair o Expresso 22" (o Expresso 22 é referência ao retorno de Gilberto Gil do exílio, um ano antes). Gil tinha feito *Expresso 2222* como uma evocação das viagens de trem que fazia na velha Bahia, nas composições da Viação Férrea Federal Leste Brasileira entre Salvador, Ituaçu e Nazaré das Farinhas. Também usava a viagem como uma metáfora da expansão da consciência pela via das drogas. Há ainda, entre as faixas, mais uma das famosas "camuflagens de autoria" de Raul: em "As minas do rei Salomão", a base é surrupiada de um clássico do *bluesman* norte-americano Howlin' Wolf, "Smokestack Lightning", gravada em 1956.

A capacidade subversiva das canções do disco de estreia de Raul Seixas, uma obra-prima de cabo a rabo, foi aparentemente maior do que a capacidade de interpretação da censura. "Rockixe", por exemplo, trata diretamente do tema do cerceamento da liberdade:

Eu tinha medo do seu medo do que eu faço
Medo de cair no laço que você me preparou
Eu tinha medo de ter que dormir mais cedo
Numa cama que eu não gosto só porque você mandou

Dos desenhos underground do encarte, ao estilo Robert Crumb (que Janis Joplin curtia tanto), à música *crossover*, de múltiplos cruzamentos, o disco *Krig-ha, bandolo!* demonstra uma inteligência artística que o projeta adiante do seu tempo. Raul Seixas abre o disco com um tipo de pedra fundamental de tudo, uma gravação de "Good Rockin' Tonight", de Roy Brown, clássico de 1947. Mas quem canta é outro personagem: um imberbe Raul Seixas, com somente nove anos de idade (numa fita que encontraram lá no refúgio rural de Dias d'Ávila), convidando o ouvinte a experimentar a pureza do rock 'n' roll, seus pressupostos de libertação e purificação. Ao fechar o disco, no lado B, ele deixa uma outra gravação: "Tá gravando aí, meu nego? Meu nome é Raul Santos Seixas, e eu sou baiano de Quenguenhém, oito horas de mula e doze de trem. Mas que o mel é doce é coisa que me nego a afirmar. Mas que parece doce, eu afirmo plenamente. Deus é aquilo que me falta para compreender o que eu não compreendo".

Logo após a introdução de "Good Rockin' Tonight", entra a alucinante "Mosca na sopa", embalada por um zumbido artificial criado pelo sintetizador Minimoog analógico de Luís Paulo. Sob um aparentemente inofensivo bordão de rua ("Eu sou a mosca que pousou na sua sopa"), Raul inicia uma fina subversão, misturando ritmos afro-brasileiros com explosões de rock, capoeira e pontos dos terreiros de umbanda e candomblé com *hard rock*. Paulinho Batera, do Black Rio, toca berimbau nessa faixa, e "as meninas do terreiro" fazem os vocais. Esse corpo, também chamado Spirituals Sisters Quintet, não tem sua composição nomeada no álbum — sabe-se que Raul teria convocado umas moças de um terreiro de umbanda para cantar na gravação. Foi quando uma das garotas, uma médium, recebeu uma entidade, uma Pombajira, e Raul teria ficado boladíssimo. A Pombajira é uma entidade da religião afro-brasileira que atua como mensageira, um Exu feminino. Raul a interpretou como uma manifestação do próprio diabo, crença com a qual já vinha lidando.

"Rockixe" é a letra mais crowleyana do lote, mais propícia às associações com o ocultismo, dependendo das inclinações e dos temores religiosos do ouvinte. "Estou tão lindo porém bem mais perigoso", dizem Raul e Paulo. "Eu sou o anjo do inferno que chegou pra lhe buscar." A levada de baixo, de Paulo Cezar Barros, é inspirada em Peter Gunn Theme, de Henry Mancini (pulsão que também fascinara Jimi Hendrix, Quincy Jones, Eumir Deodato, Aretha Franklin, B52's, Emerson, Lake & Palmer, entre outros). Isso, mais uma seção de metais que não é creditada no disco, empresta um condimento black ultradançável à canção.

"A hora do trem passar" é, mais uma vez, a metáfora da morte envolvida numa narrativa milenarista sobre trilhos. "Ou você já esteve aqui ou nunca vai estar." Essa coisa de anjo anunciador já comparecia lá no início da trajetória de Raul em outro trem, o "Trem 103" ("Trem/ Trem/ Levou meu bem/ Trem/ Trem/ Me leva também"), conforme ele explicou à apresentadora Marília Gabriela: "Imagine um trem que vem buscar aqueles que já cumpriram os doze trabalhos, os escolhidos. O trem das 7".

"Metamorfose ambulante", verdadeiro hino do repertório do cantor, foi composta sob inspiração do livro *Metamorfoses* (ano 8 d.C.), do poeta latino Ovídio, que era um dos livros da biblioteca do pai de Raulzito lá em Salvador. O verso-chave da canção, "prefiro ser essa metamorfose ambulante do que ter aquela velha opinião formada sobre tudo", tinha sido rabiscado na parede do quarto por Raul quando ele tinha apenas catorze anos. Virou um aríete de filosofia ligeira para todo o espectro social, cultural ou político: em 2007, o presidente Luiz Inácio Lula da Silva, ao justificar uma mudança de postura em relação a um princípio econômico, usou a canção como pretexto em uma entrevista.

A experiência nas redações de jornais e revistas tinha dado a Paulo Coelho uma antevisão dos jogos de valorização de temas, da criação artificial de "pautas" para despertar o interesse da cobertura acomodada da imprensa tradicional. Ele inventara reportagens, então não achava complicado inventar uma agenda para o *rock star*, inventar uma mitologia e um arcabouço heroico. Foi assim que ele imaginou uma estratégia para o lançamento da canção que seria o carro-chefe do disco, "Ouro de tolo" (que saíra pela Philips em um compacto com "A hora do trem passar", parceria de Raul com Paulo). Em 7 de junho de 1973, vestidos como artistas de uma esfera utópica do mundo do rock, uma parada do tipo *Hair*, eles convocaram imprensa, amigos e simpatizantes para um cortejo-show (um exemplar pioneiro dos chamados *guerrilla concerts*), uma performance de Raul e Paulo pelo meio da cidade do Rio de Janeiro, um trajeto que ia da praça Mauá até o Obelisco da avenida Rio Branco. Sérgio Sampaio não quis ir. Renato Piau também não. Mas muita gente os seguiu. Escolheram um dia da semana, botaram o circo nas ruas em pleno rush, e o cortejo foi tão falado que deu até no *Jornal Nacional*.

"Ouro de tolo" seria consagrada como uma das maiores canções da história da música brasileira. "Eu adoro essa letra. Ela é importante no sentido de ser rebelde, de estimular a rebeldia, mas está apoiada em coisas verídicas", disse Arnaldo Dias Baptista, dos Mutantes. As coisas verídicas, realistas, atiçariam não só a curiosidade dos fãs, mas também a sede de controle de ideias do regime militar. A música meio que remexeu o fundo de uma piscina que tivesse barro na parte mais profunda. E gerou uma suspeição nos censores: ao tirar sarro de uma ilusória possibilidade de ascensão social ("Porque foi tão fácil conseguir e agora eu me pergunto: e daí?"), não estaria Raul Seixas debochando também do grande slogan do marketing do regime militar, o "milagre brasileiro" (as taxas de crescimento econômico registradas entre 1969 e 1973)? Parece uma viagem, mas na censura essa paranoia pegou forte.

Um dos documentos nos arquivos públicos do Ministério do Exército atesta a pulga que "Ouro de tolo" plantou nas orelhas do regime militar. O prontuário (pasta 16, documento 26 do Ministério do Exército) denomina o investigado (Seixas, Raul Santos), o endereço (residente à rua Almirante Pereira Guimarães, 72, apartamento 202) e registra o motivo da interpelação: "ASSUNTO: Autor da música de protesto, intitulada 'Ouro de tolo', que, segundo suas declarações, foi feita com a intenção de criticar não a pessoa de Roberto Carlos, e sim todo o esquema que ele representa".

Curioso pensar que a repressão tenha desconfiado de um ataque de Raul Seixas a Roberto Carlos — o que cargas-d'água tornava Roberto Carlos uma figura tão cara à ditadura que motivava uma repartição policial a zelar por sua "integridade moral"? Algo que provavelmente os policiais não sabiam é que Roberto era o responsável pelo abrigamento profissional de Raulzito ao apresentá-lo a Jairo Pires e recomendar uma gravação de sua banda, Os Panteras, cinco anos antes. Roberto, de certa forma, tornara Raul visível, abrira um caminho para o baiano.

Raul acreditava que o que levou a censura a concluir que "Ouro de tolo" era desfeita a Roberto consistia, na verdade, em uma confusão de versos entre sua canção e a música "A montanha", de 1972, de Roberto Carlos. Em "À janela", Roberto canta: "Obrigado, Senhor, por outro dia/ Obrigado, Senhor, que o sol nasceu". Já Raul Seixas falava que "devia agradecer ao Senhor por ter tido sucesso como artista", o que sugeria ironia em relação ao êxito do colega capixaba (ao menos na leitura de algum censor).

A história do insight inicial de "Ouro de tolo" é curiosa. Raul e o parceiro Mauro Motta, acompanhados dos filhos pequenos, Simone e Márcio, tinham ido passear no Jardim

Zoológico do Rio de Janeiro. Estavam em frente à jaula dos macacos quando viram uma mulher de casaco de pele, meia e salto alto jogando coisas em direção aos bichos. Mauro decretou que ela só podia ser paulistana, pela indumentária e pelo sotaque. Em dado momento, um dos macacos foi até o fundo da jaula e voltou com algo nas mãos, que atirou repentinamente na direção da mulher. Era merda. Raul e Mauro não conseguiam parar de rir. Foi daí que surgiram os versos ("Eu devia estar feliz pelo Senhor ter me concedido o domingo/ Pra ir com a família no Jardim Zoológico dar pipocas aos macacos/ Ah, mas que sujeito chato sou eu que não acha nada engraçado/ Macaco, praia, carro, jornal, tobogã, eu acho tudo isso um saco". Raul destilava sarcasmo contra as ambições burguesas, a busca incessante da segurança e do conforto social. Os 4 mil cruzeiros por mês de que ele fala na música era realmente próximo daquilo que recebia como produtor.

Expressão popular que remonta à corrida do ouro, ouro de tolo é o nome que se deu ao minério pirita (dissulfeto de ferro), cuja aparência enganou muito garimpeiro mais afobado. Apesar de ser apenas uma prima menos graduada do ouro, a pirita é conhecida como a "pedra da prosperidade", pois atrai boas vibrações.

Não bastasse a genialidade de sua letra, "Ouro de tolo" contou ainda com os desígnios do destino em sua constituição. Quem toca a viola de doze cordas na gravação é o lendário multi--instrumentista cearense Zé Menezes (1921-2014). Zé Menezes (também presente na gravação de "Dentadura postiça") conseguia ser brilhante no violão de sete cordas, no cavaquinho, no banjo, no bandolim, na viola de doze cordas, na guitarra portuguesa e no contrabaixo. O maestro Miguel Cidras toca órgão, Mazzola toca um pandeiro. Havia um cuidadoso refinamento instrumental por sob a poesia de surrealismo interiorizado de Raul. "No cume calmo do meu olho que vê/ Assenta a sombra sonora dum disco voador." Em um período de repressão violentíssima, Raul fazia menções irônicas a autoridades inquestionáveis ("doutor, padre e policial") e desfilava iconoclastia, enfileirando as palavras "humano", "ridículo" e "limitado" em um estilo discursivo urbanoide, quase falado, uma espécie de fusão entre a tradição do folk dylanesco e o repente brasileiro.

O trabalho gráfico de Edith Wisner Seixas também recebe créditos nesse primeiro álbum solo de Raul Seixas, num momento em que a vida conjugal da dupla já não experimentava seus melhores momentos (foi Edith também quem costurou a capa de "mago", com símbolos místicos, que Raul passou a usar nos espetáculos daquele período). O ano de 1974 via Raul chegando com o pé na porta, cheio de novas perspectivas artísticas, enfronhado na mitologia do show business, sendo reivindicado pelo *star system*. Quando bebia um pouco mais, e isso já era mais frequente, Raul se movia paquidermicamente, como se estivesse rebocando um trator — e, muitas vezes, estava mesmo, arrastando um comboio de garotas que se dependuravam no seu pescoço. Um dia, quando estava vivendo em Brasília, o antigo parceiro Thildo Gama, da Bahia, recebeu um telefonema do Rio de Janeiro. Era Edith, mulher de Raul.

— Thildo, você viu Raulzito?

— Não vi, Edith. O que houve? Falamos outro dia e ele estava a caminho do Rio.

Mas Raul não estava a caminho do Rio, nem a caminho da Bahia. Tinha ido para Belo Horizonte, onde lhe ofereceram um terreno — no tempo em que buscava uma fazenda para a implantação do seu projeto de Sociedade Alternativa. Foi a Minas, contudo, sem sequer ligar para a família nem dar sinal de quando pretendia voltar. Isso estava se tornando corriqueiro. A aproximação com sociedades ocultistas também deixava Edith apavorada. Ela tinha formação cristã ortodoxa, estava chocada com a aproximação de Raul com o universo crowleyano. Os conflitos acentuaram-se e não demoraria a chegar o dia de um impasse definitivo.

No torvelinho do lançamento de seu disco de estreia, a participação de Raul no *Banquete dos mendigos*, de Jards Macalé, tinha um caráter de diálogo público, de fraterna reverência aos dilemas de seu tempo. Mas, ao se ler, três anos depois, o que ele declarou em uma entrevista à *Folha de S.Paulo*, alguém poderia pensar também em conflito ou até mesmo falta de camaradagem. "Tem gente que prefere ficar passiva, ouvindo o que os Macalés da vida dizem. Vão engolindo sem questionar nada. Eu acho que é preciso ter cuidado com o que se lê, com o que se ouve. Inclusive eu tenho cuidado comigo mesmo, pois, num momento de individualidade, posso estar me traindo, dando o recado errado." O uso pejorativo do termo "Macalé" pode ter causado alguma má interpretação — Macalé também quer dizer "temperamental".

A referência era só um jogo automático de palavras, nunca teve conotação de animosidade com o colega. Jards Macalé diz que ele e Raul nunca tiveram nenhum desentendimento e foram amigos a vida toda. "Sempre achei as canções dele revolucionárias. Ele não falava de política de modo explícito, mas era um confronto contínuo, forçava os limites e as fronteiras." A questão de forçar limites e fronteiras estava operando uma transformação interna, mas também externa. Aquela figura cordial e pacata que Raul se tornara nos bastidores das companhias de discos estava em vias de sofrer uma transmutação. Faltava alguma autoconfiança, mas Raul logo equacionou isso também.

"Raul concluiu que sua aparência física é que não lhe permitia ser o rei do rock no Brasil. Ele tinha a postura, os movimentos e a voz apropriados, mas lhe faltava uma bela aparência", disse o guitarrista Gay Vaquer. "Criamos então uma imagem a ser incorporada por Raul. Cada noite, planejaríamos suas roupas, a maior parte delas feita por Edith, sua postura, sua filosofia e suas canções. Redigimos sua primeira manifestação à imprensa, feita por mim", contou o guitarrista.

O release que Vaquer redigiu, impresso em um papel ofício do house organ da gravadora, *Phonogram News*, era como que uma sinopse de biografia.

"Aos oito anos eu pintei um quadro que até hoje eu tenho guardado e que me impressiona quantas vezes eu olho pra ele. Por aquele quadro eu posso dizer, hoje, como exatamente eu me sentia quando eu tinha oito anos de idade. Não é necessário, no entanto, dizer aqui. Eu sei como eu me sentia. Aos onze anos estava muito preocupado com filosofia sem o saber (isto é, eu não sabia que era filosofia aquilo em que eu pensava). Tinha mania de pensar que era maluco e ninguém queria me dizer."

Incorporado também à trupe de Raul, Paulo Coelho passou a abrir a turnê nacional do emergente artista lendo o manifesto da Sociedade Alternativa. Curitiba, Belo Horizonte, Brasília. Paulo viajava com a banda e dava o recado antes de Raul subir ao palco. O sucesso que *Krig-ha, bandolo!* ia amealhando (Raul, no final das contas, ainda habitava um espectro de público muito semelhante ao da chamada MPB universitária) fez com que o baiano começasse a ser mais cortejado pela emergente indústria cultural brasileira. O bunker platinado dessa indústria funcionava, já naquele momento, na emissora TV Globo. O esforço de uniformizar e nacionalizar sua programação fazia a emergente rede de TV tentar atrair todos os nomes mais cintilantes das novas gerações.

Como estivesse para estrear *O rebu*, de Bráulio Pedroso, Daniel Filho, supervisor da novela e que liderava os caçadores de tendências da rede, foi atrás da Philips para saber se os dois "celerados" da gravadora, Raul Seixas e Paulo Coelho, poderiam compor alguns temas rebeldes exclusivos para a novela. Raul não se fez de rogado: criou diversas canções, quase um LP inteiro, com destaque para "Um som para Laio", tema que foi usado para o personagem de Carlos Vereza, Laio Martins, um industrial que sofria de esquizofrenia. As novelas já começavam a flertar com as tragédias do grande teatro: Laio, no texto clássico, é o pai de Édipo, sobre o qual pesa a maldição de parricídio e incesto em Tebas, na Grécia.

"Festa, rebu, rebuliço... crime. O rebu. A vida de cada um. A culpa de todos!", dizia o psicanalítico e rodriguiano slogan que abria a telenovela, ambientada como um thriller de arcabouço contracultural. Lima Duarte e Ruth de Souza encabeçavam o elenco, que tinha o jovem Buza Ferraz como o protótipo de uma nova consciência e juventude. Raul Seixas era a aquisição perfeita para tal ambição. Mazzola foi o produtor das canções que eles produziram exclusivamente para a trilha. O material saiu inicialmente em um compacto da Philips, em 1974, com as músicas "Como vovó já dizia" (Raul Seixas/Paulo Coelho) e "Um som para Laio" (Raul Seixas). A trilha sonora, memorável, incluía Raul como intérprete dessas duas músicas e mais "Água viva" (que integraria o álbum *Gita* e, portanto, não era exclusiva). "Água viva" tinha a letra, de Paulo Coelho, parcialmente inspirada no poema "Embora seja noite", do místico cristão espanhol São João da Cruz (1542-92).

Como compositor, Raul forneceu à trilha o samba-rock "Murungando" (gravado por Betinho), o samba-canção "Planos de Papel" (gravado por Alcione), "Vida a prestação" (dele e de Paulo Coelho, gravada pelo grupo vocal Trama) e "Se o rádio não toca" (também dele e de Coelho, gravada pelo cantor paraguaio Fábio, radicado no Brasil).

"Um som para Laio" foi um grande sucesso popular e emoldurou as clássicas performances de desajustado do ator Carlos Vereza, um tipo de atuação centrada no psicologismo, tipo Actor's Studio. "Na minha cabeça/ Uma guitarra toca sem parar/ Trago um par de fones nos ouvidos/ Para não lhe escutar/ O que você tem a dizer/ Ouvi há cem anos atrás." Raul começa candidamente, mas entra numa *vibe* meio Rolling Stones e *brit rock* a partir da segunda metade da canção. "*Hey, man! Hey, man!*", berra Raulzito. "*I'm all right!*"

"Como vovó já dizia" imortalizou o refrão "quem não tem colírio/ usa óculos escuros", universalmente reconhecido por quem já usou maconha ao menos uma vez na vida. É uma ousadia irresistível, mas também uma provocação gigantesca pelo período repressivo em que se vivia, o que revelava coragem da produção da telenovela. Raul praticamente não canta, vai declamando como se fosse um embolador, e no final ele como que acende um incenso na sala para dissipar o cheiro e diz "Hare Krishna" e, sob uma flauta de encantador árabe, brande um "Solta a serpente!" típico de marreteiro de praça, de homem da cobra que vende unguento. Antes de ser batizada com o nome "Como vovó já dizia", essa composição se chamava "Óculos escuros" e teve a letra vetada duas vezes até chegar à versão que foi enfim liberada. A Divisão de Censura e Propaganda do regime, impossibilitada de apontar referência direta ao cânhamo, alegou "inconformidade com o status quo do Brasil atual", o que, convenhamos, não quer dizer absolutamente nada. Caíram versos como "quem não tem papel dá o recado pelo muro", "quem não tem presente se conforma com o futuro" e "já bebi daquela água, agora quero vomitar". Ainda assim, a música virou um hino.

A cantora Sonia Santos, que vive em Los Angeles desde os anos 1990, era do cast da gravadora Som Livre na época. Ela encontrou o produtor André Midani em Paris, por conta de um show. Vivia em Jacarepaguá e só havia tido um contato rápido com Raul Seixas uma tarde, quando foi à casa de Jorge Mautner e o roqueiro estava lá de visita. Midani contou a Sonia que Raul andava reclamando que precisava de uma voz feminina no disco da novela. Ela então acertou de gravar para Midani outra música da trilha sonora que é creditada a Raul Seixas, "Gospel" (mas que é, na verdade, uma versão da composição "Working on the Building", de Elvis Presley, de 1961). Como de hábito (e nunca saberemos se por irresponsabilidade ou iconoclastia), Raul não dava o devido crédito nas notas do álbum.

Por razões políticas, "Gospel" teve que mudar o nome para "Por quê?", devido também à ação da censura, e Raul foi obrigado a mudar a letra por completo. Somente em 2009, quando Mazzola revelou uma fita máster com a gravação da versão original, com Raul Seixas ao violão, é que se ficou sabendo o tamanho da barbaridade cometida pela censura. Essa versão original voltou a ser tema de uma novela global, *Viver a vida* (2009). Ela só existe porque Raul sabia que nada dura para sempre e a censura um dia cairia por terra. Assim, gravou uma fita em quatro e oito canais somente com voz e violão e deixou guardada. Mazzola reconstituiu em 48 canais e convocou os músicos que trabalhavam com Raul na época para finalizar.

Na gravação original de Sonia Santos, a letra era assim: "Por que que o sol nasceu de novo e não amanheceu?/ Por que que Deus criou o homem e não se arrependeu?/ Por que que a crença no futuro é fatal?/ E a serpente simboliza o mal?/ Por que que tudo que é bonito está trancado no museu?/ Por que que eu nasci assim e meu irmão assado?/ Por que beber uísque soda pra ficar animado?/ Por que o tempo deixa tudo pra trás?/ E sempre que você consegue quer mais?".

Em 2009, na fita máster revelada por Mazzola, surgiu a letra censurada e só então se tornou possível ver o efeito da ação da censura:

"Por que que o sol nasceu de novo e não amanheceu?/ Por que que tanta honestidade no espaço se perdeu?/ Por que que Cristo não desceu lá do céu e o veneno só tem gosto de mel?/ Por que que a água não matou a sede de quem bebeu?/ Por que é que eu passo a vida inteira/ Com medo de morrer?/ Por que é que os sonhos foram feitos/ Pra gente não viver?/ Por que que a sala fica sempre arrumada/ Se ela passa o dia inteiro fechada?/ Por que é que eu tenho caneta e não consigo escrever?/ Por que é que existem as canções/ E ninguém quer cantar?"

Raul, usufruindo de um novo e quase consolidado status de astro, já recebendo uma boa quantia de direitos autorais e com agenda repleta de shows e convites, resolveu realizar um sonho longamente adiado: tirar uns dias de férias e fazer sua primeira incursão à terra de seus heróis musicais, os Estados Unidos da América. Podia se dar ao luxo de viajar em comboio, com a mulher Edith e mais Adalgisa e Paulo Coelho. Desembarcaram nos Estados Unidos no dia 1º de fevereiro de 1974. As rádios tocavam sem parar "The Way We Were", de Barbra Streisand, que Raul detestava. Sua vontade era ir direto a algum lugar em que o *Southern rock* desse as cartas, reinos de bandas como Lynyrd Skynyrd e Allman Brothers. Mas era antes de tudo uma viagem de férias. A trupe comeu cachorro-quente em Miami Beach, foi à Disney em Orlando, passou brevemente por Nova Orleans, desembarcou em Memphis. Raul estava em busca, talvez, daquela sensação de alguém que mergulha numa fonte de água sulfurosa, aquela espécie de purgação medicinal, de purificação pela música. Era ainda uma rota de celebração e camaradagem.

Ao regressar, estava na plateia de um show de Gilberto Gil em Salvador quando o cantor o chamou para subir ao palco para tocar com ele alguma coisa. Raul subiu. "Pensei em atacar de rock, mas o Dominguinhos pegou um suingue de forró, na sanfona, e a música ficou um sarro. Era o que me faltava para dar a partida", ele disse, anunciando que buscaria enxertar mais música do Nordeste em seu próximo álbum. "Mas que ninguém se assuste. Vou transar baião, mas não deixo o rock de jeito algum. Continuo na Sociedade Alternativa fazendo o que quero. É da lei."

Foi nessa época que Raul passou a contar uma história que dividiu o país entre crédulos desconfiados e incrédulos injuriados. Tratava-se da descrição de um encontro visionário em Nova York entre ele, o Elvis baiano, e o ex-Beatle John Lennon, cuja narrativa parecia um fio de cordel, um mote de embolada. Suscitava até alguns títulos divertidos para algum cordel, tipo *A visita do Maluco Beleza ao fabuloso de Liverpool* ou

O dia em que Raul Seixas mostrou a Lennon a centralidade planetária do baião.

A questão da fabricação de lendas e mitos no rock 'n' roll é tão antiga quanto o rock 'n' roll. Na verdade, até mesmo o precede. Uma das grandes histórias do blues é a que narra o encontro do *bluesman* Robert Johnson com o diabo em Clarksdale, no Mississippi, no cruzamento entre as rodovias 49 e 61. A história de que Keith Richards, dos Rolling Stones, teve todo o seu sangue trocado em uma transfusão na Suíça para livrar-se das toxinas das drogas é fabulosa, praticamente todo mundo que gosta de rock a conhece, mas é apenas uma divertida mentira. Os Beatles jamais fumaram maconha com a rainha Elizabeth, como Lennon inventou. Roy Orbison, o célebre cantor de "Crying", a despeito de usar sempre óculos escuros, não tinha problemas de visão; o avião de Buddy Holly não caiu por causa da maldição de um baixista, isso foi inventado. Porém, como na célebre frase do filme *O homem que matou o facínora*, quando a lenda é maior que os fatos, imprima-se a lenda. Paulo Coelho sabia disso quando forjou as linhas gerais da história que Raul tinha se juntado a John Lennon para sonhar um mundo melhor em Manhattan. O que ele não sabia é que Raul sofisticaria de tal forma a narrativa que ela passou a assentar sozinha, a engrossar e fazer cada vez mais sentido com o passar dos anos.

A narrativa chegou mesmo a virar um release impresso, distribuído sob o título *Boletim informativo sobre a viagem de Raul Seixas aos Estados Unidos*, num papel timbrado da Sociedade Alternativa. Tinha pinta de script muito bem urdido, mas se essa história foi mesmo uma farsa de Raul, terá sido possivelmente a única desse porte em toda sua trajetória. Raul era mestre nas brincadeiras fugazes, como a fantasia do disco voador na Barra da Tijuca, mas incapaz de uma impostura de tal envergadura.

Em 1º de março de 1974, o cronista (e produtor) Nelson Motta escreveu no jornal *O Globo* uma coluna intitulada "Viagens maravilhosas: bruxaria e rock". Nela, imprimia pela primeira vez a lenda do encontro entre Raul Seixas e John Lennon. Teria acontecido em Los Angeles — em Nova York, Raul encontrara apenas Yoko acompanhada de um novo namorado (segundo o colunista, era o guitarrista David Spinozza). De acordo com Nelson, Lennon se queixara a Raul do individualismo crescente no mundo. "Cada um está explodindo sua própria bomba." Evidentemente, Nelson Motta não esteve presente em nenhum dos eventos que descrevia.

O período em que Raul teria se encontrado com John Lennon, ao longo de três dias, coincide com um dos mais tumultuados momentos da experiência americana do ex-Beatle. Em 1973, John Lennon tinha se separado de Yoko Ono e engatado uma amizade colorida com sua secretária, May Pang, de 22 anos (May era norte-americana, filha de imigrantes chineses oriundos de Taiwan que se estabeleceram em Nova York). A própria Yoko contaria mais tarde que ela estimulou Lennon a envolver-se com a secretária (esse romance durou até 1975).

No início da separação de John e Yoko, o cantor e May Pang foram viver em Los Angeles. Mas, um ano depois, o casal voltou a Nova York. "Ele estava vivendo num apartamento grande, alugado", contou Raul, anos depois, como se visualizasse novamente toda a cena. Lennon estava com o cabelo alisado para trás, "à la Mandrake", e usava um bóton de Pat Boone na lapela. Era inteligente e tinha uma profunda curiosidade espiritual, como Raul já sabia. "Chegou a um nível espiritual de um Maluco Beleza", disse Raul.

Cascata ou não, Raul sempre demonstrou saber precisamente o contexto em que aquilo tudo se deu. Sobre o período de Nova York, sua consciência das circunstâncias (e da importância dos protagonistas das lutas pelos direitos civis) desmentia todas as gelatinosas teses de um artista alienado, aríete de um anarquismo primitivo. "E as sociedades alternativas estavam fervendo. Ele [Lennon] estava com os

Sete de Chicago, com a Angela Davis", afirmou, bons anos depois, fumando enquanto gravava um depoimento. Como Raul teria inventado e falsificado algo, por pilhéria, que continha um conceito tão refinado, e durante tanto tempo? Na verdade, foi como se Raul tivesse pegado o plot criado por Paulo Coelho e trabalhado para transformá-lo progressivamente em um grande romance.

O Chicago Seven era um grupo de sete ativistas (Abbie Hoffman, Jerry Rubin, David Dellinger, Tom Hayden, Rennie Davis John Froines e Lee Weiner) que foi acusado pelo governo norte-americano de conspiração e de incitar à baderna por protestos contrários à Guerra do Vietnã. Por conta disso, Raul contou que sentiu certa tensão, intuiu que Lennon vivia num clima barra-pesadíssima: "Um inglês dentro dos Estados Unidos, um estrangeiro, eles não permitem", disse.

Justamente por causa do ativismo em que Lennon tinha se engajado, Raul contou ter ficado entusiasmado quando o inglês demonstrou vívido interesse no projeto da Sociedade Alternativa. Ele contou ao britânico que já possuía um terreno em Minas Gerais, doado por simpatizantes da causa. Um ano antes, em abril de 1973, John Lennon e Yoko Ono tinham mencionado, durante uma coletiva de imprensa em Nova York, uma ideia de aguda sincronicidade com a de Raul e Paulo Coelho: um país chamado Nutopia (contração das palavras "New" e "Utopia").

"Nós anunciamos o nascimento de um país conceitual, Nutopia. A cidadania desse país pode ser obtida pela consciência de Nutopia. Nutopia não tem terra, não tem fronteiras, não tem passaportes, somente pessoas. Nutopia não tem leis que não as cósmicas. Todas as pessoas de Nutopia são embaixadoras do país. Como embaixadores de Nutopia, nós requeremos imunidade diplomática e reconhecimento das Nações Unidas para nosso país e seu povo."

Era um protesto pelo tratamento das autoridades americanas ao pedido de visto de John e Yoko, ele inglês, ela japonesa.

Considerados subversivos pelo FBI, eles eram monitorados com frequência. Até por causa disso, a proposição de Lennon e Yoko soava harmoniosamente coincidente com o mundo novo que Raul preconizava.

"Passamos três dias conversando sobre as pessoas importantes que moveram o planeta. Não importantes no sentido de Bem e Mal. [Pessoas como] Nero, Aristóteles, Freud, o anarquista Proudhon. Não se tocou em música", afirmou Raul, confessando em seguida que sentia muita vontade de falar sobre música também.

Respondendo à pergunta que inseria uma interrogação no verso de Lennon, *the dream is over?*" [o sonho acabou?], Raul respondeu: "Mas a semente foi plantada. Pelo menos nos Estados Unidos, [onde] em termos de planeta Terra a coisa se propaga". No Brasil, argumentou Raul, somente 1% da população comprava seus discos, os artefatos que levavam suas mensagens. "Mas é um sonho da humanidade inteira, um sonho de paz, de amor. Pode parecer passadismo hippie. Mas o sonho vai continuar para sempre." Raul estava ligado: a canção de Lennon daquele verão que tocava muito era "Mind Games", que diz: "Forçando as barreiras/ Plantando sementes/ Tocando a guerrilha mental/ Cantando o mantra da paz na Terra".

A narrativa desse avistamento entre Raul e Lennon foi sendo tingida de versões e detalhes novos ao longo dos anos, especialmente pela sua reprodução contínua. No release em forma de boletim, a Sociedade Alternativa informava que o encontro teria sido no Sheraton Hotel. Um jornalista que acompanhava Raul (o baiano menciona a revista *Cruzeiro*) perguntou a Lennon sobre Yoko, e teria sido expulso antes mesmo de a conversa ter início.

De sua passagem por Memphis, no Tennessee, Raul contou que tocou com Jerry Lee Lewis na boate Bad Bob's Vapor Club, na Brooks Road. Lewis era nada menos que um dos integrantes da Santíssima Trindade fundadora do rock 'n' roll (com Chuck

Berry e Bo Diddley). "Ele me acompanhando ao piano e eu cantando 'Long Tall Sally'. Aí, os americanos batiam palmas, pediam outra música enquanto eu pensava: que diabo estou fazendo aqui, um baiano cantando rock em Memphis, Tennessee?"

Aos poucos, Raul ficou profundamente à vontade com o roteiro que tinha se construído em torno dessa lenda, aprofundando os desdobramentos. "Talvez eu grave na Warner Bros com a ajuda de John Lennon, que está me ajudando muito", afirmou, anos depois. "Ele é um cara fantástico, está dentro do esquema nosso, na base do 'não adianta lutar com guarda'."

O apresentador, ator, dramaturgo, comediante e humorista Jô Soares, em sua biografia *O Livro de Jô: Uma autobiografia desautorizada* (da Companhia das Letras, escrita com Matinas Suzuki), descreveu o episódio do encontro entre Raul e Lennon de sua própria perspectiva de interlocutor privilegiado:

Eu havia feito uma ponta como ator numa superbobagem chamada *Tangarella: A tanga de cristal*, dirigida pelo Lula Torres, na qual fazia o papel de fada madrinha da Alcione Mazzeo. O Lula queria que eu fizesse uma cena imitando uma cobra se arrastando pelo chão, uma coisa… Mas o melhor desse filme foi a amizade que criei pra vida toda com o escritor Paulo Coelho, que fazia o papel de irmão da Alcione. Vi um show maravilhoso dele com o Raul Seixas. Aliás, me orgulho de ter feito a última entrevista de Raulzito na televisão, em 12 de julho de 1989, junto com o Marcelo Nova. Durante o governo Geisel, Raul Seixas teve que se exilar, porque os militares andavam com medo de uma tal "sociedade alternativa" que ele estava criando. Exilou-se em Nova York, onde se encontrou com John Lennon, na época separado da Yoko Ono. Os dois batiam um papo sobre os grandes nomes da história da humanidade, quando o ex-Beatle perguntou pro Raulzito quem era a grande figura da história do Brasil. Na hora, ele não se lembrou de ninguém, foi ficando nervoso, e aí é que não se lembrou mesmo. De repente, lhe veio um nome à cabeça:

— Café Filho!

E Jô Soares finalizava: "Imaginem o John Lennon, depois, dando uma entrevista e dizendo que havia um brasileiro muito importante para o mundo chamado Café Filho...".

A viagem foi boa para incorporar essas alegorias globalizadas ao mundo do astro emergente, aquilo vitaminou as páginas de revistas, alistou os hesitantes, engrossou a biografia. Mas Raul também já mergulhava numa época de pavorosos paradoxos: ao mesmo tempo que confrontava a autoridade e se divertia espicaçando e provocando a ditadura militar, ele mesmo se via enredado numa roleta-russa na suprema corte da violência subterrânea. Desenvolvera sintomas de paranoia, dizia que tinha medo de levar um tiro da plateia. Naquele mesmo ano em que sua estrela estava em ascensão, tinha resolvido andar com um guarda-costas armado. Parte dos amigos conhecia o taciturno sujeito que o escoltava apenas como "Miller" (o nome correto era Milhem Yunes) e acreditava que seria apenas um marombado estudante de direito da PUC do Rio. Mas, quando já um pouco alto, Raul se gabava, não se sabe se jocosamente, que o seu segurança privado pertencia ao "Esquadrão da Morte do Rio de Janeiro", e que andava com adesivos da Scuderie Le Cocq no vidro do carro (a Scuderie é uma organização paramilitar que ainda se mantém ativa, embora atue somente em doutrinação, distribuindo panfletos). Também dizia que era policial lotado na delegacia do Leblon. Nos anos 1970, o nome do ex-segurança de Raul aparecia como funcionário da Secretaria de Segurança Pública do Rio, num certo setor de documentação.

Um dia, durante um show para acompanhamento do concurso de Miss Brasil no Ginásio Emílio Médici em Brasília (com Benito di Paula e outros artistas), Raul surpreendeu a todos com seu comportamento iconoclasta. Chegou ao ginásio carregando uma "arara" com roupas de concerto, glamorosas. Porém, poucos segundos antes de iniciar o show, ele, descalço, colocou um pijama de flanela e começou a desfilar com ele por ali. Quando anunciaram seu nome, em vez de se trocar, entrou no palco exatamente do jeito como estava vestido, e ainda por cima escovando os dentes.

Na plateia, estavam, entre outros, os ministros Arnaldo Prieto, do Trabalho e da Previdência, e Delfim Netto, secretário do Planejamento, além de generais do Exército e autoridades da ditadura militar. A ousadia foi bem recebida pelo público, que riu muito, mas os generais não acharam tanta graça assim: Raul acabou sendo convidado a ir à Polícia Federal para explicar seu comportamento.

Mas Raul se safava com alguma facilidade das situações mais difíceis, quase sempre com boa lábia e carisma. Era, afinal, uma estrela excêntrica, tornava-se má publicidade fustigá-lo publicamente. Já Paulo Coelho, que caminhava para ser sua alma gêmea artística, não desfrutava da mesma camuflagem do show business, era apenas um homem de bastidores. Mas começava a se imantar de sua condição de compositor, ficara autoconfiante muito depressa.

Enquanto o descomprometimento de Raul, seu *coté* desafiador e solto no mundo iam crescendo, o relacionamento com a mulher, Edith, piorava. Certo dia, quando Raul tinha dado mais uma de suas sumidas (e após alguns flagrantes de aventuras extraconjugais), Edith pegou a filha, Simone Andrea, vendeu o apartamento do Leblon por 40 mil cruzeiros ("Uma mixaria na época", analisou Thildo Gama) e se mudou para a casa dos pais em Salvador. Em conversa com a mãe de Raul, Maria Eugênia, ela contaria que estava a caminho dos Estados Unidos e que nunca mais regressaria. Cumpriu a promessa: nunca voltou, nem mesmo para ver o pai, que continuou vivendo em

Salvador. Raul também não a seguiu, o que acabou causando a separação mais dolorosa de sua vida: nunca mais reencontraria a primeira filha, Simone, de quem acompanhara somente os primeiros cinco anos de vida (a mãe não permitiu que a visse nos Estados Unidos). Em 1976, no disco *Há 10 mil anos atrás* (Philips/Universal Music), Raul gravou a canção "Cantiga de ninar", tributo à filha da qual se separara. "Fiz meu rumo por essa terra/ Entre o fogo que o amor consome/ Eu lutei mas perdi a guerra/ Eu só posso te dar meu nome." A ironia é que nem o nome ele passou adiante: a moça nunca usou Seixas, ela é Simone Vannoy.

No dia 24 de maio de 1974, uma sexta-feira, um mês após ter comprado um apartamento de 150 metros quadrados na rua Voluntários da Pátria, em Botafogo, Paulo Coelho recebeu um telefonema de Raul Seixas. O parceiro comunicava ter sido intimado a comparecer na segunda-feira ao Dops para prestar esclarecimentos sobre o conteúdo de *Krig-ha, bandolo!*. Raul pedia que Paulo fosse com ele, mas não porque tivesse medo ou coisa do tipo, apenas para deixar mais consistentes as eventuais explicações, já que dividiam a autoria de cinco músicas. O disco já tinha ultrapassado as 100 mil cópias vendidas, o que lhe garantia um Disco de Ouro, e inesperadamente nutria com constância e consistência as contas bancárias tanto de Raul quanto de Paulo.

Às três horas do dia 27 de maio, uma segunda-feira, um táxi deixou Raul e Paulo na porta de um prédio de três andares na rua da Relação, a duas quadras da gravadora Philips, no Rio. Na sala de espera, Paulo puxou um jornal para ler enquanto aguardava o retorno do colega. Raul mostrou o papel da intimação a um balconista e foi levado por um corredor longo para dentro das salas. Meia hora depois, regressou. Em vez de ir direto até onde o parceiro estava sentado, dirigiu-se a um telefone público na parede e fingiu discar um número. Em seguida, começou a cantarolar:

— *My dear partner, the men want to talk to you, not to me...* [Querido parceiro, os caras querem falar contigo, não comigo...]

Mas Paulo não pegou o recado que Raul, com uma cautela (e uma tranquilidade) descomunal, lhe transmitia. Raul prosseguia, mas não parecia também ter a dimensão da gravidade daquele momento:

— *They want to talk to you, not to me... They want to talk to you, not to me...*

Paulo mesmo assim não conseguiu captar a mensagem. Estava de pé, rindo da maluquice do amigo, já se preparando para ir embora, sair daquela atmosfera de pesadelo plácido:

— Que maluquice é essa, Raul? Que música você está cantando?

Ao se dirigir para a porta, um policial pôs a mão no ombro do letrista.

— Você não, você vai ter que ficar para prestar alguns esclarecimentos.

Atônito, Paulo se virou para Raul:

— Avise o meu pai! — conseguiu dizer apenas, com a voz quebradiça.

Em seguida, Paulo foi conduzido pelo mesmo caminho de onde Raul tinha regressado. Mas não foi interrogado imediatamente, foi levado direto para um cubículo, num lugar onde havia diversas celas gradeadas e que exalava um cheiro de urina com desinfetante. O policial que o escoltava o empurrou para dentro da cela e fechou o ferrolho. Havia outros dois rapazes detidos ali. Paulo acendeu um cigarro e procurou mostrar despreocupação. Mas somente umas três horas depois é que um policial regressou e abriu a porta, chamando por Paulo Coelho de Souza.

Começaria ali uma via-crúcis que marcaria para sempre a vida do artista. Paulo Coelho foi levado a uma sala, no segundo andar do Dops, onde havia uma mesa e duas cadeiras, uma de cada lado da mesa. O policial que o acompanhava jogou sobre a mesa a história em quadrinhos de quatro páginas que acompanhava o LP *Krig-ha, bandolo!*.

— Que merda é esta? — perguntou o policial ao escritor, apontando o gibi de *Krig-ha* na mesa.

— Este é o encarte que acompanha o LP lançado por mim e Raul.

— O que significa *Krig-ha, bandolo!*?

— Significa: "Cuidado com o inimigo!".

— Inimigo? Que inimigo? O governo? Em que língua isso está escrito?

— Não! Não é nada contra o governo. Os inimigos são leões africanos e isso está escrito na língua falada no reino de Pal-ul-don.

Pal-ul-don é o reino fictício criado pelo escritor americano Edgar Rice Burroughs, que criou o personagem Tarzan, em 1912. Mesmo considerando-se que era parte de uma cultura pop de massa, parecia pouco provável acreditar que o gorila do Dops soubesse do que se tratava. O policial ficou ainda mais intranquilo, o que levou Paulo Coelho a fazer uma longa digressão sobre a criação, a disseminação e a importância do personagem. O policial quis saber por que o folheto ensinava a fazer estilingues com "forquilhas de pessegueiro" no verso. (Havia uma arte desenhada com o título "Faça você mesmo o seu badoque".) Paulo tentou explicar que era um artefato primitivo, usado por algumas tribos, o que era compatível com a ideia geral de um herói da floresta.

Depois, Paulo contou que o gibi fora uma criação sua, e a mulher, ilustradora, havia desenhado. Aí é que o pesadelo ficou mais kafkiano ainda.

— E como se chama sua mulher? Quero ouvi-la também. Onde ela está agora? — Paulo entrou em pânico. Dizer o nome poderia ser fatal para Adalgisa, mas não dizer poderia ser uma armadilha, pois eles descobririam facilmente. Contou ao troglodita, que o intimou a levantar e seguir.

— Vamos lá, vamos buscar a patroa.

O escritor foi enfiado em uma perua branca e preta, com o logotipo da Secretaria de Segurança do Rio de Janeiro, entre dois policiais armados e mais dois no banco da frente. Apesar da coisa ostensiva, aquilo deu a Paulo Coelho uma sensação de falsa segurança porque pelo menos estava sendo tudo às claras, tudo sendo feito na frente de todos. Ele informara ao policial que tinha combinado jantar com a mulher na casa de seus pais, e foi para lá que rumaram. Ao chegar à casa dos pais, cercado de quatro homens armados, a cena causou apreensão aos familiares. Eles informaram que Gisa ainda não chegara e quiseram saber do que se tratava. Paulo tentou se mostrar tranquilo e disse que tinha a ver com o disco de Raul Seixas, mas que tudo seria esclarecido rapidamente. Um dos policiais referendou o que ele dizia, mas o pai de Paulo soube na mesma hora que aquilo não iria terminar bem. Suava muito e demonstrava um estado de prostração fora do comum, tinha consciência do que se operava no mundo clandestino da polícia de sua época.

Como Gisa não tivesse mesmo hora para chegar, levaram Paulo Coelho para sua própria casa. Ele ainda tentou pedir ao policial para dar um telefonema em um orelhão, na rua. Queria pedir para Gisa, caso ela atendesse, jogar fora uma caixinha com maconha que guardava na sala, que poderia complicar a vida deles. Já em seu prédio, três policiais subiram com ele até o apartamento, o outro ficou no veículo. Gisa se preparava para ir ao jantar que tinham combinado quando ele entrou com os agentes da repressão. Paulo foi logo tentando explicar, para amenizar o pânico:

— Meu amor, eles são do Dops e precisam de alguns esclarecimentos sobre meu disco com o Raul e sobre o gibizinho que você e eu fizemos para o encarte.

— Pois não, estou às ordens. O que os senhores querem saber? — disse Gisa.

Mas a repressão não segue as regras de conveniência social. Eles queriam interrogar Gisa à sua maneira e lhe disseram que ela tinha que ir com eles. Antes, porém, fariam uma busca no apartamento. Acharam a maconha, mas não deram a menor importância. Um dos policiais apreendeu uma pilha de "evidências": ao todo, 23 pacotes do gibi que acompanhava *Krig-ha, bandolo!* (cada pacote continha duzentos exemplares, então 4600 foram levados). Para a polícia política, tentar aprisionar as ideias sempre fora mais importante do que combater crimes comezinhos de Distrito Policial, como porte de maconha.

Levaram Paulo Coelho e Adalgisa Rios para a prisão. Quando chegaram ao departamento, na noite de 28 de maio de 1974, fizeram com que os dois trocassem suas roupas por macacões amarelos nos quais, no bolso superior, estava gravada a palavra "Preso". Foram fotografados e gravaram as digitais na ficha policial. Em seguida, receberam seus números: Paulo, o 13720, e Gisa, 13721. Confiscaram seus relógios, documentos, roupas, e os separaram. Na ficha de Paulo, informavam que era compositor, empregado da Philips, tinha 26 anos, 1,69 metro, 58 quilos, barba e bigode aparados. Inicialmente sem torturas físicas, foram interrogados durante horas, e quase sempre o policial que os interrogava tinha à sua frente a HQ *A fundação de Krig-ha*. Outra obsessão era saber o que significava o elogio à tal Sociedade Alternativa — estavam firmemente convencidos de que se tratava do projeto de uma célula comunista.

Após três horas de interrogatórios, a polícia parecia ter ficado satisfeita com as declarações de Paulo Coelho e o liberou. Ele saiu e encontrou Raul esperando, e o cantor lhe perguntou se não queria tomar um café. Abalado, Paulo recusou, queria ir direto para a casa dos pais. Raul chamou um táxi, Paulo entrou, mas o veículo não andou mais que algumas quadras. O táxi foi fechado por dois carros com homens armados, ele foi retirado de dentro e levado deitado no chão do veículo dos captores sem poder olhar o caminho. A liberação tinha sido uma farsa: durante duas semanas, preso em um lugar que nunca saberia onde ficava, o escritor foi torturado física e psicologicamente.

O episódio deixaria um vácuo permanente na relação de Raul e Paulo, que nunca mais seria a mesma. Em 2019, em um artigo no *Washington Post*, após o presidente Jair Bolsonaro convocar pessoas para comemorar o "aniversário" de 55 anos do golpe militar, Coelho não se conteve. Indignado com essa iniciativa, resolveu dar seu testemunho pessoal do absurdo que é um regime de terror. Contou à imprensa tudo que já tinha contado a Fernando Morais na biografia *O mago* (Planeta, 2008). Mas uma pequena sentença perdida no meio de uma frase do *Post* parecia denunciar uma mágoa que atravessou algumas décadas. Paulo Coelho recorda a difícil retomada da rotina após o tempo cativo e sob tortura. "Vou para a casa de meus pais. Minha mãe envelheceu, meu pai diz que não devo mais sair na rua. Procuro os amigos, *procuro o cantor*, e ninguém responde aos meus telefonemas" (grifo meu).

"Procuro o cantor." O escritor parece sugerir, talvez pela primeira vez inequivocamente, que Raul lhe negou apoio quando mais precisou, quando saiu da cana. Essa amargura não está tão explicitada no texto de Fernando Morais, mas no artigo do *Post* está tensionada como um vaso sanguíneo prestes a estourar. "Estou só: se fui preso devo ter alguma culpa, devem pensar. É arriscado ser visto ao lado de um preso. Saí da prisão mas ela me acompanha. A redenção vem quando duas pessoas que [nem] sequer eram próximas de mim me oferecem emprego. Meus pais nunca se recuperaram." Ele revelou, no Twitter, as duas únicas pessoas que o recepcionaram quando saiu da tortura: Roberto Menescal e Hildegard Angel, cujo irmão, Stuart Angel, foi torturado e morto no Rio de Janeiro durante a ditadura militar.

Após a soltura, Paulo Coelho e Adalgisa nunca mais conversaram (o escritor a procurou duas vezes, consumido pela culpa de ter sido obrigado a citar o nome dela). Ela passou a considerá-lo um completo inimigo. A vida familiar do compositor também virou um caos: o pai, amedrontado, em um tipo de surto paranoico, comprou uma arma e prometia: "Se eles voltarem, eu vou atirar".

Numa entrevista à rádio Record FM, em 1988, Raul Seixas descreveu também aquele que teria sido o seu calvário pessoal com o regime de exceção, contando um episódio de prisão, pelo 1º Exército, e subsequente tortura, no mesmo ano, 1974. Como todos seus outros relatos, esse mudaria conforme os anos, mas à rádio ele contou que se passou da seguinte forma:

Eu estava com a Sociedade Alternativa, essa ideia estrutural da sociedade alternativa, os parâmetros todos desenvolvidos, em plena raia mesma. Tava numa época esotérica mesmo, escrevendo para John Lennon. Eu ainda não sabia que ia me encontrar com ele. Tava pra ser doado para mim, para integrar uma sociedade esotérica egípcia, uma sociedade famosa de Aleister Crowley, 666, um terreno em Minas Gerais. Culminou aí, essa legação do terreno, onde eu ia construir uma cidade. Uma anticidade. Um projeto de uma antitudo. O antiguarda, uma cidade-modelo. A gente estava tão louca, tão embriagados pela ideia. Tinha um advogado, tinha um juiz. Pessoas importantes em cada área, era a sociedade alternativa. Foi tudo desativado, porque eu fui expulso para Nova York. Fiquei um ano exilado. E fui pego na pista do Aterro, quando voltava de um show. Um carro do Dops barrou o meu táxi, atravessou o táxi, e eu fiquei nu com uma carapuça preta na cabeça. Fui prum lugar, se não me engano foi Realengo, sinto que foi por ali, Realengo. Um lugar subterrâneo. Eu me lembro que eu tateava as paredes e tinha limo. Vinham cinco caras me interrogar. Tinha um bonzinho, tinha um outro bruto, que me dava murro, outro que me dava choque elétrico, em lugares particulares e tudo. Fiquei três dias lá. Até... Cada um tinha uma personalidade, uma espécie de tortura de personalidades. Eu não sabia quem vinha, eu só sentia os passos. Deve ser o cara que bate. Após três dias eu tava no aeroporto. Já tinha deixado o LP *Gita* gravado [...].

O bizarro dessa narrativa de Raul é que ela emula parte do que aconteceu com Paulo Coelho. O táxi fechado por um veículo da repressão, o sequestro, a sistemática da tortura. O problema é que se trata de uma história continuamente questionada por pessoas próximas a ele. Muitos creem que ele inventou isso por causa da pressão e da vigilância constante, além da censura implacável ao seu trabalho, que o tornaram paranoico, e que parte dessas descrições decorre desse cerco. Seus relatos pareciam conter mais uma iniciativa no sentido de convencimento, um tipo de habeas corpus emocional. A mãe de Raul descreveu que ele, de fato, estava muito perturbado com os problemas políticos do país no período, e que lhe relatara ameaças à filha e à família.

Aqueles dias nebulosos só começaram a ver a claridade muitos anos depois, quando vieram à tona documentos que registravam os episódios do período. Em 2019, Paulo Coelho viu pela primeira vez um relatório do 1º Exército (que descobriu anexado a uma tese de doutorado de um aluno da USP que lhe enviaram, uma reprodução que ainda não fazia a correlação entre os fatos) que caiu como se fosse o coco seco de uma palmeira na sua cabeça. O documento, com o selo CONFIDENCIAL, era datado de 24 de abril de 1974, um mês antes de Raul ter dito a Paulo Coelho, despreocupadamente, para segui-lo até a Delegacia de Ordem Política e Social (Dops). Era um resumo do depoimento de Raul Seixas no mesmo departamento, só que a conclusão da polícia continha a pressuposição de que o cantor teria colaborado com as prisões de Paulo e Adalgisa. "Considerando que tanto Paulo Coelho quanto Adalgisa Rios são elementos subversivos e se encontram foragidos, é possível, por intermédio do compositor, localizá-los e prendê-los." Está assinado por Alladyr Ramos Braga, delegado da Polícia Federal. Ou seja: Raul, quando levou Paulo Coelho à polícia, ou já sabia que o escritor ficaria por lá bastante tempo ou a polícia estava forjando sua incriminação. Algo que não faz muito sentido era que Paulo e Adalgisa fossem considerados foragidos. Tinham endereço fixo, não era necessário nenhum esforço descomunal para localizá-los.

O documento está guardado numa pasta com a rubrica SECRETO, entre papéis amarrados com laços de pano, no Arquivo Público do Estado do Rio de Janeiro. Foi mandado ao arquivo de documentos sigilosos pelo diretor do Departamento de Informações, Olavo de Lima Rangel, em 28 de maio de 1974, um dia após a prisão de Paulo e Adalgisa.

Na mesma pasta, também está arquivado o gibi de *Krig-ha* que foi esquadrinhado pela ditadura. Uma das páginas originais traz um bilhete manuscrito pela ilustradora, Adalgisa Rios. "Caro Paulo, aí vai a revistinha do R. S. [Raul Seixas]. Leia com atenção, mais de uma vez, pois tem coisas que você só saca depois de já ter lido uma ou duas vezes. Guarda ela com você, porque ela é preciosa. Se emprestar pra alguém, empresta com a certeza de que vão devolver, falou? Pensando bem, não existe essa de guardar. Tem é que ser lida por muita gente, para semear o mundo de ideias e imaginação, o conteúdo dela é que tem que ficar guardado na mente das pessoas."

Em 2014, quando foi divulgado o relatório final da Comissão Nacional da Verdade (CNV, que identificou 377 responsáveis por graves violações de direitos humanos e 434 pessoas mortas ou desaparecidas durante a ditadura civil-militar), havia uma menção ao caso de Raul Seixas e Paulo Coelho. O relatório assinala que eles se apresentaram às quinze horas de 27 de maio de 1974, no Rio, sem advogado, "pois acreditavam que essa seria mais uma intimação para discutir a liberação de canções censuradas, fato já ocorrido anteriormente". O texto da Comissão da Verdade corrobora integralmente a versão que

Paulo Coelho contou a seu biógrafo, Fernando Morais: Raul tinha sido liberado trinta minutos após o depoimento, mas Paulo ficou três horas em uma cela do Dops.

Após ser finalmente liberado pelos torturadores, Paulo Coelho ficou um bom tempo sem conseguir contato com o parceiro. Raul não o atendia. O escritor tinha certeza de que o cantor estava com medo, o que achou natural naquelas circunstâncias. Quando finalmente voltaram a se encontrar, muitos meses depois, nenhum dos dois mencionou os fatos que protagonizaram. Mas, em 2019, o artigo que Paulo Coelho escreveu para o *Washington Post* estava contaminado por uma dúvida. Por questões de espaço, o diário norte-americano reduziu o artigo a oitocentas palavras, retirando citações diretas a Raul e embaralhando algumas conclusões, como a frase no final ("o cantor não entrou mais em contato comigo"). Um trecho chama a atenção: "Oficialmente já não sou mais preso: o governo não é mais responsável por mim. Quando saio, *o homem que me levara ao Dops sugere que tomemos um café juntos.* Em seguida, escolhe um táxi e abre gentilmente a porta. Entro e peço para que vá até a casa de meus pais — espero que não saibam o que aconteceu. No caminho, o táxi é fechado por dois carros; de dentro de um deles sai um homem com uma arma na mão e me puxa para fora" (grifo meu). O homem que ele menciona, que o levara até o Dops, é Raul.

A dúvida voltou a atormentar Paulo Coelho 45 anos depois, quando o escritor se deparou com o documento confidencial de um mês antes de sua prisão, em que a polícia apresenta Raul como um possível colaborador para chegar à sua localização e à da mulher, Adalgisa. "Por intermédio do referido cantor, tentar localizar e prender Paulo Coelho e Adalgisa Rios". Seria uma injunção da polícia ou de fato um acordo de colaboração?

O agente da repressão Alladyr Ramos Braga, que assina o documento, produziu outros informes do tipo, sempre visando personagens do mundo alternativo nacional. Ele escreveu, também para o Dops, o documento "Atividades suspeitas de 'Hipies' [sic]. Contato com Elemento Russo", de 15 de março de 1973. Os apontamentos do agente são coalhados de injunções ideológicas bizarras, além de paranoia, mas raramente indícios concretos de algum tipo de ação subversiva. A lógica de Alladyr (além das aspas e da grafia errada da palavra "hippie") sugeria que ele era uma espécie de lunático, um daqueles que saem das sombras sempre que um país substitui a noção de autoridade pela de autoritarismo. O araponga escreveu, em 15 de março de 1973:

> Tem ocorrido, ultimamente, grande movimentação pelos diversos Estados Brasileiros, de elementos andarilhos e "Hipies", às vezes confundindo-se uns com outros, os quais procuram demonstrar, por esses processos, um meio de vida, toda sua filosofia que consiste, da maneira que pensam, na busca da liberdade completa, sem quaisquer compromissos empregatícios permanentes e caracterizando-se, especificamente, como um ser essencialmente nômade. Em muitas oportunidades, vários desses elementos foram detidos para averiguações, constatando-se que por trás da simplicidade aparente, utilizada como engodo ou História, havia um outro tipo de elemento, mais perigoso, com atividades e missões predeterminadas, entre elas, até mesmo, as que vão de encontro à Segurança Nacional, pelo seu caráter e tendências subversivas. Em vista desse fato e de outros semelhantes, há que se encarecer atenção especial por parte dos Organismos Policiais, no que se refere às atividades "Hipies" e de andarilhos, por todo o território nacional, quando as mesmas são utilizadas, muitas das vezes, como um veículo prático, pela sua natureza, e objetivando fins espúrios que vão de encontro aos interesses governamentais.

Por vezes, suas intervenções resvalavam para o puro preconceito racial, como no relatório de 7 de fevereiro de 1975 intitulado *Black Power*, no qual tentava enquadrar o movimento Black Rio.

Esta Agência recebeu informe de que estaria sendo formado no Rio um grupo de jovens negros de nível intelectual acima da média, com pretensões de criar no Brasil um clima de luta racial entre brancos e pretos. Consta que o grupo é liderado por um negro americano que controla o dinheiro que parece chegar de fora, possivelmente dos Estados Unidos. Estariam sendo aliciados jovens negros na Escola de Samba da Portela, em Madureira. Algumas metas do grupo seriam:

- Sequestrar filhos de industriais brancos
- Criar um bairro só de negros
- Criar um ambiente de aversão a brancos, entre os negros.

O agente Alladyr morreu no início dos anos 2000, tornando impossível inquiri-lo acerca de seu relato sobre o depoimento de Raul Seixas.

Paulo Coelho e Raul nunca conversaram sobre suas dúvidas acerca desses acontecimentos. Passaram meses sem conversar e, quando recomeçaram, cuidaram de diminuir as eventuais tensões contidas em seu trabalho para não ferir as suscetibilidades da censura e da repressão — Paulo passou a demonstrar um nervoso cuidado com a atuação no cenário artístico. Exigiu, por exemplo, que retirassem uma estrela que encimava a boina vermelha na capa de *Gita*, porque tinha medo de que aquilo reacendesse a volúpia dos caçadores de comunistas.

O ano de 1974, ao mesmo tempo que se configurava sombrio, também impulsionava Raul a explorar mais seus horizontes musicais, encampando em seu entourage novos colaboradores. Um dia, caminhava pelos corredores da Phonogram quando um dos produtores, seu grande amigo Sérgio Carvalho (irmão de Dadi, contrabaixista das bandas Novos Baianos e A Cor do Som) o chamou com a porta entreaberta. "Raul, entra aqui! Quero te mostrar um negócio!" Raul entrou e Sérgio colocou uma fita cassete num grande gravador que tinha na mesa. Começou a sair um som de uma guitarra com toque country, um solo de raro refinamento. Raul estancou: "Caramba, Sérgio, quem é esse cara? Tem pegada de americano!".

O cara era o guitarrista carioca Rick Ferreira, e aquela fita tinha ficado dois anos na gaveta de Sérgio Carvalho. A música era uma composição de Ricky, "Retalhos e remendos", e integrava uma fita demo que ele tinha deixado na companhia de discos com a esperança de que o amigo Sérgio a entregasse a Roberto Menescal. Mas não tinha rolado. Àquela altura, o segundo álbum solo de Raul, *Gita*, já tinha parte expressiva gravada, mas Raul intimou Sérgio: "Xará, quero que você leve esse guitarrista até minha casa!".

Rick, apelido de Henrique Sérgio Werneck Ferreira, era um fã de Gary and the Pacemakers, Herman's Hermits, The Shadows, The Ventures, Dave Clark Five. E, obviamente, Rolling Stones e Beatles. Menino-prodígio do Rio, tinha integrado a banda de Paulo Diniz com apenas dezessete anos. Mas o toque que tinha encantado definitivamente Raulzito provinha de outro lugar: Rick era fissurado no som da trilha sonora de um seriado de western chamado *Bonanza*, da rede NBC, no ar no Brasil durante toda a década de 1960. Rick tinha verdadeira adoração pelos acordes iniciais da guitarra no início da canção-tema, de Ray Evans e Jay Livingstone (1959).

E assim Rick foi parar na casa de Raul. Os santos bateram imediatamente, Raul ficou maravilhado com a cultura musical de Rick e com seu toque distinto na guitarra. Ao final da conversa, Raul foi até a sua estante de LPs na sala do apartamento e puxou um disco. Era o álbum *Easy Loving*, do astro country Freddie Hart, um hit absoluto do ano de 1971. Raul caminhou até Rick e depositou o disco em sua mão: "É seu. Ouça, vai ser uma inspiração". Rick nunca mais se separou daquele disco.

Raul e Rick viraram inseparáveis (o guitarrista participaria de todos os seus discos a partir dali). No segundo encontro, Rick colocou sua guitarra em cima das canções "O trem das 7" (criou na hora a frase de abertura no violão de doze cordas), "Água viva" e "S.O.S.". Nesta última, utilizou pela primeira vez em uma gravação brasileira um pedal *steel* que tinha comprado de um amigo para criar o som country adequado. O som do pedal *steel*, grosso modo uma forma de tirar o som das cordas deslizando sobre elas em vez de fazê-las vibrar, parece criar um ambiente de placidez bucólica, encena certa pacificação do espírito. A letra de "S.O.S.", no entanto, é cheia de confrontações. "Tem sangue no jornal/ Bandeiras na avenida Zil/ Lá por detrás da triste linda Zona Sul/ Vai tudo muito bem/ Formigas que trafegam sem por quê." No final da gravação, Raul faz uns *scats* engraçados imitando o *steel*. O refrão da canção "S.O.S." foi interpretado como um recado a Paulo Coelho, que havia comunicado de sua intenção de deixar o país após o episódio da tortura. "Ôôôôôô, seu moço/ Do disco voador/ Me leve com você/ Ôôôôôô, seu moço/ Mas não me deixe aqui/ Enquanto eu sei que tem tanta estrela por aí."

Paulo e Raul punham seus talentos à disposição dos colaboradores, sem frescura. Após conhecer o novo guitarrista de Raul, Paulo pediu a Rick Ferreira para ouvir as canções da fita demo que o tinha aproximado do baiano. Passado um tempo, o escritor disse que tinha adorado as melodias, mas foi honesto com Rick. "As letras não são boas", sentenciou. "Você me deixaria escrever outras para você?" Rick concordou (o parceiro que tinha na ocasião não era mesmo um primor de letrista) e, não passou muito tempo, Paulo Coelho apareceu com as novas letras. De posse dessas parcerias com Coelho, em 1975 Rick gravou seu primeiro compacto solo com as canções "Meu filho, meu filho" (Rick/Paulo Coelho) e "Retalhos e remendos"

(Rick/Paulo Martinelli/Paulo Coelho). Paulo integrava-se à turma de Raul e, muitas vezes, era até melhor companhia que Raul, que de vez em quando mergulhava num mundo de introspecção, de poucas palavras.

Embutido nesse novo momento e no fabulário fantástico de Raul e Paulo, o disco *Gita* se desenhava como marcado para o êxito antes mesmo de ser concluído. A canção-tema fora composta por Raul e Paulo Coelho em um mergulho na bucólica Dias d'Ávila, na Bahia, em apenas dez ou quinze minutos, segundo contou Paulo. "Uma coisa quase religiosa", definiu o mago. "Um momento em que a força divina estava presente", contou. Na capa, além da boina vermelha, empunhava a guitarra e havia reflexos de luz estourados nos óculos e nos instrumentos, o dedo apontado para o céu e os olhos mirando o infinito, como se fosse um centroavante evangélico após marcar gol. A boina, evidentemente, tinha se tornado um involuntário símbolo da esquerda, o que complicava as coisas quando estampava uma estrela.

Pop e milenarista ao mesmo tempo, a canção-tema de *Gita* tem um verso que reafirma a notória impaciência de Raul Seixas com o avanço do capitalismo e dos códigos de consumo sobre o ritmo da vida dos brasileiros: "Eu sou a dona de casa nos Peg-Pags do mundo". É, mais uma vez, uma imagem de cronista afiado, atento às mudanças do seu tempo. A rede de supermercados Peg-Pag era a grande novidade do autosserviço nos anos 1960 e 1970, estava crescendo barbaramente (só em São Paulo, tinha dobrado o número de lojas). O baiano se angustiava com a substituição dos desejos pelos impulsos de consumo, achava que isso representava um complô do capital contra as liberdades e se batia energicamente contra isso em suas canções. Isso o ombreava, sem risco de exagero, com os grandes grupos de rock politizados da década, como o britânico The Clash, que fez, em 1979, a música "Lost in the Supermarket". "Tô totalmente perdido no supermercado/ Há tempos não sinto alegria em comprar/ Vim aqui por causa daquela oferta especial/ Uma garantia de personalidade", cantou o Clash.

Na gravação de *Gita*, Raul passava a desfrutar de todos os privilégios de um astro, assim como dos investimentos mais dispendiosos que uma companhia de discos podia oferecer a um artista nacional naquela época. Ao todo, 53 pessoas participaram da gravação, que contou com uma orquestra de 32 músicos (dezesseis violinos, oito violas, quatro violoncelos, dois contrabaixos acústicos com arco, um trompete e sino) e um coral de dezesseis cantores, além da banda preferida: Rick Ferreira (violão e guitarra), Paulo Cezar Barros (baixo), Mamão (bateria) e Miguel Cidras (piano e regência).

Assim que voltou de sua primeira e ainda inocente viagem aos Estados Unidos, Raul recebeu a visita do guitarrista e velho parceiro, o norte-americano Gay Vaquer. O músico se despedia, ia fazer agora um trajeto oposto ao que Raul acabara de percorrer. Vaquer, que também tinha se tornado um íntimo colaborador de Raulzito, era adorado pela pequena comunidade. Divertia a trupe com sua "pirâmide de rejuvenescimento" portátil (que levou até o programa de Flávio Cavalcanti, prometendo fazer as pessoas ficarem mais jovens) e estava de viagem de retorno à terra natal, os Estados Unidos, para retomar uma graduação em cinema, iniciada anos antes. Beberam, riram e trocaram presentes, telefones, abraços. Combinaram de se ver em Nova York.

Mas Vaquer esquecera de mencionar um detalhe. Passado um tempinho da partida do guitarrista, Raul um dia recebeu o telefonema de uma moça que falava em inglês. Era Gloria, irmã do guitarrista, que tinha vindo conhecer o Brasil. O irmão lhe dera o telefone de Raul dizendo que o procurasse quando estivesse no país, que Raul a ajudaria no que fosse possível. Indicara Raul como um porto seguro para a garota, para que ela transitasse com mais desenvoltura pelo país tropical.

Gloria, uma morena naquela linhagem Sandra Bullock, de nariz pequeno e sorriso falsamente tímido e que tinha já experiência como cantora nos bares da Bourbon Street de Nova Orleans, chegou ao apartamento de surpresa, mas Raul a recebeu com carinho. O baiano estava lendo um livro de filosofia, num momento introspectivo, e ela se impressionou com seu inglês preciso e a voz tranquila, macia, como definiu. Raul fez mais do que ajudar Gloria em sua incursão pelo país tropical: apaixonou-se pela garota. Ele vivia, justamente naquele momento, as aflições dos interrogatórios da Polícia Federal, e estava tentado a abandonar o país. O namoro com Gloria parecia um sinal, um indicativo da direção a tomar.

Em pleno processo de acabamento de *Gita*, no dia 8 de agosto de 1974, Raul, que vivia sob vigilância desde os episódios da prisão de Paulo Coelho, teve que pedir visto ao Ministério do Exército para empreender sua segunda viagem aos Estados Unidos, dessa vez já acompanhado de Gloria, sua segunda mulher. Já fazia três meses que não falava com Paulo Coelho. Sua segunda viagem seria mais misteriosa, sem a profusão de imagens e cartinhas que tinha pontilhado de fantasias o primeiro tour pelos Estados Unidos, em fevereiro. Gloria e Raul embarcaram sem planos de regresso e foram a Atlanta e ao Texas. No mesmo período, Paulo Coelho e sua então mulher, Cissa, também viajaram aos Estados Unidos, mas seu rumo era Nova York. Chegaram à Big Apple e se hospedaram no Marlton Hotel, no Greenwich Village. Raul só chegaria à cidade certo tempo depois. Nessa época, não faltava dinheiro: o apartamento que Raul ocupou com Gloria lhe custava trezentos dólares por mês. Raul também já estava bastante íntimo da cocaína, o que contrastava com o espírito agora cheio de pruridos e questionamentos do parceiro, Paulo Coelho.

Gloria e Raul se casaram nos Estados Unidos. Ela o acompanhava na velocidade da nova *vida loka* que empreendia, aceitava as carreiras que ele lhe oferecia e nutria paixão comum pela vida artística. O súbito êxito tinha alterado de forma profunda o comportamento de Raul. Até meados de 1973, ele ainda era comedido na bebida. Adorava uma cerveja münchen da época, mas bebia moderadamente, e apenas cerveja e chope. Dispensava cachaça e destilados. Mauro Motta, parceiro da CBS, não se lembra de tê-lo visto em estado de petição de miséria. Em um ano, passou a combinar dois aditivos poderosos: cocaína e uísque. Como era lépido e ágil, aquilo tudo não parecia ainda fazer grande efeito sobre sua forma física, recuperava-se com facilidade. Também se mostrava perdulário, demonstrava publicamente certo desprezo para com as contas, as economias, a premeditação. O parceiro da hora, Paulo Coelho, contou que parou de cheirar cocaína no dia em que entrou no quarto de hotel em que Raul estava e o viu desmaiado no sofá, de boca aberta, com meia garrafa de uísque na mão e, na mesinha do abajur, além de uma carreira de cocaína pronta para ser aspirada, um punhado de dólares em notas de cem. Raul era desmesurado e entrava com os dois pés no novo mundo de prazeres e excessos da roda da fama.

Fora do país, o cantor resolveu estabelecer contatos, marcar encontros (que eram facilitados pela companhia de discos) com artistas com os quais tinha afinidades ou que simplesmente eram seus ídolos. Um dia, quando chegava ao apartamento que tinha alugado em Nova York, Raul foi surpreendido pela presença de um funcionário do consulado brasileiro. Eles procuraram o cantor em casa para "dizer descaradamente que *Gita* estava fazendo o maior sucesso, que era para eu voltar, que eu era patrimônio nacional", contou o baiano, sarcasticamente. O disco, de fato, virou um sucesso absoluto (estima-se que aquele álbum possa ter vendido cerca de 600 mil cópias). O casal voltou ao Brasil e foi viver em São Conrado, no Rio de Janeiro.

Enquanto se firmava como astro, Raul se distanciava, deliberadamente, de uma certa corte da MPB, buscando assinalar um espaço particular dentro da música. No próprio disco

Gita já havia uma pista dessa dissociação, na letra da música "As aventuras de Raul Seixas na cidade de Thor": "Acredite que eu não tenho nada a ver com a linha evolutiva da música popular brasileira/ A única linha que eu conheço/ É a linha de empinar uma bandeira". Bandeira é pipa, papagaio, pandorga, arraia, maranhão. A letra é basicamente um manifesto de Paulo Coelho, mas as entrevistas de Raul nesse período mostravam que ele concordava plenamente com as ideias do parceiro.

Gloria Seixas assumia o papel de alma gêmea na vida subitamente tensa e salpicada de paranoia do cantor. Isso ajudou muito o baiano naqueles dois anos cruciais. Em 1976, quando lançaram *Há 10 mil anos atrás*, Raul e Paulo Coelho fizeram uma canção que homenageava tanto Gloria Vaquer quanto Cecília Macdowell, a Cissa, então mulher de Paulo (que a conhecera quando ela integrava a equipe de imprensa da Philips). Chamava-se "Ave Maria da rua" a canção, e Paulo perdeu a queda de braço para que fosse escolhida como a primeira música do LP (acabou sendo a terceira). "Foi uma noite aqui em casa, estava tudo escuro, eu comecei a fazer poesia sobre Gloria e Cecília, nossas mulheres, a falar que elas eram a síntese de todas as mulheres do mundo. Partimos então para a Grande Mãe de todos, o princípio gerador, a música fluiu e veio. Veio em forma de hino, grandiosa, colorida", escreveu Paulo.

No emparelhamento do divino feminino ("Teu nome é Iemanjá/ E é Virgem Maria"), Raul e Paulo faziam um tributo à mulher. O início com o piano de Miguel Cidras e os crescendos do arranjo surgiam lembrando terrivelmente a melodia do blues gospel "Bridge Over Troubled Water" (1970), de Simon & Garfunkel. Uma deliciosa irresponsabilidade de Raul, se pensarmos que "Bridge Over Troubled Water" fora número 1 nas paradas de sucesso em todo o mundo seis anos antes. Raul não parecia se preocupar com essa tática de camicase antropofágico em relação aos hits que o impactavam, sempre se apropriava sem cerimônia das coisas que lhe interessavam.

Apesar de dominar com maestria a crítica social, Raul passou a fazer um discurso que, de algum modo, se contrapunha sarcasticamente à ideia coletivizante de música de protesto, como que para demarcar uma independência em relação ao grupo mais engajado e mais visado pela ditadura. "Não vou ficar de fora fazendo bobagem, de calça Levi's com tachinha. Esse tipo de protesto eu acho a coisa mais imbecil do mundo, já não se usa mais. Eles tão pensando como John Lennon disse, *they think they're so classless and free* [citando 'Working Class Hero', canção do primeiro álbum de Lennon após os Beatles, do disco *Plastic Ono Band*, de 1970]. Mas não são coisa nenhuma, rapaz, tá todo mundo dentro de uma engrenagem sem controle", afirmou, referindo-se a "eles" como uma personificação dos movimentos artístico-políticos.

Seu maior êxito até ali, "Ouro de tolo", era evidentemente também uma exortação à ideia de confrontar a noção de êxito burguês, um grito de emancipação que ecoava mais longe do que Raul Seixas jamais imaginaria. Alcançaria gregos e troianos. Nos idos de 1972, um garoto mineiro esperto e risonho de cabelos muito encaracolados costumava pegar o ônibus em Varginha, rodar 317 quilômetros até São Paulo e peregrinar por estúdios musicais fazendo serviços eventuais pela metrópole. Tocava violão em gravações das Edições Paulinas, grupo católico, fazia arranjos, o que pintasse. Acostumara-se a fazer essa viagem desde que tinha dezessete anos, sempre havia trabalho para ele. Garoto prodígio nascido em Três Pontas, era músico e compositor desde a infância, e buscava, como todos, encontrar a grande canção que o faria famoso. Aos poucos, Silvio Brito, o nome do tal rapaz, ia se introduzindo no cenário: compôs canções para Antonio Marcos, para Vanusa, foi ganhando autoconfiança.

Um dia, Silvio Brito estava numa lanchonete esperando uma condução quando ouviu "Ouro de tolo" no rádio. Foi como se uma corrente de mil megatons elevasse um pardal que dormia no fio entre dois postes: o cantor aspirante passou a ouvir avidamente tudo de novo que pintava do novo enfant terrible do rock nacional. Construiu até mesmo uma imagem à semelhança do ídolo, de deboche irreverente, encobrindo grande sensibilidade para as coisas sociais. Ali mesmo, em 1973, Silvio teve um insight fabuloso: iria compor uma canção na qual "dialogava" com Raul. Iria se transformar num anti-herói satírico. Surgiu "Tá todo mundo louco", um dos maiores sucessos dos anos 1970 no Brasil. Em 1974, Silvio lançou, pela pequena gravadora Chantecler (uma subsidiária da Continental), um compacto que tinha essa característica derivativa do universo de Raulzito, com as canções "Tá todo mundo louco", "Nostalgia 65" e "Quase 2000 anos depois". Na capa, usava os cabelos compridos, franja e uns óculos redondinhos de vovô de John Lennon.

"Essa música foi feita num momento de depressão. Eu tava com saco cheio, com raiva da vida, com raiva de tudo e fiz essa música para encher o saco de toooodo mundo", declamava Silvio, lânguido, na introdução da música, claramente sacaneando Raulzito. Tinha um senso de humor que encaixava divinamente nos programas de auditório. A canção prosseguia: "Eu fiz tudo para não parecer um plágio mas ela parece muito com uma música do Rauuuuul Seixas".

Assim como "Ouro de tolo" fora feita de certa forma em cima da harmonia de "Sentado à beira do caminho", de Roberto e Erasmo Carlos (uma sátira musical àquele pompompimpom pompom pom de Roberto), o maluco do Silvio tinha se convencido de que seria uma grande sacada pegar algo que já era uma sátira e sapatear em cima disso. E acertou em cheio. Sua canção estourou: "Tá todo mundo louco" foi um dos maiores sucessos da carreira de Silvio, que por causa disso se mudou definitivamente para São Paulo naquele ano.

Mas Silvio Brito não contava com a verve iconoclasta de Raulzito. Provocado, o baiano responderia duas vezes a ele. A primeira foi naquele mesmo ano, em *Gita* (1974). Na canção

"As aventuras de Raul Seixas na cidade de Thor", ele relata desconfiança com o engajamento político de Silvio Brito, que não menciona explicitamente: "Hoje a gente já nem sabe/ De que lado estão certos cabeludos/ Tipo estereotipado/ Se é da direita ou da traseira/ Não se sabe mais lá de que lado".

Em 1976, no disco *Há 10 mil anos atrás* (Philips/Universal Music), Raul voltaria ao assunto e daria o troco em grande estilo, fazendo uma canção para avacalhar com uma série de colegas: "Eu também vou reclamar", assinada por ele e Paulo Coelho. Na música, Silvio Brito levou um petardo do ídolo: "Ligo o rádio/ E ouço um chato/ Que me grita nos ouvidos/ Pare o mundo/ Que eu quero descer".

Mas o cantor mineiro não foi o alvo preferencial em "Eu também vou reclamar". O cantor cearense Belchior não passou incólume, levou três traulitadas ("Agora eu sou apenas/ Um latino-americano/ Que não tem cheiro/ Nem sabor" e "E nem sou apenas o cantor/ Que eu já passei/ Por Elvis Presley/ Imitei Mr. Bob Dylan, *you know*", além de uma referência a "Apenas um rapaz latino-americano" no final). Raulzito foi além: também anotou seu incômodo com a postura pública de Belchior em uma entrevista. "Isso de ficar reclamando dos poderosos para empolgar estudantes com protesto é uma política desgastada do velho Aeon. Já não existe qualquer diferença entre materialismo, idealismo. Todos os ismos são iguais. Eu não estou me queixando de nada porque eu *não sou um rapaz latino-americano*. Esse regionalismo não está em mim. Eu sou uma pessoa que vive 1976. Eu sou Raul Seixas, o único. Eu não pertenço a qualquer grupo político ou regional. Eu sou fruto do pós-guerra. Sou um cara cheio de influências. Eu sou Raul Seixas" (grifo meu), declarou ao *Jornal de Música*. Do outro lado, Belchior não se incomodou nem um pouco com as diatribes. Tanto que, algum tempo depois, passou a usufruir da Banda Radar, que acompanhava Raulzito, em suas aventuras pelas estradas brasileiras. Raul e Belchior também não desenvolveram nenhuma mágoa. Já nos anos 2000, diante de uma plateia imensa na capital do Ceará, Belchior disse: "Uma vez, eu fiz um show aqui em Fortaleza com uma figura muito importante da nossa geração, um cara que cantou o nosso sonho, a nossa alegria, e gostaria de, com todos vocês aqui, rememorar algumas palavras dele que com certeza ficarão eternamente gravadas nas nossas mentes e nos nossos corações". Em seguida, cantou um trecho de "Metamorfose ambulante" e outro de "Maluco Beleza".

Raul também fustigou o cantor gaúcho Hermes Aquino e seu hit "Nuvem passageira" ("Falam em nuvens passageiras/ Mandam ver qualquer besteira/ E eu não tenho nada/ Pra escolher") e até Elis Regina, que Raul adorava. O verso "Eu vou tirar meu pé da estrada", embora se refira também a "Velha roupa colorida", de Belchior, implicava com o grande sucesso de Elis Regina no show *Falso brilhante*, na época: "E meteu o pé na estrada, *like a rolling stone*".

Em tese, Raul se insurgia contra aquilo que julgava um modismo ("Mas é que se agora/ Pra fazer sucesso/ Pra vender disco/ De protesto/ Todo mundo tem/ Que reclamar/ Eu vou tirar meu pé da estrada/E vou entrar também/Nessa jogada"). Mas não estava precisando de polarizações, tinha àquela altura um contrato com a poderosa Warner, estava por cima da carne-seca. Era mais um lance de sua própria facilidade de estabelecer diálogos com as expressões mais proeminentes do seu tempo.

A verdade é que, naquele mundo pré-histórico do *star system*, a briga de Raul e Silvio Brito era completamente insincera. Era apenas uma maneira de aquecer um circo de animosidades fictícias (como, de resto, virou regra nas décadas seguintes) entre artistas da música. Paulo Coelho se assumiu como o ideólogo da canção "Eu também vou reclamar" em um artigo chamado "Raul, o parceiro: uma inimizade íntima". No artigo, Paulo dizia que a música visava dar "uma visão da chatice insuportável da MPB", e esclarecia que ele e Raul pensaram em uma canção que fosse complementar a "Arrombou a festa", de Paulo Coelho e Rita Lee (por sua vez, baseada em "Festa de arromba", de Roberto e Erasmo). Paulo Coelho e Rita Lee chutaram o balde nesse compacto com o grupo Tutti-Frutti, lançado em 1976 (Som Livre), no mesmo ano do disco de Raul e Paulo. "Dez anos e Roberto não mudou de profissão/ Na festa de arromba ainda está com seu carrão", cantava Rita. Naquele ano, a ex-mutante Rita estava em rota de colisão com colegas e também autoridades (grávida de três meses, tinha sido presa em sua casa por porte de drogas e chegou a cumprir um ano de pena).

Canções sarcásticas sobre o ambiente da MPB mostravam que havia um suave cinismo, mas também rusgas e desinteligências, como diz a gíria da polícia, pairando no ar do cenário da música nacional. "Tirando Elis, não poupamos ninguém. A letra citava celebridades em evidência na época, de uma maneira pra lá de deseducada, tudo o que hoje o politicamente correto se arrepiaria de indignação", disse Rita Lee anos mais tarde sobre "Arrombou a festa" (que foi tão bem-sucedida que teve sequência, "Arrombou a festa nº 2").

Não foi o caso de indignação, mas entre Raul e Silvio Brito ficou um climão, claro. Porém, assim que Roberto Menescal fisgou Silvio para a mesma gravadora de Raulzito, começou uma operação diplomática de aproximação. Até porque Silvio vendia mais discos do que Raul (nos anos 1970, ganhou cinco discos de ouro, coisa que causava espanto nas grandes gravadoras, pois ele gravava até então pela modesta Chantecler). Paulo Coelho ligou para Raul para aplainar as coisas: "Raul, quem nos tem procurado muito é o Silvio Brito. A gente conversou muito, ele tá doido pra te conhecer. Esse é um cara que, se a gente tivesse na mão, seria um estouro mesmo, porque é um cara muito legal, um cara muito profissional, muito cuca no lugar", disse Paulo, que chegaria a compor com Silvio algum tempo depois.

Somente em 1977 é que Raul e Silvio Brito seriam apresentados e puderam dar muita risada do episódio. Astros consolidados, foram contratados para uma campanha publicitária de lançamento das calças US Top, primeiro jeans fabricado no Brasil. Raul, As Frenéticas, Belchior, Simone e Silvio Brito sairiam em turnê fazendo apresentações no mesmo palco pelo país todo. Era uma campanha de marketing inovadora. Fizeram shows por todo o Brasil, ginásio, estádios, emissoras de TV. Ficaram muito amigos.

Após dois sólidos discos em sequência, em 1975, Raul lançou *Novo Aeon* (que chegou a considerar o melhor de sua carreira, mas do qual Paulo Coelho pensava quase o exato oposto). "No caso de *Novo Aeon*, nós TÍNHAMOS QUE FAZER UM DISCO. Não por imposição da gravadora, nem por pressões econômicas, mas porque a gente acreditava que precisava dar uma continuidade ao trabalho. Acontece que, naquela época, ao invés de assumirmos nosso conflito um com o outro, resolvemos fazer um falso tratado de paz, um conchavo, e o disco saiu com o próprio estigma do conchavo", escreveu o escritor. "Não foi um disco onde pensamos em nós ou no público. Pensamos apenas em realizar um trabalho; isto fez com que o trabalho ficasse em cima da mesa, e não dentro de nós mesmos. O disco é egocêntrico, autoexpressivo, numa linguagem verdadeira mas lamentavelmente mal realizada."

Raul aparece, na capa, usando fones de ouvido na frente de um microfone, gesticulando como se estivesse em uma conferência, segurando os óculos numa das mãos e portando dois charutos no bolso da jaqueta. A contracapa é apenas um close dessa mesma foto (de João Castrioto), destacando somente os olhos do cantor.

O álbum traz algumas parcerias controversas com uma figura que, segundo sua reputação pública, parecia a antítese da produtividade lírica de Raul: o sacerdote Marcelo Motta, conhecido como Parzifal XI, ou Frater Parzival, ou ainda Frater Ever, líder da Ordo Templi Orientis (OTO), a organização ocultista que Paulo Coelho tinha introduzido no mundo da música. O polêmico sacerdote, faixa preta de jiu-jítsu, era conhecido pelo temperamento irascível e por uma certa gangorra ética no trato com os discípulos. Motta era um professor de inglês da Cultura Inglesa com larga experiência em sociedades secretas. Após um tempo na Rosacruz, editara na Gráfica Lux, do Rio de Janeiro, em 1962, um livrinho intitulado *Chamando os filhos do Sol*, com o qual intencionava, conforme dizia, "trazer notícia ao público" sobre a existência do sistema mágico desenvolvido pelo britânico Aleister Crowley. Motta assinava apenas M. nesse livro. Ele e um discípulo, Euclydes Lacerda de Almeida, tinham como objetivo estabelecer uma representação da sociedade secreta com o propósito de difundir a Lei de Thelema, o ideário de Crowley (e, obviamente, o seu coquetel de controvérsias que abrangia também descrições de pansexualismo, satanismo, culto às drogas, hedonismo, heterodoxia sexual).

O sacerdote Motta também publicou, em 1976, o livro *O equinócio dos deuses*, uma tradução de *O Livro da Lei* de Aleister Crowley. Na introdução, está escrito: "Aleister Crowley, cujo nome mágico era TO Mega Therion (A Grande Besta 666), chamado 'o pior homem do mundo', acusado de satanismo, antropofagia ritual, orgias e comércio de drogas, foi uma das mais penetrantes inteligências e o maior ocultista do século XX. Ele publicou suas revolucionárias descobertas em misticismo, magia, alquimia e teurgia, estabelecendo-as em bases estritamente científicas, numa série de livros sob o nome genérico de O Equinócio, porque os exemplares eram publicados na época dos equinócios, à média de dois ao ano".

O Livro da Lei, de onde se extraiu o famoso mote da música "Sociedade Alternativa", de Raul, "faz o que tu queres pois é tudo da lei", é um texto cheio de bizarrices, as mais chocantes os rituais que incluem imolações. "Sacrificai gado, pequeno e grande; depois uma criança", diz um trecho. Em outro, lê-se: "O melhor sangue é o da lua, mensal: depois o fresco sangue de uma criança, ou o gotejado da hóstia do céu: em seguida dos inimigos; e depois do sacerdote ou dos adoradores: por último de alguma besta, não importa qual". Presumivelmente ditado pelo próprio deus egípcio Hórus, o deus dos céus, dos vivos e da guerra (cerca de 1400 a.C.) à médium Rose Kelly, mulher de Crowley, é no entanto uma ressonância da ética e dos costumes de uma sociedade primitiva, o Antigo Egito.

Marcelo Motta e Euclydes Lacerda romperam em julho de 1975, após um acesso de fúria de Marcelo pela publicação, sem seu consentimento, dos estatutos da sua Sociedade Novo Aeon no *Diário Oficial*. Paulo tinha conhecido Motta um pouco antes disso, quando assinou a ficha de filiação à tal escola do mistério AA (o selo da Sociedade Alternativa remete ao slogan Sigillum Sanctum Fraternitatis, que é o símbolo da disciplina). Em seguida, após ter apresentado Raul à dupla, Paulo se afastou bruscamente, ainda em 1974, indignado com a falta de atenção durante o episódio da tortura. Marcelo o chamou de "fraco" após o desabafo em que rompeu a iniciação.

Novo Aeon é uma outra denominação para Era de Aquário (idade cósmica definida pela astronomia), período que, se supõe, traz uma nova etapa de desenvolvimento da humanidade. Sua lógica baseia-se em uma mudança de orientação no eixo da Terra que a faz percorrer todas as constelações zodiacais em 25 mil anos (como são doze constelações, permanece cerca de 2 mil anos em cada uma). Convencido de que "as religiões do mundo perderam todo seu poder de orientação", o mago Aleister Crowley, inspiração de Raul, decidira criar uma legislação para, segundo sua formulação, reger o comportamento e as ideias da sua sociedade durante a passagem pelo Novo Aeon.

Raul encampou rigorosamente esse ideário e o adaptou à sua habilidade lírica. Os temas se interpenetram. Por exemplo: a música "Love Is Magick", que parece apenas uma canção de amor, também é inspirada nas ideias de Crowley, e sua Magick é assim grafada, com "k", para diferenciá-la da mágica circense (*magic*, em inglês).

Raul permaneceu ligado a esse universo dos pressupostos de Aleister Crowley até o final da vida (seus antigos irmãos de fé acreditam mesmo que essa relação vai além do final da vida). Em seu derradeiro álbum, *A panela do diabo* (1989), ele resgata uma canção que tinha feito oito anos antes, "Nuit". Nuit foi uma conhecida deusa do panteão thelêmico, a quem é atribuído o primeiro capítulo de *O Livro da Lei*, de Crowley. "Agora, portanto, eu sou conhecida de vós pelo meu nome Nuit e dele por um nome secreto que eu irei lhe dar quando por fim ele me conhecer", diz o texto do *Liber Al vel legis* (o título em latim de *O Livro da Lei*).

A novidade de *Novo Aeon* é a presença, digamos assim, "eucarística" da própria seita de Crowley na feitura do álbum. O sacerdote Marcelo Motta assina parcerias com Raul e é coautor de duas músicas com Raul e Paulo Coelho, a imortal "Tente outra vez" e "A maçã". Com Cláudio Roberto e Raul, o sacerdote assinou a música-título, "Novo Aeon", cheia de referências aos símbolos da sociedade esotérica, como o verso "o sol da noite agora está nascendo" (imagem que evoca a figura do Deus Sol da Meia-Noite que Crowley preconiza em seus escritos). Há também referência à "Mãe Serpente", metáfora para a natureza sexual feminina, outro conceito crowleyano. Era um Raul inacreditavelmente autoconfiante agora, um artista que podia se dar ao luxo de desafiar dogmas sem um pingo de receio, como se estivesse blindado pela sorte. Enquanto John Lennon tinha enfurecido o mundo ao dizer que os Beatles eram mais populares que Jesus (e ter que se desculpar por isso), Raul clamava ruidosamente, na letra, o "direito de deixar Jesus sofrer", sem sofrer nenhum contratempo por isso.

Na canção "Novo Aeon", conforme escreveu Paulo Coelho, o artista Raul, por meio de palavras comuns, tenta descrever "como um homem se permite ser livre interiormente, aceitando e assimilando tudo aquilo que está em sua volta e procurando estar constantemente aberto para os novos tipos de valores que eventualmente venham a surgir". Essa talvez seja a música mais fortemente influenciada pelos ensinamentos "da tal sociedade esotérica", diz um escaldado Paulo, sem mencionar nunca o nome da organização.

A música "Tente outra vez", hoje um clássico, foi originalmente tão enxertada com aforismos da Lei de Thelema por Motta que Paulo Coelho, que não queria mais ser identificado com os propósitos da ordem, extirpou o que pôde dessas frases. Por exemplo: o verso "tenha fé em você", considerado muito individualista, foi mudado por Paulo para "tenha fé em Deus, tenha fé na vida", mais cristão e pluralista.

Paulo Coelho tinha curtido por algum tempo aquela vertigem do ocultismo, da sociedade secreta, mas agora queria uma prudente distância dos fanatismos. "Em contato com o homem que dava prosseguimento aos ensinamentos de Crowley [Marcelo Motta], nós dois entramos, quase ao mesmo tempo, para esta sociedade esotérica. Foi nesta época que, por uma série de fatos, nós nos afastamos um do outro. Pouco tempo depois, por não concordar com determinadas posições filosóficas da tal sociedade esotérica, eu a abandonei e Raul continuou (também viria a abandoná-la recentemente)", escreveu Coelho.

O resultado daquela imersão mística com o guru de Raul, *Novo Aeon*, desembocou no comprometimento do baiano com o novo arcabouço moral da AA, mas também implicou custos afetivos e revestiu a música de Raul de um componente de rebelião atemporal, nervoso, visionário. Paulo Coelho, que só tinha voltado à parceria por insistência do produtor Mazzola, analisou o impacto dessa presença em seu release do álbum, argumentando que "uma sociedade esotérica joga com sua percepção diante do mundo, com seus valores cotidianos, e aguentar este tipo de aprendizado não é para qualquer um. Raul parou de fazer shows ou televisão, concentrando-se completamente no aprendizado. Foi uma época muito dura, conforme ele me contou posteriormente, mas Raul aguentou tudo".

Durante esse tempo, Raul produziu três músicas que, Paulo salientou, em release escrito sob encomenda para a Phonogram, tinham "autoria de Raul sozinho", simbolizando sua vivência no período ocultista. "Para Noia (com amor e com medo)" seria a primeira delas. "Nesta música, Raul joga com o sentimento do mundo, com o medo que está sempre presente do dia do nascimento até o dia da morte. A vida é um acúmulo de medos, alguém disse isso certa vez. E fica bem claro no disco, onde o medo presente e o medo passado se confundem com o medo futuro, dando uma visão ampla do ser humano diante das fragilidades de sua própria vida", teorizou Paulo Coelho. Esse tema ensejaria uma nova composição em 1987, "Paranoia II", em parceria com Lena Coutinho e Cláudio Roberto.

A música de *Novo Aeon* "mais difícil de ser compreendida", segundo Paulo Coelho, chama-se "Eu sou egoísta" (que é assinada por Raul Seixas e Marcelo Motta). "À primeira vista parece uma atitude muito radical e todos nós temos preconceitos quanto a este tipo de posição. Entretanto, é uma música-verdade, uma música falando do Homem Total, algo assim muito próximo aos ensinamentos de Nietzsche, quando bem interpretado. Estas são as músicas que realmente expressam a vivência solitária de Raul em busca do seu autoconhecimento", afirmou o escritor. A canção tinha inspiração nas obras do filósofo alemão niilista Max Stirner (1806-56), cujo conceito de egoísmo foi debatido na obra *O único e sua propriedade*, e que inspiraria Friedrich Nietzsche e sua noção de "o homem para além do homem".

A literatura está simbioticamente ligada às sutilezas desse disco, assim como um cuidadoso acabamento conceitual. Por exemplo: a canção "A verdade sobre a nostalgia", de Raul e Paulo. Sobre a carcaça de um rock 'n' roll clássico, Raul combate o passadismo, a reverência cega a tudo que se fez antes e o criticismo obrigatório a tudo que é contemporâneo. "Tudo quanto é velho eles botam pr'eu ouvir/ E tanta coisa nova jogam fora sem curtir/ Eu não nego que a poesia dos 50 é bonita/ Mas todo o sentimento dos 70 onde é que fica?", canta o baiano. Negar o próprio tempo em que se vive é uma tolice, uma atitude de negação de si mesmo, argumenta a letra. "Eu fiquei contra o que eu já sou." A segunda parte da música sugere um diálogo intertextual com o poema "Para além da curva da estrada", de Alberto Caeiro (heterônimo de Fernando Pessoa), do começo do século XX. "Esses que se preocupam com o que há/ Para além da curva da estrada." Mas Paulo Coelho, que escreveu a letra, diz que não teve influência do poema de Pessoa.

Somente em pontos esparsos de sua carreira é que Raul tinha se ocupado em usar algum *sociologuês* para explicar a importância de se trabalhar os fundamentos da dita música cafona ou brega. Mas foi neste disco, com a canção "Tu és o MDC da minha vida" (MDC são as iniciais do conceito matemático de máximo divisor comum), que ele foi mais bem-sucedido na tarefa de "explicar" concretamente qual era sua ideia de brega. Nessa canção de *Novo Aeon*, Raul trata poeticamente da ideia de que dois números naturais (metáfora de um casal) sempre têm divisores em comum, só é preciso encontrá-los. O escracho da melodia, construída como uma catedral pop, enfronhada em solos melosos de sax, é enfatizado pela letra deliberadamente *camp*, kitsch e exagerada ao mesmo tempo ("Aquele seu chaveiro escrito LOVE, que ainda uso e que me comove, me causando imensa dor").

"Eu dedico essa música à primeira garota que está sentada ali na fila", diz o cantor na gravação, como se assinalasse que, na linha de frente dos fãs, além do ardor idólatra que dispensa demasiados pruridos morais, se concentra a sinceridade, a inocência. É ali que se justifica o reinado por excelência de um cantor do povo. Esgrimindo as mesmas armas de um Amado Batista, Reginaldo Rossi ou Fernando Mendes, ele expõe ao detrator bem-postado em algum bunker crítico que sabe precisamente o que está fazendo, nada é por acaso em sua música. Ele pode fazer, porque tem consciência do universo que aborda.

Signos da sociedade de consumo são emparelhados com símbolos da cultura clássica, como "e no auge da minha agonia eu recitava Shakespeare". A batida redundante do brega, aliada a uns metais ao fundo (conferindo exiguidade e refinamento ao mesmo tempo), tornam a canção um caso particular mesmo dentro da obra do próprio Raul. Como se o cantor se dedicasse a provar que o fato de ter ampla consciência do universo em que trafega o libera para exercer a crítica sem o peso dos compartimentos sociais, intelectuais, morais. "A moçada lá no píer/ Pra eles é careta se alguém falar de amor", canta.

Raul exerceu com rara presença de espírito o deboche daquilo que ele considerava alienação da maioria dos brasileiros, destilando extremo sarcasmo e bom humor; ao ironizar marcas e nomes famosos, não está se colocando acima dos consumidores sequestrados pelas ofertas, mas se confundindo com eles. Por citar explicitamente diversas marcas (como Pepsi-Cola, Casas da Banha, Gradiente, Sansui e Garrard), a música "Tu és o MDC da minha vida" levou a uma recomendação aos DJs das rádios. "Não toquem essa, rapazes, porque *merchan* de graça nós não fazemos", diziam os executivos.

"'Tu és o MDC da minha vida' é uma brincadeira sobre o cotidiano, uma espécie de *Brazilian grafitti*, uma demonstração das valorizações que damos às coisas que nos cercam", descreveu Paulo Coelho. "A própria forma da música, com a construção cafona do verso (por exemplo, "me causando imensa dor" ou "para lembrar do teu amor"), tenta dar uma reportagem (novamente o jornalismo musical, espero que os críticos sejam piedosos, já que eles fazem música jornalística) crítica do amor tradicional", analisou.

Musicalmente, Raul era capaz de fusões e fissões que a sua época não tinha a menor ideia de como eram antecipadoras. "É fim de mês" é dessa corrente. A canção começa com o som de neném chorando. "Problemas de imposto de renda, né?", comenta Raul, como se falasse com o menino. Então, sob uma batida de capoeira e um vocal que só se ouviria anos depois em rappers como Gabriel o Pensador, a música vira um rock que incorpora a umbanda, que transmuta num baião, que revira maracatu e rock psicodélico (com uma citação incidental, no meio, de "O xote das meninas", de Luiz Gonzaga e Zé Dantas), e tudo de forma harmônica.

"Já fui Pantera, já fui hippie, beatnik, tinha o símbolo da paz pendurado no pescoço/ Porque nego disse a mim que era o caminho da salvação/ Já fui católico, budista, protestante, tenho livros na estante, todos têm explicação/ Mas não achei! Eu procurei!"

"É fim de mês" já tinha sido composta havia algum tempo, mas Paulo Coelho disse não se lembrar do motivo pelo qual ela não entrara em *Gita*. "Entretanto, é o tipo de música sempre atual, sempre constante, como atual, constante e duradouro é o conto dos cartões de crédito e otras cositas más." Essa é uma composição que ombreia em eficácia de crítica social com "Ouro de tolo", mas os DJs de rádio não tocaram porque também alfinetava alguns de seus patrocinadores, como os supermercados Peg--Pag, os postos de combustíveis Esso e os cigarros Hollywood.

Eu já paguei a prestação da geladeira
Do açougue fedorento que me vende carne podre
Que eu tenho que comer
Que engolir sem vomitar
Quando às vezes desconfio
Se é gato, jegue ou mula
Aquele talho de acém que eu comprei pra minha patroa

Se Raul foi, depois do *bluesman* Robert Johnson, o mais célebre artista a desfrutar da fama de ter feito um pacto com as forças da escuridão, o diabo comprovou que não é mesmo bom para esvaziar prateleiras. *Novo Aeon* foi considerado um fracasso de vendas, pouco mais de 40 mil cópias vendidas. Mas, paradoxalmente, passou a desfrutar de forma progressiva do status de obra-prima, conquistando novas gerações de experts e críticos de música a cada ano. Parece que é menos por seu afã propagandístico de um tipo de fé e mais pela qualidade. Essa também é decorrência de uma notável confluência de músicos extraordinários na sua feitura, como o pianista Antonio Adolfo. Coautor de um clássico da MPB, "Sá Marina" (com Tibério Gaspar), Antonio Adolfo tinha trabalhado com Vinicius de Moraes e Carlos Lyra e também com Elis Regina e era profissional desde os dezessete anos. Acossado pela ditadura, tinha ficado um tempo refugiado em Londres. Experimentara também uma imersão na emergente *blackmusic* nacional e, de volta do autoexílio, estava precisando trabalhar e as gravadoras precisavam de músicos tarimbados.

Além de Adolfo, o disco tem Ivan "Mamão" Conti na bateria e José Roberto Bertrami nos teclados, ambos do grupo Azymuth. No baixo, Jamil Joanes, que pertencia ao Som Imaginário e ao grupo Black Rio. Também batia ponto no som o guitarrista Gabriel O'Meara, norte-americano radicado no Brasil que tinha tocado soul em Detroit e integrara um grupo lendário do início da década, O Peso, *cult band* de Fortaleza. E, claro, os velhos Rick Ferreira e Paulo Cezar Barros. A combinação resultou, para os fãs, irrepetível, insofismável e impecável.

Quase no final do primeiro semestre daquele ano, 1975, Paulo Coelho e Raul Seixas tinham voltado a se encontrar após uma longa separação, mais de um ano. Um único breve encontro da dupla no exterior ficou plasmado pela sombra do que tinham vivido no Rio de Janeiro um ano antes, ambos ainda curavam as cicatrizes do estrangulamento social que experimentaram. Cada um trazia de volta uma carga de vida completamente diversa, vindas de cantos opostos do planeta. Paulo passou um tempo em Piccadilly Circus, Londres, e quando chegou ao Rio se assustou ao encontrar o sombrio sacerdote Marcelo Motta enfiado dentro do apartamento de Raul, dando palpites em canções, assumindo coautorias. Motta tinha visto em Raul uma possibilidade de amplificar o seu esforço de engajamento de novos discípulos, mas Paulo passara a ver com desconfiança os propósitos da sociedade secreta OTO e, após tentar reencontrar seu eixo em Londres, o equilíbrio perdido em sessões de tortura física e psicológica, voltara aos mitos cristãos.

Em "A maçã", Raul retorna ao tema da angústia da monogamia, que já havia abordado no disco anterior em "Medo da chuva" (*Gita*). "Amor só dura em liberdade/ O ciúme é só vaidade/ Sofro mas eu vou te libertar." Só que dessa vez o tema comparece "mais desenvolvido e mais vivido", na avaliação do parceiro Coelho.

Já "Rock do diabo" pretendeu ser o manifesto de Raul e Paulo Coelho contra aquilo que chamavam de opressão da psicanálise, "uma invenção ridícula, uma deturpação completa do que o genial Freud escreveu a respeito do autoconhecimento humano". O rock e o diabo eram, segundo Paulo Coelho, "imagens para os toques que a vida dá diariamente, e que são muito mais produtivos que as confissões neuróticas dos divãs". A psicanálise tinha virado um dos vilões da cruzada de Paulo e Raul naquele momento. Em "É fim de mês" também sobra espaço para espinafrar as profissões do inconsciente: "Eu consultei e acreditei no velho papo do tal psiquiatra/ Que te ensina como é que você vive alegremente/ Acomodado e conformado de pagar tudo calado".

"Peixuxa (O amiguinho dos peixes)", assinada por Raul e pelo agora onipresente compositor-sacerdote Marcelo Motta, é ligeiramente embebida na influência de "Ob-la-di-Ob-la-da", dos Beatles (do *Álbum branco*, de 1968), com o mesmo tipo de nonsense, com Raul dando características antropomórficas ao personagem da canção e usando figuras de linguagem e metáforas. Paulo Coelho a define como "uma música de Raul que poderíamos chamar de aula de ecologia para crianças de várias gerações". Desenvolvida em uma linguagem poética e simpática, a mensagem é de ingênuo otimismo.

"Tente outra vez", a canção de abertura, se converteu em outro hino de Raul para a posteridade. Primeiro, por causa de seu tom francamente otimista, humanista. Conclamava as pessoas a darem uma segunda chance a si mesmas, a não confiarem num eventual veredicto de fracasso. Em 2012, o programa *Som Brasil*, da TV Globo, registrou uma história marcante, narrada por Plínio Seixas, irmão de Raul. Ele contou do dia em que um empresário do Ceará entrou no quarto de sua casa com um revólver, decidido a se matar. Apontou o revólver para a cabeça e ligou o rádio muito alto para que não ouvissem o tiro. Naquele momento, o rádio tocava "Tente outra vez", de Raul Seixas. "Tenha fé em Deus, tenha fé na vida", dizia o verso enxertado por Paulo Coelho para tirar a supremacia da Lei de Thelema da canção. Após ouvir a música, o empresário desistiu de se matar e, mais tarde, viajou até Salvador para entrar em contato com a família de Raul e agradecer pessoalmente pela própria vida.

O ano de 1975 estava marcando uma profunda mudança na vida de Paulo Coelho. Ele começava a diversificar sua produção como compositor, escapulindo do entorno de Raul Seixas paulatinamente. Contribuiu com três músicas para *Fruto proibido*, o quarto disco de estúdio de Rita Lee (o segundo com a banda Tutti Frutti). "Esse tal de roque enrow", dela e de Paulo, é um clássico absoluto da música brasileira e credita-se a esse disco de Rita uma influência decisiva no emergente rock da década de 1980. O blues "Cartão-postal" trata de um tema caro ao compositor, a ruptura sentimental. "Alguém quando parte é porque outro alguém vai chegar." Já a terceira parceria com Rita, "O toque", é um rock que remete instantaneamente a um hit da banda britânica de rock progressivo Barclays James Harvest, "Child of the Universe" (1974), com riffs formidáveis de guitarra de Luiz Carlini. A letra de Paulo faz até mesmo referência literal ao hit do Barclays: "Você é uma criança do universo/ E tem tanto o direito de estar aqui/ Quanto as árvores e as estrelas/ Mesmo que isto não esteja claro para você".

Àquela altura, Raul já tinha produzido, em um período muito curto, bem mais que uma assombrosa trilha sonora cronística para sua época e as vindouras; ele definiu também a própria caricatura de si mesmo, o arcabouço simbólico do qual viraria refém. Raul virara uma materialização, em carne e osso, da figura criada por Gustave Doré para o Dom Quixote de Cervantes no século XIX, um século e meio depois. A figura esquelética, de cavanhaque desalinhado, arqueada, olhar triste, a rapidez da língua para o humor popular: tudo isso já começava a forjar uma legião imensa de imitadores, mimetistas, reflexos, patropis de formidável sagacidade espalhada pelo país.

Naquele ano de 1975, embora já uma estrela inquestionável, Raul continuava próximo da atividade de produtor dos artistas românticos do gosto periférico brasileiro. Sob encomenda, ele compôs, com uma certa Sandra Syomara (na verdade, era Mauro Motta o coautor; Sandra Syomara era o nome da ex-mulher do compositor), um dos maiores hits de rádio do ano: "Se ainda existe amor", cantado pelo sergipano Balthazar. Poucas canções foram tão tocadas como aquela, e tão regravadas (é a terceira composição mais regravada de Raul Seixas, segundo o Escritório Central de Arrecadação e Distribuição, o Ecad). "Se ainda existe amor/ Olhe bem pra mim/ E me diz enfim que eu sou teu."

"Eu achava brega essa música. O Raul é que não achava. Ele não tinha preconceito de nada. Eu era preconceituoso, me achava pianista clássico", contou Mauro Motta. O cantor que usufruiu daquele imenso sucesso, Balthazar Góes Neto, diz que desde então tem "pijamas à espera em todo cabaré do Norte e do Nordeste; enquanto eu vendia 600 mil compactos, Chico Buarque vendia 5 mil LPs". Ele incluiu a composição de Raul e "Sandra" no disco *Cartas de amor*, de 1975, que contava com outros sucessos, como a música do título, e que o artista estimou que tenha vendido mais de 1 milhão de cópias.

A música foi gravada em dezesseis canais no estúdio da Phonogram no Rio com produção do *funk soul brother* Tony Bizarro e arranjos do maestro Edmundo Peruzzi.

O cantor Balthazar também foi casado com a cantora Diana, que Raul produziu (ex-mulher de Odair José). Viveram juntos durante oito anos no apartamento da cantora na Ilha do Governador. Também foi partidário do golpe militar de 1964, e cantou, como concorrente no Festival de Música do Exército Brasileiro, defendendo a canção "A Revolução de 64" (ficou em segundo lugar, perdeu para um coronel do Exército). Em 2018, voltou ao olho público após participar de um programa de TV da Record com o famoso teste de DNA, reconhecendo um filho que tivera quarenta anos antes, hoje um pescador.

A questão mais controversa sobre o fabuloso hit de Balthazar, "Se ainda existe amor", é que também se trata da apropriação de Raulzito de uma música preexistente: a melodia foi tomada de "empréstimo" de uma canção da banda britânica The Zombies, "Friends of Mine", que integrava o disco *Odessey and Oracle*, de 1968. O grupo também era da CBS, a gravadora em que Raul trabalhara como produtor. Essa "garfada" não foi questionada pelos ouvintes daquela época nem das épocas subsequentes, como de resto nenhuma das subtrações artísticas de Raulzito.

Como figura pública, por ser incômodo, Raul podia às vezes colher certas hostilidades, mas nunca indiferença: sua presença era tão icônica que era impossível evitá-lo. Estava em tudo, estava em todos. Na década de 1970, o tropicalista baiano Tom Zé era praticamente um desconhecido. Às vezes passeava pelo centro de São Paulo para ver a coreografia da cidade grande, aquele ambiente feérico, o vendedor de remédios improvisando, o churrasco grego, os comerciantes de promessas. Naquela época, Tom Zé era muito magro, fazia macrobiótica. Usava um cavanhaque esquálido. Tinha, involuntariamente, se enquadrado no arquétipo forjado pelo conterrâneo Raul Seixas, e de vez em quando uma pessoa se virava pra ele e dizia: "Raul, você me dá um autógrafo?". No princípio, Tom Zé ficava encabulado. "Com a repetição disso, resolvi pegar o papel e simplesmente escrever: 'Raul'", conta, divertindo-se com a própria história.

Em 1975, Tom Zé estava passando uma temporada no Rio de Janeiro como integrante do elenco de *Rocky Horror Show*, no Teatro da Praia, numa montagem de Guilherme Araújo, ex-empresário do Tropicalismo. Certo dia, Tom Zé passou pelo escritório de Araújo, que na época também empresariava Raul Seixas, e deu de cara com o conterrâneo. "Foi uma ocasião curiosa: como uma criança, Raul me perguntava como eu fazia isso ou aquilo ao trabalhar, e pedia minha opinião sobre um tipo de procedimento artístico ou outro. Olhava pra mim com muita atenção e gentileza." Com alguma surpresa, Tom Zé viu que seu "clone" mostrava um dissonante contraste entre a imagem pública de enfant terrible e, ao mesmo tempo, aquela figura delicada e pronta a aprender, disposta a abrir mão de convicções por contribuições. Mas Tom Zé precisaria testemunhar algum dos megaeventos de que o conterrâneo participaria, alguns meses depois, para se deparar com um outro Raul, um Raul transfigurado, uma espécie de domador de multidões.

"Permitido um festival de rock no Brasil", brincou Raul antes de iniciar sua nova participação num grande festival de rock urbano, o Hollywood Rock, em janeiro de 1975. Apesar da historiografia rala, não é verdade que os festivais não fossem ainda uma realidade brasileira naqueles anos pioneiros. Um ano antes, o próprio Raul tinha integrado o cast de um megafestival no bairro de Campo Grande, Rio de Janeiro, no Luso-Brasileiro Tênis Clube, ao lado de Mutantes, Sá-Rodrix, O Terço, Rita Lee, O Grão, A Bolha, Milton Nascimento, Tony Tornado, Tim Maia, Os Novos Baianos e o Pessoal do Ceará. Foi em celebração aos trezentos anos do bairro e podia levar barraca para acampar. E, no mesmo período, Raul era aguardado para integrar o elenco do Festival de Verão de Nova Jerusalém, em

Pernambuco, presenciado por 12 mil pessoas, ao lado de Toquinho e Vinicius, Caetano, Gil, Gal e Dorival Caymmi.

"Hollywood nas bocas", continuou o baiano, após entrar em cena sob um bombardeio de luzes estroboscópicas, ofuscantes. "Esses canhões tão arretados, hein? Se eu não estivesse de óculos escuros..." Troca umas ideias com o guitarrista Arnaldo Brandão, atrás dele na imagem fosca de um vídeo antigo. As imagens miraculosamente preservadas da apresentação de 1975 no Hollywood Rock mostram aquele que talvez seja o momento mais apoteótico da carreira de Raul Seixas como *frontman* de uma banda. Seu domínio de palco, a fleuma de *rocker*, o incêndio político e social: tudo estava ali potencializado, no palco do festival.

A um custo de 280 mil cruzeiros, Nelson Motta instalava um grande circo urbano do rock no Brasil, no campo do Botafogo, em General Severiano. "O apresentador do *Sábado Som* espera receber 15 mil pessoas", dizia reportagem da *Folha de S.Paulo* de 11 de janeiro de 1975. O ingresso custava quinze cruzeiros (dois dólares no câmbio da época). O palco tinha 180 metros quadrados e fora coberto com telhas transparentes para proteger da chuva que, dias antes, tinha arruinado o equipamento de Erasmo Carlos e Rita Lee no mesmo local.

Em quatro noites de sábado consecutivas, o primeiro Hollywood Rock acendeu o incêndio do show business no país. Em 11 de janeiro, apresentaram-se Rita Lee e seu grupo Tutti Frutti. No dia 18, Mutantes e Veludo. No dia 25, O Peso, Vímana e O Terço. Fechando o festival, no dia 1º de fevereiro, estiveram Erasmo Carlos, Celly Campello e Raul Seixas. Para o show, Raul recrutou um *power trio* de respeito, com Frederyko Mendonça de Oliveira, o Fredera (guitarrista do Som Imaginário, que Raulzito chamava de Fridirico), Arnaldo Brandão (ex-baixista de A Bolha) e Gustavo Schroeter (ex-baterista também de A Bolha).

O baixista Arnaldo Brandão tinha vivido uma bela aventura com a banda The Bubbles, entre 1968 e 1969, quando era apenas um menino, acompanhado de Johnny, Renato Ladeira e

Pedro Lima. Chegou ao início dos anos 1970 sendo chamado, em algumas publicações como *O Dia*, de "melhor baixista do Brasil" em sua história progressiva com A Bolha.

O guitarrista Fredera tinha trinta anos na época, morava no Tambá, perto do Vidigal (num condomínio em que viviam José Lewgoy, Gal Costa, e por onde passava muita gente do *star system* noveleiro, como Lima Duarte). Virtuoso e rigoroso, desde 1972 estava fascinado com a banda Genesis, de Phil Collins, o que lhe valeu mais um apelido: Fredera, o Inglês. Andava com os ouvidos colados nos discos *Nursery Cryme* e *Foxtrot*, de som estridente e agressivo. Passou a adorar aquelas canções de 25 minutos, crente de que haveria uma música superior, por intricada, e outra inferior, por simples e arquetípica. Fredera tocava "penalizado" com Raul porque achava a música do baiano muito ruim.

Naquela noite, no estádio do Botafogo, Fredera estava se divertindo com um rapaz debochado que ficava em cima do palco zoando com todos os músicos. Deu até um apelido instantâneo ao garoto de vinte anos, que tocava guitarra com a banda Vímana: Lulu Faísca. Lulu era vizinho do organizador do evento, Nelson Motta, e mais tarde viria a ser conhecido como Lulu Santos.

Fredera tinha sido o produtor de Raul em sua estreia em shows para multidões, em Belo Horizonte, dois anos antes. Foi no chamado Show do Botica. Raul e ele discordavam em quase tudo em relação à música: Fredera gostava de Paul McCartney e da beleza de suas composições; Raul preferia Lennon. O guitarrista já tinha intimidade com o baiano, chegou a passar 36 horas em companhia de Raul e da então mulher, Gloria Vaquer, e aquele era o melhor cenário profissional possível naquele mundo do pré-rock nacional. Raul não poupou recursos para dotar a banda do Hollywood Rock do melhor equipamento possível.

À frente da banda, esfolando aquela sonoridade de pose meio *stoner rock*, Raul parecia a materialização de um Robert

Plant tropical. O astro baiano empunhava uma poderosa guitarra Gibson 365 Stereo vermelha com absoluta autoconfiança. O baixo contava com um estupendo amplificador Ampeg. Fredera tinha uma Gibson SG Standard e uma Régulus poderosa que tinha sido de Sérgio Dias Baptista, dos Mutantes. Raul arrumara uma bateria Ludwig transparente para Gustavo Schroeter. Era tudo que podia haver de melhor para o exercício do rock 'n' roll.

Raul entrou em cena sob a insana luz estroboscópica e uma estudada cacofonia da banda, e emendou "Como vovó já dizia", "Al Capone" e "As aventuras de Raul Seixas na cidade de Thor". A seguir, 10 mil pessoas, segundo estimativa do organizador Nelson Motta, cantaram a plenos pulmões o refrão de "Sociedade Alternativa" e Raul apanhou uma espécie de papiro e leu o seu discurso libertário baseado em *O Livro da Lei*, do ocultista inglês Aleister Crowley. Sedimentava ali o ritual que aquela geração de fãs passaria a cultivar como um manifesto de liberação das amarras sociais.

"Faz o que tu queres, há de ser tudo da lei/[...]/Não existe Deus senão o próprio homem/ todo homem tem direito de viver como quiser/ De trabalhar como quiser e quando quiser/ [...]/O homem tem direito de pensar/ de pensar o que quiser/ De dizer o que quiser", bradou o baiano, para, em seguida, concluir: "Viva o novo Aeon! De cantor o Brasil já tá cheio!".

Um mês depois da apresentação de Raul naquele festival, um araponga do Dops, que estava espionando da plateia, enviou um relatório sobre o evento à sua chefia. Curiosamente, não fazia menção ao discurso e à performance de Raul, o que deixou Nelson Motta divertidamente surpreso. "O discurso do Raul foi uma loucura. Isso o cara não viu. Se ouvisse o discurso do Raul, ele iria enlouquecer. O Raul levantando 10 mil pessoas, 'viva a Sociedade Alternativa', uma coisa de louco. 'Faz o que tu queres, pode tudo, tá liberado.' Um louco!", vibrou o produtor-jornalista. "Foi a única coisa subversiva que teve no festival. Provavelmente, ele [o agente policial] era fã do Raul. Raul foi genial naquela noite", afirmou Nelson Motta.

Mas as pessoas mais próximas de Raul notaram que, além de hipnotizar a plateia, ele também esteve como que possuído naquela noite. Andava de um lado para outro e grunhia. "Show de rock tem que ser na porrada!" Os músicos se davam conta de que, àquela altura da carreira, insuflado por alguma força externa que não conseguiam determinar, Raul estava imbuído de uma espécie de delírio, queria criar confronto. Filmado pelo diretor Marcelo França, o Hollywood Rock acabou se tornando o material do primeiro documentário nacional sobre rock no país.

Enquanto começava a era dos festivais, insinuava-se também algum declínio de Raul. Em 1976, uma multidão de jovens se reuniu durante três dias em Saquarema, cidade do litoral fluminense, para o festival de rock Som, Sol e Surf, realizado paralelamente a um campeonato de surfe na praia de Itaúna. O festival foi produzido por Nelson Motta e idealizado por Flávio do Espírito Santo. Durante três dias, uma multidão de jovens, muitos acampados na praia, curtiu a música de Rita Lee, presenciou a primeira apresentação da jovem Angela Ro Ro e reencontrou Raul, que tinha arrebentado no Hollywood Rock e estava de novo no cast de Nelson Motta. Mas Raul já demonstrava que fazer shows não era mais um barato para ele, estava começando a ficar enfadado daquilo.

Pouco tempo depois ele faria um concerto assustador na Bahia, no qual passou o tempo todo incitando a violência. Ocorre que a plateia reagiu exatamente assim, e começou uma quebradeira geral. A banda não recebeu do organizador do show e teve que se esconder três dias em um hotel-fazenda. Raul descreveu assim o episódio: "Eu estava fazendo um show na Concha Acústica em Salvador lá por 76 ou 77, não me lembro direito. Daí o pessoal estava até nadando na piscina enquanto eu cantava. De repente eu disse: pessoal, todo mundo rasgando as carteiras de identidade. Foi a maior loucura, todo mundo rasgando. Daí chegou um cana e disse: você tá insuflando o povo! Então eu dedurei o guarda pro público, que subiu no palco", ele contou. A postura de Raul era a de contestar tudo, inclusive a si mesmo, o que às vezes não parecia fazer sentido para parte do público.

Não estou ligado a nenhuma contestação ao sistema, mesmo porque o sistema é uma arapuca, tudo que você faz ele canaliza, absorve para a direção que quer, faturando em cima das coisas novas como já faturou em cima dos hippies e fatura em cima da ecologia. Quero [que] minha música [seja] um movimento novo, criativo, não mais uma contestação classe média, com calças Lee ou tachinhas nas blusas. Sou o único no Brasil que faz o iê-iê-iê realista, pós-romântico. É uma nova visão das coisas. Quero minha música vendável, consumível pra ser entendida por todo mundo.

Eu fiz a cama na varanda

Alguns momentos da vida nacional, se examinados pelo ponto de vista da música que lhes serviu como trilha sonora, parecem remeter a um mundo praticamente perfeito, de assombrosa invenção, marcado pela criatividade sem fronteiras e sem limites, envolto pelo esforço solidário dos compositores, músicos e intérpretes. É exatamente essa impressão que o ano de 1976, visto em retrospectiva, causa nos observadores. Naquele ano, foram lançados os discos *África Brasil*, de Jorge Ben, *Doces bárbaros*, de Gil, Caetano, Bethânia e Gal, *Estudando o samba*, de Tom Zé, *Alucinação*, de Belchior, *Tim Maia racional vol. 2*, de Tim Maia, e *Falso brilhante*, de Elis Regina. Em coquetéis de folk, funk, soul, samba, música afro-brasileira e uma atmosfera de anticomercialismo, os principais artífices de uma época empunharam a música brasileira para além de seu tempo, de sua circunstância.

Eram bons os sinais planetários. Bob Dylan armou a sua comunitária turnê Rolling Thunder Revue, manifesto antimercantilista, que percorreu os Estados Unidos, e a chegada de Jimmy Carter à política norte-americana carregava uma lufada de esperança, a de que as políticas intervencionistas cessassem nos países em desenvolvimento, de que as ditaduras se retirassem. Foi nesse clima de que tudo seria possível que Raul colhia o resultado desse astral favorável. Foi em 1976 que Gloria ficou grávida. O casal chegou a estudar a possibilidade de dar ao bebê o nome de Arjuna, caso fosse homem, o que seria a celebração de uma das canções de maior sucesso de Raul,

"Gita". Arjuna é um discípulo de Krishna (o equivalente de Deus para o hinduísmo), personagem da colossal obra literária *Mahabharata*. Esse livro contém o *Bhagavad Gita* (*Canção do Bem-Aventurado*), um texto do século IV a.C. "Gita" quer dizer canção. Foi do *Bhagavad Gita* que Paulo e Raul extraíram as ideias centrais de sua canção "Gita", contidas no diálogo entre o discípulo Arjuna e seu mestre Krishna:

> Eu sou o eixo que sustenta o universo, o pai, a mãe e o avô. Eu sou o objeto do verdadeiro conhecimento [...]. Eu sou a sílaba sagrada AUM, e todos os vedas. Eu sou o início e o fim do caminho. [...] Eu sou o princípio e o fim. A origem, a fundação e a destruição [...]. Eu oferto o calor e a luz do sol. Eu comando e retenho a chuva. Eu sou tanto a morte, quanto a imortalidade. Eu sou tudo o que existe no tempo e, não obstante, eu sou sempre um e o mesmo, ó Arjuna.

Em 16 de junho de 1976, Paulo Coelho escreveu uma tocante carta para o parceiro comentando a iminência do nascimento do "filho que ainda não veio" (Scarlet, filha de Raul, nasceria naquela madrugada). Paulo analisa a dinâmica louca da vida de Raul no showbiz, vida pela qual o baiano tanto batalhou e ansiou, mas que agora o levava a participar do circo televisivo numa noite e, na noite seguinte, correr para a maternidade para assistir ao parto da mulher, período no qual "mal tem tempo de sentir o filho nos braços" e usufruir daquele status que conquistara. "É chegada a hora de viajar para longe, realizar um show e continuar o que foi começado", escreveu Paulo. "Não importa, porque esse trabalho que você faz é o trabalho do seu filho, e ele se orgulhará deste pai porque foi um homem que lutou contra duas fronteiras quase inexpugnáveis: a fronteira de si mesmo e a fronteira do mundo."

A carta de Paulo Coelho é plena da reflexão de uma encruzilhada da maturidade, um tempo em que um acontecimento se torna um marco não só na vida de seus protagonistas, mas na emoção do seu entorno. "Meu amigo louco, chato, às vezes irritante, mas sempre perspicaz e apto a perceber o que está acontecendo, eu faço votos hoje [que] tenha dado mais um passo em direção à sua felicidade."

"Quando você crescer", uma canção feita sob a inspiração da paternidade em *Há 10 mil anos atrás*, alterna ironia e doçura, como se duas forças contrárias estivessem atuando nos mesmos versos. "E cada vez é mais difícil vencer/ Pra quem nasceu pra perder" convive com "um cafezinho mostrando o filho pra vó/ sentindo o apoio dos pais/ Achando que não está só".

Em dezembro de 1976, resultado desse ambiente de boas expectativas, apareceu no dial das rádios uma canção folk de Raul plena de milenarismo, emprenhada de profecias, de manifestos políticos, de mensagens atemporais de tolerância, de citações de fatos bíblicos extraordinários. Era o carro-chefe, a faixa-título de *Há 10 mil anos atrás*, dele e de Paulo Coelho, produzido por Gay Vaquer. Marcada por um trabalho extraordinário da bateria de Pedrinho Batera, do grupo Som Nosso de Cada Dia (Pedrinho tocou também no clássico "Alucinação", de Belchior, do mesmo ano) e coro, regência e arranjos do maestro Miguel Cidras, a canção o trazia ao palco das anunciações, dos grandes ritos coletivos, da adoração fanática dos admiradores.

> *Eu li os símbolos sagrados de umbanda*
> *Eu fui criança pra poder dançar ciranda*
> *Quando todos praguejavam contra o frio*
> *Eu fiz a cama na varanda*

Essa música, "Eu nasci há 10 mil anos atrás", que dava nome ao disco, remetia imediatamente à paixão eterna de Raul, Elvis Presley. De fato, a letra de Raul era como uma tradução adaptada da canção de Elvis, gravada em Nashville no início dos anos 1970 e lançada em fevereiro de 1972, "I Was Born about Ten Thousand Years Ago" (Eu nasci há cerca de 10 mil anos). Tratava-se de uma conhecida canção tradicional americana de domínio público que tinha várias versões. Espantoso que nem Paulo Coelho nem Raul Seixas tenham estimado o hábito de dar o crédito à canção original (e nem a gravadora tivesse exigido essa nota, como de resto se tornara outro hábito da indústria).

> *I was born about ten thousand years ago*
> *There ain't nothing in this world that I don't know*
> *I saved king David's life and he offered me a wife*
> *I said now you're talking business have a chair*
> *Yeah, I was born about ten thousand years ago*
> *Ain't nothing in this world that I don't know*
> *Saw Peter, Paul and Moses playing ring around the roses*
> *I'll lick the guy that says it isn't so*

O próprio Coelho resenhou o disco, no célebre artigo "Raul, o parceiro: Uma inimizade íntima", no *Jornal de Música*, naquele mesmo ano, sem mencionar a fonte de inspiração da letra que assinava com Raul. E, demonstrando compreender ainda menos do que se tratava, a cantora baiana Ivete Sangalo regravou "Eu nasci há 10 mil anos atrás" como música-tema da novela global *O tempo não para*, de 2018.

Raul acompanhava com muita atenção (e certa angústia, como confidenciou a amigos) a via-crúcis de Elvis, seu primeiro e maior ídolo naqueles anos de 1976 e 1977, como se enxergasse num espelho estilhaçado. Obeso, com início de glaucoma e problemas no fígado, Elvis tinha sobrevivido a um princípio de derrame em 1976. Usava medicamentos indiscriminadamente. Gastava como um louco (comprara um avião da Delta Airlines por 250 mil dólares e mandara instalar pias de ouro nele) e indispunha-se com o público em shows desastrosos. Parecia um roteiro que o próprio Raul poderia seguir em breve, mas o baiano mantinha a fleuma crítica e demonstrava domínio de algum eixo estético de observação: "O Elvis virou um estúpido. O bom Elvis foi aquele que existiu antes de ir para o Exército levado pelo coronel Tom Parker. Depois, só houve um Elvis fabricado por Hollywood. Um Elvis que matava tigre com a mão, pode? Tanto que morreu batendo a cabeça no bidê".

Não era a decadência física ou os excessos químicos de Elvis que incomodavam Raul, mas uma autodeclarada rendição ao poder do dinheiro, o exibicionismo materialista, o apego aos signos do aburguesamento, a volúpia pela acumulação. Essa era uma das visões de mundo que Raul julgava absurdamente contrárias à sua ideia de liberdade, de emancipação do espírito.

Raul surgia como um profeta de ilustração de evangelho na capa de *Há 10 mil anos atrás*, com longos cabelos brancos, barba branca, ar beatífico e túnica branca. Parecia assumir, embora debochadamente, o lugar no qual a expectativa dos fãs o jogava, o papel de um Messias anunciador. A foto, de cirúrgico simbolismo, foi feita no estúdio do fotógrafo Januário Garcia em Santa Teresa, no Rio. Januário já era uma lenda àquela altura, e fora apresentado a Raul por Sérgio Sampaio, de quem era amigo.

Januário Garcia, rigoroso e finamente informado, deixaria sua marca inconfundível em capas de discos mitológicos. Além de Raul e Belchior, ele assinou capas de Caetano Veloso, Tom Jobim, Tim Maia, Fagner, Roberto Ribeiro, Fafá de Belém, Leci Brandão, Edu Lobo, os irmãos Clodo, Climério e Clésio, Cátia de França, entre outros.

Januário, Paulo Coelho, Raul Seixas e Aldo Luiz, diretor de criação da Polygram, passaram horas reunidos no estúdio debatendo sobre a imagem que buscavam. Foi um papo muito longo, um papo cabeça sobre uma figura mítica que teria vivido 10 mil anos antes, mas a respeito da qual não havia unanimidade entre os debatedores. Um falava em entidade secreta, outro falava em Caminhos de Santiago, outro falava em esoterismo e Januário, versado na cultura negra, falava de Exu e

Orixá. Enfim, prevaleceu a ideia de um ancião como era descrito na música, uma figura quase de filme bíblico de Cecil B. DeMille, um personagem cartunístico.

Pouco antes do lançamento do disco, em uma entrevista para a revista *Pop* de outubro de 1976, Raul fez referência a um encontro com certo "velhinho da avenida Rio Branco". Poderia ser uma alusão ao poeta popular, tipógrafo e grafiteiro José Datrino (1917-96), que ganhou o apelido de Profeta Gentileza por distribuir mensagens e flores pelas ruas da cidade do Rio. Raul, obviamente, sabia da existência de Gentileza, como todo habitante do Rio, mas Gentileza tinha lugares muito conhecidos de pregação, concentrados na avenida Brasil, próximo à rodoviária, em um lugar em que só passavam carros, muito raramente pessoas a pé. Não tinha a avenida Rio Branco como ponto de pregação.

Raul contou ao fotógrafo que tinha em sua casa uma peruca de fios brancos longos e que iria trazê-la, ao que Januário respondeu: "Tudo bem, o resto a gente produz". Januário saiu da reunião já com a cabeça a mil, pensando em como trazer aquele clima da conversa para a síntese absoluta de uma imagem. Sabia que tinha que fazer uma foto bem diferente de tudo que Raul já tinha feito, algo que mostrasse, quando alguém estivesse ouvindo a música com a capa do LP na mão, que o ouvinte estava diante daquele velho da música que ouvia, aquele era o mensageiro. Um tipo de remissão instantânea.

Naquela época, Januário fazia pesquisas químicas com reveladores para obter o máximo de definição e contrastes da pele negra. Como ativista da fotografia, uma das primeiras providências para compreender o mundo da fotografia, pensou Januário, era estudar inglês a fundo porque toda literatura técnica era em inglês, e até as instruções dos filmes, dado que os filmes eram importados. Em uma das leituras, Januário descobriu que um fotógrafo americano estava fazendo experiências com filmes de altas sensibilidades, então ele resolveu experimentar também.

Raul ficou no estúdio esperando, mas se impacientava porque tinha muitos compromissos e não podia ficar o tempo todo à disposição de Januário. Colocada a peruca, Raul pegou um pano branco e se envolveu nele feito um Gandhi de bloco afro. Foi um sufoco para chegarem aonde Januário queria. A barba é a de Raul mesmo, foi o processo fotográfico que a deixou com aquela aparência.

Feitas as fotos, começava a parte mais complexa, a do laboratório. Januário fotografou com o mínimo de luz (usou um filme de 100 ISO como se fosse de 10 000 ISO). Depois, adotou como primeiro revelador um de papel preto e branco para "puxar a imagem" (em seguida, deu continuidade ao processo num revelador C41). Foi só assim, como se manuseasse uma fórmula química, que Januário viu finalmente surgir à sua frente Raul em forma de um Matusalém, à imagem e semelhança daquele velhinho que o baiano teria visto na rua contando histórias. "O amarelo da capa se deu exatamente porque usei esse revelador de papel, porque o revelador de filme me dava um roxo no final."

Há 10 mil anos atrás abre com um tango crepuscular pungentíssimo, "Canto para minha morte", inspirado em "Balada para un loco", de Astor Piazzolla e Horacio Ferrer, de 1969. Raul inicia a canção declamando, como a cantora de Piazzolla, Amelita Baltar, na gravação que o inspirava. Imediatamente, todos os ouvintes da canção de Raul passaram a imaginar a música como se fosse um réquiem de si mesmo.

Oh morte, tu que és tão forte
Que matas o gato, o rato e o homem
Vista-se com a tua mais bela roupa quando vieres me buscar
Que meu corpo seja cremado e que minhas cinzas alimentem
[a erva
E que a erva alimente outro homem como eu
Porque eu continuarei neste homem
Nos meus filhos, na palavra rude

Que eu disse para alguém que não gostava
E até no uísque que eu não terminei de beber aquela noite

O disco traz canções que serão debatidas por muitos anos ainda. Por exemplo: a controvérsia reincidente em torno de "Meu amigo Pedro". Metade dos fãs de Raul Seixas acredita que é uma canção dedicada ao irmão de Raul, Plínio, que abandonou o mundo artístico para se tornar engenheiro e burocrata. A outra metade leu alguma entrevista de Paulo Coelho dizendo que a canção era destinada a seu pai, o engenheiro Pedro Queima Coelho de Souza, que o internou à força num manicômio em junho de 1965, alegando que o filho apresentava "modificações psicológicas" e falava em largar a escola. "Hoje eu te chamo de careta, Pedro/ E você me chama vagabundo." Certamente essa é a versão mais factível, já que Raul nunca teve nenhuma animosidade com o irmão Plínio.

É o disco *Há 10 mil anos atrás* que carrega talvez um dos versos de engajamento social mais sinteticamente doloridos de Raul Seixas. Está lá na canção "O homem", e o mostra com profunda consciência de classe. "Eu (vou subir)/ Pelo elevador dos fundos, que carrega o mundo sem sequer sentir." Em suas composições, Raul fazia questão de mostrar que parte do seu esforço artístico consistia em não se distanciar demais do nível de cumplicidade que tinha estabelecido com a classe trabalhadora, com os despossuídos e os estigmatizados. Também se mantinha com um pé nos fundamentos originais de sua música, o velho rock 'n' roll, mas sempre na sua faceta de gênero lúmpen.

Entre 1976 e 1977, o rompimento da parceria com Paulo Coelho foi selado definitivamente. Sem o seu Paul McCartney, Raul ficou vagando entre projetos de rock 'n' roll original e lançou, em 1977, dois discos de *covers* de uma só vez. O primeiro, pelo selo Fontana, da Phonogram, com produção de Sérgio de Carvalho, era um LP de *covers*. *Raul Rock Seixas* (Fontana/ Universal Music) continha clássicos de Chuck Berry ("Thirty

Days"), Paul Anka ("Put Your Head on My Shoulder") e outros. Na ocasião em que gravou esse disco, Raul podia ser encontrado no estúdio colocando voz nas canções e bebendo, tudo ao mesmo tempo. Mas houve um momento em que deveria gravar "The Diary", uma canção de 1958 de Neil Sedaka e Howard Greenfield, e não conseguia mais se lembrar da letra. Sua mulher, Gloria, que também estava no estúdio, acabou tendo que gravar ela mesma, porque senão não fecharia o repertório.

Durante anos, parte dos fãs achava que era Raul cantando em falsete naquela faixa, e não aceitavam que lhe dissessem que era sua mulher. Gloria cantava divinamente, como os fãs descobririam, em *Novo Aeon* (Philips/Universal Music, 1975), no qual ela divide os vocais com Raul em "Sunseed" (Semente do sol), uma balada psicodélica encimada pela flauta de Carmélia Carvalhaes que a gente escuta e parece estar ouvindo a voz de Joan Baez em uma linda passeata florida de ativistas sorridentes.

Gloria foi pincelando algumas canções daquele período com lirismo e doce ilusão de *nonchalance*, de distanciamento. Na coletânea *O baú do Raul* (1992), no desvelamento de uma sobra de estúdio, a gravação de "I'll Cry Instead" (Lennon e McCartney, do disco *A Hard Day's Night*, de 1964), ela e Raul, secundados por uma pandeirinho indolente ao fundo, violão de *bluegrass* e as duas vozes sobrepostas, fazem um rasante pelo country dos Beatles com um olhar regressivo, profundo. "Tenho todas as razões na Terra/ Para estar furioso/ Porque acabo de perder a única garota que já tive."

Com o codinome de Spacey Glow (que significa Brilho do Espaço), Gloria passaria a ser a mais ativa companheira-colaboradora da carreira de Raul (embora a compositora com mais coautorias seja Kika Seixas, com catorze canções registradas). Em "Love is Magick", o B-Side de um compacto lançado em 1976, quando do lançamento do álbum *Há 10 mil anos atrás*, Gloria demonstra ter se integrado luminosamente ao elogio do misticismo sombrio de Aleister Crowley nessa viagem (Magick, convém lembrar, era termo da fabulação mística de Crowley). *"I am God spreading cancer/ Under will, love is the law"* (Eu sou Deus espalhando câncer/ Sob a vontade/ O amor é a lei). Abalada, acompanhada ao piano por Rick Ferreira e com violinos, está embebida da atmosfera redentora do amor de John Lennon e Yoko Ono em "Love" (do disco *Plastic Ono Band*, de 1970), com Phil Spector ao piano. "Love is Magick" foi relançada no álbum póstumo *Let Me Sing My Rock 'n' Roll* (1985), uma coleção de B-Sides organizada por Sylvio Passos.

Raul Rock Seixas (Fontana/Universal Music, 1977) é um disco no qual Raul reafirma sua crença na correspondência entre os processos da cultura, algo que já defendia lá no início da sua carreira. Ele fecha o disco com um *medley* de "Blue Moon of Kentucky" (Bill Monroe, 1954, lado B de "That's All Right", de Elvis) e "Asa branca", de Luiz Gonzaga e Humberto Teixeira, composta em 1947, entendendo como parte dos milagres da simultaneidade criativa a chegada, em 1968, de "Blackbird" (O pássaro negro) no *Álbum branco* dos Beatles. Tudo se comunicava, parecia dizer Raul.

Ao final da fusão entre "Blue Moon" e "Asa branca", Raul faz um discurso: "Eu quero que meu disco seja um sucesso, eu quero que os discos de todos os cantores do Brasil sejam um sucesso, que metam bronca melhor, que curtam mais essa abertura, mas com cuidado, porque essa abertura não é tão aberta como se pensa", diz, rindo. Daí, finaliza com sua única quase interpretação de Bob Dylan, um trecho a cappella de "Mr. Tambourine Man". "É difícil ser livre, compadre. E a gente faz uma força danada."

Sentindo uma certa angústia pelo vácuo criativo que enfrentava, Raul procurou um velho amigo, o produtor Roberto Menescal, para conversar. "Se o Paulo topasse fazer música comigo, a gente fazia um disco bacana." Paulo Coelho tinha se afastado. Roberto, amigo dos dois, foi até o escritor. Paulo foi sucinto: "Roberto, eu não gostaria não, mas você tá pedindo.

Eu faria, como profissional da Polygram que sou. Mas é o seguinte: eu não vou pra São Paulo não. A loucura de São Paulo lá com Raul, a gente já sabe o que tá havendo. Agora, se o Raul vier para cá, eu faço", explicou o compositor.

Raul se negou. "No Rio, não", vaticinou. Imbuído de um súbito espírito salomônico, Menescal achou uma solução mágica: realizar no meio do caminho o encontro entre os dois, na divisa entre Rio e Minas Gerais. "Vamos pra Itatiaia, tem um hotel lá que é no meio daquela serra da Mantiqueira. É um hotel muito bacana, o último. Sabe, dali em diante já está a 2 mil pés de altitude. E vocês ficam lá, na maior tranquilidade, fora de temporada." Itatiaia significa "pedra pontuda", em tupi, e seu ponto mais alto, o pico das Agulhas Negras, fica a 2700 metros de altitude, o que confere uma temperatura agradável, mais para o frio, em toda a serra.

Paulo Coelho topou, Raul também. Quer dizer: topou em tese, porque quando Paulo chegou, procurava Raul e nunca o encontrava. O baiano não saía do quarto. "Então no café da manhã vocês vão se ver, não?", amaciou Menescal quando Paulo ligou. Não, não apareceu também no café da manhã. Paulo Coelho não sabia o que comiam, porque os ocupantes da suíte não saíam. Os funcionários do hotel garantiam que quem estava com Raul no quarto era o cantor Antônio Marcos, um dos maiores ídolos populares do país, e também duas mulheres não identificadas que tinham trazido com eles. No terceiro dia, o gerente do hotel bateu na porta do escritor. Estava preocupado com a situação, o pessoal no apartamento poderia criar um embaraço para o hotel, protagonizar algum tipo de tragédia. Paulo o acalmou, disse que era assim mesmo, logo tudo se arranjaria. O escritor, na verdade, não tinha a menor ideia do que estava se passando. Poderia ser muita coisa. Raul poderia estar fazendo uma espécie de teste com o parceiro, checando qual seria sua tolerância à indiferença, qual o nível de controle ao qual se submeteria. Também poderia estar em uma espécie de *bad trip* de drogas e fora de controle. Um surto de paranoia também não parecia tão fora de propósito. Mas a situação era patética. Até que Paulo não aguentou mais. Ligou para o produtor e disse: "Menesca, eu vou embora. Tô há cinco dias aqui, cara. Tudo bem, eu tô recebendo pra fazer, mas eu tô aqui há cinco dias, não vou ficar até Raul topar". Foi embora e nunca soube ao certo o que tinha acontecido ali, ninguém jamais soube. E foi assim que terminou uma das mais prolíficas parcerias musicais da história da MPB.

Vivia-se um momento muito delicado para se posicionar de forma pública sobre o cenário político. Embora tivesse assumido em 1974 com a promessa de conduzir o país à redemocratização por meio de uma "abertura lenta, gradual e segura" (a tal "abertura" a que Raul se referia), o ditador Ernesto Geisel não tinha engolido a vitória maciça do partido de oposição nas eleições legislativas. No dia 1º de abril daquele ano de 1977, o Brasil iria acordar sem Congresso Nacional. Era o chamado Pacote de Abril de Ernesto Geisel, quarto ditador militar dos anos de chumbo. O general tirara da gaveta o Ato Institucional nº 5 (AI-5), que não era usado desde 1969, para colocar o Parlamento em "recesso". Durou duas semanas o pacote, que visava dar ao partido do governo, a Arena, o controle do Legislativo, com o aumento absoluto das bancadas do Norte e do Nordeste na Câmara dos Deputados (e a eleição indireta de um terço dos senadores).

O rock 'n' roll do passado significava, para o cantor, de alguma forma, um porto seguro para toda situação de instabilidade, e Raul sabia tudo sobre suas fundações e ramificações. Foi nele que ele se refugiou no álbum *Raul Rock Seixas* (1977). "Pois há muito percebi que Genival Lacerda tem a ver com Elvis e com Jerry Lee (Elvis e Jerry Lee)", cantaria Raulzito, tempos mais tarde, em sua mais autobiográfica composição, "Rock' 'n' Roll" (*A panela do diabo*, 1989). Além de "Blue Moon of Kentucky", *Raul Rock Seixas* traz também, claro, uma composição que foi sucesso no disco mais famoso de Elvis Presley, a polca "Just Because" (escrita por Sydney Robin, Bob Shelton e Joe Shelton e gravada em

1954). "Os primeiros discos que tive eram uns 78 rotações: 'Blue Moon' e 'Just Because', pelo Elvis. Tinha também a coisa do Little Richard, Fats Domino, Jerry Lee Lewis. Foi nesse contato que eu mergulhei no rock 'n' roll, como quem acha o caminho, aquele sonho maluco de ser cantor", contou Raul. Havia também uma inspiração evidente: dois anos antes, John Lennon tinha lançado o disco de covers *Rock 'n' Roll*, no qual revisitava justamente o repertório que Raul tanto amava, com versões para "Be-Bop-a-Lula", "Slippin' and Slidin'" e outras. Mas o baiano não ficou satisfeito com seu próprio tributo, achou que foi meio atabalhoado o lançamento de *Raul Rock Seixas*.

O jornalismo musical especializado não foi tão compreensivo com os propósitos de Raul nesse disco e com sua produção nessa fase. Houve até deselegâncias muito dolorosas, como um texto numa edição do *Jornal de Música*, em 1977, que ironizava a crise criativa e até os problemas de saúde do baiano ao se referir ao processo de feitura de seu primeiro disco pela WEA, *O dia em que a Terra parou*. Era um tipo de crônica com personagens anônimos, mas que a notoriedade dos principais executivos das gravadoras citadas, Phonogram e WEA, não deixava margem de dúvidas de quem se tratava. Para compreender o grau de perfídia é preciso ler:

> Certo dia, o diretor do Departamento Comercial da Phonogram chamou um certo produtor à sua sala para levar uma caixa e o papo que eles bateram foi mais ou menos assim:
>
> — Aquele fedapé do Raul Seixas assinou com a WEA. Isso não pode ficar assim. Vamos lançar aquele disco de rock que ele gravou, apesar dele estar fora do nosso padrão de qualidade.
>
> — Mas... aquela fita está uma josta. Foi dinheiro jogado fora. Nem cantar no tom ele cantou. O Gay [Vaquer] resolveu enfiar até sintetizador no disco. Promover aquele lixo vai ser jogar mais dinheiro fora.

— E quem foi que falou que nós vamos gastar algum dinheiro em promoção? A única interessada em promover Raul será a WEA. Ela vai nos prestar este servicinho. [...]

Enquanto isso, Raul Seixas e Cláudio Urubu entravam na casa situada à avenida Paulo de Frontin, 735, para falar com o *big boss* e pedir mais um *"advanced"* por conta do primeiro álbum previsto no contrato. Logo após Raulzito ter dado no pinote, o *big boss* convocava seu mais fiel auxiliar para sentar-se à mesa de reuniões e, brandindo uma pequena calculadora, falou:

— Este disco do Raul vai ter que vender. Só de adiantamento ele já levou quinhentox mille cruzeiros. — E o fiel auxiliar respondeu:

— Deixa comigo. Tem uma música, chamada "O dia em que a Terra parou", em que eu vou usar a mesma fórmula de "Gita". Vai ser essa faixa que a gente vai trabalhar. Tem uma outra, chamada "Tapanacara", que vou botar um arranjo black. E pode ser que a gente venda no subúrbio. Para agradar a crítica, a gente pega o Gil, deixa ele fazer um arranjo e tocar junto com o Raul. Afinal, ele é o nosso mais novo contratado. Tem uma música chamada "Que luz é essa" que é perfeita para essa jogada.

Moral da história, pra enxergar a luz no fim do túnel, coruja está usando óculos ou: Raul, a melhor coisa que você pode fazer agora é ir cuidar do seu pâncreas.

Roberto Menescal era o então diretor de Produtos da Philips/Phonogram. O sírio-franco-brasileiro André Midani tinha saído da Philips/Phonogram para se tornar o todo-poderoso diretor da WEA, companhia que tinha se instalado no Brasil em 1976 e pretendia dominar o mercado. O redator zomba do sotaque de Midani ("quinhentox mille cruzeiros"). Havia um substrato de revanchismo na crônica do *Jornal da Música*, um vazamento bem dirigido que tinha a função de fustigar o antigo contratado que havia tido a ousadia de fechar com o novo concorrente. O problema era a truculência e a falta de ética profissional em misturar questões de negociação empresarial com estética.

Nesse período, Paulo Coelho tinha assumido o papel de executivo, distanciando-se ainda mais do antigo parceiro. Cumpria as funções de diretor da gravadora Phonogram, passando a coordenar o departamento de imprensa da Polydor e Internacional. Mas a experiência de composição na Universidade Raul Seixas de Hits tinha "viciado" Paulo Coelho. Mesmo separado do grande parceiro de uma vida, Coelho tomou gosto pela coisa e, como não tinha os pruridos morais inerentes à ambição artística, ele começou a compor para os "cafonas" da mesma maneira que Raulzito fizera anos antes. Fez músicas para José Augusto, Fernando Mendes, Sidney Magal, Dudu França e Lílian. Compondo em parceria com Miguel Plopschi, Roberto Livi e Augusto César, ele iniciou uma atividade fértil na manufatura de baladas românticas: "Meu amor Michelle", "O amante", "Dá-me fogo", "Por dentro estou morrendo", "Restos de amor" e "Meu primeiro amor" (hit imemorial de José Augusto, de 1977) estão entre suas obras-chave do período.

Sidney Magal usou a experiência midiática de Paulo para aprofundar a imagem de amante latino. Fernando Mendes recebeu de Paulo Coelho um de seus maiores sucessos, "Menina do subúrbio". E a antiga parceira de Leno, Lílian, ficou dezenas de semanas no topo das paradas com uma pérola da lavra de Paulo: "Rebelde", tão cândida que negava sua própria ênfase política ("Eu sou rebelde porque o mundo quis assim/ Porque nunca me trataram com amor/ E as pessoas se fecharam para mim").

Sobrou a Raul decidir quem seria seu parceiro dali por diante. Ele tinha gostado bastante de trabalhar com o carioca do Catete Cláudio Roberto Andrade de Azeredo na canção "Novo Aeon", a única da dupla naquele disco. Um dia, abalou-se até a casa de Cláudio, que tinha saído para dar aulas — era professor de educação física na UFRJ. Aos domingos, Cláudio vendia mocassim em feira hippie, era um alternativo por vocação. Também se virava dando aulas de português e inglês e, eventualmente, era chofer de táxi de madrugada. A mulher de Cláudio, Marcia, fez sala para Raul até que o compositor chegasse. "Aí ele chegou lá em casa e disse que achava que eu estava gastando muita energia com muita coisa, que ele e minha mulher tinham conversado e 'decidido' que eu ia concentrar minha energia toda numa coisa só", contou o compositor. Não tinha mais como recusar.

Sedimentaram sua divertida parceria com canções de apelo infinitamente mais popular do que Raul tinha feito até então, em "O dia em que Terra parou" (Warner). Era um encontro simbiótico no sentido do dicionário, a junção de "dois ou mais seres que, embora sejam de espécies diferentes, vivem em conjunto, compartilham vantagens e se caracterizam como um só organismo". Raul era eclético e inventivo, Cláudio era habilidoso com a métrica e simplificava o que precisava ser simplificado. No disco, Raul também volta a colaborar com o conterrâneo Gilberto Gil, que fez os arranjos para o baião "Que luz é essa?" e ainda tocou violão (dois violões, um dele e um emprestado de Cláudio Roberto) e fez vocais de apoio na faixa. É Gil quem faz a contagem até quatro antes de a música iniciar. "Que luz é essa que vem vindo lá do céu?/ Brilha mais que a luz do Sol?/ É a chave que abre a porta lá do quarto dos segredos."

Quando *O dia em que a Terra parou* (WEA, 1977) estava quase pronto, só faltando os arranjos, Mazzola chamou Raul a um canto. Ele viajaria para os Estados Unidos no dia seguinte para mixar o álbum e ainda faltava uma música. "Se não tiver letra vai rolar uma instrumental em seu disco", disse o produtor. Raul rebateu que não ia permitir isso de jeito nenhum, que ia dar um jeito ali mesmo. Mazzola trouxe então uma garrafa de Johnnie Walker para Raul e ele e Cláudio Roberto fizeram a letra de "Tapanacara", que abriria o álbum, em quinze minutos. Tomaram toda a garrafa do uísque e gestaram uma espécie de *brainstorm* com muito *storm* e pouco *brain*: escolheram palavras enciclopedicamente, sem critério, como moringa, urucubaca e mandinga, e começaram a fazer uma sessão ao estilo da escrita automática do dadaísmo. Ainda assim, a canção é ultradirigida, recheada de referências a figuras do mundo musical, como Smokey Robinson (que tinha recém-lançado o disco *Deep in My Soul*, citado na letra) e Caetano Veloso e Nara Leão (uma das primeiras artistas influentes a apostar no talento de Raul):

O tapa na cara
Que eu levei de Odara
Odara, menina
Que era filha de Nara
Que era neta, prima-dona de Raul

Como um Tarantino nostálgico, Raul ainda evoca, nessa caótica "Tapanacara", um herói de sua formação na infância do cinema e da televisão. "Randolph Scott é que era um cowboy retado", ele canta. Randolph Scott foi um ator hollywoodiano de westerns que reinou nas telas entre os anos 1920 e 1960, fazendo mais de sessenta faroestes.

É o álbum *O dia em que a Terra parou* que abriga a canção que passou a funcionar como uma espécie de hino simbólico da condição filosófica do artista: "Maluco Beleza". "Enquanto você se esforça para ser um sujeito normal, e fazer tudo igual/ Eu do meu lado aprendendo a ser louco, um maluco normal, na loucura real." Instantaneamente, a *boutade* de Jorge Luis Borges, "somos todos semelhantes à imagem que os outros têm de nós", passou a vestir em Raul Seixas com a exatidão de um casaco de couro de *Easy Rider*. "Sou o protótipo do brasileiro, com as minhas costelas ressaltadas e a palidez natural", tinha se definido Raul alguma vez. Ele não sabia o quanto era precisa a definição.

Segundo levantamento feito em 2017 pelo Ecad, no Brasil todo, "Maluco Beleza" seguia sendo, mais de quatro décadas depois, a música mais tocada do artista baiano. Sua escolha passaria a funcionar como uma declaração de princípios — em 1992, quando Arnaldo Dias Baptista, o genial compositor dos Mutantes, saiu de um longo mutismo, de um período de hibernação artística, e subiu ao palco da casa Aeroanta, em São Paulo, de forma surpreendente, o que ele escolheu tocar logo de cara? "Maluco Beleza", de Raul, para delírio dos fãs. "Acho maravilhoso o conceito de Maluco Beleza. É aquela história de resolver com um jeitinho, o jeito bem brasileiro, mas ao mesmo tempo não é um personagem que fica acatando tudo do jeito que está, é um rebelde", analisa Arnaldo Baptista.

Raul se vestiu com as roupas e as armas de outro santo, mas a bênção foi igual: na verdade, quem era chamado de Maluco Beleza lá na bucólica Miguel Pereira, no interior do estado do Rio, era Cláudio Roberto, batizado assim por seu comportamento desafiador das etiquetas, a vida de semiermitão. Cláudio vive em Miguel Pereira desde 1977, e o próprio Raul o estimulou a encarar sua vocação de bicho do mato. De vez em quando, o baiano baixava lá na casa de Cláudio para fazerem música, e dormia em uma edícula que se tornou lendária. Mas Raul decididamente não era alguém para aquietar-se no campo: certa vez, numa noite fria, quis sair de madrugada para passear, mas Cláudio não quis. Raul saiu com os cães do parceiro envergando um casaco de pele caríssimo da sogra. Os resultados das suas andanças foram relatados a Cláudio pelos vizinhos na manhã seguinte: os cachorros tinham matado quatro ovelhas, investido contra pessoas, Raul xingou todo mundo e os cães devoraram parcialmente também o casaco de pele.

Na estrutura da canção "Maluco Beleza", Raul prosseguia usando como argamassa, sem a menor cerimônia, uma camada da inspiração alheia, os famosos empréstimos de músicas consagradas do cenário internacional. No caso de "Maluco Beleza", ele parece ter se inspirado levemente em "Aline", balada ultrarromântica do cantor, ator e compositor francês Christophe, de 1965 (uma ironia é que Christophe, codinome usado internacionalmente por Daniel Bevilacqua, tivera, a exemplo de Raul, sérios problemas com alcoolismo e dependência química). Em "Maluco Beleza", entretanto, Raul se ocupa mais em fazer um tributo a uma canção de afeto popular do que uma apropriação.

É um caso curioso de sincronicidade, porque Cláudio Roberto lembra que "Maluco Beleza" já tinha sido feita em cima de uma melodia anterior dele, de 1976, e que costumava tocar ao violão para o baiano, que adorava aquilo. Raul lhe pediu para tentarem fazer uma letra em inglês para ela. Um belo dia, no apartamento em que Raul vivia, nas imediações da lagoa Rodrigo de Freitas, eles chegaram a essa letra:

Whenever I notice that space in the sky
While we're both in our cage
We're not able to fly
There's no chain to keep us on the ground
Let's us join the other birds around
Let us fly
Let's get high together
And fly

A letra em português, que acabou sendo a definitiva, os dois fizeram já no estúdio, em cima da hora da gravação, quando o maestro Miguel Cidras estava trabalhando nos arranjos. "Maluco Beleza" trouxe a Raul mais dinheiro e mais fama, pavimentou uma estrada transversal entre classes sociais, geracionais, raciais, e atingiu indistintamente o Brasil todo. Um fenômeno. Ao mesmo tempo, cristalizou também, na esteira de seu sucesso, um preconceito posterior: como a canção mobilizava instantaneamente um exército de "malucos belezas" (hippies de durepóxi, artesãos de arame de alumínio, poetas de província, artistas de bijuterias efêmeras de balneário), criou-se aos poucos um preconceito brutal contra todas as músicas de Raul Seixas. Enquanto emergiam os cultos do pós-punk dos anos 1980 e as atualizações brasileiras dos Smiths e do Police, crescia a necessidade dos guardiões do novo "bom gosto" de empurrar o raul-seixismo para um gueto, circunscrevê-lo a uma legião de alternativos temporãos, afastar de seu meio aquele inconveniente. Subitamente, declarar-se fã de Raul era um tipo de confissão secreta, como se aquilo embutisse algum aleijão moral. Gostar de Raul era como assumir uma condição de decadência irremediável. Como se importássemos o conceito estadunidense de "*losers*" para isolar os despropositados da cachaça, os taquicardíacos da maconha (e olha que Raul nunca gostou de maconha, o potiguar Leno disse que só o viu fumar uma vez, consigo). Essa muralha foi construída de propósito como forma de conter qualquer contaminação do gosto de classe, e só começou a cair nos anos 2000, com a popularização da internet. Com a informação sem comportas da rede, sobreveio também uma série de desmascaramentos de barreiras artificiais estéticas e sociais, e os jovens se libertaram de muitas tutelas invisíveis. Aconteceu uma mega implosão das grandes patrulhas e Raul recobrou sua vitalidade, sua saga libertária voltou a incendiar as mentes dos jovens, o seu surto criativo voltou a inspirar legiões de inadequados.

A capa e a contracapa de *O dia em que a Terra parou* (WEA, 1977) são ocupadas por um desenho a lápis de cor sobre papel de Roberto Magalhães, artista carioca da geração dos anos 1960 e da nova figuração brasileira que tinha vivido em Paris entre 1967 e 1968. O cineasta Ivan Cardoso, amigo de Raul, foi quem os aproximou (Ivan era fotógrafo da Warner, responsável pela execução de capas de discos). Raul então visitou a casa de Magalhães, no Leblon, para falar da ideia geral do disco. "Uma pessoa muito inteligente, sensível, falante", lembra Magalhães. A princípio, deram ao pintor uma foto de Raul, feita por

Cardoso, e o deixaram à vontade. O trabalho de Magalhães, levemente tingido com as tintas do surrealismo, mostra Raul semienterrado em um deserto, de paletó, óculos e gravata, com montanhas ao fundo. Parece um recado: Raul pensava ali que sua antiga persona era alguma coisa a ser enterrada, esquecida. "Por muito tempo eu sentia vergonha/ Das coisas que eu sinto/ E disfarçando escrevia difícil/ Só pra complicar", dizia o baiano, na letra de "Eu quero mesmo". Mas Roberto Magalhães conta que o desenho foi uma coisa espontânea, não teve uma aproximação proposital com um tema ou algum diagnóstico do momento que Raul vivia.

O desejo de uma emancipação pessoal permeia todo o LP, com versos como "enquanto você me critica, eu tô no meu caminho" ("No fundo do quintal da escola"), "no dia em que você souber respeitar a minha vontade" ("Sapato 36"), "ninguém precisa fazer nenhuma coisa que não tenha vontade" ("De cabeça pra baixo"), "a dor é uma coisa real que a gente está aprendendo a abraçar" ("Sim"), além de outras.

Um turbilhão emocional envolvia Raul no meio desse trabalho: Gloria Vaquer tinha resolvido deixá-lo. Ela fazia isso meio a contragosto, porque dedicava verdadeira idolatria ao companheiro. Ela via em Raul mais que um simples mortal, tinha o baiano como uma espécie de entidade, e essa visão, assegurava, tinha permitido que ela enxergasse "além do disfarce do drogas e álcool" e usufruísse solidariamente da sabedoria do companheiro. Em um derradeiro encontro após ter contado a Raul que pretendia ir embora, o roqueiro lhe suplicou para permanecer no Brasil. "Mais do que tudo esse era o meu sonho, mas Scarlet tinha escoliose grave", contou Gloria. "Sua coluna tinha começado a entrar em colapso em um ritmo alarmante. Eu tive que voltar para os Estados Unidos para uma cirurgia de emergência." A ex-mulher de Raul relatou que a filha Scarlet se recuperou bem após implantar uma haste de metal na coluna vertebral e retomou o ritmo de vida normal. "Após alguns anos ela deu à luz dois netos lindos. Raul ficaria tão orgulhoso."

Em 27 de dezembro de 1977, Raul estreou o show *O dia em que a Terra parou* no Teatro Bandeirantes, em São Paulo, na avenida Brigadeiro Luís Antônio, com ingressos a sessenta e oitenta cruzeiros. Após os eventos de lançamento do LP, que mergulhavam na noite mais escura, Raul passou mal devido aos excessos alcoólicos e conexos e resolveu se internar em uma clínica em Salvador. Enquanto se tratava, também descansava e ficava entregue aos zelosos cuidados da mãe, passando de quebra alguns dias agradáveis na propriedade de Dias d'Ávila. Foi nessa época que reencontrou uma garota que havia conhecido um ano antes, em 1976, Tânia Menna Barreto, de uma tradicional família de militares. Quando entrou em estúdio para produzir *Mata virgem* (WEA, 1978), já estava vivendo o relacionamento com Tânia, que seria intermitente, com algumas idas e vindas, enquanto o cantor tinha outras companheiras. A canção-tema é composta em coautoria com a companheira e também dedicada a ela. Raul compôs ainda "Tânia", em 1977, que mais tarde viraria "Baby" (1980).

A letra de "Baby", que alguns ouvintes identificavam com pedofilia, na verdade tinha origem numa história que Tânia contara para Raul sobre o colégio de freiras em que estudara. Ela tinha então dez anos, mas Raul considerou que ficava melhor, para a sonoridade da canção, colocar treze anos. A música deve evidentes créditos a "Starstruck", dos Kinks (do álbum *The Kinks Are the Village Green Preservation Society*, de 1968). É outro daqueles casos em que Raul não teve o zelo necessário para não ser acusado mais tarde de plágio — na música, não na letra. "A madre da escola te ensina a reconhecer o pecado/ E o que você sente é ruim/ Mas baby, baby, Deus não é tão mau assim."

Mata virgem marcava uma intenção de intervencionismo da Warner na carreira já meio destrambelhada de Raul. A gravadora destacou Gastão Lamounier como "diretor de estúdio" do LP. Filho de um notável compositor paulista de valsas da primeira metade do século XX, Lamounier tinha trabalhado com Tim Maia e a banda Black Rio e chegou mesmo a integrar um grupo de rock progressivo, o Karma. Mas decididamente aquela não foi uma boa ideia. Desde o álbum *Gita*, Raul tinha desenvolvido o ritual de sempre falar primeiro com o guitarrista Rick Ferreira para definir certas ideias musicais, certas bases. Quando afinal se dirigiu aos Estúdios Transamérica (que ficava na Rádio Transamérica FM, no Rio), um complexo com três salas de gravação, capaz de acomodar até quarenta músicos simultaneamente, Raul olhou para a banda, ficou procurando e por fim disse: "Cadê o Rick?". Meio sem jeito, Lamounier acercou-se de Raul para explicar: "Sabe o que é, Raul? É que eu estou pensando num som mais suingado, mais *black music*, não sei se o Rick tem a manha". Raul ficou ainda mais colérico: "Como é que é? Você 'pensou'? Andou 'pensando' no som que quer que EU faça?".

A verdade é que Gastão não ia muito com a cara de Rick Ferreira, tinha resolvido escanteá-lo. Mas esquecera o principal: combinar com os russos. Ou seja: não tinha consultado Raul. Este, após cofiar a barba suavemente, lhe disse, sem altercação dimensionável de expressão: "Nada começa aqui sem o Rick. Vou te dizer uma coisa, Gastão: eu posso mudar de produtor, posso mudar de mulher, mas nunca mudo de guitarrista". Lamounier, trêmulo, explicou que sua ideia não era sobrepor-se ao artista, absolutamente. Só tinha imaginado que seria uma boa convidar Claudio Stevenson, guitarrista da banda Black Rio. Ao final, houve um armistício e o disco foi gravado com três guitarristas: Rick, Pepeu Gomes e Claudio Stevenson, o Claudinho.

Raul tinha acelerado a espiral de excessos, e o álcool tinha se tornado o conselheiro mais íntimo. Quem o tinha conhecido seis ou sete anos antes estranhava a mudança de hábitos. Um dia, encontrou o antigo parceiro Leno no corredor da gravadora Philips. Animado, falou a Leno do novo disco, conversaram sobre a cena da disco music, que já varria o mundo inteiro, e finalmente, na hora de saírem, o baiano pediu uma carona até a lagoa Rodrigo de Freitas. Era por volta das quatro horas da tarde, e Raul pediu para parar num botequim da rua Vinicius de Moraes para continuarem a conversa. O velho amigo notou certa avidez do parceiro para chegar logo ao balcão. No alvorecer dourado de sua amizade, entre 1968 e 1972, Raul só bebia uma cervejinha ou um chopinho, e muito de vez em quando. Dessa vez, pediu uma vodca pura, sem gelo. E não foi a única.

O fim dos anos 1970 marcava também a entrada de uma mulher forte de olhos miúdos na vida de Raul Seixas: Ângela Maria de Affonso Costa, a Kika. Ela havia conhecido Raul por intermédio do fotógrafo Claudio Fortuna (autor da foto de capa de *Krig-ha, bandolo!*), em 1973, quando Raul ainda era casado com Edith e Kika tinha apenas 21 anos. Kika pirou com o som de Raul e foi ao show de lançamento daquele disco, no Teatro Tereza Rachel, no Rio, umas onze vezes. Também esteve duas vezes na casa de Paulo Coelho no Flamengo e reparou que as paredes estavam pichadas e soube que aquilo era coisa de Raul; alguns anos mais tarde, ela viria a ter as paredes de sua casa também pichadas pelo Maluco Beleza, Raul.

Nascida no Rio em 1952, Kika era da burguesia dourada da Zona Sul. Filha de um militar carioca e de uma dona de casa cearense, teve outras duas irmãs e, por ser a mais nova, soube aproveitar a vigilância frouxa dos pais em cima dela. Com onze anos já surfava de pranchão e, logo depois, se permitia delirar com a liberdade sonhada pela juventude dos anos 1960. Foi namorada de Helinho Pellegrino, filho do famoso psicanalista, e amiga de André Lara Resende, filho do jornalista e escritor Otto Lara Resende. Cursou arquitetura na Faculdade Gama Filho, mas não concluiu. Preferiu curtir a vida em Paris e Ibiza.

Em 1977, Kika estava na Europa quando recebeu a notícia de que sua irmã mais velha havia se matado, aos 32 anos. Foi assim que voltou ao Brasil e, em 1978, se tornou secretária do Departamento de Projetos Especiais da nova gravadora de Raul, a Warner, no Rio, que já fazia ferver o mercado sob o comando de André Midani. Elis Regina, Gilberto Gil e Raul Seixas estavam entre os astros que a companhia tinha seduzido. O chefe da companhia, André Midani, tido como um visionário, logo caiu de paixão por Kika, e os dois iniciaram um namoro. Essa transição afetiva nunca ficaria totalmente resolvida na cabeça de Raulzito.

Raul e Kika se trombaram de novo nas escadarias da companhia discográfica, no Jardim Botânico, uma velha faísca virou um braseiro. Kika tinha um fusquinha na época, emprestado de uma amiga, e deu uma carona para Raul até a rua Assis Brasil, onde ele vivia então. Conversaram e, após isso, Raul passou a cortejá-la. Ligou para convidá-la para jantar. Não resistiu aos encantos da ex-surfista carioca que conhecia intimamente o grand monde da música e tinha paixão genuína pelo rock.

Raul era múltiplo e concentrava em si toda a espontaneidade do caldeirão cultural brasileiro. Por conta disso, e talvez até mesmo para garantir essa originalidade, bailava habilmente pelo universo do showbiz buscando driblar os perigos da cristalização de uma imagem, do aprisionamento de seu espírito livre. Em meados de janeiro de 1978, ele topara participar de uma inversão de expectativas proposta pelo programa *Fantástico*, da Rede Globo: colocar artistas de uma praia em outra, um território completamente distinto do seu. Ele então, acompanhado da grande amiga (e eterna ídola), Wanderléa, se dispôs a gravar uma série de marchinhas de Carnaval, um pot-pourri que incluía "A jardineira", "Malmequer", "Pastorinhas", "Máscara negra" e "O teu cabelo não nega". E de calça branca, colete branco e sem barba, Raul tirou de letra. Mas sempre com os óculos de aviador, porque Maluco Beleza que se preze não cede de cabo a rabo. Quando Wanderléa canta "quanto riso, ó, quanta alegria!", ele gargalha no salão, de barriga no chão, dando braçadas no tablado. Raul samba, deita e põe Wanderléa no colo. É como se estivesse ali usufruindo por um momento de um habeas corpus provisório, uma concessão que ele podia se permitir pela própria imunidade que a condição de rebelde perene lhe concedia.

Àquela altura, a imprensa tinha parado para fazer contas e descobrira que Raul já contabilizava quatro misteriosos anos de ausência nos palcos. Ele tinha, por algum motivo que não conseguiam definir, estancado os shows desde a turnê de *Gita* (não é bem verdade, porque ele tocou em diversos festivais no período). Mas, quando lhe perguntaram o motivo de certa ausência, ele não se furtou em responder, embora bem ao seu estilo: "Não, eu não estava fora. Tenho 32 anos de televisão em cima de mim. Desde que nasci tinha uma grande câmera de televisão em cima de mim, me filmando o dia inteiro. Nunca parava. E ela está agora mesmo, aqui, filmando essa nossa cena fantástica", afirmou.

"Eu não estou fora do palco — estou afastado preparando mais um chiclete, mais uma bomba científica pra jogar e ver a reação. Enquanto essa tempestade arrebenta lá fora, eu quero ver as pessoas entrarem e olhar para os olhos delas. Eu gosto de inverter, de botar o microfone ao contrário. Lógico: por que sempre eu no palco? Na Bahia eu consegui que todo mundo subisse no palco e desci pra plateia, para assistir ao show do público. Fiquei sozinho vendo todo mundo cantar. Foi o maior barato."

Nos estertores dos anos 1970, no entanto, quem estava agitando o hemisfério Norte era a disco music e o punk rock. Raul era apenas um dos muitos artistas do mundo imprensados entre as novas tendências e, como era *rocker*, tinha que lidar com a imagem de obsolescência estética que o punk e os embalos de sábado à noite impunham a quase todos os seus predecessores.

Foi então que aconteceu uma prova de fogo. No verão de 1978, a nata dos inimigos da rainha tinha baixado no Brasil. O guitarrista Steve Jones e o baterista Paul Cook, do grupo punk britânico Sex Pistols, tinham vindo ao Rio naquele início de ano acompanhados do cineasta Julien Temple, do agente Malcolm McLaren e do ator Henry Rowland para filmar com Ronald Biggs, lendário ladrão inglês abrigado no país. Nas três semanas em que zanzaram pelo Brasil, Cook, Jones e seu anfitrião Biggs lustraram a imagem de punks irascíveis. Cuspiram um na cara do outro, saíram sem pagar de restaurantes, ficaram nus numa ilha próxima a Paquetá, Jones tirou as calças dentro do bondinho do Pão de Açúcar e imergiram no desfile das escolas de samba tomando caipirinha em cascata. "Steve Jones era mesmo muito irreverente", contou Ronald Biggs alguns anos depois sobre a visita. Steve Jones chamou as cuícas das escolas de samba de "*wanking machines*" (máquinas de masturbar). O empresário do grupo, Malcolm McLaren, bêbado, esqueceu que no Brasil se dirige na esquerda e bateu o carro que dirigia num poste. "Como eu, eles eram rapazes da classe trabalhadora e de repente se viram com grana. Mesmo assim, não têm como mudar, continuam sendo rapazes mal-educados", disse Biggs.

Justamente naquele momento, Raul Seixas estreava uma temporada de quatro dias de shows no Tereza Raquel, no Rio, entre 18 e 22 de janeiro de 1978. Os Pistols ouviram falar do show, alguém mencionou a eles que se tratava do *rocker* mais proeminente do país, e eles compraram ingresso. Acompanhados do fotógrafo Mauricio Valladares, foram ao teatro ver Raulzito. Foi um relacionamento-relâmpago com a música de Raul. "Eles acharam uma bosta e a gente saiu no meio", contou Valladares. São compreensíveis o estranhamento e a rejeição automática: seria mais ou menos, numa comparação canhestra, como se ativistas da Primavera Árabe com estilingues se encontrassem subitamente com Trótski em pessoa, e este quisesse lhes explicar o conceito de revolução permanente.

O momento de Raul era de repercussão positiva, de aceitação nacional, mas subterraneamente ele vivia um inferno pessoal que logo seria muito conhecido. A sua conquista dos anos 1970, no entanto, tinha sido concluída com energia e brilhantismo. O pesquisador, escritor e ensaísta Sérgio Cabral, escrevendo para o jornal *O Globo*, em 29 de novembro de 1979, afirmou o seguinte:

> Não conheço nada mais subdesenvolvido, mais pobre que o chamado rock brasileiro. Os seus cultores são maus compositores, maus instrumentistas, são subdesenvolvidos. [...] Brasileiro fazendo rock sempre me deu a impressão que são aqueles porto-riquenhos de Nova York, querendo ser norte-americanos, e o máximo que conseguem é trabalhar como garçons nas proximidades da Broadway. Mas eles parecem felizes, pois estão em Nova York. Por tudo isso, e por mais uma porção de coisas, é que não dou a menor importância ao rock brasileiro. Mas Raul Seixas é um caso à parte. É baiano e deve ter herdado deles quatro séculos de criatividade baiana, coisa da qual ninguém pode escapar vivendo lá. Tem um talento extra, infinitamente superior ao dos compositores de rock e bem acima da média dos compositores brasileiros.

Naquele mesmo novembro de 1979, enquanto o aiatolá Khomeini convocava 20 milhões de jovens iranianos para enfrentar "o maior poder satânico do mundo, os Estados Unidos", Raul gravava o disco *Por quem os sinos dobram*, o controverso trabalho com o argentino Oscar Rasmussen de parceiro, e sonhava em estreitar seus laços com o poder satânico mais tradicional, o próprio coisa-ruim. Ele alimentava o sonho de fazer um álbum chamado *Opus 666*, tributo exclusivo ao universo crowleyano e seus mestres das profundezas. O ambiente já ficaria bastante endiabrado por conta das relações subterrâneas de Raul, mas em *Por quem os sinos dobram* o que mais chamava a atenção era a participação de parte substantiva do clã Caymmi nos arranjos e na instrumentação — Dori Caymmi no violão e Danilo Caymmi na flauta, além de Oberdan Magalhães (da banda Black Rio, *sideman* de Tim Maia e Luiz Melodia) no sax e Sérgio Dias Baptista, dos Mutantes, tocando guitarra.

Não que seja um grande achado de Raul, mas é em *Por quem os sinos dobram* que o baiano trata pela primeira vez, em uma canção, de sua obsessão pelo álcool. O Brasil vivia sob o grande esforço publicitário do governo federal para promover o programa ProÁlcool, que visava reduzir a dependência internacional dos combustíveis fósseis. "Movido a álcool" ironiza essa nova circunstância da cultura fordista nacional com o escracho típico de Raul:

> *Derramar cachaça em automóvel*
> *É a coisa mais sem graça*
> *De que eu já ouvi falar*
> *Por que cortar assim nossa alegria*
> *Já sabendo que o álcool*
> *Também vai ter que acabar?*
> *Veja, um poeta inspirado em coca-cola*
> *Que poesia mais estranha ele iria expressar*

É possível interpretar também nessa letra outra alfinetada de Raul no seu mais famoso conterrâneo do império pop, Caetano Veloso. Quando Raul canta "um poeta inspirado em coca-cola/ Que poesia mais estranha ele iria expressar", não foram poucos os que viram uma referência a "Alegria alegria", clássico de Caetano, e ao verso "eu tomo uma coca-cola, ela pensa em casamento".

Nas entrevistas para o lançamento, Raul mal disfarçava a ambição de usar aquela situação como "escada". Sua meta era embarcar em seguida para os Estados Unidos a fim de gravar o que tinha batizado de *Opus 666*, um disco global que seria inteiramente baseado nas ideias de Aleister Crowley. "Ou eu vou preso nos Estados Unidos ou morro, ou então vou ser o maior sucesso. O meu trabalho está diabólico", disse à *Tribuna da Imprensa* em 17 de dezembro de 1979, e sem receio de insuflar as interpretações de satanismo desabrido. Tinha preparado versões dessas novas músicas para o inglês e trabalhado em uma foto de possível capa para o álbum, de óculos escuros, com uma túnica estrelada, segurando um volume do livro *A sagrada magia*, de Abramelin. Esse material só seria utilizado quase dez anos depois, em *A pedra do Gênesis*. O disco norte-americano nunca vingou, mas a pesquisadora Rosana da Câmara Teixeira localizou, em uma busca no Arquivo Nacional, uma composição assinada por Raul e Marcelo Motta, de 1975, batizada como "Opus 666" (o que mostra que ele urdia o plano de dominação internacional havia algum tempo). A letra de "Opus 666" dizia assim: "Taça rubra de veneno/ Vinho de sangue pleno/ Cristo vem me salvar/ Verdugo vil e sangrento/ Satã crismado e tão bento/ Criança pura e doce alento".

Pouco antes de gravar, Raul fora até o interior da Bahia por um motivo inusitado: tinha sido convidado para dar o pontapé inicial num jogo de futebol do Bahia. Já estava vivendo com Kika Seixas, oficialmente sua terceira mulher, com quem viajava. Como não era conhecido como amante do esporte, parecia nonsense sua presença ali, mas Raul cumpriu a agenda (foi bem pago para fazê-lo) e regressava para o Rio de Janeiro — o casal viveu um tempo nessa gangorra entre São Paulo e Rio — quando passou por uma placa que dizia CACHOEIRO DO ITAPEMIRIM A 9 KM. Ele perguntou a Kika: "Não é ali que mora o Serginho?". E enveredou pela estrada em direção à cidade do amigo Sérgio Sampaio, que havia muito não via. Como não sabia como encontrá-lo, ficou ziguezagueando pela cidade sem rumo, até encontrar uma figura local típica, um habitante das ruas chamado Agulha, conhecido por todos. Perguntou sobre Sérgio e o maluco o levou até uma das pessoas mais respeitáveis da comunidade, o médico Paulo Estellita Herkenhoff (pai do famoso curador), que costumava alimentar Agulha quando ele estava faminto. Ao ver chegar aquele barbudinho esquálido (Raul estava de botas e roupa de *biker*), a secretária de Herkenhoff disse:

— Dr. Paulo, o Agulha trouxe outro mendigo para comer aqui hoje!

Desfeito o equívoco, levaram o visitante até a casa da rua Moreira, 65, onde viviam os pais de Sérgio Sampaio. Ele chegou umas nove da noite. Foi recebido pelos irmãos de Sérgio, Mara e Hélio, e pelos pais deles, Maria de Lourdes e seu Raul, o maestro, já octogenário, cheio de manias. Sérgio, Raulzito deu azar, não estava na cidade. Fizeram um café para o visitante, que disse que queria conhecer o Bar do Auzílio, o bar das piabas fritas de que tanto o amigo lhe falara. Mara o levou até lá. Aos poucos, os frequentadores começaram a reconhecer Raul, a cercá-lo, mas ele continuou na dele, jogou sinuca, comeu piaba e depois foi dormir na casa de Sérgio Sampaio.

O problema foi quando seu xará, Raul, acordou de manhã e foi abrindo as persianas. Ele não se lembrava de nada da noite anterior e, ao ver um homem e uma mulher dormindo num dos quartos, ensandeceu. "Que pouca-vergonha é essa?", berrava. Tentaram convencê-lo de que se tratava do maior roqueiro do país, que era amigo de Sérgio, que era gente do bem. Nada. Até que a irmã teve uma ideia: pediu a Raul Seixas que dissesse ao velho que era flamenguista, era a única coisa que o deixaria calmo. "Mas Marinha, eu não sei de nada disso, nem sei quem joga no Flamengo."

Numa aula compacta de um minuto, Mara teve que ensinar a Raul Seixas tudo sobre Zico, Adílio, Júnior. Raul caminhou resolutamente para a sala e em poucos minutos ele e o maestro estavam conversando animadamente sobre a excelência daquele time do Flamengo, sobre o futuro do futebol, sobre música. Quando Raul partiu, já eram amigos da vida toda.

Raul tinha se tornado, em 1979, muito íntimo de duas substâncias: cachaça e cocaína. Uma já é ardilosa, as duas juntas então... Tinha dinheiro de sobra para ambas, e isso atraía, como sempre atrai, um cardume de rêmoras, aqueles peixinhos que nadam nas costas do tubarão para comerem o que ele dispensa.

Em novembro de 1979, o crime jogou sua teia por sobre a vida de Raul de uma maneira torpe e marcante. Sua moradia em Copacabana, na rua Assis Brasil, 194, apartamento 901, foi palco de uma vendeta inacreditável, uma dança de sangue e morte que se estenderia durante algum tempo, culminando com mais sangue e mortes em Magé, a 74 quilômetros dali.

O controverso parceiro de 1979 era o argentino Oscar Rasmussen, que tinha aparecido para Raul durante uma festa. Num período de vícios desmesurados, recém-separado de Gloria, foi o encontro do queijo com a goiabada: logo Raul resolveu fazer um disco inteiro pela poderosa Warner com todas as canções escritas com o novo parceiro, *Por quem os sinos dobram* (título pretensiosamente descolado do romance de Ernest Hemingway de 1940, recurso pedante ao qual Raul jamais tinha recorrido ao longo da carreira). Rasmussen ainda foi coprodutor do disco, ao lado de Gastão Lamounier. Sentindo a barra pesando, meio "*dark*", o então parceiro Cláudio Roberto Andrade de Azeredo, o carioca Cláudio Roberto, tinha se afastado, um tanto magoado, de Raul (só voltaria a participar de composições com o amigo no disco seguinte, *Abre-te Sésamo*, um ano depois). Era um afastamento realmente doloroso: Cláudio e Raul se conheciam desde garotos, por intermédio de uma amiga comum (a prima de Raul, Heloisa Seixas), e repartiam salomonicamente o conceito que tinham criado juntos, o de Malucos Belezas em progressivo desalinho das regras sociais.

Os parceiros mais constantes de Raul foram Cláudio Roberto e Paulo Coelho. É curioso notar suas diferenças: o refinamento metafísico de Paulo Coelho e a gaiatice pop de Cláudio parecem não encontrar pontos de contato. Mas há, ao final e ao cabo, bastante em comum: ambos decretaram para si vidas em exílios voluntários, Paulo Coelho na Suíça, Cláudio Roberto num sítio em Miguel Pereira, na região serrana do Rio, de onde raramente sai. Ambos são rígidos do ponto de vista ético, embora sejam os mais abertos para a contaminação intelectual. Raul é o amálgama: nele conviviam todas essas aparentes oposições sem conflitos, sem dramas.

Já o novo brodaço era um tanto diferente. Adepto das artes marciais, Oscar Rasmussen logo estava vivendo também em seu apartamento em Copacabana e convenceu Raul a contratar seguranças versados em caratê para protegê-los, além de também prestar outros serviços menos convencionais. O Baixo Leblon era, àquela altura, um admirável mundo novo das drogas novidadeiras, e a cocaína tinha encontrado terreno fértil por ali entre os colunáveis — em 1977, a atriz, jornalista e escritora Scarlet Moon de Chevalier (que foi casada por 28 anos com Lulu Santos) tinha sido presa num bar por porte de drogas, num episódio também ruidoso. Essa relação entre a burguesia da Zona Sul e o tráfico internacional resultaria no aparecimento de personagens como o norte-americano William Reed Elswick, conhecido como Capitão América. Elswick estenderia os tentáculos da cocaína ao mundo político e empresarial (conta-se que o banqueiro Edemar Cid Ferreira, genro do senador maranhense Alexandre Costa e amigo da família Sarney, teria intercedido junto ao então ministro da Justiça, Ibrahim Abi-Ackel, para ajudar Elswick a obter um visto de permanência no Brasil).

Essa simbiose enredou Raul Seixas logo no seu início. Um dos novos "seguranças" de Raul era o também argentino Hugo Angel Amorrotu, faixa preta de caratê e dublê de cantor. No dia 20 de novembro, dois traficantes subiram ao apartamento de Raul, convocados por Hugo Angel, que tinha comprado um quilo de cocaína por 600 mil cruzeiros, segundo a polícia. Essa cocaína, obviamente, não foi o segurança quem pagou, já que ele estava desempregado. Os traficantes que foram levar a droga, Paulo Rogério Dias, o Pelé, e Cláudio Dias, o Pelezinho, eram irmãos, controlavam uma boca de fumo no morro do Cantagalo e tinham fama de fazer até entregas internacionais. Ao testar a cocaína, o escolado Hugo Angel constatou que ela tinha sido "batizada" com açúcar, ou adulterada. Ficou possesso e começou a espancar os dois traficantes. Paulo Rogério ficou fora de combate, mas Cláudio, o Pelezinho, conseguiu sacar a arma e deu um tiro na axila do argentino, matando-o instantaneamente.

No apartamento, ainda segundo a polícia, estavam presentes outras duas pessoas: Oscar Rasmussen (o parceiro de Raul no disco daquele ano) e uma outra figura, Ricardo Sosa, conhecido como El Gato. Tanto os traficantes quanto as duas testemunhas desapareceram em seguida. Oscar Rasmussen depôs dois dias depois à polícia, segundo o *Jornal do Brasil*, e negou que estivesse no apartamento. Mas o porteiro, José Severino dos Anjos, confirmou que estava e que desceu após a saída dos dois traficantes pedindo uma ambulância. Em 28 de novembro, El Gato afirmou à polícia que não sabia quem tinha matado o segurança.

Passados alguns dias, no início de dezembro, aconteceu no Rio de Janeiro uma chacina que, à primeira vista, pouco ou nada tinha a ver com o caso do apê de Raul. Cinco pessoas foram mortas uma atrás da outra por uma dupla de matadores. Entre essas pessoas, estava Wilson Matos, o Vaposeiro, que, descobriu-se depois, tinha sido o encarregado de repassar a cocaína para o finado segurança de Raul Seixas e Rasmussen, Hugo Angel. Tanto Wilson quanto seu irmão Silvio Matos foram executados.

A chacina aconteceu numa casa do Jardim Paranhos, em Piabetá, perto de Magé. As duas mulheres dos traficantes foram despidas e surradas. Wilson e Silvio, que presumivelmente tinham adulterado a droga de Raulzito, foram espancados (tiveram afundamento do crânio, segundo os legistas). Depois, foram levados até as margens do rio Caioba, a quinhentos metros da residência, e fuzilados com tiros de armas calibre 22, 32 e 38. Uma vizinha ouviu tanto tiro que descreveu aquilo como uma guerra. Logo a polícia descobriu que os criminosos, autores do que ficou conhecido como Massacre de Piabetá, guardavam relação com o assassinato do argentino na sala de Raul Seixas.

Após essa revelação, Raul virou personagem dos jornais sensacionalistas, que caíram nele como barracudas em cima de uma tainha. "Não matei ninguém, não conheço ninguém, bicho. Não sei onde fica a tal Baixada Fluminense. Nem tô nessa de tóxico, meu negócio é uma biritinha", diria ele ao jornal *Última Hora*. As versões começavam a ficar pantanosas: a irmã de dois dos assassinados, Elizabeth Rodrigues Matos, testemunha do caso, contou à imprensa que Oscar Rasmussen e dois amigos, Ricardo Hector Sosa, o Gato, e Orlando Klapenin, estiveram duas vezes numa boate de Copacabana, Le Bateau, na praça Serzedelo Correia, perguntando por ela e tentando obter seu endereço. Ela julgou que aquilo fosse algum tipo de pressão de Raul Seixas.

O jornal *Última Hora* publicou uma foto de Raul, Rasmussen e o argentino assassinado no que dizia ser um fim de semana numa casa na praia de Mauá, em Magé, distante poucos quilômetros do local em que a chacina ocorreria meses depois, em Piabetá.

Mas a espiral de problemas não estancou ali. O jornal *O Globo* manchetou, em 13 de dezembro: TRAFICANTE ACUSA POLICIAIS DE CAXIAS. O possível envolvimento da polícia nos crimes complicava a situação, porque tudo caía no cavanhaque de Raul. Tanto que, logo abaixo da reportagem, um box informava o seguinte: "Raul diz que não está envolvido". E Raul se via obrigado a se explicar um pouco mais: "Estão fazendo sensacionalismo comigo. Não consumo drogas, e ultimamente todo meu tempo tem sido tomado pela preparação de meu último disco. Não posso ir a boates. Se essas calúnias não acabarem, vou brigar para ganhar".

A polícia enfim concluiu que Raul não tinha relação alguma com o crime, apenas foi irresponsável o suficiente para afiliar aquele séquito a seu entourage. Oscar Rasmussen sumiu de circulação e nunca mais fez canção alguma, que se saiba. Morreu na Argentina, em 2011, de câncer.

Era um final de década que caía como uma avalanche na cabeça de Raul. Pela primeira vez, o cantor escancarou publicamente um sentimento de revanchismo contra o antigo parceiro Paulo Coelho. *Por quem os sinos dobram* trazia uma música, "Diamante de mendigo", na qual Raul chamava Paulo de "jornaleiro da esquina", que lhe teria dito que "é otário aquele que confia", que o teria contaminado com cinismo.

"Quando a gente aceita se mentir", diz Raul na canção. Esse verso sugeria uma resposta pronta a "eu não posso aceitar tanta gente aceitando a mentira", de "Medo da chuva" (cuja composição, embora creditada a Raul e Paulo Coelho, foi feita exclusivamente por Paulo). É curioso o embate em torno desse conceito de lealdade volátil que divide "Medo da chuva" e "Diamante de mendigo". Paulo Coelho compôs "Medo da chuva" com a intenção de retribuir o que Raul tinha feito com ele no início da parceria, com "Caroço de manga" (que Raul fez sozinho e deu crédito a Paulo). "A maçã" reafirma essa ideia de amor livre, da não exclusividade afetiva ("Se esse amor/ Ficar entre nós dois/ Vai ser tão pobre amor/ Vai se gastar"). Com "Diamante de mendigo", Raul refutava aqueles sentimentos das canções anteriores. Mais do que fazer isso, ele desautorizava o próprio parceiro Paulo Coelho com um toque de mágoa. Com acento cafona, que não permite discernir do tradicional deboche de Raul, "Diamante de mendigo" era agudamente monogâmica: "Eu tive que perder minha família/ Para perceber o benefício/ Que ela me proporcionava".

Em 1980, Raul teve o contrato rescindido pela Warner. As vendagens de seus dois últimos discos tinham sido fraquíssimas e ele estava se especializando em criar problemas para os produtores, analisou a companhia. Aconselhado pela família, buscou reatar o fio da meada. Voltou a se reencontrar com o velho parceiro, Mauro Motta, e também com a velha companhia discográfica, a CBS. Mas, dessa vez, Mauro e Raul não se juntavam para compor juntos; Mauro, pela confiança que Raul depositava nele, seria o produtor. Quase todas as músicas do disco daquele ano, *Abre-te Sésamo* (CBS/Sony Music), são escritas com Cláudio Roberto, com o qual tinha se reconciliado após o episódio doloroso de Oscar Rasmussen.

Raul tinha sono leve. Costumava compor de noite, sentado na cama, tocando baixinho e registrando num gravadorzinho ordinário. Foi assim que, ouvindo velhas fitas, decidiu regravar "Minha viola", composição de seu pai, Raul Varella Seixas (ao longo da carreira, gravou músicas do pai; além de "Minha viola", "Lá vai o meu sol" e "Coração partido"). O lendário *bluesman* brasileiro Celso Blues Boy toca guitarra no disco. E não se pode deixar de lado nesse disco a controversa "Rock das aranha", que dividiu fãs durante décadas: uns acham que é um deboche admirável, outras que é apenas um primor de misoginia, de chauvinismo. Raul não ajudava a dissipar a suspeição: em show no Teatro Pixinguinha, em 1981, ele disse à plateia que a canção "Rock das aranha" sofreu censura moral e aprofundou a tolice: "Sabe por quê? Plugue com plugue não dá resultado, tomada com tomada não dá resultado, plugue com tomada dá continuidade ao universo, a gente tem filho".

"Rock das aranha" foi vetada pela Censura, mas Raul tinha como ponto de honra liberar a canção para gravar. Fez a gravadora recorrer inúmeras vezes. "Eu nunca pensei que ele fosse gravar aquilo. Fiz de sacanagem em casa", contou Cláudio Roberto. Era, para o cantor, uma questão de enfrentamento de algum tipo de unanimidade — ele sabia que a maior parte das restrições era conservadora, não decorria do fato de a música conter preconceito explícito. Em 27 de junho de 1980, ele fez um derradeiro apelo a Ricardo Cravo Albin, do Conselho Superior de Censura (cuja função era analisar recursos dos compositores), que reconheceu que a mensagem da música era de fato indefensável. Raul conseguiu que Albin a liberasse, mas não que tocasse no rádio e na TV. O argumento do censor funda-se na presumível má qualidade da canção:

Nem me detenho em reanalisar a letra da música, quer pela indigência de sua estrutura, quer, sobretudo, pelo seu sentido inequívoco, inexorável e renitentemente pornográfico, mas também não fujo à tentação, como crítico, de declarar meu espanto ante tão baixa qualidade da peça assinada por Raul Seixas, um compositor que já fez tantas coisas de qualidade. Enfim, tamanha indigência, Raul jamais se deveria permitir.

Como, no entanto, ele se permitiu, vamos respeitar-lhe o direito, a liberdade de fazer até lixo desse nível. No entanto, preservamos igualmente o direito de quem quiser ouvi-lo.

Portanto, sou pela liberação da música "Rock das aranhas" [na verdade, "aranha", no singular], ficando contudo restrita sua veiculação aberta, ou seja, através das emissoras de rádio e televisão.

"O Raul tinha horror a lésbica, tinha horror a veado, nesse sentido era a pessoa mais careta que eu vi na vida. Boiola não podia nem chegar perto, o Raul ficava incomodado, saía da sala, ficava piscando, fazendo trejeitos. Por isso digo que o 'Rock das aranha' foi pura sacanagem, só", contou Kika Seixas. É curioso, porque Edy Star tem um conceito diferente; conta que, tirando algumas brincadeiras de parte a parte, Raul nunca demonstrou preconceito algum contra ele — que encarnou simplesmente o primeiro astro *glam* e assumido do *star system* nacional.

E havia ainda um outro dado que passaria quase batido, não fosse a cara de pau sem óleo de peroba de Raul: a música é inteiramente chupada de "Killer Diller", um rock 'n' roll de Jimmy Breedlove composto em 1958. Longe do território da legalidade, os fãs sempre argumentaram que analisar os "empréstimos" musicais de Raul implicava algo mais do que usar somente uma régua moral. Que, num exercício de quantificar quanto de dano ele pode ter causado com alguma apropriação de melodia, de um riff, talvez a conta resulte em um número próximo de zero. Para qualquer raul-seixista de carteirinha, resulta fácil constatar que não houve dano algum que possa ter sido causado por Raul a autores preexistentes, como Elvis, Kinks ou Byrds — talvez até benefícios, no raciocínio da idolatria. Mas o certo é que Raul talvez tenha trazido problemas somente a si mesmo, que se viu obrigado durante a vida toda a desviar de uma legião de legalistas.

Para lançar *Abre-te Sésamo*, Raul ainda contava com grande prestígio no sistema de divulgação maciça da televisão. Assim, o apresentador Chacrinha, que estava na TV Bandeirantes na época, o convidou para uma noite temática, a "Noite do Ali Babá e os 40 Ladrões", em torno do seu álbum, satirizando o sistema político brasileiro com caricaturas e clowns. "A ideia da noite baseia-se no carro-chefe do novo LP do cantor Raul Seixas, uma gozação à corrupção generalizada no país. Raul, a caráter, vestido de árabe, montado num elefante, congestiona o centro da cidade de São Paulo, triunfalmente acompanhado pelas câmaras e recepcionado à porta do auditório da Bandeirantes por d. Abelardo Barbosa I e único", escreveu Tárik de Souza no *Jornal do Brasil* de 27 de outubro de 1980. Na verdade, não era um elefante: Raul entrou no palco montado num jegue, vestido de sheik árabe, com uma aranha pendurada no pescoço (referência à controversa "Rock das aranha"). Mas toda a agitação era aquela mesma, era a junção da fome (Raul) com a vontade de comer (Chacrinha).

Quase sempre acusado de negligenciar a cultura afro-brasileira do seu torrão natal, Salvador, Raul perpetuou, em *Abre-te Sésamo*, uma oração de sincretismo religioso e musical que é exemplar: "Ê, meu pai". Mistura de ponto de umbanda, oração e baião, a música se dirige à figura do pai compreendendo-a como uma entidade de múltipla interpretação: pode ser Oxalá, Deus ou o Zé Pelintra, fica aberto o sentido.

"Ê, meu pai" teve o reconhecimento dos terreiros de umbanda do país todo, onde de vez em quando é cantada. "Ê, meu pai, olha teu filho, meu pai/ Ê, meu pai, ajuda o filho, meu pai/ Quando eu cair no chão segura a minha mão/ Me ajuda a levantar para lutar." O batuque e o ritmo são marcados pelo Regional de Jackson do Pandeiro.

Foi em *Abre-te Sésamo*, seu décimo disco de estúdio, que Raul homenageou pela primeira vez sua nova musa, Kika, na balada "Ângela" (Raul Seixas/Cláudio Roberto). Nessa letra, Raul descreve uma sensação extrema, de paixão vulcânica. "Eu que me achava o rei do fogo e dos trovões/ Eu assisti meu trono desabar, cedendo às tentações/ Às tentações de Ângela." E ele tinha feito uma canção que muita gente acha premonitória, nove anos antes: "Convite para Ângela" (no disco com Leno, em 1971). "Ângela/ Sou seu amigo/ Por que você não vem morar comigo?"

Há uma canção no álbum, a toada "À beira do pantanal", que foi gravada por Raul e Kika em casa, num gravador de rolo, ela fazendo a segunda voz. É uma brincadeira deliciosa, exceto pelo fato de que Raul, mudando o andamento e a batida, se apropriava ali de uma outra canção: "Down in the Willow Garden", dos Everly Brothers (também de 1958), novamente sem dar crédito. Enquanto se tratasse de um caraoquê de enamorados era algo inconsequente; mas gravar sem mencionar a fonte continuava fazendo de Raul alvo de narizes torcidos.

O disco não foi mal nas lojas, mas ficou longe de repetir alguns números anteriores de Raul. Ele e Kika resolveram se mudar para São Paulo, indo morar no Edifício Aliança, na rua Frei Caneca, nos Jardins. Kika estava grávida e a situação não era boa: Raul teve uma crise de pancreatite e foi obrigado a se internar durante três meses no Hospital Albert Einstein para a retirada de um terço do pâncreas, devido a um cisto. Nesse período, Kika e a terceira filha do baiano, ainda bebê, Vivian, praticamente moraram no hospital. Raul e Kika viveram juntos entre agosto de 1979 e setembro de 1984.

Em julho de 1981, Raul faz uma concorrida temporada no Teatro Pixinguinha. Muitas vezes bêbado, esquecendo as letras, em estado lastimável, mas com um pique de rock 'n' roll capaz de maravilhar os fãs, impulsionado pela leal guitarra de Tony Osanah, ele parecia um boxeador que se recusava a ficar na lona. "Quem não tem Freud, tem Pelé!", brincava o Maluco

Beleza. "Quando eu fiz 'Ouro de tolo' uns imbecis me chamaram de profeta do Apocalipse", discursou, citando sua própria letra de música, amparado pelo bom e velho sarcasmo.

Os conflitos, Raul sempre gostou de escancará-los. Em 1983, suas performances públicas tinham se tornado quase que demonstrações de enfrentamento abertas. "Eu sei que tem muito federal por aí. Eu não quero esculhambar porque tá todo mundo misturado por aí!", denunciou ao público do conturbado show que fez em Juiz de Fora (MG). "O povo não tem reação nenhuma. Aceita tudo. É um povo pacífico", discursou, entre algumas entradas e saídas de canções que não terminava. O cantor também estava em rota de colisão com o *big boss* André Midani. Um belo dia, ele entrou no apartamento do executivo da gravadora sem aviso prévio. Tocou a campainha, Midani abriu e ele entrou. Tinham brigado durante o dia na gravadora e Raul não conseguira digerir bem a história. Entrou e disse que não considerava mais Midani seu patrão, porque este o tinha traído. Em seguida, tirou uma "quantidade apreciável" de cocaína do bolso e estendeu duas fileiras imensas, uma para si e outra para o diretor da gravadora. Aí, disse, em tom de desafio: "Agora eu quero ver se você tem direito de ser meu patrão".

Na canção "Conversa para boi dormir", ele deu uma estocada dolorida em André Midani, que dessa vez ficaria realmente magoado com o artista.

> *André Sidane só faz confusão.*
> *Sonhei com ele e mijei no colchão!*
> *Não tenho saco pra ouvir artista,*
> *Comendo alpiste na mesma estação.*
> *Cantando regra com o rei na barriga,*
> *E só de preguiça não mudou o botão.*

Midani e Raul tinham sido reaproximados pelo produtor Mazzola, que queria tentar uma trégua. Mas Raul Seixas acabou radicalizando ainda mais. Em seu livro de memórias, da maneira como a história foi descrita, Midani não deixa claro se cedeu ou não à pressão de Raul. "Não posso dizer que cheirei ou que não cheirei. Poderia haver uma consequência que não quero que tenha. Só posso dizer que não tive mais problemas com o Raul depois disso", explica o empresário, que produziu vários discos do roqueiro.

Raul não dedicava grande afeto à década que começava, que definiu assim:

Hoje é uma época caótica, não temos nada. Existiram duas décadas com ídolos legítimos: a do Elvis e James Dean; depois, a dos Beatles, e aconteceram todas aquelas mudanças de comportamento. Agora não está acontecendo nada. Os anos 1980 são isso: NADA. Então, já que no atacado a coisa dançou, a gente tenta salvar no varejo. O rock dos outros pode estar morto, mas o meu está vivo e com força total. Continuo fazendo o mesmo trabalho: como observador, contador de histórias e gostador de música. Larguei das bebidas e das drogas. Eu larguei, mas não vou ficar como moralista falando mal delas. Para mim não faz mais bem. Esta é uma viagem pessoal, mas sempre que vou colocar meu fígado em ordem, a revista *Amiga* me mata; já me mataram várias vezes. Eu já disse que não tenho medo da morte; a morte para mim é uma mulher vestida de cetim.

Na rua Rubi

Em sua nova vida em São Paulo, ao menos uma coisa Raul tinha conseguido: estava permanecendo um tanto mais afastado dos *gossips*, dos mexericos de colunas sociais, coisa que o maltratava menos que a sua família. Estava tranquilo agora em um novo endereço, longe do agito metropolitano, numa rua pacata do Brooklin, a rua Rubi, 26. Nessa mesma época, um moleque magrelo de São Paulo, que era fã e fundador de um fã-clube de Led Zeppelin, Sylvio Passos, começava a sacar a música de Raulzito. Passava a abandonar a exclusiva idolatria pela música anglo-saxônica para descobrir o universo existencial de Raul Seixas, e aquilo o modificou terrivelmente. Um dia, Sylvio estava vendo um programa chamado *Mocidade Independente*, na TV Bandeirantes, apresentado por Nelson Motta, e Raul era o entrevistado. Ele disse a Motta que estava de mudança para São Paulo, e Sylvio resolveu procurar o astro.

Um dia, ligou para Sylvio um amigo, Luiz Antonio da Silva, presidente do Cavern Club, fã-clube dos Beatles, e lhe deu telefone e endereço de Raul. Sylvio ligou para o número e Raul atendeu. "Alô, aqui é o Sylvio, Raul!" Ao que Raul respondeu: "Silvio Santos? Eu faço seu programa". Sylvio explicou que não, não era o homem do baú, era um paulistano que queria abrir um fã-clube para Raulzito. "Pô, um fã-clube pra mim? Nunca ninguém fez um fã-clube para mim. Você pode vir almoçar aqui comigo?"

Raul recebeu o garoto como se fosse um pai zeloso. Levou-o pela casa, mostrou a filha, Vivian, mostrou os discos, os quartos.

Foi quando Sylvio confirmou um célebre hábito do Maluco Beleza: ele realmente tinha o hobby de escrever na parede do próprio quarto, desenhar, fazer anotações. Entre as coisas coladas, havia a foto de um show que Raul tinha feito dois meses antes. Sylvio olhou a foto e achou ele mesmo, cabeludo, casaco de couro, na frente do palco, extasiado com a performance do ídolo. "Raul, esse cara aqui sou eu!", disse, sem acreditar na coincidência. Raul olhou a foto. Era de um show no Projeto Pixinguinha, em São Paulo. Sorriu e disse ao garoto: "Não é por acaso que você é o escolhido". Era evidente, para ambos, que aquilo não era mera coincidência, que seus destinos estavam cruzados. Como de praxe, Raul logo pôs um apelido no novo amigo de toda uma vida: Sylvio Passos virou "Silvícola" para o baiano. Tinha uns dezessete para dezoito anos e Raul viu nele imediatamente uma alma gêmea. Entregou a Sylvio um baú com a memorabilia de toda uma vida para que difundisse, com fotos, documentos, fitas. Sylvio passou a coordenar o trabalho memorialístico mais importante em torno da carreira e da vida de Raul, fundamental para os pesquisadores que precisariam de apoio nos anos seguintes. Também se tornaria um ponto de amparo (e vice-versa) das fragilidades existenciais da vida do artista.

Não eram tempos fáceis para um fiel escudeiro. Raul construía sólida reputação de se desmanchar no ar no início daqueles anos 1980. Ele considerava que tinha fracassado como pai. Perdera contato com a primeira filha, Simone, e não tinha conseguido se reunir com a segunda, Scarlet, embora tivesse prometido a ela muitas vezes que teriam um encontro definitivo e que cantariam juntos e fariam coisas formidáveis juntos. "Eu tenho 38 anos de vida. E a vida ensina conhecimento e paciência", escreveu Raul, numa das dezenas de cartas enviadas a Scarlet nos Estados Unidos.

Você tem duas irmãs. A primeira é mais velha que você, e foi ensinada pela mãe que eu sou uma má pessoa por tê-la deixado. Amo vocês. Simone é seu nome e ela me odeia. Eu estava tomado pela minha carreira, achei que era o Rei do Mundo. Gloria e eu fomos um casamento que fracassou, éramos os dois ingênuos. Ela me deixou e levou você para longe. Nunca tive uma chance de te ver crescer. Fiquei desesperado. Mas ninguém deve ser culpado por isso.

Raul também falava em levantar dinheiro e reerguer-se artisticamente para reparar aquilo que achava que devia ser consertado. "Estive doente, fui operado, três meses em um hospital, e achei uma mulher gentil que me deu sua alma. Seu nome é Kika e temos esse bebê de dois anos chamado Vivian, a qual me ensinou a ser um pai, depois de tudo. Não me esqueça. Seu pai, Raul."

Buscava ficar de pé de novo, mas as recaídas eram mais frequentes. Em Fortaleza, virou lenda um show que não fez no Ginásio Aécio de Borba, em 1983. Entrou muito doido, absolutamente sem condição, e depois de certa altura começou um quebra-quebra generalizado. A banda perdeu parte do seu equipamento. O guitarrista cearense Mimi Rocha, das bandas de Fagner e Belchior, era garoto na época, mas lembra que um amigo seu comprou um pedal de guitarra GTR que alguém recolheu no chão do ginásio após o show de Raul, esquecido num canto com outros pedaços de instrumentos destroçados. De destroço em destroço, Raul ia se desintegrando como um cometa quando entra na atmosfera terrestre, mas seguia incendiando.

Caieiras fica a 35 quilômetros de São Paulo e é um dos 39 municípios que fazem parte da grande megalópole. O nome Caieiras se refere aos fornos de pedra calcária que preparavam a cal para a construção civil, numerosos na região. Seria muito melhor, é evidente, que alguém jogasse uma pá de cal no episódio protagonizado por Raul nessa pequena cidade. Mas é impossível, pelo simbolismo do fato: em maio de 1982, em Caieiras, Raul seria confundido com um imitador de si mesmo. A implosão de sua própria personalidade chegaria ao paroxismo.

O jornal caieirense *A Semana*, em 20 de maio de 1982, fez a seguinte sinopse do *horror show*: "Se Raul Seixas soubesse tudo o que lhe aconteceria depois do malfadado show do dia 15 em Caieiras, certamente não teria aceitado o convite de Francisco Leílson — o Léo — para fazer um show em Caieiras na feira do folclore".

Raul tinha sido contratado por 700 mil cruzeiros (cerca de 35 mil reais em valores de hoje) para cantar numa nova casa de shows de Caieiras. Ia receber quando se apresentasse. Pouco antes do início do show, já rolava um boato (que ninguém sabia quem tinha espalhado, obviamente) dizendo que o sujeito que chegara para cantar não era Raul, mas um imitador dele. Que o verdadeiro Raul estaria cantando em Araraquara (SP), naquele momento. Quando o show começou, Raul não estava, como de hábito, em seu melhor estado físico. Enquanto cantava (as versões dão conta de que completou apenas três músicas), começaram xingamentos vindos da plateia. Alguns espectadores pediam músicas, como "Gita", e Raul respondia: "Há vinte anos que canto 'Gita', estou de saco cheio de cantar 'Gita', quero cantar as músicas novas". Começaram a voar garrafas de cerveja, e Raul era o principal alvo. Raul respondeu, xingando o público. A situação começou a ficar fora de controle, alguns espectadores ameaçavam subir no palco para surrá-lo. Mas havia policiais na área, e eles retiraram Raul, levando-o para a delegacia de Caieiras.

Começou então o suplício do cantor. Ao chegar à delegacia, já havia um ambiente de animosidade para recepcioná-lo. O contratante do show, Léo, ainda sustentava a tese de que aquele não era o verdadeiro Raul. O cheque, frio, foi tomado das mãos do empresário de Raul, segundo a polícia, até que se determinasse a verdadeira identidade do cantor. Na opinião do advogado de Raul, o clima fora criado para justificar o não pagamento de 500 mil cruzeiros pelo contratante.

O delegado, segundo contou o empresário de Raul, puxou a barba do baiano dizendo que era falsa. O policial dizia conhecer o "verdadeiro Raul" e aquele ali não era nem sombra do *rock star*. Para testá-lo, perguntou a Raul: "Você sabe onde nasceu o Chacrinha?". Raul, atordoado, não soube responder algo que sabia muito bem, que Chacrinha era pernambucano de Surubim, e sua situação piorou. Levou um tapão na orelha e o delegado ordenou que fosse trancafiado em uma cela, junto com o empresário, Dinho. Mas o trajeto até a cela também não foi pacífico — um voluntarioso cabo da guarnição policial o agrediu a socos e golpes de cassetete, certamente querendo agradar o chefe. O delegado de polícia, José Gomes Santos, negou que tivesse agredido Raulzito.

Raul passou a noite em cana. Às oito horas da manhã do dia seguinte, foi solto após a intervenção da mulher, Kika, que enviou de casa a documentação que provava que Raul era Raul. Ela não pôde ir porque estava com a filha pequena, Vivian, em casa. Já em sua residência, Raul procurou a imprensa para dizer que, ainda por cima, tinha sido vítima de estelionato após a confusão toda. O contrato feito por Francisco Leílson, o Léo, com o empresário do cantor, Dinho, fora apenas parcialmente cumprido (recebera 100 mil cruzeiros antes de entrar no palco, mas o cheque de 500 mil cruzeiros se revelara sem fundos). Uma das versões sobre o porquê da perversidade dos contratantes com Raul tinha sido a renhida disputa política na cidade naquele momento (o show era bancado pela prefeitura, cujo prefeito disputava a reeleição), e Raul entrara de gaiato.

"Esqueçamos o delegado por enquanto", disse o advogado Arnaldo Ferreira, revelando que não pretendia, inicialmente, tomar providências contra o delegado de Caieiras, que teria submetido o cantor Raul a uma situação no mínimo constrangedora e inusitada. Ferreira iria procurar, no boletim de ocorrência, os fundamentos de uma ação de reparação. Mas entrou com uma ação de indenização de perdas e danos contra a prefeitura de Caieiras, os contratantes do show e o dono do cheque sem fundos. "Se ele não tivesse feito o show todo, não teriam pagado pelo show todo", argumentava o empresário de Raul, Dinho, para refutar a tese de que Raul não tinha cantado. Raul ainda fez uma foto segurando o cheque sem fundos do cachê da casa de shows, que entrou para o seu depósito de memorabilia, o Baú do Raul. O cantor também anotou, alguns anos depois, que a delegacia de polícia tinha modificado por completo o boletim de ocorrência que o definia como um impostor. "A lei, a justiça tinham apagado o boletim", denunciou.

Aberta no final dos anos 1970, a loja Baratos Afins, na Galeria do Rock, centro de São Paulo, tinha se transformado, no início dos anos 1980, em uma espécie de bunker da música alternativa. Além de loja, criara um selo discográfico, e um dos primeiros lançamentos, em 1982, fora a reedição do disco *Singin' Alone*, do ex-mutante Arnaldo Dias Baptista. Fruto de um delírio do ex-farmacêutico (e ex-colega de colégio dos Titãs e do apresentador Serginho Groisman no Colégio Equipe), Luiz Carlos Calanca, a loja em pouco tempo se tornou uma espécie de parabólica a reagrupar as forças independentes e os artistas de profunda inadequação comercial do país. Um dia, Calanca estava arrumando discos na estante quando viu entrar no estabelecimento um sujeito de botas, casaco de couro, óculos de aviador, topete para trás. "Parecia um policial rodoviário", lembra. Quando se deu conta de que estava diante do Maluco Beleza em pessoa, o inimitável Raulzito, Raul Seixas em carne e osso, uma tremedeira acometeu Calanca. "Eu não sabia o que fazer, onde colocar as mãos. Era como se um Beatle entrasse na minha loja."

Raul se apresentou e perguntou pelo dono. Ao se identificar, Calanca ouviu: "Rapaz, eu queria te parabenizar pelo disco do Arnaldo. Um belo trabalho você fez ali!", disse. *Singin' Alone* (1982), obra à qual Raul se referia, é o álbum no qual Arnaldo toca sozinho todos os instrumentos, canta, compõe e produz. Calanca quis saber como é que Raul conseguia andar pelas ruas assim, como um homem comum, sem ser incomodado. Raul riu. Disse que estava cruzando o calçadão em direção às galerias quando um sujeito olhou para ele e disse: "Olha aí esse cara! Pensa que é Raul Seixas!". A partir dali, Raul passou a frequentar as galerias do centro, um barato afim com seu longo amor pelas células de resistência das grandes cidades.

Em busca de amarras conceituais para o disco que estava urdindo, *Metrô linha 743*, "totalmente em branco e preto", Raul saiu buscando um jeito de "juntar uma concepção visual à concepção musical" no LP com "música preto e branca. Tudo madeira, vozes, só o baixo é elétrico. Não vai haver o colorido condicionado dos clichês de violinos nem de guitarras elétricas. Foi por aí que Raul deu de cara, certo dia, com os rapazes da banda paulistana de *rockabilly* Coke Luxe. Além de adorar o som que faziam, Raul adorou o sapato de duas cores, branco e preto, do vocalista Eddy Teddy (Eduardo Alberto da Silva Pereira). Raul imediatamente os convidou para tocar com ele na turnê, e capturou dois de seus integrantes, Eddy e o baixista Little Piga (Luiz Fernando Jimenes de Barros) para uma imersão no universo de Raul Seixas em sua casa no Brooklin. Os dois foram. Raul pôs uma fita VHS de Jerry Lee Lewis para tocar, serviu umas pipocas, um vinho. Sentaram no sofá para assistir. Não deu quinze minutos de filme e Eddy notou que Raul tinha encostado a cabeça no seu ombro e roncava profundamente. Tinha adormecido.

No dia 26 de fevereiro de 1983, no estádio da Sociedade Esportiva Palmeiras, Raul fez um dos poucos shows memoráveis dessa fase: um concerto exclusivamente dos seus hits fundacionais do rock 'n' roll, como Arthur Crudup, Carl Perkins, Chuck Berry, Gene Vincent e Tex Davis, além de country (Lee Morris) e jazz (Louis Alter e Eddie De Lange). Há estimativas de que teria sido visto por 10 mil espectadores. Gravado pelo Estúdio Eldorado, o show foi lançado como um LP no ano seguinte, com o título de *Ao vivo: Único e exclusivo*.

Perto ou longe dos holofotes, o legado de Raul nunca poderia ser acusado de causar ou promover a indiferença: naquele mesmo ano, um pastor da Igreja Evangélica Quadrangular causou espécie ao promover sessões de exorcismo em pleno coração do Rio de Janeiro ao som de "Rock do diabo", de Raul. Acompanhado de uma banda, o pastor arregimentou mais de trezentas pessoas que se confessavam "possuídas", entre a avenida Borges de Medeiros e a rua da Praia, e passou mais de quatro horas, entre o meio-dia e as quatro da tarde, com o sol a pino, tirando o diabo de seus corpos, enquanto o grupo musical atacava os versos da canção de Raul. A música, alta e estridente, se espalhava a até quinhentos metros de distância, o que chamou a atenção da imprensa carioca.

O disco de carreira de 1983, *Raul Seixas* (Eldorado), iria apresentar um Raul agradavelmente saudável na capa, com a mão no cabelo, sorriso doce. Para o encarte, ele mesmo fez uma colagem de fotos de família, festas e shows e, no pé da página, selecionou uma foto em um quarto de hospital. O disco traz um clássico instantâneo inesperado (e fora dos padrões até mesmo para o repertório largo de Raul): "Capim Guiné", parceria com um baiano até então desconhecido, Wilson Aragão. Um ano antes, Raul passeava em Piritiba (a 316 quilômetros de Salvador), no sertão da Bahia, tentando desintoxicar-se das influências urbanas. É uma cidade no pé da chapada Diamantina, um desses lugarejos que se comprimem em torno de uma igreja caiada, com barracas que vendem linguiça com macaxeira, caldo de xibiu, espetinho de carne-seca.

Raul deu um giro sobre as botas, entrou na praça Getúlio Vargas e subitamente ouviu o som de uma banda que ensaiava para participar do festival de música da cidade. Ele estava justamente em busca de um som ligado às coisas do sertão. Enquanto as violas vibravam, era como se Raul ouvisse um sinal do destino: escutou os versos de "Capim Guiné" e quis a canção imediatamente para si. Para o compositor, Wilson Aragão, aquilo não foi, como se pensa, uma bênção logo de cara. Ele gostava do anonimato, tinha uma vida pacata no anonimato. "Caiu 80% meu poder aquisitivo. Eu estava muito bem como chefe de recursos humanos em grandes empresas. Entrei em lutas populares e tudo mudou", conta Wilson Aragão, revelando que o sucesso da música o tinha impulsionado para uma frente de combate inesperada. "Capim Guiné" foi gravada, desde então, por mais de cinquenta artistas.

Três anos antes, Aragão tinha feito uma canção para a Fazenda Folha Branca, no morro do Chapéu, que era do seu pai. A ditadura militar, sabedora de que o pai de Aragão fazia oposição ao regime, ordenou uma grilagem de terras e tirou tudo o que o velho tinha. Wilson fez uma canção para desabafar, em que animais e plantas eram metáforas de políticos. Ela é cantada até com certa raiva. "Com muita raiva fiz tudo aqui sozinho", diz a letra. "Agora veja, meu compadre, a safadeza, começou a malvadeza, todo bicho vem pra cá", diz ele, referindo-se aos grileiros.

O gerente do banco, o delegado da cidade: ninguém se importou com a sorte do velho Aragão. Restou fazer uma música para denunciar, de forma cifrada, o grande conluio da tirania e cumplicidade com o malfeito. A fazenda, na versão de Raul, virou o "sítio do sertão de Piritiba" da canção. Quem encaixou Piritiba na música foi Raul Seixas. "Vamos botar o nome de sua terra, bicho! Tua terra vai ficar famosa. Você vai ver, Piritiba vai ficar famosa no Brasil todo", disse Raul Seixas a Aragão. "Tá vendo tudo e fica aí parado/ Com cara de viado que viu o caxinguelê".

"Comprei um sítio/ Plantei jabuticaba/ Dois pés de guabiraba/ Caju, manga e cajá" — assim era a letra original de Wilson Aragão. Raul, na falta de uma rima frutífera, inventou de misturar a guabiraba original de Aragão com a Pindaíba que bebia, e virou "guataíba", que não existe. O compositor disse que seus colegas agrônomos de Cruz das Almas vieram até ele com um compêndio de frutas e legumes e mostraram: "Aqui tem quase tudo que existe no mundo de fruta. Olha, guataíba não existe não", disseram.

Quando estava no estúdio para gravar o forró "Quero mais", Raul se lembrou da amiga Wanderléa e o marido, o guitarrista chileno Lalo Califórnia, que o tinham ajudado a se internar num hospital da Liberdade em um momento de saúde extremamente frágil. Ligou para a casa da cantora na Granja Viana. "Wandeca, você não gostaria de vir aqui ao Estúdio Eldorado para gravar comigo?" Wanderléa não pensou duas vezes. Logo, estavam os dois se divertindo juntos. "Raul Seixas cheio de amor convidou Wanderléa com toda a sua ternura para interpretarem juntos o casal 'tchan' em 'Quero mais'", escreveu o cantor no encarte do disco.

A canção "Carimbador maluco" foi a surpresa daquele período. O sucesso entre as crianças acabaria lhe rendendo um novo disco de ouro e a reaproximação com a Globo. "Pensei que, neste disco, finalmente não haveria nada para guruzar", disse o cantor. "E de repente pintou esse 'Carimbador maluco', que eu tenho certeza, as crianças vão adorar. E já estou eu outra vez metido no místico." Na verdade, a canção é mais politizada do que mística: Raul critica a xenofobia, que faz erigir fronteiras, muros, para separar os povos, e a dificuldade de se transitar com liberdade entre as nações. *Plunct plact zum* é uma onomatopeia de *comic book* usada largamente na série de TV *Batman*, da ABC, com Adam West.

A mitologia de Raul Seixas nunca cessava de espalhar suas histórias, e elas podiam acontecer a qualquer momento e em qualquer rincão do país. No começo dos anos 1980, Antonio Cecchin Jr., o Leivinha, tinha 28 anos. Ele gostava de rock e tinha realizado, em 1975, o maior festival ao ar livre do país: o Festival de Águas Claras, em uma fazenda no interior de São Paulo, em Iacanga (a 380 quilômetros de São Paulo), a Fazenda Santa Virgínia. Uma de suas lembranças mais genuínas da música era ter visto Raul Seixas na antiga loja Hi-Fi da rua Augusta, templo da música até os anos 2000, quando fechou as portas. Vivendo em um casarão de fazenda no interior de São Paulo, Leivinha estava com uma ideia bem determinada do que queria para fazer a segunda edição do Festival de Águas

Claras, em 1981: queria ver Raul Seixas no palco. "O pessoal não queria que eu levasse Raul. Ele já tinha uma reputação de maldito, diziam que não levaria público. Mas eu disse que o cast era meu e foi uma coisa de louco."

Leivinha foi a uma reunião com Raul em seu apartamento, para oficializar o convite. O baiano não fez exigência alguma, não pediu aquelas coisas de toalha e comidas exóticas. Apenas apertou a mão do visitante e assinou o contrato. No dia do show, Raul chegou ao Festival de Águas Claras com seu entourage e rumou para os fundos do palco. A casa da fazenda, o bunker do organizador, ficava a duzentos metros do palco principal, então Leivinha foi buscá-lo para conhecer a casa. "Quer um cafezinho, Raul?", perguntou Leivinha. "Rapaz, não tem vodca?", retrucou Raul. Não tinha, então Raul brincou um pouco por ali, jogou conversa fora com músicos e técnicos e depois voltou ao seu camarim.

De tardezinha, o velho Lua, Luiz Gonzaga, baixou na casa de Leivinha a convite do pai do promotor do festival, Antônio. O velho Antônio queria que Gonzagão tomasse uma pinguinha artesanal que mantinha em pequenos tonéis ali na sede da fazenda. Raulzito soube da reunião e voltou à propriedade para tomar uma pinga. Provavelmente foi esse o único momento em que Raul Seixas se encontrou com um dos mitos fundadores de sua música: o sanfoneiro Gonzagão.

O Festival de Águas Claras tinha ganhado a reputação de ser a versão brasileira de Woodstock. Jovens de todo o Brasil rumavam para Iacanga com a certeza de que ouviriam um dos mais ecléticos elencos da história da MPB, um leque que ia de João Gilberto a Novos Baianos. Caminhonetes F-1000 e fuscas com latarias pintadas cheios de dezenas de jovens nas carrocerias e bancos traseiros atravessavam o país para a festa. Como se tratava de um festival contracultural, Leivinha sabia que não podia haver nome mais simbólico para pisar aquele palco que o de Raul Seixas (ele não esteve na edição de 1975, mas participou de três das quatro edições, em 1981, 1983 e 1984).

O show de 1981 resultaria num registro histórico que rendeu um disco ao vivo. A ideia da "Sociedade Alternativa", lançada seis anos antes, tinha virado um mantra entre os jovens alternativos brasileiros, e a canção de Raul já era um hino. E foi em uníssono que os jovens da plateia receberam um dos maiores ídolos da música popular, Luiz Gonzaga. Que respondeu ao chamado. Pouco antes de entrar no palco, Gonzagão foi recepcionado por uma grande cantoria "Viva, viva, viva a Sociedade Alternativa!". Anunciado pelo locutor, o velho Lua ficou divertidamente surpreso com a recepção, e não perdeu o rebolado:

— Hey festivalzão de lascar! Tem gente aí? Mas tem muito bicho também, né? Agora vocês têm que me aguentar um pouquinho... Porque o negócio aqui... tem até violeiro. Mas tá bom, tá bonito. Para mim uma surpresa formidável, nunca vi isso na minha vida; esse Brasil tá revirado, meu filho. Essa aí é que é a Sociedade Alternativa, é essa aí? Então Raul Seixas deixa eu estar com a razão. Eu também estou me alternando.

Na segunda vez que foi ao festival de Águas Claras, em 1983, Raul já chegou mais alto, conta Leivinha. Desafinou, cantou pouco, deixou a banda tomar conta. Na terceira, estava ainda pior. "Talvez já estivesse doente", diz o anfitrião. Não são memoráveis as lembranças dessas duas edições. Mas 1981 entrou para seu rol de grandes shows ao vivo. Mesmo em fase de baixa, sem contrato com gravadora, sem disco novo no bolso do colete (o mais recente tinha sido *Abre-te Sésamo*, em 1980, pela CBS/Sony Music), ele mostrava o poder de sua reputação. Talvez justamente por ter rompido essa cadeia de produção em massa, ele estava fazendo algo para o qual nem se julgava talhado: grandes shows (houve outro, o da praia do Gonzaga, em Santos, em 1982, considerado fenomenal).

O cartaz de divulgação do evento, que ocorreu entre os dias 4 e 6 de setembro de 1981, registra um elenco estelar: Gilberto Gil, Luiz Gonzaga, Alceu Valença, Moraes Moreira, Hermeto Pascoal, entre outros. Mas não o nome de Raul Seixas. O que leva a crer que a contratação do roqueiro para o festival pode ter se concretizado na última hora. Mas ele não decepcionou. Parecia procurar um reencontro com sua própria história. Tinha assinado um pré-contrato para fazer um disco na gravadora Eldorado, de São Paulo, ligada ao grupo empresarial que editava *O Estado de S. Paulo* e o *Jornal da Tarde*. Parte da imprensa, motivada por essa pauta compulsória, falava em "volta por cima" de Raulzito.

Em meados de 1981, o mundo acompanhava como numa novela de TV aquilo que as cadeias de notícias definiam como "moderno conto de fadas": o casamento da professora Diana Spencer com o príncipe Charles, da Inglaterra. Pela TV, 750 milhões viram a cerimônia, na Catedral de St. Paul, para 3500 convidados. A soprano neozelandesa Kiri Te Kanawa cantou "Let the Bright Seraphim", do *Sansão*, de Händel. Michael Jackson, amigo da princesa, gravou canções especialmente para suas obras de caridade. Havia uma espécie de dianamania no mundo, e a gravadora CBS convidou Raul para uma conversa. Raul contou que queriam que ele fizesse um disco em tributo à princesa, diziam que pegaria muito bem, mas que ele teria se recusado. Como insistissem, rompeu o contrato, demitiu-se. Pode não ter sido bem assim, Raul era mestre em enfeitar esses causos.

Em 1983, Raul chegou à conclusão de que deveria escrever, ele mesmo, uma espécie de testamento escrito. Mas não tinha tempo nem saco para isso. Foi então que resolveu publicar, pela Shogun, editora do ex-parceiro Paulo Coelho (que era tocada pela mulher deste, Christina), o livrinho *As aventuras de Raul Seixas na cidade de Thor*, de 72 páginas apenas, reunindo textos e desenhos de infância, alguns apontamentos inéditos e letras. O livro é dividido em duas partes: a primeira traz o diário de Raul dos sete aos catorze anos; a segunda, contos que escreveu entre os doze e os 21 anos. O prefácio foi escrito por Paulo Coelho, que tinha lançado um ano antes, pela mesma casa editorial, aquele que é considerado seu primeiro livro, *Arquivos do inferno*, com prefácios de Andy Warhol, Artur da Távola e Jimmy Brouwer, entre outros. Antes, Paulo publicara peças e ensaios. Andy Warhol, que Paulo conheceu numa exposição em Londres, jamais leu o livro do brasileiro. Fez o texto na brodagem (ou Paulo simplesmente o inventou).

No prefácio para o livrinho de Raul, Coelho e sua projeção futurista em relação ao que aconteceria em 2020 soam risíveis hoje. Há também um erro crasso de citação logo no início do texto: "Blade Runners. Ano de 2020 na cidade de Thor. Os caçadores de androides saem da cabeça de William Burroughs e invadem as ruas superpopulosas, em busca de suas vítimas. A terra sacode-se nos eixos, já não há mais espaços".

Bom, William Burroughs não criou caçadores de androides, mas sim Philip K. Dick. Estamos à beira de 2020, e o problema não é de espaço nem de tecnologia, mas de avanço da Idade Média comportamental e política. E prossegue o prefácio:

> Brasil 1955. A cidade de Thor começa a ganhar contornos entre as colinas e praias de Salvador. A Quarta Dimensão está definitivamente plugada no Universo-Terra, mas poucas pessoas são capazes de perceber o fenômeno. Raul Seixas, com treze anos, estabelece contatos imediatos com esta Quarta Dimensão e começa a escrever os cadernos/documentos. Tudo que nossa geração vive naquela época vai sendo registrado pouco a pouco por Raul.

Uma certa preguiça meio laudatória e o apressado do processo fizeram com que o livro não alcançasse repercussão alguma, e logo virou matéria do culto de colecionadores (vale até 2 mil reais a essa altura nos garimpos de preciosidades).

Quando Raul parecia estar na lona, nocauteado, ele se reerguia feito um Stallone ensanguentado, e voltava a ficar em evidência. Nem sempre era com alguma ação pirotécnica, às vezes era sua própria habilidade em burilar algumas coisas que mexiam com afetos diversos da memória nacional. Foi assim que surgiu a modinha "Lua cheia", que acabou integrando a trilha sonora da novela global *Guerra dos sexos*, de Sílvio de Abreu, tema da personagem Carolina. O baiano impunha uma nova ousadia aos fãs tradicionais, pois há nessa modinha um sabor das fortes fundações de Chiquinha Gonzaga no clássico "Lua branca", assim como uma reverência a Catulo da Paixão Cearense. Raul sempre colocava como argamassa nas pedras fundamentais de suas canções elementos de informação cultural, histórica, estética. Na letra de "Lua cheia", ele anotava, gaiatamente, que a palavra "Luar" era "Raul" de trás para frente, como se frisasse um destino incontornável. Kika definitivamente não emergia da música como uma musa plácida:

Mulher, tal qual lua cheia
Me ama e me odeia
Meu ninho de amor
Luar é meu nome aos avessos
Não tem fim nem começo
Ó megera do amor!
Você é a vil caipora
Depois que me devora
Ó jiboia do amor!
Negar que me cospe aos bagaços

Na mesma medida em que desfrutava de compreensão imediata, às vezes Raul também enfrentava a incompreensão. Um artista que tinha sabido utilizar habilmente a mídia em seu favor, ele podia também ser acusado de cooptação pelo fantasma do entretenimento. A gravação da música "Carimbador maluco (Plunct plact zum)" para a TV Globo suscitou reações iradas de fãs mais radicais, numa era pré-*haters* de internet. Principal música do programa infantil *Plunct, Plact, Zuuum*, desenvolvido por Augusto Cesar Vanucci, que falava em "fugir do esquema da babá eletrônica", o tema parecia um conceito "fofinho", alheio ao mundo do roqueiro de cara feia e bandido que deveria ser a regra, conforme suas concepções do gênero.

Raul Seixas teria se vendido ao Monstro Sist (Monstro Sistema, que denunciara lá no acossado encarte em quadrinhos de *Krig-ha, bandolo!*). Mas era outro julgamento precipitado: Raul Seixas "injetara" na letra da canção um diálogo intertextual com o texto anarquista de Pierre-Joseph Proudhon, considerado o precursor do anarquismo moderno, morto em 1865. *Idée générale de la révolution au XIXe siècle* (1851), de Proudhon, consistia em uma ácida crítica à burocracia imposta pelo Estado. Na música, Raul Seixas canta: "Tem que ser selado, registrado, carimbado/ Avaliado, rotulado se quiser voar!/ Se quiser voar.../ Pra Lua: a taxa é alta/ Pro Sol: identidade/ Mas já pro seu foguete viajar pelo universo/ É preciso meu carimbo dando o sim/ Sim, sim, sim!".

Já o texto de Proudhon dizia o seguinte: "Ser governado é ser guardado à vista, inspecionado, espionado, dirigido, legislado, regulamentado, identificado, doutrinado, aconselhado, controlado, avaliado, pesado, censurado, comandado [...] anotado, registrado, recenseado, tarifado, selado, tosado, avaliado, cotizado, patenteado, licenciado, autorizado, apostilado, administrado, impedido, reformado, endereçado, corrigido [...]". Raul se aproveitou da própria dinâmica do texto de Proudhon, conferindo-lhe leveza estética e invólucro pop.

O inesperado sucesso da música de Raul era enriquecido por um videoclipe de maluco sob controle, Raul de capacete laranja com hélice, capa e gravata, um agente de alfândega dos voos da imaginação alheios, que invadia um dos programas de maior audiência da Rede Globo. "As crianças não podem me ver na rua que já gritam: olha ali o carimbador doidão!", brincava Raul, surpreso com o inesperado público. Mas aquilo teve um sacudido efeito colateral: o sucesso da música da Globo acabou engolindo o próprio disco de carreira do baiano naquele ano,

Raul Seixas (Eldorado, 1983). O disco ficou um tanto relegado pelo público, o que levou a Eldorado a incluir posteriormente a música "Carimbador maluco (Plunct plact zum)" apressadamente nos discos, para atrair os compradores. Todo o disco de carreira acabou ficando conhecido como *Carimbador maluco*, havia até um selo que a gravadora colava na parte inferior da capa do álbum.

O álbum do ano merecia uma audição mais cuidadosa. A verve de Raul está afiada, seu sarcasmo está salivando. "Cheira fecaloma/ E canta La Paloma/ Deixa meu nariz em paz", ele diz, desafiador, na versão que fez para "Slippin' and Slidin'", sucesso de Little Richard em 1956. Fecaloma é como a medicina chama a massa de fezes que às vezes se acumula no reto ou no intestino, causando constipação. "La Paloma" é uma popular balada espanhola de derramamento romântico. A composição original "Slippin' and Slidin'" é de Edwin Bocage, Al Collins, James Smith e Little Richard.

Dessa linha também é "Babilina" (versão escrachada de Raul para "Bop-a-Lena", de Ronnie Self, de 1958), um apelo do amante para que a garota de programa por quem está apaixonado largue o trabalho no bordel para lhe dar atenção. "Quando cê chega com a bolsa/ Entupida de tutu/ Eu imagino quanta gente/ Se deu bem no meu baú." Os pianos ao estilo *stride*, sulista, envenenam o som de canções irresistíveis, como "DDI (Discagem Direta Interestelar)". Raul se investe da persona de Deus para dar uma ligadinha para os que foram feitos aqui à sua imagem e semelhança e lhes passa um sabão: "Não é só novena, terço e oração/ Em vez de resmungar/ Eu quero é ver/ Vocês em ação".

Seis músicas são coescritas por Kika Seixas. Raul regrava a sua música inaugural, de 1972, "Eu sou eu, nicuri é o diabo", dessa vez turbinada por uma seção de metais que inclui três saxofones, dois trompetes e um trombone, além do *bandoneón* do uruguaio Oldimar "Pocho" Cáceres, orquestrador, regente e músico que viveu quarenta anos na cidade de São

Paulo. Armandinho Ferrante tocou um sintetizador Korg Polysix nas faixas "DDI" e "Segredo da luz".

Raul estava numa fase de estudada disciplina nos dias em que gravou o disco nos estúdios da Eldorado na rua Major Quedinho, no centro de São Paulo. Ele só não estava com disposição para fazer as fotos de capa e contracapa. O diretor de arte da gravadora, Ariel Severino, levou cano algumas vezes na tentativa de levá-lo a estúdios alugados para as fotos. Até que um dia ele ligou e Severino foi encontrá-lo em sua casa para conversarem sobre o conceito. Raul vivia nos Jardins, em São Paulo. Desceu do apartamento e foram até uma padaria numa travessa da alameda Lorena para conversar. Ariel ficou pasmo: Raul estava tremendamente relaxado, concentrado, e pediu um copo de leite ao balconista.

Alguns dias depois, Raul chegou vestido com uma roupa de couro azul ao estúdio do Suplemento Feminino do jornal *O Estado de S. Paulo*, na Marginal do Tietê, onde fariam as fotos. Raul acabou fazendo aquela pose de impressionante placidez, escolhida por Ariel para a capa. O diretor também participou da estratégia de lançamento. Foi escolhido um local meio esnobe para a noite de gala: a boate Gallery, na rua Haddock Lobo, 1626. Estava tudo certo: a gravadora tinha montado uma espécie de *red carpet* para a imprensa, que esperaria o astro do lado de fora. Curiosos, transeuntes e fãs aguardavam atrás de grades espalhadas pelas calçadas. Raul escolheu a estratégia. "Eu vou de morto", disse, pedindo uma ambulância para levá-lo. A ambulância chegou com as sirenes ligadas. O humor ácido era a marca do baiano, e ele não o abandonaria por nada, nem mesmo pela bajulação dos bacanas dos Jardins.

A nova centelha de sucesso desse ano é que desembocaria no promissor contrato com a Som Livre, gravadora da Rede Globo, para fazer *Metrô linha 743*. Faltava, contudo, material suficiente para encarar o desafio. Numa noite quente paulistana, em novembro de 1983, Raul e Kika começaram a conversar sobre a tarefa que Raul tinha pela frente. Ele tinha composto então apenas a música que batizaria o álbum, "Metrô linha 743". O nome dessa canção não tem uma lógica aparente, apesar de suscitar relações com números da cabala e coisas do tipo. Raul tinha acabado de conhecer o metrô paulistano, e se surpreendera com sua limpeza. "Só conheço o metrô de Nova York", disse, enquanto causava espécie nos passageiros, que não acreditavam que ele estivesse ali no vagão com todo mundo num dia de semana. O proprietário da loja de discos Hi-Fi, da rua Augusta, que o conhecia de longa data, parou para puxar conversa. Ele queria dar um título ao disco que ecoasse dois trabalhos que ele curtia de dois ídolos: *Highway 61 Revisited*, de Bob Dylan, e *Chelsea Hotel #2*, de Leonard Cohen. O número é absolutamente aleatório.

Kika sugeriu que ele fizesse um disco básico, apenas voz e violão. Raul passou a noite acordado, ouvindo Leonard Cohen, Paul Simon e Bob Dylan. Pela manhã, decidiu: "Vamos ser eu e meu pedaço de árvore". Ela perguntou:

— Vamos viajar em *black and white*?

— Tá. Freira, Hitchcock, gestalt, urubu...

— Relógio de pêndulo.

— Esse disco é preto e branco. Cada um, como único que é, tem o direito de colori-lo como quiser... telegrama, *Sementes de violência*, *Jailhouse Rock*...

— Frasco de veneno com a caveira, "Metrô linha 743", Raul Seixas...

Não demorou e Raul já esboçara cinco novas parcerias com Kika. "A gente compunha sempre juntos. Quando um falava alguma besteira, ou saía uma rima boba, a gente brincava: 'sua mãe que escreveu isso, né?'", contou Kika. Ela também descobriu a frustração de ter algumas composições com o marido vetadas pela censura, como "Conversa pra boi dormir". Kika e Raul tinham então comprado um apartamento na rua Itacema, em São Paulo, e em janeiro de 1984 o casal viajou para os Estados Unidos em clima de prospecção, pesquisa, reflexão. O cantor queria sondar o mercado para lançar um sonhado disco naquele país e também acercar-se do que havia de mais entusiasmante na nova música americana, reabastecer as baterias. Ficou impactado pela audição dos novos álbuns de alguns velhos ídolos: Leonard Cohen (*Various Positions*, que continha o clássico "Hallelujah"), Paul Simon (*Hearts and Bones*) e o velho bardo Bob Dylan (*Infidels*). Também se disse impressionado com um videoclipe do Yes da música "Owner of a Lonely Heart" (o Yes, na época, passava do som progressivo para uma viagem mais pop). E passou a contar a história de que a versão para o inglês de sua canção "Gita" seria gravada pelo cantor folk Neil Diamond, compositor de "I'm a Believer" e autor da trilha do filme *Fernão Capelo Gaivota*, versão do livro do escritor Richard Bach (Kika tinha lido o livro e influenciara Raul a valorizar aquela literatura). Mais adiante, Raul e Kika comporiam "O Messias indeciso" sob inspiração do livro *Ilusões: As aventuras de um Messias indeciso*, de Richard Bach. "Esta letra é quase toda minha", orgulha-se Kika.

Em fevereiro, quando Kika e Raul voltaram ao Brasil, vieram acompanhados do músico inglês Clive Stevens, que era casado com Cristina Ruiz, jornalista amiga de Kika (Stevens também dizia que havia trabalhado com a banda inglesa Manfred Mann, mas só tinha integrado uma seção de metais da banda em 1969) e com o poeta, cantor e compositor Júlio Barroso, da Gang 90. A gravadora Som Livre aprovou a ideia de Clive tocando no novo álbum de Raul. Raul ligou para a casa de Rick Ferreira para apresentar o gringo ao guitarrista. Dizia que o cara "tinha muito cartaz lá nos Estados Unidos", que tocava sax, flauta e percussão e que ficaria às expensas da gravadora ali até terem concluído sua participação no novo disco, *Metrô linha 743*. "Começamos a gravar e nada acontecia, tudo que o cara tentava fazer, todas as ideias eram ruins e o pior, o cara não conseguia executar as próprias ideias que tinha", contou

Rick. Depois de algum tempo, Rick chamou Raul num canto e assoprou: "Raul, esse cara é bicão! Ele nem músico é, esse cara te enrolou e você caiu na dele!".

Quando chegou a hora de gravar a música "Meu piano", Rick e Raul se entreolharam. "Essa música tem que ter um solo de sax. Será que finalmente esse cara vai dar conta? Ou vai ser nessa música que mandamos o cara embora?", disse Rick. E eis que finalmente o convidado conseguiu executar um brevíssimo solo. "Meu sax é freudiano", brada Raul após o solo de Clive. "Meu saxofone no lugar", ele canta, rindo ironicamente. Pelo tempo que demorou a contribuição, e pela frustração do resultado, Rick começou a chamar aquilo de "o solo de sax mais caro da história". Para substituir Clive, convidaram o tecladista paulista Ricardo Cristaldi de forma meio emergencial. Cristaldi, que tinha produzido o primeiro disco de Wando, *Ilusão* (1977), entrou no estúdio da Som Livre e cumprimentou os técnicos, que conhecia bem (produzia jingles no estúdio Vice-Versa). Quando chegou a Raul, disse: "E aí, Raul? Tudo bem?". E Raul, que estava tiririca com a situação, rebateu: "Tudo bem um caralho! Eu trouxe um superprodutor americano, mas a Som Livre o mandou embora. E chamaram uma porra de um tal Ricardo Cristaldi de que eu nunca ouvi falar!". Só uma hora depois é que Raul se daria conta de que tinha se queixado para o próprio Cristaldi, mas o trabalho prosseguiu e eles nunca mais tocaram nesse assunto (é Cristaldi quem toca o sintetizador Roland Juno 60 na faixa--título do disco, e a marcação fabulosa do baixo é do velho parceiro Paulo Cezar Barros).

Algumas canções são mais piegas do que Raul tradicionalmente permitia que fosse, como "Quero ser o homem que sou (Dizendo a verdade)", com um andamento e coro de gospel evangélico e o onipresente Chiquinho de Moraes ao piano. Manoel Francisco de Moraes Mello, o Chiquinho de Moraes, tinha deixado sua marca na música brasileira desde a pré-história do rock, nos anos 1950, quando tocou piano para Celly

Campello em "Banho de lua" e "Estúpido cupido". Nos créditos do disco *Metrô linha 743*, Raul dispara um novo torpedo contra um velho ex-parceiro, escrevendo na lista de agradecimentos o seguinte nome: "Paulo 'Cu' Coelho".

Como a Som Livre tivesse sede no Rio, Raul então passou a ir com mais frequência à Cidade Maravilhosa, que tinha deixado de visitar. Nessa época, durante um show no Circo Voador, encontrou no palco pela primeira vez um colega, conterrâneo e fã que o tinha como um guru absoluto: Marcelo Nova. Pode-se afirmar que Marcelo Nova foi forjado do mesmo DNA que sintetizou Raul Seixas. Ele tinha sido contaminado pelo rock em Salvador, nos anos 1970, quase que da mesma forma que Raul, encarando o gênero como um elemento de resistência existencial. Tinha sido disc jockey do programa *Rock Special* na rádio Aratu, em Salvador, tocando apenas coisas pesadas: Led Zeppelin, Hendrix, Sex Pistols e Buzzcocks. E, nos anos 1980, em plena ascensão da *axé music*, no auge do movimento de "vamos abrir a roda, enlarguecer", Marcelo criou a banda punk Camisa de Vênus, com os guitarristas Karl Hummel e Gustavo Mullen, o baixista Robério Santana e o baterista Aldo Machado. Sua vocação inata para a anarquia e o próprio sucesso na Bahia, que ficava pequena para sua reputação, o empurrou para o Rio de Janeiro, que ele chamava jocosamente de paraíso do "rock de bermudas", e barbarizou. "Meu único objetivo era esculhambar, com toda a arrogância que nos davam direito nossos vinte e poucos anos", afirmou Nova. Ele repetia a fala de Raul em um show em Juiz de Fora, em 1983: "E eu não quero cantar, eu só quero esculhambar".

Marcelo achou que Raul o rejeitaria. "Pensei que fosse brincadeira quando falaram que Raul estava indo ao show para me conhecer. Ele espinafrava aquela geração dos anos 1980, não entendia por que eu seria uma exceção", contou Marcelo. Raul olhou para Marcelo e já sabia que ali estava um sujeito feito do mesmo material que ele. Os dois juntos seriam a junção da fome com a vontade de comer, e qualquer astrólogo de jornal de bairro não hesitaria em fazer a previsão dessa reunião para um período muito próximo. Ao apresentar Raul como convidado em seu show em Salvador, Marcelo berrou: "Quatro anos sem pisar num palco! Viva Raul!".

Ali mesmo naqueles dias, hospedado no Praia Ipanema Hotel, Raul ligou para o guitarrista Rick Ferreira para que fosse vê-lo. Juntos no quarto do hotel, começaram a arriscar uns acordes e uns versos numa nova parceria. Acabou saindo "Mas I love you (Pra ser feliz)", que Raul queria oferecer a Kika. A composição, na verdade, é apenas uma meia-sola na canção "Here Tonight", de Gene Clark, que integra um disco chamado *Roadmaster*, de 1973, em que Gene se faz acompanhar pelos Flying Burrito Brothers (Raul tinha mencionado o grupo numa encomenda que recebera do amigo norte-americano, Dan Dickason, anos antes). O baiano passava por um momento, na vida pessoal, em que sentia que seus excessos estavam levando a mulher para longe, estava à beira da separação. No álbum, Raul, como sempre, esquece de dar um eventual crédito para a composição original, o que atiçou a fúria dos caçadores de plágio. Mas o fato é que a letra de Raul é maravilhosamente debochada e original, sobrevive à acusação de apropriação indébita sem escoriações. "Soldado ou bancário,/ garçom ou chofer,/ eu paro de ser!/ De ser cantor?/ É só dizer!/ Pra não morrer/ meu único amor/ eu largo o que sou,/ Vou ser zelador/ De um prédio qualquer/ Sentado ao portão,/ o portão dos sonhos que você sonhou."

"Mamãe eu não queria", que tinha sofrido censura pelo regime militar, é uma das subversões mais abusadas de Raul em *Metrô linha 743*, com suas baterias dirigidas para o serviço militar obrigatório. É mais do que inspirada em "I Don't Wanna Be a Soldier Mama", de John Lennon (do disco *Imagine*, de 1971), "ainda que com versos e música inéditas", segundo analisou Kika Seixas.

O produtor e compositor Roberto Menescal analisava essas apropriações e empréstimos de Raul como uma espécie de talento antropofágico nato, dizendo que ele "pegava aquelas músicas da parada e [dizia] 'vou fazer uma música por aqui'". Isso não significava cópia, segundo Menescal. "Essa habilidade dele vale muito porque você pega um negócio, copia a ideia da coisa e vai bem. Ele era mais por aí, do que criar a música do nada. Era o produtor que se baseava nas coisas que funcionavam. A imagem do Elvis Presley mesmo, ele não criou o 'Let Me Sing' do nada, mas baseado numa informação. Adaptava ao Brasil." Já o parceiro Cláudio Roberto declarou ter ouvido de Raul que aquilo configurava uma espécie de colonialismo às avessas. "Não tô roubando, não! Estou desapropriando", lhe teria dito Raul.

É curioso notar que Raul, embora tenha uma dezena de apropriações do tipo em sua carreira, nunca foi acusado formalmente de plágio. Como se desfrutasse de uma espécie de salvo-conduto dado não apenas pela iconoclastia, mas também pela capacidade de transcriação que demonstrava em cima das fundações dessas músicas que tomava emprestadas. O próprio Raul parecia imantado de uma garantia de metabolismo capaz de resgatar canções esquecidas ou revisar hits recentes com um sabor totalmente novo, totalmente seu.

No período de *Metrô linha 743*, Raul estava numa gangorra de instabilidades. Em outubro, o colunista Ferreira Neto, da *Folha da Tarde*, noticiou que ele estaria internado em coma no Hospital Albert Einstein. A internação foi desmentida pela gravadora, que só informou que a saúde de Raul não estava lá muito boa — e tampouco seu humor, pois teria brigado com o todo-poderoso Boni, diretor superintendente da Globo. O disco tem duas regravações, "Eu sou egoísta" e "O trem das 7", o que sugeria que Raul não tinha um lote de canções suficientes para um LP e resolveu revisitar a própria obra.

"Raul não era irreverente: detestava este título que deram a ele. Era seríssimo em relação a seu trabalho e sua família, sem nunca ter perdido a ironia e o ridículo dos valores impostos. Era bom pai, cuidadoso na proteção da família, e vivia as 24 horas do dia dedicado à sua arte, a qual fazia parte quase total de sua vida", escreveu Kika, em 21 de julho de 1995. A quarta companheira era perspicaz, organizada, autossuficiente, com trânsito fácil pelos bastidores do showbiz. Kika engravidou, mas disse a Raul que não se importaria de fazer um aborto, não estava tão convicta de que queria ser mãe novamente. Mas Raul rejeitou totalmente a opção, queria muito ser pai de novo. Assim, nasceu Vivian Costa Seixas, em 1981, no hospital Matarazzo, em São Paulo. Curiosamente, o nome, que era uma homenagem à atriz Vivien Leigh, de ... *E o vento levou*, conectava sua terceira filha com a segunda, Scarlet (Scarlett O'Hara era o nome da personagem que Vivien Leigh interpretava naquele filme). Quando os pais se separaram, Vivian tinha quatro anos. Quando o pai morreu, tinha sete. Ainda assim, conforme ficava adulta, passou a demonstrar grande familiaridade não só com as proposições artísticas do pai, mas também com um projeto de continuidade.

Naquele mesmo ano, após briga feia com a mulher, Kika, a situação de Raul complicou-se um tanto mais. Kika quebrou seu violão e o expulsou de casa. Raul baixou no apartamento de um velho amigo no Leblon, o paraibano Zé Ramalho, para pedir abrigo. Não chegou alopradamente, ligou antes. Zé lhe disse que não tinha problema, podia lhe oferecer asilo por uma noite. Raul chegou na sexta-feira à noite com uma garrafa de champanhe e duas garotas de programa e ficou três noites, só saiu na segunda. Nesses dias, o que mais fizeram Raul e Zé foi tocar violão e cantar juntos. Raul chegara praticamente sem nada, sem bagagem. Numa das manhãs, o baiano vestiu uma das calças de Zé Ramalho e desceu do prédio para comprar medicamentos na Farmácia Piauí, que ficava em frente ao edifício onde Zé morava. O balconista da farmácia, vendo Raul Seixas entrar às sete horas da manhã com uma calça que parecia uma lona de circo armada (Zé Ramalho tem 1,83 metro, Raul tinha 1,70 metro) e pedir um vidro de Reactivan (uma espécie de suplemento vitamínico que era usado havia alguns anos como "rebite", substância para se manter acordado quando combinada com bebida alcoólica), as sandálias saindo dos pés (Zé Ramalho calçava 41, Raul, 37) ficou entre divertido e estupefato. Começaram, Raul e Zé, a fazer alguns planos de gravar um disco juntos nos próximos anos, coisa que nunca ocorreu. "Não deu tempo. Não perguntei o motivo que havia deixado a Kika tão violenta, porque não gosto de fofoca", disse Zé Ramalho.

O relacionamento com Kika arrastou-se durante todo o ano de 1984, com algumas idas e vindas. No fim do ano, com o rompimento definitivo, Raul fez o que fazia habitualmente nessas ocasiões: voltava ao útero materno. Refugiou-se na casa da mãe, em Salvador, para recobrar as forças e pensar no que fazer a seguir. Ficava desnorteado sozinho. Mas as agitações soteropolitanas não poupavam um astro doméstico da sua magnitude e, um dia, o convidaram para um irrecusável sarau de poesia e política que rolaria num bar do Campo Grande. O *rocker* foi e não se arrependeu, como descreveu para um amigo sobre aquela noite: "Conheci uma loirinha igual a tua". A loirinha que ele tinha conhecido era miúda, cursara comunicação na USP, era politicamente avançada, agitadora cultural, vivia numa comunidade e já era mãe de dois filhos: Zinga e Suriá. A partir do início de 1985, Raul passou a viver com a garota que conhecera naquela noite, a fotógrafa Lena Coutinho, de uma família de artistas, dois anos mais nova que seu irmão Laerte Coutinho, um dos maiores cartunistas do país. O período com Lena, que foi até 1987, seria um período de revisão existencial e de algum intervencionismo — a fotógrafa o interditou judicialmente e tomou a frente de algumas de suas iniciativas profissionais, muitas vezes saindo no braço com alguns colaboradores mais próximos.

Nas músicas de Raul, transparecem relações muitas vezes edipianas com as mulheres de sua vida. A canção "Paranoia II" (Raul

Seixas/Cláudio Roberto/Lena Coutinho), do disco *Uah-bap-lu--bap-lah-béin-bum!* (1987), trata presumivelmente de uma crise de abstinência. Contam que ele fez a música inspirado em uma crise de abstinência, após a companheira esconder seus papelotes, e claro que é uma interpretação, porque Raul era mestre em diluir as experiências em uma poesia universal. "Eu vivo procurando em tudo quanto é lugar/ Nos bares, nas igrejas eu tentei encontrar/ Nos becos, nas esquinas, na lama e no pó/ Até no bolso do meu paletó/ Eu sei que essa coisa que eu tenho que achar/ Talvez tão perto que a mão não possa tocar/ Quem sabe uma gilete/ Talvez no coração/ Olhei até debaixo do meu colchão."

Raul desabafa na canção, de certa maneira, de um jeito misógino contra a companheira, a quem atribui a ocultação da coisa que procura ansiosamente: "Que triste sorte a minha, fui me apaixonar/ Por alguém que tinha um brilho estranho no olhar/ Caí na sua teia, serei a tua ceia./ Eu faço qualquer coisa/ Te dou tudo que eu tenho/ Por um pedacinho da paz que um dia eu perdi". Não demoraria muito se separariam em meio a um louco período produtivo do baiano.

Longe dali, trabalhando intensamente para mudar os rumos de sua vida, o ex-parceiro Paulo Coelho se esforçava em restabelecer uma sistemática de produção artística que assegurasse sua independência e o mantivesse afastado do intenso corpo a corpo do mundo do show business. O negócio da música não concentrava mais sua atenção exclusiva. Em 1982, ele abrira a própria editora, a Shogun Editora e Arte Ltda., com sede em Copacabana, e que era tocada por sua mulher, Christina Oiticica. O primeiro livro de Paulo foi *Arquivos do inferno*, de 106 páginas, em cuja capa aparecia ele mesmo, sentado a uma mesa, tendo à volta duas mulheres: uma era Christina, a outra Stella, amiga do início de sua trajetória com Raul. O livro reunia uma coletânea de artigos, dos provérbios de William Blake a noções de homeopatia e astrologia, além de manuscritos e alguns textos esparsos de Paulo.

Em um desses textos, "A verdade sobre a Inquisição", Paulo sustenta que a fonte de sua escrita era o espírito do inquisidor Tomás de Torquemada, que atuou nos tribunais do Santo Ofício no século XV. O biógrafo de Paulo Coelho, Fernando Morais, notou o simbolismo do negócio: a provável psicografia do livro é descrita pelo autor como tendo ocorrido "na noite de 28 de maio de 1974". Acontece que aquela noite foi justamente o momento em que Paulo, preso pelo Doi-Codi, foi conduzido algemado, com um capuz na cabeça, para ser torturado pela ditadura.

Mas o livro foi um fracasso, o que levou os editores (Paulo e Christina) a investirem em apostilas didáticas e outros títulos, além de um concurso de poesia com inscrições pagas. Foi esse último negócio que alavancou o caixa da editora, chegando a render mais de 300 milhões de cruzeiros na época (cerca de 13 milhões de reais hoje em dia). A editora também lançou alguns outros autores, como Neusinha Brizola (*O livro negro de Neusinha Brizola*) e o próprio parceiro escanteado, Raul Seixas (*As aventuras de Raul Seixas na cidade de Thor*).

Mas, para lançar uma nova aventura pessoal, Coelho preferiu uma relação mais profissional e de menor risco, e aí apareceu a editora Eco (que mais tarde também lançaria *Diário de um mago* e *O alquimista*, de Paulo Coelho, dois dos maiores sucessos editoriais do país). Foi por intermédio dela que ele publicou o controverso *Manual prático de vampirismo*, feito em colaboração com o paulista Nelson Liano Jr. (e de cuja pesquisa até hoje o engenheiro Toninho Buda reclama a coautoria). Coelho conhecera Liano Jr. quando este foi até sua casa para entrevistá-lo para a Revista de Domingo do *Jornal do Brasil*. O compositor tinha feito um curso de vampirismo em Londres e o jornalista que fora entrevistá-lo era iniciado no assunto. Acabaram conversando durante várias horas e Paulo Coelho, que queria lançar um livro ficcional na linha do misticismo borgiano, propôs a Liano fazerem juntos um livro sobre vampiros. Liano acabou escrevendo a maior parte do livro.

Manual prático do vampirismo tratava do vampiro como um arquétipo da ideia de imortalidade, com discussões sobre o poder e o fascínio da política.

Paulo Coelho, após fazer o Caminho de Santiago, em 1986, e publicar seu primeiro best-seller, *O diário de um mago*, tinha se reconciliado com sua fé cristã, e a retomada do catolicismo o fez renegar a produção anterior, especialmente aquela ligada à tradição do ocultismo. Ele procurou o antigo colaborador, Liano Jr., e disse: "Nelson, não quero mais meu nome no livro, vou pedir para recolher. Se você quiser reeditar, pode ir adiante". Nelson então reescreveu o livro e republicou, agora sem o nome de Paulo Coelho na capa.

Embora abrindo um outro flanco de negócios, Paulo não perdia o contato com o universo musical, fonte de uma renda bastante confortável — tinha 300 mil dólares na conta bancária, o que o tornava livre para avançar em seus planos literários. Tinha composto sucessos rentáveis, além dos que tinha em parceria com Raul — em 1982, por exemplo, em um disco póstumo de Elis Regina, *Trem azul*, constava a bem-sucedida versão que ele tinha escrito para a cantora. Era "Me deixas louca", música originalmente composta pelo mexicano Armando Manzanero. O parceiro mais controverso de Raul Seixas fazia a sua transição para o mundo da literatura, curiosamente o mesmo sonho original que Raul nutria quando ainda estava em Salvador, tornar-se um Jorge Amado, de camisa aberta no peito.

Prisioneiro do rock, Raul seguia causando. No dia 14 de abril de 1985, foi a vez do ABC paulista presenciar seu poder de desagregação. Ali sim, foi uma quase tragédia. Raulzito tinha sido contratado para fazer um show na casa Adrenalina. O local era um presunçoso bufê de shows todo envidraçado na avenida Caminho do Mar, 2980, em Rudge Ramos. A casa faria um seguro imobiliário na semana seguinte. Raul era a estrela do show de sexta-feira, enquanto a dupla gaúcha Kleiton e Kledir faria o de sábado. Tinham sido vendidos antecipadamente

4500 ingressos para o show — mas a casa superlotou ao final, com uma estimativa de 8 mil pessoas na plateia. O contrato estipulava dois Galaxies para transportar Raul e a então mulher, Lena Coutinho, e o outro para os músicos.

"Caraca, que loucura que foi aquilo! A gente tinha ido fazer o *soundcheck* de tardezinha", lembra o guitarrista Sérgio Zurawski. A banda que acompanhava Raul tinha ainda o guitarrista Tony Osanah, o Monsieur Parron na bateria, Olmair Raposo nos teclados e Fernando Mu, que era uma espécie de lenda do underground paulistano e guitarrista de preferência, no baixo. "O Mu estava substituindo o João Mourão naquele show", explicou Zurawski. Eles foram fazer o *soundcheck* de tardezinha. Passaram o som e voltaram para casa. Combinaram de se encontrar às 21 horas na casa do Olmair, para irem juntos para o show. Às nove da noite já estavam todos lá esperando o Raul e o dono da casa de shows, Hiran Fernando Borga Junior. O proprietário chegou, mas nada do Raul. Depois de muito tempo, Raul ligou e falou com o Tony, dizendo que não faria o show. Não explicou muito, simplesmente disse que não iria.

O dono do Adrenalina ficou lívido e o Tony, na pressão, resolveu ir com ele para a casa do Raul a fim de convencer o baiano a encarar o compromisso. Explicaram que o local já estava lotado, haveria complicação judicial, era melhor fazer o show. Passou um tempo e voltaram desolados, o Tony estava muito puto, Raul não iria mesmo. O guitarrista disse que o baiano não deu nenhuma justificativa plausível... Simplesmente estava muito doido. Um sujeito que se dizia filho do proprietário da casa ligou para a casa de Raul, ameaçando matá-lo se ele não aparecesse.

O dono do Adrenalina estava desolado, foi embora para casa. Os músicos também se mandaram. O que aconteceu depois eles ficaram sabendo pela repercussão. Ao ouvir que Raul não cantaria, a revolta foi generalizada. Relatam que houve mais de cem pessoas feridas (o jornal *Diário do Grande ABC* registrou vinte feridos, dois deles foram levados ao Hospital São

Bernardo). Os sessenta seguranças contratados para fazer a vigilância dispersaram os fãs com jatos d'água e pó químico. Mas a fúria não cessava, e a tropa de choque da PM teve que usar gás lacrimogêneo. Raul foi processado pelos empresários.

"Pra nossa sorte, ninguém tinha deixado o instrumento lá de tarde, pois parece que a destruição foi total. Bitcho, como diria o Tony, esse foi, ou melhor, NÃO foi meu último show com o Raul. Depois dessa, saltei fora", disse Sérgio Zurawski. A história fascinou o cineasta Tadeu Knudsen, que, em 1992, filmou com Rita Lee no papel de Raul Seixas o curta-metragem *Tanta estrela por aí*. "Tem mais é que fazer esse filme mesmo, porque Raul é o roqueiro com cara de bandido, é o bandido-mocinho, é o Maluco Beleza, não morre nunca", disse Rita Lee. Participaram ainda do elenco, sem cobrar cachê, Otávio Augusto, Cláudio Mamberti e Marisa Orth (como a mulher de Raulzito, ou Lena). Raul é mostrado como vítima de um político inescrupuloso em campanha eleitoral na cidade fictícia de Esperança, Nicolau Venceslau (Otávio Augusto):

— Eu não vou fazer essa porra desse show. Eu sou Raul, sou grande, vendi uma milha de discos.

— Ele vai fazer o show. Vai fazer sim. Convenço ele. Garanto sim — diz a mulher de Raul. — Agora dá pra você adiantar um pouquinho do cachê antes?

— Meg, desligue — ordena Raul. — Mande à merda — decreta o baiano.

Em outra cena, a mulher do roqueiro chega então à delegacia para soltá-lo. "Você tá maluco, esse aí é o Raulzito!", ela diz. Raul está sentado na cela cercado pelos policiais, à frente de uma pichação que diz: ABAIXO A REPRESSÃO, só que o pichador só chegou até o primeiro S de "repressão".

Naquele mesmo ano, 1985, Raul recorreria a um recurso que sempre o reposicionava no mundo: um retorno às origens, às motivações iniciais. Ele lançou então outro disco-tributo às raízes do gênero-matriz, o álbum *30 anos de rock* (Polygram).

E, mais uma vez, usou o sintetizador que já tinha causado a fúria dos cronistas oito anos antes, quando saiu *Raul Rock Seixas*. O sintetizador desse disco era tocado por Luiz Paulo, o piano por Zé Roberto. A capa é de novo do argentino Luiz Trimano. O jornalista Nelson Motta (num caso fabuloso de confusão de papéis de cronista e crítico de *O Globo*, produtor de festivais e parceiro de composições dos artistas sobre os quais escrevia) faz uma participação especial.

Exaurido pelas confusões, Raul então se refugiou no Sítio de Camboatá, em Salvador, para recuperar o fôlego e a saúde. Mas, solteiro e inquieto, entrou numa roda-viva de farras na capital baiana. Foi então que conheceu sua quinta mulher, Lena Coutinho. Ficariam juntos somente por um ano, mas Raul tinha encontrado um outro porto seguro. Na Bahia, ele voltou a circular entre os amigos. Sabendo que o antigo parceiro Thildo Gama, da primeira banda de sua vida, tocava aos sábados num bar chamado Pedra da Sereia, no Rio Vermelho, baixou lá com a nova mulher. "Quando cheguei, todo apressadinho e quase em cima da hora, instalei o som, testei e o garçom veio a mim e disse que desde cedo um casal queria me ver. Cheguei a olhar em direção à mesa, na parte interna do bar, e nem sequer sabia do que se tratava", contou Thildo. "Quando acabei de acertar o som, me dirigi até eles e tomei um tremendo susto: era o Raul em carne e osso, de óculos escuros, com os olhos inflamados e tomando um copo de uísque. 'Titilo!', me chamou."

O outro disco de Raul que saiu em 1985 foi mais uma brodagem de Sylvio Passos. O fiel escudeiro, de posse de um lote considerável de B-Sides e preciosidades de Raul, resolveu fazer um LP com edição limitada para levantar recursos para o ídolo. *Let Me Sing My Rock 'n' Roll* teve apenas mil exemplares prensados e ainda sofreu um acidente de percurso inusitado.

Em meados dos anos 1980, o garimpo de Serra Pelada, no Pará, tinha virado uma espécie de outdoor internacional da imagem do Brasil, aquela imagem louca de 80 mil garimpeiros trabalhando na lama, como se fosse um formigueiro humano. O garimpo no Pará começara no final da década de 1970 e vivia seu auge nos anos 1980, com a exploração concentrada a mais ou menos setecentos quilômetros de Belém. Durou aproximadamente onze anos. A certa altura, o dinheiro corria como os rios da região, mas a precariedade era igualmente caudalosa. Não havia lei nem ética nos negócios por ali. Surgiam os exploradores do mercado análogo ao garimpo, gente que levava entretenimento, produtos, ofertas de consumo de todo tipo e prazeres mundanos expressos.

Raul andava com dificuldades para fechar shows nas grandes cidades, passava por um período meio desconectado, para não dizer que estava quase encostado. Foi quando seu fiel escudeiro Sylvio Passos recebeu a ligação telefônica de uma moça que lhe propunha algo insólito: que tal um show de Raul Seixas no coração dos garimpos do Pará? "Queremos Raul Seixas, ele é superamado no garimpo", sussurrou a garota, que disse representar um dos empresários da noite do garimpo de Marupá, a mais de 1300 quilômetros de Belém. Não era algo tão fora de propósito assim, até a cantora Ângela Maria já tinha feito show em Marupá, argumentou a moça. Sylvio Passos achou insólito, mas levou a proposta a Raul, esclarecendo que seriam dois shows em dois garimpos distintos, teriam que permanecer um certo tempo na região. Raul não achou nem um pouco estranho, simplesmente amou a ideia, topou no ato. Não tinha contrato, não tinha nada, tudo apalavrado, mas ele pulou e já caiu sobre suas botas, já estava pronto para a epopeia, parecia que andara esperando por isso.

"O pessoal do garimpo me elegeu, queriam Raul Seixas para cantar. Nós pegamos o avião grande aqui, o avião foi diminuindo de tamanho, foi pegando outro avião, outro avião, o avião ficou pequenininho, quando cheguei lá só dava eu dentro do avião", relatou Raul. Caubóis, putinhas, putaças, sacerdotes, peões, índios, garimpeiros, capitalistas, pistoleiros, barões do gado, atravessadores. E os Roy Rogers alados, os pilotos de táxi aéreo. Assim era descrita a fauna nos garimpos do Pará naquele ano de 1985, nas palavras do único jornalista que se deslocou até aquelas paragens para cobrir o show fronteiriço de Raul Seixas: o cronista pop Pepe Escobar, um dos mais polêmicos da época.

Em 25 de outubro de 1985, Pepe e a fotógrafa Cristina Villares chegaram a Itaituba, embarcados pela revista *Status*. Itaituba era chamada de Capital do Ouro, 70 mil habitantes àquela altura. Um dia antes de Pepe chegar, Raul estreava em outro garimpo próximo. O Maluco Beleza chegou um dia depois, com a nova mulher, Lena Coutinho, e a banda, a bordo de um aviãozinho esbaforido. A banda recrutada para a aventura era um *power trio*. Era integrada por Tony Osanah (guitarra Giannini de doze cordas), Lídio "Nenê" Benvenuti Jr. (baixo, ex-Clevers e que tinha tocado em *Uah-bap-lu-bap-lah-béin-bum!*) e Nelsinho Pavão (bateria), além de Gato Félix (empresário) e Sylvio Passos (elevado à condição de manager provisório).

Pepe Escobar foi anotando as primeiras observações sobre a tal Capital do Ouro:

"Profusão de farmácias. Grande negócio. Melhor que firma de compra de ouro."

"Avenida Principal. Profusão de Santanas zero quilômetro."

"A única loja de discos da cidade, a Seixas Discos, não tem discos de Raul Seixas. Mas encontrei uma raridade do Steppenwolf."

Na primeira noite, Raul tinha se acomodado como foi possível no garimpo de Marupá. "E na cidade, na aldeia onde os garimpeiros moravam, tinha só prostitutas que moravam em casinhas pequenininhas para dar conta da população de garimpeiros. E eu fiquei na casa de uma prostituta dessas. Ela ficou com uma amiga e cedeu a casa pra gente. Uma casinha pequena", descreveu Raul.

No garimpo, o camarim era um quartinho nos fundos do barracão onde rolavam os concertos. Os músicos dormiam ali em camas de palha. Acontece que, como em toda fronteira sem lei, alguns homens detêm mais poder que os outros. O dono do gerador a diesel que iluminava o garimpo todo foi até Raul para lhe pedir que tocasse "O dia em que a Terra parou". Raul estava chapado, sem paciência para pedidos de última hora, e explicou ao figurão que não ia tocar essa não, porque não tinham ensaiado. O homem ficou emputecido e foi embora resmungando. Não parecia disposto a aceitar um não. Acontece que, quando o show estava pela metade, o cara desligou o gerador e o garimpo inteiro ficou às escuras, iniciando-se uma confusão generalizada. O breu da noite só era iluminado pelos tiros. "Em pânico, entrei no quartinho e me escondi na cama, e aquela palha coçava pra cacete", disse Sylvio Passos.

"As pessoas de lá esperavam um show igual ao que eles ouviam nos discos", contou Passos. "Mas o Raul fazia de tudo nos shows, menos o que estava nos discos. Então, neguinho ficou puto e foi tiro pra todo lado. Como lá era só mato, não tinha para onde correr. Nossa sorte é que apareceu um piloto com seu jatinho particular e nos salvou." O aviãozinho levou a banda fugitiva para o garimpo seguinte.

Sylvio Passos era o que tinha a bagagem mais pesada. Carregava consigo um pacote de duzentas cópias do LP *Let Me Sing My Rock 'n' Roll*, que o fã-clube Raul Rock Club tinha acabado de lançar. Aquele era o único disco produzido de modo independente por um fã-clube (hoje considerado uma raridade e vendido por pequenas fortunas). Tinham sido prensadas apenas mil cópias do vinil. Mas o mais bem-informado raul-seixista do universo conhecido não tinha noção do que o esperava.

Quando o avião desceu em Itaituba, Sylvio estava mais verde do que o rio Tapajós, escreveu Pepe Escobar. "Estávamos com tanto medo que deixei tudo lá. Inclusive minha mala e duzentas cópias do disco *Let Me Sing My Rock 'n' Roll*, que eu tinha acabado de lançar", contou um esbaforido Silvícola, que também largou para trás chapéus, camisetas, quadros.

O comandante Clinger Borges do Vale, que voou quarenta anos naquela região e sobreviveu a onze quedas de avião, foi o piloto que transportou Raulzito e sua banda entre os garimpos. Raul adorou o apelido de Clinger, E. T., "porque me achou mais louco que ele", explicou o piloto. Visitaram o Água Branca e o Patrocínio, desceram em pistas que pareciam clareiras e finalmente entraram com o avião dentro da garagem do prefeito de Itaituba, onde Raul ficou mais bem acomodado.

O disco que Sylvio Passos carregava, escreveria Pepe Escobar, servira como trilha sonora perfeita para a temporada rimbaudiana no Inferno que Raul Seixas tinha passado na noite anterior. Antes de chegar a Itaituba, Raul tinha sido levado a Marupá para tocar. No dia seguinte, seria a noite "de gala" na boate Dancin' Day, do empresário Jairo, que até tinha pensado em contratar uns "garçons internacionais" para servir os clientes naquela noite. O Dancin' Day era um conjunto de três palhoças com mesas e um bar; na choupana central, havia uma pista de dança e um palco improvisado. "Cabem 3 mil em regime de sardinha", estimou Pepe Escobar.

O ingresso custava 800 mil cruzeiros (o equivalente a oitenta dólares àquela altura, preço de ingresso atualmente no Allianz Parque). Não era um ingresso impresso, era um pedaço de papel assinado pelo promoter. Havia uma fila de fuscas na porta. Havia um clima de tensão e enfrentamento em todo lugar por onde passavam.

Durante o show, Raul ficou com vontade de ir ao banheiro. Aguentou a turbulência intestinal o quanto pôde, mas ao terminar o levaram direto para a parte de trás do barracão, onde havia um buraco no chão. Ele começou a se aliviar, mas aí surgiram diversos fãs que queriam autógrafos sem olhar as circunstâncias. "E eu com o isqueiro aceso para tentar enxergar o buraco", contou o baiano.

Aquele era um momento delicado para a região, que tinha sido Área de Segurança Nacional durante a ditadura. Assim, quando Raul Seixas começou a empunhar uma nova música do seu disco *Metrô linha 743*, alguns militares do 53º Batalhão de

Infantaria da Selva local, que estavam no show, demonstraram certo incômodo. A música era "Mamãe eu não queria (Servir o Exército)". Era uma das suas canções que enfrentaram problemas com a Censura, sendo impedida de ser executada no rádio e na televisão. "O pessoal não gostou muito. Fechou uma cara! Eu pensei que iam baixar o cacete na gente", disse Raul.

Não quero bater continência
Nem pra sargento, cabo ou capitão
Nem quero ser sentinela
Que nem cachorro vigiando o portão

Em seguida, Raul ainda engatou um "Marcha soldado cabeça de papel, quem não marchar direito vai preso pro quartel", batendo continência. Os militares se torciam nas cadeiras. Poucos teriam tamanha coragem (ou falta de instinto de autopreservação, como alguns preferem).

O baixista Nenê Benvenuti narrou um pouco de sua visão sobre os percalços da viagem e do primeiro show:

Bebemos durante a viagem inteira. Foi preciso até pegar um jato e depois um Bandeirantes daqueles que a gente senta no chão. O lugar onde nos apresentamos era um puteiro horroroso. Não sei de onde surgiu essa ideia de irmos para lá, mas, como tínhamos bebido todas, estávamos levando tudo na brincadeira. Até o momento em que vimos que todos ali andavam com um 38 na cintura. A bebedeira passou rapidinho. Até o Raul ficou careta. E fizemos o show bem direitinho.

Na verdade, segundo conta a fotógrafa Cristina Villares, Raul não completou o primeiro show no garimpo de Itaituba: "Raul começou bem, mas realmente tinha bebido depois de tomar insulina, aquilo bateu. O show teve que ser interrompido".

No dia seguinte, baixou a polícia e eles obrigaram Raul a fazer um segundo show de graça, porque houve uma confusão danada, quebradeira de garrafas, brigas. O garimpo estava em pé de guerra, o clima pesou. Muita gente tinha pagado o show com pepitas de ouro, era difícil equacionar até algum tipo de indenização. "Raul não se incomodou muito", lembra Cristina. No dia seguinte, ele faria um show memorável para os garimpeiros, em alguns momentos tocando a guitarra deitado no chão, de costas.

Esse episódio está eternizado no disco *Panela do diabo*, o último do Raul, na música "Banquete de lixo":

E lá em Serra Pelada, ouro no meio do nada
Dor de barriga desgraçada resolveu me atacar
O show estava começando e eu no escuro me apertando
E autografando sem parar

Raul lembra de episódios de sua trajetória como se distribuísse flashes cegantes, como a história do encontro com um mendigo comendo lixo dos latões em Nova York. "Três horas da manhã eu tava perdido numa viela em Nova York. E tinha um palhaço na rua. Um palhaço todo bonito, todo bem-vestido, comendo lixo em Nova York. Ele me convidou para comer o lixo com ele. E eu comi. Mas o lixo em Nova York é gostoso", contou o roqueiro ao apresentador Jô Soares. Jô então perguntou: "Você se lembra do que tinha no lixo?". "Tinha ketchup!", disse Raul, sem rir, mas era quase evidente que ele estava fazendo uma parábola ali, dizendo ao vivo que aquilo era uma coisa simbólica: o palhaço seria o Ronald McDonald's, o lixo era a comida fast food, o ketchup era o molho.

Essa visão do palhaço comendo lixo aparece também em outra canção de Raul, "O dia da saudade" (Raul Seixas/Jay Vaquer), cuja música está estruturada em cima de "Get Back", dos Beatles, mais um "empréstimo" do baiano do cancioneiro internacional. "O dia da saudade" é uma das canções de *Há 10 mil anos atrás* (1976), e o ressurgimento do palhaço comendo lixo sugere outra interpretação de Raul ligando as extremidades de sua vida — sempre como se antevisse sua despedida final, que seria encenada triunfalmente em "A panela do diabo", dali a algum tempo.

Em 1986, Raul assinou contrato com a gravadora Copacabana para fazer mais um disco, *Uah-bap-lu-bap-lah-béin-bum!*. O disco estava praticamente pronto, mas Raul resolveu fazer um balanço da cabeça na Clínica Tobias, de medicina antroposófica, no Alto da Boa Vista, em São Paulo, para se tratar dos excessos. Nessa mesma época, seu fiel escudeiro Sylvio Passos passava por problemas psicológicos profundos, que o levaram a tratamentos psiquiátricos ortodoxos, clínicas horríveis. Vendo que o garoto andava perdendo o prumo, Raul mandou buscar Sylvio em sua casa, no Parque Edu Chaves, extremo da Zona Norte de São Paulo, para fazer um check-up com ele. Os psicólogos internaram os dois.

Como parte do processo de tratamento, eles ficavam em alas distintas da clínica. Não podiam conversar. Graças ao tratamento, conta hoje Sylvio, é que ele pôde se refazer e recobrou a lucidez. Não fosse isso, acredita, estaria até hoje perambulando por clínicas e nunca se recuperaria.

Foi ali na Clínica Tobias que Raul ficou sabendo que tivera duas músicas retidas pela Censura: "Check-up" (pela segunda vez) e "Não quero mais andar na contramão". Era preciso arrumar substitutas. O guitarrista Rick Ferreira, que estava no estúdio gravando, saiu do trabalho e foi direto para a clínica visitar Raul e conversar sobre o problema que surgira. "Eram umas dezesseis horas, a hora do lanchinho da tarde, e ele estava exatamente sentado na cama, tomando café. Falei que as músicas tinham ficado presas na Censura e que teríamos de resolver a situação. Aí, o Raul disse: 'Nós poderíamos fazer, sei lá, um blues...', e eu: 'Legal. Mas você tem um blues?'. Ele pegou o violão que mantinha no quarto e começou a fazer um riff e a cantar: 'Estou sentado em minha cama, tomando o meu café pra fumar...'."

Rick Ferreira tomou um susto com o som que surgira do nada e perguntou: "Porra, que música é essa? Tá maneira pra cacete!". E Raul, como sempre, desencanadamente: "Pintou agora essa ideia". Rick poderia ter entrado ali na composição, mas não teve a presença de espírito necessária, e se lamenta até hoje. Disse a Raul que precisava ir, que estava exausto, ia para o hotel. No dia seguinte, a canção estava pronta e foi registrada ao vivo no estúdio. "Canceriano sem lar (Clínica Tobias Blues)", um hit absoluto de Raul Seixas. Rick, evidentemente, não notou que havia na nova canção de Raul uma similaridade grande com os riffs de guitarra de "Get Down Woman", do Creedence Clearwater Revival. Rick depois gravou o piano, mas a base são duas guitarras (Rick/Antenor Gandra), mais Albino Infantozzi na bateria e Pedro Ivo Lunardi no baixo. O título da canção ironizava uma aparente oposição astrológica do destino dos nativos de Câncer: este signo é tradicionalmente apegado ao lar, à família. Mas é também um signo de turbulentas mudanças emocionais, regido pela água.

Na faixa-título de *Uah-bap-lu-bap-lah-béin-bum!*, cujo nome vem do grito primal de Little Richard em "Tutti Frutti", em 1955 (*Womp-bomp-a-loom-op-a-womp-bam-boom*), música que foi regravada por Elvis um ano depois, Raul revisita "o som do nascimento do rock 'n' roll", conforme disse dessa canção a revista *Mojo*. O baiano também reverenciava mais uma vez aquele que tinha sido um farol de ousadias musicais ao longo da década de 1970, o compositor, cantor e multi-instrumentista Arnaldo Dias Baptista, dos Mutantes. "Eu sou louco/ Mas sou feliz/ Muito mais louco é quem me diz", no meio da letra, era um tributo à "Balada do louco", de Arnaldo e dos Mutantes. O curioso é que os dois personagens mais "malucos", nos jargões da normalidade, jamais tocaram juntos ou comporiam juntos. Mas suas vidas se tocam em diversos momentos. Lá no início de Raul, no festival Phono 73, por exemplo, os Mutantes estavam no palco, assim como As Cilibrinas de Rita Lee, e a foto que registra todos os concorrentes do festival juntos mostra Raul em pé, a poucos centímetros de Arnaldo.

> Fiz o disco *Uah-bap-lu-bap-la-béin-bum!* para os roqueiros ouvirem, pra eles não deixarem o rock 'n' roll morrer. É um disco dos quarenta anos, uma nova fase, um manifesto ao mundo sem a metafísica dos discos anteriores, a preocupação política de outras fases, ou o magicismo dos tempos de Crowley e outras entidades terrenas. É um disco de rock 'n' roll, não róqui, mas sim rock 'n' roll, que eu dedico a essa moçada que tá aí de guitarra na mão meio perdida, mas buscando uma linguagem, suas raízes. Eu acho que tenho algo a ensinar: o diálogo dos instrumentos que faz o rock ou qualquer outra música. Se eles continuarem acoplando tantos equipamentos, preocupados apenas com a quantidade de som, vão acabar num trem surreal, sem direção e essência: vazio. Rock não se limita a uns poucos acordes amplificados ao máximo.

O lançamento do disco foi conturbado, Raul não segurava a onda, estava precisando de muita ajuda. Ele vivia em São Paulo com a quinta companheira, Lena Coutinho, e sua vontade estava "interditada": precisava pedir permissão à mulher para usar o próprio dinheiro ("Ela me dá somente o necessário para que eu não gaste tudo na primeira loja que eu passar") e não estava em condições de decidir nada sozinho. "Tentei controlar a minha vida e jamais obtive êxito", ele escreveu.

Uah-bap-lu-bap-lah-béin-bum! (Copacabana) foi recebido pela crítica especializada como o retorno de um filho pródigo às origens, a reconciliação de uma ovelha que andara ciscando em outros terrenos com o material de sua gestação, o rock 'n' roll. A VOLTA DO ROQUEIRO FILÓSOFO, manchetou o *Jornal do Brasil*. O RETORNO DA REBELDIA IRREVERENTE DE RAUL SEIXAS, escreveu a revista *IstoÉ*. É como se houvesse uma expectativa de comportamento que ia se adaptando conforme as opções artísticas de cada momento. Na capa, Raul está sentado em um Opala da década de 1970 e o projeto gráfico é limpo, estruturado sobre cores primárias (amarelo, vermelho e faixas azuis). "Eu fiz esse LP bem tribal... fora de compromisso de letra", disse. "O século XX é uma praga de maldade e lixo." O álbum decreta a desistência definitiva de Raul em fazer um disco nos Estados Unidos, porque ele edita ali a versão de "Gita" para o inglês, que almejava lançar na América do Norte.

O disco se caracteriza pela volta de um sucesso de rádio inapelável: "Cowboy fora da lei", de Raul e Cláudio Roberto. Vitaminada pelo banjo e *still guitar* de Rick Ferreira, a canção traz refrões de assombrosa ressonância pública, como "eu não sou besta pra tirar onda de herói", o que reaviva a mão de *hit-maker* de Raulzito. Com "Cowboy fora da lei" de ponta de lança, ele consegue ganhar seu terceiro disco de ouro e emplaca a música na trilha sonora da novela *Brega & Chique*, da Rede Globo.

O sucesso nem sempre traz a aclamação crítica, então parte da imprensa especializada estava ainda em busca do melhor Raul em suas resenhas. O novo álbum só iria às lojas pouco tempo depois, mesmo ano em que Raul foi de novo para o *rehab*, dessa vez para uma instituição mais especializada: a Clínica Vila Serena, em Interlagos, São Paulo. "Se eu não controlei o álcool, como poderia, embriagado por ele, controlar uma série de situações e pessoas?", admitia. A instituição, com clínicas no Rio e em São Paulo, tinha reputação de reabilitar astros, pessoas famosas: Renato Russo, o vocalista da Legião Urbana, se internaria anos depois na Clínica Serena do Rio de Janeiro para tratar do vício em álcool e drogas (cocaína e heroína), ficando 29 dias internado, entre abril e maio de 1993.

Esse período Renato descreveria com minúcias no livro *Só por hoje e para sempre: Diário do recomeço* (Companhia das Letras).

Em 1988, Raul tinha voltado à simbologia de Aleister Crowley com força em seu penúltimo disco, *A pedra do Gênesis* (Copacabana, 1988). Sua mulher, Lena Coutinho, assina três parcerias com ele — como tinha se tornado hábito desde Os Panteras, a companheira participava de algum modo, seja com a voz, seja com os versos. A volta do misticismo em *A pedra do Gênesis* foi recepcionada por parte da crítica também como sintoma da retomada musical do baiano — "o mago está de volta".

Mas é um outro parceiro, na faixa-título, que chama a atenção entre as novidades. Trata-se do advogado, escritor e ocultista José Roberto Romeiro Abrahão, o J. R. R. Abrahão, que se apresenta como "especialista em Sobrevivência Urbana" e iniciado em alquimia, tantra, mistérios iniciáticos, cabala e magia. O advogado é autor de obras como *O curso de magia*, que tem prefácio de Rita Lee. "Você, aprendiz de Mago, poderá se dar ao luxo de merecer saber alguns poderosos segredos invioláveis que até há pouco tempo eram proibidos a meros mortais", diz Rita no texto.

"José Roberto é um paladino do ignoto, do incognoscível, do incogitado", escreveu dele Jânio Quadros, em 1988. A mãe de Raul, Maria Eugênia, escreveu o prefácio do livro *O quarto segredo*, de Abrahão, no qual afirma: "Através da literatura hermética, mergulhamos no milagre porque sabemos que as coisas existem, que estão plantadas em nossa volta".

Abrahão também mantinha relacionamentos com agentes da repressão do governo militar e chegou a ser amigo pessoal do coronel Carlos Alberto Brilhante Ustra, ex-comandante da Operação Bandeirantes e do Doi-Codi de São Paulo entre 1970 e 1974. O advogado se jactava de conseguir liberar composições censuradas pelo departamento da Polícia Federal, e consta que teria ajudado Raul a liberar algumas músicas. Uma dessas canções, sintomaticamente, foi "Fazendo o que o diabo gosta", que conseguiu empilhar sexo (tesão), subversão política (terror) e vício (guimbas) em poucos versos: "Casamos por tesão, tesão, tesão, tesão/ Bateu o terror não tem mais solução/ Te entrego os meus medos, meus erros, meus segredos/ Divido minhas guimbas com você/ Um anjo embriagado num disco voador".

Raul morava então no Butantã e Abrahão aparecia para visitá-lo quase todo fim de tarde. Tinha confeccionado para o baiano um bastão "emissor de energia" com cobre, couro e cristais que Raul não largava, ficava sempre com o apetrecho ao seu lado. No mesmo ano em que Raul já trabalhava em *A pedra do Gênesis*, 1988, Abrahão apareceu um dia demonstrando aborrecimento. "O que aconteceu, Zé?", perguntou Raul. Abrahão lhe disse que estava um tanto cansado de ajudar gente a resolver problemas em suas vidas e vê-las reincidirem nos erros. "É, você está sempre querendo cortar as unhas das pessoas, limpar seus cabelos", brincou Raul. Abrahão retrucou. "Eu estou sempre tentando mudar a direção do trem. Eu me sinto como um carpinteiro do universo." Raul não disse nada. Dali a algum tempo, quando fez uma música com esse título e tema, dedicou-a ao guru. "Não sei por que nasci/ Pra querer ajudar a querer consertar/ O que não pode ser."

Na capa de *A pedra do Gênesis*, Raul está muito rejuvenescido — é preciso lembrar que é uma foto de dez anos antes. Está segurando um livro, vestido com sua capa de mago. Esse livro é um volume de *The Book of the Sacred Magic of Abramelin the Mage* (de S. L. MacGregor Mathers, um mago do século XIX que encabeçou a Ordem Hermética da Aurora Dourada). Foi traduzido por Aleister Crowley no tempo em que este trabalhava com o sistema Magick (uma fonte que ele recuperou estudando os escritos de Abramelin do Egito). De Abramelin, Crowley teria resgatado conceitos de proteção, purificação, evocação, vestimentas e ritos de possessão. Os escritos de Abramelin são originados de um raro manuscrito do século XV preservado na Bibliothèque de l'Arsenal, em Paris, na Place du Père-Teilhard-de-Chardin, na margem direita do rio Sena. Nesse manuscrito, o rabino Abraham de Würzburg, um cabalista e conhecedor de mágica, descreve uma viagem que fez ao então mundo civilizado, visitando feiticeiros, mágicos, cabalistas e catalogando seus poderes e virtudes. O ponto alto de sua jornada foi quando, numa pequena cidade às margens do Nilo, encontrou o grande mágico Abramelin, cujo sistema completo Abraham transcreveu em detalhes. Essa compilação é considerada um curso completo de cerimônias mágicas (de magia branca e negra, ao mesmo tempo) e tornou-se objeto de estudos de muitos aprendizes. Abramelin, cujo sistema possui elementos judaicos da cabala, explica as qualificações necessárias para formar um mágico, os ascetismos que se tem de praticar mês a mês, os estudos e as atividades, equipamentos, evocação de espíritos do bem e do mal, orações, fórmulas, evocações para satisfazer desejos, controlar espíritos rebeldes e outros. Há outros tipos de conhecimentos sugeridos nos estudos dessas obras, como levitação, leitura de mentes, magia negra, cura de doenças e outras habilidades.

Há no disco *A pedra do Gênesis* uma linda canção popular, "Lua bonita" (Zé do Norte e Zé Martins), sempre marcando a conexão nordestina de Raulzito (e com a tradição, porque também se insere na estrada aberta por Catulo da Paixão Cearense). É das coisas mais líricas da produção de Raulzito. O título "Lua bonita" se refere a um ponto de umbanda, de Ogum. Raul constrói a melodia em torno do ponto: "Pra que casastes com um homem tão sisudo/ Que come, dorme, faz tudo/ Dentro do teu coração?".

Gravar "Lua bonita" nessa levada (originalmente, era uma toada) foi um achado de Raul. "Lua bonita me faz aborrecimento/ vê são Jorge no jumento/ Pisando seu quilarão." Essa composição foi originalmente gravada em 1953 pelo paraibano Alfredo Ricardo do Nascimento, o Zé do Norte, para a trilha sonora do clássico de Lima Barreto *O cangaceiro* (melhor filme de aventura do Festival de Cannes de 1953). Poucos contribuíram tão decisivamente para a difusão da cultura nordestina quando este cantor, Zé do Norte, que nasceu em Cajazeiras em 18 de dezembro de 1908 e, semianalfabeto, migrou para o Rio de Janeiro em 1926, ao completar dezoito anos. Trabalhou como servente em um colégio e, como compositor, legou cerca de duzentas obras para o futuro.

Também na trilha de *O cangaceiro*, Zé do Norte lançou "Mulher rendeira" para o mundo (seria gravada até pela *folk singer* Joan Baez). O cantor e compositor morreu em 1992, no Rio de Janeiro. Curioso que "Lua bonita" não foi a primeira canção de Zé do Norte que Raul gravou. Em 1992, quando saiu o álbum póstumo *O baú do Raul* (Philips/ Universal Music), foi resgatada uma gravação de 1964 na qual Raul interpretava "Mulher rendeira", em um pot-pourri, acompanhado por The Panthers.

O título do disco, *A pedra do Gênesis*, refere-se a uma rocha lunar trazida à Terra pela astronave *Apollo 15* em 1971. Estimava-se que a rocha tivesse cerca de 4 bilhões de anos. A canção "A lei", apesar de constar nos créditos como composição de Raul, é nada menos que mais uma adaptação musical de trechos de *O Livro da Lei*, de Aleister Crowley, mais uma revisitação dos mandamentos da sociedade secreta. Sob a guitarra matadora de Rick Ferreira, Raul destila os dogmas da irmandade. "O amor é a lei, mas amor sob vontade os escravos servirão." Raul finaliza a música com uma marcação vocal típica do hip-hop: "Todo homem tem direito de pensar o que quiser/ Todo homem tem direito de amar a quem quiser/ Todo homem tem direito de morrer quando quiser".

Havia um certo grau de mágoa de Raul em relação ao grau de ostracismo que amargava nesse ponto. Chegou a fazer um desabafo à moda de Zagallo, do tipo "vocês vão ter que me engolir", insolente. "Não sou obrigado a vestir paletó e gravata na música brasileira, nem visto a camisa da seleção. Não sou obrigado a dar continuidade a qualquer trabalho. Meu único compromisso é com meu público. Este disco, *A pedra do Gênesis*, marca a retomada da minha carreira. Sou louco, mas coloco todo ano um disco de ouro nas paradas. Sim, estou sozinho. Só querem me ver passando fome. Não conseguirão."

O ano de 1988 culminou com um golpe particularmente duro na vaidade de Raul, um homem que tinha surgido em plena era do orgulho *rocker* (e da emergência de um senso fashion masculino) de Elvis, Little Richard, Chuck Berry, com suas roupas exuberantes, suas figuras escorregadias e elétricas, seus sapatos brilhantes e os topetes eriçados. Os excessos com a cocaína e o álcool e o desleixo com sua própria saúde resultaram em algumas sequelas. No final do ano, ele pegou o rumo da rua Frei Caneca, na Bela Vista, até o consultório de um amigo dentista, Maurício Camargo Brito, mas dessa vez não era para falar sobre Elvis Presley, paixão de ambos. Era para fazer um diagnóstico da situação dos seus dentes. Estavam apenas nas raízes e precisariam ser arrancados, lhe disse o cirurgião. Não havia outro remédio.

No início de 1989, todos os dentes de Raul Seixas foram extraídos no Hospital Sírio Libanês, sob anestesia geral, por Maurício Camargo e por um colega, o dr. Haroldo Sabino. Não houve meio de salvar os resíduos dentários. As próteses, preparadas por Maurício, foram imediatamente colocadas. Raul, que andava meio borocoxô, voltou a ficar subitamente animado com os dentes novos.

Era um tempo para se perder não apenas os sisos, os dentes do juízo, mas também encarar a solidão: em outubro de 1988, Raul e Lena Coutinho se separaram. Ele foi para Salvador, a convite de Marcelo Nova, para uma participação no Troféu Caymmi, na concha acústica do Teatro Castro Alves. Marcelo Nova tinha se dado conta de que era preciso fazer alguma coisa para acender a faísca no coração do velho ídolo. Raul entra e dribla o *roadie*, para desespero do rapaz, que quer lhe dar uma Les Paul Studio e ele não vê. Em seguida, ataca "Maluco Beleza". Parece bem, cabelo mais comprido que o de costume.

Um ano antes, Nova tinha rebocado Raul para cantar como convidado especial numa das faixas do disco *Duplo sentido*, o quarto álbum da banda Camisa de Vênus. A música era "Muita estrela, pouca constelação", com Raul e Marcelo dividindo os vocais. Uma letra ácida, com leves toques de misoginia e homofobia, sarcasmo para com as fórmulas prontas das gravadoras, dinamite nos modismos. Foi o maior hit daquele álbum duplo, que vendeu bem: 40 mil cópias.

Tem uma banda que eles já vão contratar
Que não cria nada mas é boa em copiar
A crítica gostou, vai ser sucesso, ela não erra

Em seguida, Raul refugiou-se na casa dos pais para se refazer, mas estava deprimido e isolado. Demorou uns dias, a mãe de Raul, Maria Eugênia, ligou para Thildo Gama dizendo que Raul o estava chamando, queria ver o amigo.

"Tomei banho, troquei de roupa e fui até lá. Raul estava no quarto de hóspedes, só de cueca. Sentei na cadeira de balanço perto dele e fiquei admirando aquela figura magra, meia amarela e de joelhos inchados que estava dormindo", contou Thildo. Quando Raul abriu os olhos, perguntou a Thildo: "O que você está fazendo aqui?". Levantou, trocou de roupa e levou o amigo até a cozinha do apartamento para almoçarem com seus pais. Raul quis que Thildo tomasse uma cerveja, mas como este se recusasse, ficou irritado. Comeu moqueca de ostras, depois disse que estava com sono e foi deitar de novo. Foi quando a campainha tocou e era Waldir Serrão, o Big Ben. Como Raul tivesse adormecido, ambos conversaram ali um tanto ainda com os pais do cantor e depois foram embora juntos. "Nós achávamos que ele não sobreviveria até o final do ano devido o estado lastimável em que se encontrava", disse Thildo.

Mas Raul se reergueu para a turnê que Marcelo Nova sacou da cartola, e surpreendeu a todos com a disposição dos "dois vira-latas que iam urinar no poste dos poodles por puro prazer", como a empreitada foi definida pelo seu parceiro. Em maio de 1989, ele e Nova enfrentaram uma situação cabeluda em Santa Bárbara d'Oeste, no interior de São Paulo: um grupo de evangélicos tentou impedir seu show no Esporte Clube Barbarense fazendo piquetes e detendo os espectadores para lhes entregar panfletos em que acusavam Raul de ser o demônio. Os panfletos não deteriam aquele capeta, mas lhe dariam uma ótima ideia: o nome do novo álbum que faria seria *A panela do diabo*, uma sucessão de manifestos autobiográficos que remontavam o trajeto de uma vida.

Debaixo do sol não há nada novo
Não seja bobo meu rapaz
Mas nunca vi Beethoven fazer
Aquilo que Chuck Berry faz

O disco *A panela do diabo* (WEA, 1989) foi decorrência da série de cinquenta shows que Raul fez com Marcelo Nova num período de nove meses. Raul não faltou a nenhum. "Nossa intenção era uma só: fazer um disco de rock 'n' roll clássico, sem os exotismos de estúdio da época", disse Marcelo Nova, acrescentando que "só nós dois sabemos quem escreveu o quê" no disco. Na capa, uma foto de colossal pose: ao lado de uma lareira acesa, numa sala grande (ao estilo Bob Dylan na capa de seu disco *Bring it All Back Home*, de 1965), estão Raul sentado na poltrona e Marcelo recostado, ambos segurando duas guitarras Gibson. Raul está de terno branco listrado e Marcelo, de jaquetão preto à moda de Johnny Cash. "Ali tem sangue, coração e vísceras. É um disco musculoso", definiu Marcelo.

As artimanhas do acaso estão por baixo da história da capa do disco. A coordenadora gráfica da gravadora WEA, Silvia

Panella, ligou para o fotógrafo Dimitri Lee, que fazia alguns trabalhos freelance para a companhia, e disse que precisava de uma mãozinha com alguma urgência. Dimitri perguntou do que se tratava. "Preciso que você faça um ensaio que vai para a capa de um disco novo", explicou Silvia. "Mas quem é o artista?", insistiu Dimitri. "É para o novo disco de Raul Seixas e Marcelo Nova."

Ao ouvir o nome Raul Seixas, Dimitri pulou da cadeira, ensandecido. "Silvia, se é para o disco do Raul, pode anotar aí: é de graça! Eu faço de graça! E se aparecer outro que ofereça dinheiro para fazer, eu cubro a oferta", anunciou. Acontece que Dimitri era raul-seixista desde menino, nutria uma verdadeira adoração pelo baiano, tinha todos os discos, todas as capas de revistas, mas a gravadora não fazia ideia. E ele topou mesmo fazer de graça. No dia acertado, rumou para o estúdio com todo seu equipamento, câmeras, tripés, iluminação, gerador. Era como se estivesse indo ver o próprio Elvis, o coração batia descompassado.

Ao entrar nos estúdios, ele foi puxado pelo braço por um produtor. "Você! Preciso que entre ali no estúdio, você vai gravar umas palmas para uma música." Dimitri entrou, sem saber do que se tratava, e ficou totalmente perdido entre o baterista e o baixista da banda Envergadura Moral. Pelo áudio do estúdio, lhe informavam quando devia aplaudir, mas ele perdia as entradas. O microfone estava aberto e ele ouviu: "Meu, esse cara ali tá estragando a gravação!". Quando ele tentava retrucar, ninguém lhe dava ouvidos: "Gente, eu sou o fotógrafo! Eu não devia estar aqui!". Ainda assim, sua claque de um homem só está na faixa "Pastor João e a Igreja invisível".

Quando finalmente o apresentaram a Raul, o fotógrafo pediu ao Maluco Beleza que conversassem para entender o que o roqueiro tinha em mente, qual era a sua ideia para a capa. Raul começou a falar coisas que ele não compreendia, não conseguia dizer onde começavam e terminavam. Falava em tridentes, em espaço, em sonhos. "Eu estava conversando com Deus, mas não entendia lhufas do que Deus estava falando", lembra. Dimitri pediu para acompanhar todas as sessões de gravação — além de fazer isso por pura tietagem, aquilo lhe permitiria tirar uma conclusão sobre as ideias do disco: "Aquele é um disco do Marcelo Nova. Ele foi de uma generosidade inacreditável. Raul estava muito mal, mas o Marcelo só colocava a própria voz quando Raul não podia mesmo cantar. Ele esperava que Raul se recobrasse, esperava sua voz melhorar. Cuidava do Raul o tempo todo. Quando era para ir para o apart hotel, Marcelo chamava o táxi para levar Raul. Quando o motorista chegava, ele dizia: 'Olha, aqui atrás está o Raul Seixas! É o Raul Seixas, compreende? Se ele pedir para parar em algum bar, você não para, tá entendendo?'".

Feitas as fotos, o fotógrafo resolveu se aventurar a fazer algo que havia muito não fazia: ir pessoalmente ao laboratório trabalhar nelas. Dispensou o laboratorista, queria extrair o fino do fino do material. Mas, desabituado ao trabalho, acabou arruinando os filmes. Ficou desolado, não sabia o que fazer. Ligou para Marcelo Nova e marcou nova sessão. Sugeriu que fosse feita no salão do restaurante indiano Govinda, que existiu durante alguns anos no Brooklin e tinha uma lareira. Uma das grandes, para aquecer a ideia de *A panela do diabo*. No dia marcado, o próprio Dimitri acendeu a lareira. Pôs Raul sentado numa poltrona ao lado da lareira, mas depois se deu conta de que Raul estava suando e a sala estava um forno. "Raul, você não quer sair daqui? Ainda vai demorar uma meia hora para montar tudo! Você vai derreter!" Ao final da sessão, Raul e Marcelo, com as guitarras, marcaram de fazer uma segunda bateria de fotos, mas de outra forma. "Eu queria muito fazer Raul em uma pose mínima, expressiva. Algo que lembrasse aquelas capas de discos clássicos do Miles Davis, sabe?", contou o fotógrafo. Mas nunca houve uma segunda sessão, não houve tempo.

"Ele estava ali, sentado. Naquele estado meio entorpecido, viajandão", lembra apenas o músico convidado Luizão Bueno (do virtuosístico Duofel), que participou da sessão de gravação de uma das canções de *A panela do diabo*, a música "Carpinteiro do universo". "Eu e [o *bluesman*] André Christovam fizemos a base de violões para essa música", recorda. Naquele estado meio entorpecido, Raul soltava suas derradeiras fagulhas de brilhantismo e sarcasmo. "Pastor João e a Igreja invisível" é uma estocada no reinado dos televangelistas, o exercício da fé que "remove montanhas" e "também traz grana e um monte de mulher".

A própria fragilidade de gestão do cotidiano é estetizada por Raul no disco. Ele estava fulo da vida com uma antiga funcionária, que cuidava de suas coisas no apartamento onde morava. Acreditava que a moça tinha levado embora algumas de suas coisas preferidas. Para ela, ele compôs "Você roubou meu videocassete", falando dos percalços e barracos que enfrentou com a secretária demitida. "Xingou, reclamou e chamou ambulância/ Mas hoje na distância foi você quem sumiu."

Havia, ao longo do disco, um tom de ajuste de contas com o passado, o que levou muita gente a interpretar aquilo como uma despedida. "No Teatro Vila Velha/ Velho conceito de moral/ Bosta nova pra universitário/ Gente fina, intelectual/ Oxalá, Oxum dendê Oxóssi de não sei o quê", cantou Raul na letra de "Rock 'n' roll". O Teatro Vila Velha foi onde os tropicalistas primeiro se juntaram em Salvador, e o tom parecia meio revanchista.

A aparente disputa no cabo de guerra entre tropicalistas e raul-seixistas parecia chegar a um momento de sangue ali naquela letra. Raul já tinha dito algumas coisas extremas em relação aos colegas tropicalistas antes (quando Gil quis se candidatar a prefeito de Salvador, ele fez um comentário depreciativo à Rádio Transamérica: "Gil sempre quis poder, dinheiro"). Mas o sarcasmo nas letras nunca fora tão longe entre uns e outro.

Na canção "Rock 'n' Raul", de 2000, Caetano abordaria a singularidade artística do conterrâneo numa música em que parecia criticar a "vontade feladaputa de ser americano" do roqueiro da Bahia. Mas interpretar como uma maldade de Caetano é um equívoco: Caetano formulava, à sua maneira, uma homenagem ao velho antípoda artístico: "Hoje qualquer zé-mané/ Qualquer Caetano/ Pode dizer/ Que na Bahia/ Meu Krig-ha bandolo/ É puro ouro de tolo/ (E o lobo bolo)/ Mas minha alegria/ Minha ironia/ É bem maior do que essa porcaria".

Houve um ruído tão forte em relação a essa música, no entanto, tanta diatribe que Caetano teve que escrever um artigo esclarecendo certos pontos de sua canção:

> Fui sempre amigo de Raul, nunca tive nenhuma desavença pessoal, política ou musical com ele. Vi o último show dele, com Marcelo Nova, no Canecão e, no final, fui falar com ele, que me recebeu com carinho.
>
> Marcelo precisava diferenciar-se dos baianos tropicalistas para afirmar sua viagem roqueira. E eu sempre achei que ele estava certo. Os tropicalistas namoraram um tanto com o rock no princípio, mas depois do exílio voltaram muito para as tradições folclóricas locais, para o candomblé, para o baião e para o Carnaval. Raul era do rock. Nova se identificava com ele, não com os "axé-babacas", como ele inteligentemente chamava. Acho tudo isso rico e corajoso. Dentro desse espírito é que homenageei Raul com uma canção de gosto roqueiro (sobretudo na letra desabusada), franco, sem falso sentimentalismo, digno dele. Ele teria gostado.

O brasilianista norte-americano Christopher Dunn, autor de diversos livros sobre a Tropicália, entendeu que Caetano sempre afirmou que "tudo que não era americano em Raul era baiano", o que era uma anotação de sua especificidade.

É evidente a paixão de Raul pelo rock 'n' roll originário do Sul dos Estados Unidos nos anos 50, além de sua aproximação com a tradição baiana e nordestina. Por outro lado, percebemos sua desidentificação com o rock menos dançante e mais, digamos, "artístico" que os Beatles inauguraram, além de sua alienação da famigerada "linha evolutiva" da música popular brasileira proposta por Caetano, uma linha que vai passar pelos clássicos do samba carioca, a bossa nova e as composições refinadas da MPB. Raul Seixas produziu música na encruzilhada entre o rock 'n' roll americano dos anos 50 e a tradição baiano/nordestino como se não tivesse existido a Bossa Nova, Chico Buarque, os Beatles, os Mutantes, nem os próprios baianos tropicalistas.

Raul virou debate e também se estilhaçou em praça pública. As testemunhas da última turnê de Raul narram cenas geralmente melancólicas, às vezes tristes, mas nenhuma delas se queixa de ter sido engambelada. Todos sabiam que, na reta final, Raul era uma espécie de réquiem de si mesmo. Um tipo de gigante cuja passagem meteórica por essa terra tinha como que deixado pedregulhos pelo caminho para que achassem a saída. A fotógrafa Norma Albano, que fotografou o último show do cantor e de Marcelo Nova em São Paulo, no antigo Olympia, diz que teve a impressão de que ele estava se dissipando. "Marcelo Nova estava elétrico, subindo pelo teto do Olympia. Raulzito parecia já estar sem energia. Mas os fãs enlouquecidos nem perceberam que o Maluco Beleza já se encontrava em espírito de despedida. Ou até perceberam", ela conta.

Eu morri, e nem sei mesmo
qual foi aquele mês

Na noite do dia 21 de agosto de 1989, no maior telejornal do país, a morte de Raul foi narrada assim pelo âncora, Sérgio Chapelin:

> Anarquista, demolidor, profeta. Raul Seixas tinha 44 anos e uma carreira marcada por ausências e súbitas voltas aos palcos. Raul era considerado o pai do rock brasileiro. Raul Seixas se apresentou em público pela última vez no dia 13, em Brasília. Ele se considerava da geração-sanduíche, entre o pai e os surfistas dourados. Com o pai, engenheiro da estrada de ferro, conheceu o Brasil. Dos surfistas, tinha a aparência oposta: muito magro, branco, cabeludo e de barba longa. A paixão era o rock, ritmo que conheceu com apenas doze anos ainda em Salvador, onde nasceu. Os vizinhos do consulado americano emprestavam ao garoto os discos de Chuck Berry e Little Richard. Outra paixão: o cinema. "Ninguém me descobriu ainda, mas eu sou tão bom ator, que eu finjo que sou cantor e compositor e todo mundo acredita."

Era o ano em que o Brasil vivia a sua primeira campanha direta para presidente da República após vinte anos de ditadura, os brasileiros se habituavam ao discurso neocoronelista de Fernando Collor de Melo e avaliavam a possibilidade de dar ao ex-operário Luiz Inácio Lula da Silva uma chance histórica de governar o país — o veterano Leonel Brizola corria por fora, hostilizado por uma parte expressiva da mídia hegemônica. O país ganhava uma possibilidade de escolha livre, mas também perdia alguns heróis pelo caminho: num só fatídico dia, 7 de junho, morreram o poeta curitibano Paulo Leminski e a cantora Nara Leão.

A moeda era o cruzado novo, a seleção brasileira ganhava a Copa América, em casa, com dois gols de Bebeto, e o empresário Abílio Diniz estava sequestrado e não se podia falar disso na imprensa para não pôr sua vida em risco. Tinha sido na sexta-feira, dia 19 de agosto, que a cuidadora de Raul, Dalva Borges, se despediu do cantor pela última vez para ir passar o final de semana com a família. Recomendou a ele que tomasse a insulina e lhe pediu encarecidamente que não bebesse, porque na segunda-feira, às sete horas, estaria de volta. Raul, obviamente, não deu a menor pelota: desceu para o barzinho da esquina na sexta e também no sábado. E não tomou a insulina.

Na segunda-feira, dia 21 de agosto, cinco dias depois do aniversário de Marcelo Nova, a valente Dalva desceu pontualmente do ônibus, como sempre fazia, e entrou na portaria do Edifício Aliança, na rua Frei Caneca, 1100, apartamento 1003, no centro de São Paulo — o flat onde ele morou logo que chegou à cidade acabou sendo aquele no qual viveria seus últimos dias. Dalva entrou no quarto de Raul por volta das sete horas da manhã e o encontrou sem camisa, a janela aberta, o corpo inerte. Tivera uma parada cardíaca às cinco horas daquela manhã, duas horas antes da profecia do "O trem das 7". A parada cardíaca era decorrente de pancreatite crônica e hipoglicemia. A sensação era que findava ali uma espécie de reality show angustiante, um show aberto da vida de um homem que conquistara o país com um misto de franqueza, talento, indignação permanente e picardia de menino.

Raul morreu cinco dias depois do maior eclipse lunar do século XX, o que parecia confirmar, para uma legião de admiradores e seguidores, todos os presságios, premonições e profecias de sua trajetória, como aquela que ele eternizou na letra de "As aventuras de Raul Seixas na cidade de Thor", do disco *Gita*. "Quando eu compus fiz 'Ouro de tolo'/ Uns imbecis me chamaram de profeta do apocalipse/ Mas eles só vão entender o que eu falei/ No esperado dia do eclipse."

Chamado por Dalva, José Roberto Romeiro Abrahão, o derradeiro guru e conselheiro, foi um dos primeiros a chegar ao apartamento, junto com o médico de Raul, Luciano Stancka, e o parceiro Marcelo Nova. Abrahão pediu permissão a Dalva para se trancar no quarto com o corpo e lhe dar uma espécie de extrema-unção, aquilo que ele chamou de Rito do Caos.

Os ritos do caos são descritos pelo feiticeiro moderno Peter J. Carroll em seu livro *Liber Null & Psychonaut*, de 1987. Carroll, que foi influenciado por Aleister Crowley, criou em Londres um grupo de ocultistas chamado Illuminates of Thanateros (de Thanatos e Eros, os deuses gregos da morte e do sexo), ativo até hoje no East End. Em 1995, ele renunciou ao posto de pontífice do Caos, que ele mesmo tinha criado.

A Missa do Caos é um dos cinco ritos descritos no livro de Carroll. Consiste em sacramentos (sinais que representam um selo de fé), além de uma declaração de intenção e uma evocação. Abrahão fez o rito sozinho com o corpo de Raul em seu quarto. O rito exige uma preparação do ambiente e certas vestimentas.

As evocações desse tipo são geralmente feitas em enoquiano, uma língua atribuída a anjos (semelhante à gramática inglesa) criada pelo matemático e astrônomo britânico John Dee e seu assistente Edward Kelley no final do século XVI. Segundo Dee, o idioma (que ele não denominou enoquiano, mas celestial ou angelical) lhe teria sido revelado por seres celestiais. Adão, o primeiro homem, teria usado esse idioma para nomear as coisas que surgiam com o mundo; Enoque (Enoch, antepassado de Noé, pai de Matusalém) o teria preservado da extinção. Em 1969, Anton LaVey incluiu chaves da língua enoquiana na tradução para o inglês do livro *The Satanic Bible*, um manual para satanistas. Desde então, a língua tem sido amplamente abordada pela ficção, de séries de TV, como *Supernatural*, a romances de John Connolly e Cotten Stone.

O Rito do Caos é a encomenda derradeira de uma existência. Suas palavras finais ("Zazas Zazas Na Satanata Zazas") significariam "Abram! Abram! Os portões do Inferno abram!". Para quem é impressionável, pode sugerir uma visão terrível de mil danações das profundezas. Mas, segundo o ocultista Kenneth Grant, essa evocação não deve ser encarada de forma literal. Segundo ele, o inferno ali descrito seria "o lugar escondido — o buraco ou o Salão dos Mortos", algo que se coaduna com a definição do Egito antigo do Amenti — o local do Sol Oculto. Ou, na própria lírica debochada de Raul, "o meu tumbão, o meu tumbão".

Agosto foi de fato o mais cruel dos meses em 1989: apenas dezessete dias antes de Raul, como um enxame lamentoso, os sertanejos lotaram a igrejinha do Bom Jesus dos Aflitos de Exu, em Pernambuco, para se despedir do corpo de Luiz Gonzaga, o Rei do Baião, mestre de Raulzito, cantando a premonitória "Hora do adeus": "Eu agradeço ao povo brasileiro/ Norte, Centro, Sul inteiro/ Onde reinou o baião/ Se eu mereci a minha coroa de rei/ Essa sempre eu honrei/ Foi a minha obrigação".

Em agosto, o mês do desgosto da música brasileira, São Paulo seguia seu destino febril de forma impassível: havia um filme do cineasta francês Éric Rohmer sendo exibido na Cinemateca, a obra do espanhol Salvador Dalí ocupava uma grande galeria, a soprano norte-americana Aprile Millo cantava no auditório do Museu de Arte de São Paulo. A imprensa, acordando para a morte de um pioneiro, descobria que ele tinha morrido dois dias antes de lançar seu derradeiro disco, *A panela do diabo*. O jornalismo começava a coletar os depoimentos. "O Raul sempre foi um grande outsider", disse o produtor Nelson Motta. "Sob o verniz da loucura, ele deu uma mensagem altamente politizada", declarou Jô Soares. "Morrendo ele, morre uma parte do verdadeiro rock do Brasil, mas deixou bons herdeiros, como Lobão e Cazuza. Era um sábio", afirmou o escritor Caio Fernando Abreu. "Ele ajudou a criar a imagem e essa coisa de roqueiro com cara de bandido, rebelde, fora da lei, é uma perda lastimável", disse o guitarrista Edgard Scandurra, do Ira!. Finalmente, o presidente José Sarney mandou um telegrama de condolências à família.

"Ele foi um dos meus estímulos por essa coisa pop, essa coisa direta da rebeldia jovem. Ele me deu, também, ótimos exemplos de como produzir discos com uma qualidade que se aproximasse do disco feito na Inglaterra, por exemplo. Um compositor irreverente, espinhoso, importante", declarou Gilberto Gil.

O corpo foi preparado e encaminhado primeiro a uma urna refrigerada no Cemitério de Vila Alpina, para que a família tivesse tempo de tomar as providências necessárias. Depois, foi levado ao Palácio de Convenções do Anhembi, na Zona Norte de São Paulo, para ser velado até o começo da tarde daquele dia, uma chance para os fãs se despedirem. Poucos artistas foram, entre eles Zé Geraldo, Kiko Zambianchi e Kid Vinil.

Office boys, pedreiros, entregadores de pizza, artesãos com seus violões, homens mulatos e negros em sua maioria, homens pobres em sua maioria, sósias de peruca e barba postiça, garotos de camisetas Maluco Beleza amparando-se uns nos outros. A fila no Anhembi em pouco tempo se transformou em uma roda de capoeira, um mestre de luta rodopiando ao centro, uma legião de percussionistas de palmas em volta. Os estranhos em alguns minutos se tornaram amigos íntimos. O velório de Raul era uma orquestra de desvalidos agradecidos, de gente que foi resgatada de sua invisibilidade pela música e pelas palavras do notável ilusionista baiano, um dos maiores do seu tempo. Raul tinha virado um herói da classe trabalhadora, um refúgio contra a opressão social, o bullying meritocrático.

Parecia que ali se materializavam as próprias profecias do seu ídolo: "Quando eu digo que sou a luz das estrelas, não estou falando de mim. O pedreiro lá da frente de casa, que está construindo um edifício, canta essa música como se fosse ele.

Isso porque nós somos o verbo ser. Você primeiro precisa ter a consciência do eu para poder respeitar terceiros e então fazer".

Quando o caminhão de bombeiros saiu do Anhembi, os fãs saíram atrás em procissão, alguns de motocicletas, carros, bicicletas. Seguiram em cortejo, criando ali uma rigorosa tradição que já dura trinta anos: todo dia 21 de agosto, reúnem-se em algum ponto da grande cidade de São Paulo para cantar e celebrar Raul. É uma festa bem-humorada, na qual os raul-seixistas não apenas vestem as fantasias de seu ídolo e os apetrechos do culto (chaves Ankh no pescoço, tatuagens em todo o corpo, faixas, boinas e cavanhaques), mas também exageram nas caricaturas, rindo de si mesmos, reconhecendo a natureza iconoclasta do Maluco Beleza. Depois, seguem em romaria pela cidade até um palco, no qual se revezam intérpretes de sua música e de seus manifestos.

A declaração de óbito de Raul, logo publicada, listava as filhas do cantor e suas idades àquela altura: Scarlet, onze anos; Vivian, seis anos; e Simone, dezenove anos. Havia um detalhe pouco notado no formulário: na parte em que se declarava "Deixa bens?", escreveram "Não", e, logo à frente, "Direitos autorais". O seu maior fã-clube confirmou a morte descrevendo que ela ocorrera "na lua cheia do eclipse".

Quando preparavam a remoção do corpo de Raul do Anhembi para o aeroporto, houve um princípio de confusão. Os fãs acharam tudo muito exíguo, pequeno, modesto, sem a solenidade à altura da despedida de um grande herói. Exigiam que Raul fosse num carro de bombeiros, não deixariam que saísse sem que fossem atendidos. Houve uma convocação da tropa de choque da Polícia Militar, para intimidar os seguidores do Maluco Beleza, mas eles não arredaram pé. Alguém se mexeu em algum lugar, algum telefone tocou em algum gabinete com ar refrigerado e logo o caminhão de bombeiros chegou, para delírio dos raul-seixistas. Então, o caixão foi coberto com uma bandeira do Brasil e foi levado ao caminhão, cercado por batedores da PM.

O cortejo seguiu até a avenida Vinte e Três de Maio e acelerou em direção ao aeroporto, deixando a passeata dos fãs para trás.

Houve também muito tumulto no breve velório antes do sepultamento em Salvador, no dia seguinte. O corpo de Raul chegou de São Paulo às 13h05, num jatinho fretado. Acompanhavam o corpo Marcelo Nova e sua mulher, Inês Silva, o empresário Albertinho Santana e Dalva, a cuidadora de Raul que o tinha encontrado morto. A família aguardava o filho dileto. A mãe, Maria Eugênia Seixas, então com 68 anos, estava grogue de calmantes. Ela contava que Raul, além de abusar das drogas e das bebidas, era diabético desde os trinta anos e tinha horror a tomar insulina, e muitas vezes não o fazia. "Dizem que ele morreu de madrugada por isso. Dalva, que era a secretária dele, contou que Raulzito não estava passando bem, dormia muito. Ele entrava em coma diabético direto, por causa da falta de insulina. Tomava da mais forte, porque a diabete dele era muito alta. A secretária avisou-me que chamou um médico, mas que era necessário fazer alguns exames na segunda-feira", contou a mãe do roqueiro.

Às 16h30 do dia 22 de agosto, já havia 5 mil pessoas se espremendo em torno do caixão, cantando músicas do Maluco Beleza e gritando seu nome. Os 25 policiais destacados para a segurança do evento eram insuficientes para conter a comoção da multidão, que arrebentou a corda de proteção. De toda a constelação artística nacional, poucos artistas estavam presentes: José Carlos Capinam e Marcelo Nova, o percussionista Djalma Galo Cego, o ex-parceiro dos Relâmpagos do Rock, Délcio Gama. E o velho cúmplice de rock 'n' roll, Waldir Serrão, o Big Ben. Capinam, que era então secretário de Cultura, disse que Raul seria lembrado não somente por seu trabalho artístico, mas também "por não ter um comportamento acanhado e satisfeito".

"Pelo amor de Deus! Um tumulto tão grande, quase jogam Plininho e minha neta dentro da sepultura, uma coisa horrível. Empurraram eles, todo mundo querendo pegar o caixão; eu não terminei de assistir à missa de corpo presente, meu marido já estava doente. Começaram a dar murros na tampa, queriam abrir o caixão, já na hora de enterrar. Foi um horror, tinha mais de 5 mil ou 6 mil pessoas no enterro", contou dona Maria Eugênia.

A foto estampada na capa do jornal de Salvador mostrava o caixão cercado pela multidão e uma grande faixa estendida: RAUL, VOCÊ NÃO MORREU! No *Correio da Bahia*, um texto de Fernando Amorim descrevia o cenário. "'Sozinho e sem estardalhaço', disse Dionísio Amêndola Valença, um dos fãs que desde as 7h30 estava no então Aeroporto Dois de Julho para aguardar a chegada do corpo do cantor. Havia quem [nem] sequer acreditasse no que aconteceu. 'Estou aqui quase que convencido que essa é uma das peças dele', declarou Fernando Aranha, amigo e companheiro de Raul ainda na década de 60."

Apenas três carros no cortejo, além de uma viatura policial de escolta, durante todo o percurso. Somente amigos e familiares, entre eles a mãe, Maria Eugênia Seixas, acompanharam o tímido cortejo de 26 quilômetros. Por outro lado, ao chegar no cemitério Jardim da Saudade, em Brotas, uma multidão de clones do Maluco Beleza o aguardava para a despedida ao som dos seus maiores sucessos. Foi preciso o apoio do Batalhão de Choque para evitar que a multidão entrasse na capela. Houve até uma ameaça de retirar o caixão e levá-lo para fora, e os fãs tiveram de ser contidos nesse intento por um desesperado Marcelo Nova. "O caixão foi parcialmente aberto para a retirada de um adesivo da Sociedade Alternativa e de vários bilhetes escritos à mão colocados pelos fãs em São Paulo." A mãe de Raul segurava um terço de marfim, apoiada no caixão, postura que manteve até a despedida final, quando o corpo baixou à sepultura 1647.

O corpo de Raul não foi cremado, como ele sugeriu na música "Canto para a minha morte" (do disco *Há 10 mil anos atrás*, de 1976): "Que meu corpo seja cremado e que as cinzas alimentem a erva/ E que a erva alimente outro homem como eu". Tampouco foi seguida a fórmula que ele receitou num poema sobre um dos seus lugares preferidos no planeta: Dias d'Ávila, na Bahia.

Quando eu morrer, me enterre fundo
Debaixo do pé de cajarana
Assim eu poderei ouvir
O velho trem das 7
Correndo sobre os trilhos
Feira Velha, riacho e varanda
Feira Velha
Feira Velha
Você nem sabe mais quem eu sou
Tomei banho em seus rios
Fui-me embora
Meu amor

A família preferiu o sepultamento convencional, sem estardalhaço, sob uma lápide pequena e simples, sem inscrição especial. Em 2011, a família desenterrou o corpo de Raul para colocar os ossos em uma urna funerária e abrir espaço no jazigo, como é praxe após certo período nos cemitérios. Mas qual não foi a surpresa: passados mais de vinte anos, o corpo de Raul estava intacto. Não houve decomposição do Maluco Beleza, como se fosse uma profecia realizada — há diversas explicações científicas para esse tipo de fenômeno (por exemplo: o uso exacerbado de antibióticos em vida pode retardar a decomposição por anos). Mas o período era demasiado longo, o fato passou a gerar mais uma lenda em torno de Raul. No antigo Egito, a tradição de embalsamar os corpos fundava-se na crença da imortalidade e na ressurreição — era necessário conservar o corpo para que a alma um dia voltasse a habitá-lo. A família então desistiu da remoção, mantendo o corpo do jeito que estava.

A história das grandes ousadias artísticas de Raul sofreria outro duro baque no ano de 1994, cinco anos após a morte do baiano. Num curto e fatídico intervalo, desapareceriam outros dois quartos da excêntrica viagem conceitual de 1971 chamada *Sociedade da Grã-Ordem Kavernista*, a subversão artística dos rebeldes do som: Sérgio Sampaio e Miriam Batucada. Sérgio Sampaio foi vitimado também pela pancreatite, como o amigo Raul, e morreu em 15 de maio daquele ano, no Rio de Janeiro. Pouco mais de dois meses depois, em 21 de julho de 1994, numa sexta-feira, às 13h30, o corpo da cantora Miriam Batucada foi encontrado em seu apartamento na rua Alves Guimarães, em Pinheiros (zona oeste de São Paulo). Tinha 47 anos e vivia só. Havia vinte dias que ela não entrava em contato com ninguém e a família dizia que era depressiva. O corpo estava sobre a cama. Ao lado, revistas de psiquiatria e o telefone fora do gancho.

A partir de 1990, Sylvio Passos iniciou um persistente esforço de manutenção da memória de Raul Seixas e sua obra, começando com o livro *Raul Seixas por ele mesmo* (Martin Claret). Estruturado a partir de entrevistas, letras e declarações, cimentava uma série de publicações e resgates que manteriam o mito de Raul vivo nas décadas seguintes, um caleidoscópio de visões diferentes, quase todas apaixonadas, algumas mergulhadas no caldo do misticismo, das facilidades filosóficas, da idolatria mágica.

Em 1993, um fã chamado Carlos Augusto Santana Silva, de 21 anos, que tinha o rosto de Raul tatuado no braço direito, foi flagrado tentando levar para casa, como recordação, a lápide do túmulo de Raul no cemitério Jardim da Saudade. Dizia que a levaria para integrar à memorabilia particular de Raul Seixas que mantinha em sua casa, constituída de discos, cartazes, recortes e fotos. Foi impedido, mas uma nova tentativa de furto ocorreria dois anos depois. A direção do cemitério, cansada dos furtos, decidiu pregar a lápide com concreto.

O repertório de Raul passou a ser revisitado com frequência por artistas das mais diferentes correntes. Muitas vezes, incluir apenas uma única canção dele num disco era como um atestado de idoneidade artística, uma espécie de selo de autenticidade. Fazer um disco inteiro com canções dele era um sonho de muitos, mas poucos foram tão longe quanto o paraibano Zé Ramalho. Em 2001, ele lançou *Zé Ramalho canta Raul Seixas* (Ariola), que lhe rendeu discos de ouro tanto pelo CD quanto pelo DVD.

Era um projeto que Zé vinha acalentando havia muito tempo. Em 1984, tinha falado com Raul pela última vez, o baiano havia ligado para falar de *Metrô linha 743*. Mas houve um contratempo às vésperas do lançamento do álbum: Paulo Coelho não cedeu canções de sua parceria com Raul, e o paraibano teve que se virar de última hora. Já havia uma produção, parte do disco já estava gravado. Entre as canções que não foram autorizadas, estavam "Gita", "Eu nasci há 10 mil anos atrás" e "Medo da chuva", que eram algumas das músicas preferidas de Ramalho.

"Posso afirmar que tive alguma influência do Raul em algumas das minhas músicas. Não especificamente em 'Avôhai' nem em nenhuma música do meu primeiro disco, mas ele aparece em algumas canções dos álbuns dos anos 90. Eu me identificava com o misticismo e as citações de deuses do Olimpo, ao mesmo tempo ele era 'escarnioso' e escrachava com partes da nossa sociedade e tinha um apurado humor negro", explicou Zé Ramalho.

Muitas tolices seriam escritas sobre o fim de Raul nos anos que se seguiram. Que teria morrido só, sem dinheiro, abandonado pelos amigos. Nada disso é verdade: Raul era paparicado pela família, auxiliado pelos amigos, amparado pelos parceiros, a imprensa o adorava (mesmo quando descia o sarrafo em seus fiascos). Não era absolutamente detestado, mas não conseguia gerir a própria vida. Ninguém queria se meter demasiado numa existência que parecia um tapete de pó de arroz, qualquer movimento arruinava tudo ali. Ele estava caminhando para a extinção com consciência disso, mas não tinha o menor instinto de autopreservação. Ainda assim, prosseguia com seus lampejos de genialidade, sua visão aguda sobre a panaceia social brasileira ia além da experiência ordinária.

Demorei para ter certeza
Que a maior beleza tava em mim
Porque eu sou
O meu próprio seguidor
Hoje não creio em bestalhos
Em tarô e seus baralhos
Que se dane quem procura
Nego todas as culturas

Toca Raul!

Nos anos 1990, os artistas nacionais e mesmo os internacionais, durante concertos no Brasil (há relatos de fatos semelhantes até na China e na Turquia), se acostumaram a ter o show interrompido ou balançado por um grito alto e solitário vindo do meio da plateia. "Toca Raul!", berrava um anônimo. Após o grito, sobrevinha (e continua sobrevindo) uma onda de confirmação dos demais espectadores, além de risos, cânticos de aclamação, pedidos de repertório e uivos da turma de Raulzito.

No Rio de Janeiro, desde 2011, um bloco de carnaval batizado como Toca Raul! ensandece foliões todo ano na praça Tiradentes, no centro da cidade. Misturando gêneros nas músicas de Raul de todas as fases, esbanjando criatividade nas fantasias que materializam versos de "Gita" e outras canções, o bloco expandiu sua farra para outras capitais brasileiras, sendo muito requisitado nas folias.

Tem muito gaiato que acredita piamente que foi o próprio Raul a iniciar a onda "Toca Raul!". Mas é possível que ninguém conte melhor a história da gênese desse bullying internacional do que o paulista Isaac Soares de Souza. Em 1975, Isaac, fã exacerbado de Raul (fundador do fã-clube Novo Aeon), bolou um princípio de sublevação coletiva em Bariri, no interior de São Paulo (a 325 quilômetros da capital), onde vivia. Juntando os amigos que eram fãs de Raul, um contingente numeroso, Isaac passou a promover uma espécie de *flash mob maluco-belezista* em "todos os locais onde estivesse havendo uma apresentação de qualquer artista, popular ou sertanejo". Eles apareciam como se fosse uma alcateia e berravam: "Toca Raul!".

"E muitos artistas e donos de clubes de música, circos que passavam pela cidade, coreto da praça central, todos odiavam a todos nós, exatamente porque sabiam que nossa chegada aos locais significava perturbação com o coro 'Toca Raul!'." Isaac conta um episódio inusitado: existia na cidade um clube "que era a coqueluche da época", o Top Club, instalado em um antigo cinema, o Cine Belluzzo. Os grandes shows de passagem rolavam ali. Foi quando veio à cidade o cantor Amado Batista para um show com casa lotada. Amado Batista, um dos maiores ídolos populares do país, foi muito aplaudido e ovacionado, como de hábito, no primeiro set de seu show. Foi quando ele decidiu tomar fôlego e deixou a banda fazendo um aquecimento para ir ao camarim trocar de roupa. Amado então lançou um desafio à plateia: perguntou se haveria alguém ali capaz de subir ao palco e cantar qualquer música da época enquanto ele saía. Os raul-seixistas convocaram um amigo deles, um cantor amador conhecido pelo apelido de Max Von Cydoll (em referência ao ator franco-sueco Max Von Sydow, pela semelhança física) para que subisse ao palco e cantasse um rock qualquer e tocasse guitarra.

"O guitarrista que acompanhava Amado Batista passou a guitarra para esse amigo nosso, duvidando que ele fosse capaz de tocar o instrumento." Mas Von Cydoll era bom de palco e mandou logo de cara "Tutti Frutti", de Little Richard. A casa veio abaixo, Max estava literalmente roubando o show. Os raul-seixistas o apoiavam gritando "Toca Raul!" em altos brados. Era um motim, Max não saía mais, Amado Batista e seu guitarrista ficaram irritados e pediram para a produção tirá-lo do palco para conseguir finalizar o concerto. Mas o público já tinha mudado de lado e, após a retirada do penetra, começou a vaiar e a abandonar o local, em protesto contra a expulsão de Max.

Evidentemente, o fenômeno do "Toca Raul!" pode ter sido fruto de muitas iniciativas simultâneas, mas seu impacto atingiu de forma diversa os artistas que se viram diante do berro anárquico em seus shows. Zeca Baleiro, por exemplo, fez do limão uma limonada: compôs uma canção, "Toca Raul!", para responder ao bullying:

Em todo canto que eu vou
Tem sempre algum grande fã do cara
É quase uma tara
Jovens, velhos e crianças
Malucos e caretas
Parece uma seita
Por isso eu paro, penso, reflito
Como é poderoso esse Raulzito
Puxa vida, esse cara é mesmo um mito

Em seus tempos derradeiros, Raul tinha protagonizado cenas constrangedoras. Certa vez, foi à Galeria do Rock com um novo empresário, um português que se gabava de ter sido agente do Gênesis e seus ídolos, Peter Gabriel e Phil Collins. Dizem que era pura cascata e que o português por fim passou a perna em Raulzito. Mas, naquele dia, Raul acabou bebendo com integrantes do seu fã-clube num boteco ali do centro de São Paulo e perdeu a linha. Acabou indo pedir dinheiro emprestado a Luiz Calanca, da loja Baratos Afins, para pagar a conta. Mais tarde, foi encontrado vagando só de cuecas, desorientado. Nos bares do Butantã, muitos o evitavam, sabiam que ele tinha perdido o botão de stop, bebia de forma convulsiva muitas vezes.

Raul, mesmo na pindaíba que caracterizou o fim de carreira, quando estava sendo tutelado e vigiado para tomar a insulina corretamente, não beber, não desaparecer, mesmo assim ele não esquecia aquele velho ímpeto de cuidar das pessoas, da família, dos afetos familiares. "Certa vez, Guilherme Araújo o levou pra fazer um show em Salvador", contou Tom Zé. "Eu estava lá, também hospedado no mesmo Hotel da Bahia. Quando saí de manhã, vi uma fila de umas trinta pessoas na porta do hotel, do lado de fora; estavam esperando para 'consultar' Raul", espantou-se Tom Zé, que via nas reivindicações das pessoas as demandas a uma entidade inequivocamente dotada de poderes espirituais. Ao voltar, pouco depois do meio-dia, ele viu que a fila já dava uma volta inteira naquele imenso quarteirão em que fica o Hotel da Bahia, no Campo Grande. "Várias pessoas me chamaram, dizendo: 'O que eu quero contar a ele é isto e aquilo, sobre tal coisa assim-assim'. Questões como marido que tinha abandonado, criança com problemas mentais; assuntos inacreditáveis", conta o cantor.

Em 2001, em tributo ao conterrâneo, Tom Zé compôs "A chegada de Raul Seixas e Lampião no FMI":

É Raul Seixas, é Lampião
Chegaram no FMI
Que nem tentou resistir
É Raul, Raul, Raul
Lampião não anda só
Trouxe Deus e o diabo
Raul, a terra do sol
Lampião com o clavinote
Raul trouxe o "ilê ai ê"
Tiraram os colhões do rock
Enrabaram o iê-iê-iê

A notória abertura criativa e a generosidade estética de Raul Seixas também estimularam todo tipo de excentricidade. Desde 2005, por exemplo, o contador aposentado Luciano Lopez passou a reivindicar judicialmente a coautoria de uma das canções mais famosas de Raul Seixas, "Tente outra vez" (do disco *Novo Aeon*, de 1975). Sem nenhum êxito, perdeu dois processos. A história da suposta coautoria é, em si, um roteiro mirabolante: em um fim de tarde de maio, em 1975, Luciano saía de seu trabalho na área contábil da Petrobras, onde trabalhou por mais de trinta anos, e teve o impulso de passar no apartamento de Raul Seixas, que nunca tinha visto na vida, para tentar mostrar a ele algo que achava feito sob medida para o Maluco Beleza.

Luciano virou um repentista de sua própria história. Ele conta que teria se encaminhado até o "12º andar do prédio ao lado do posto de gasolina, na saída do túnel, no sentido Lagoa--Barra, à direita, em São Conrado", onde vivia o roqueiro à época, e que o porteiro não só o deixou subir, como ele foi recepcionado por Gloria Vaquer, mulher de Raul à época. O baiano foi todo ouvidos. "Eu induzi o tema do nosso diálogo", conta.

Luciano queria mostrar a Raul a canção chamada "A felicidade vem depois", que enxerga como um tipo de argamassa de "Tente outra vez". "Eu vou te mostrar uma música romântica. Ela está perdida, outros artistas gostam, mas não gravam", disse ao cantor. Luciano afirma que, enquanto mostrava a música, Raul começou a rabiscar num papel. "Desconfio que ele tenha escrito nesse momento: 'Veja! Não diga que a canção está perdida', o primeiro verso", disse o contador, admitindo que o mote, ao menos, é de Raul. Após apresentar sua composição, Luciano conta que começou a mostrar músicas de artistas que estava ouvindo naquela época, como "Day After Day", do grupo inglês Badfinger. Com isso, quis demonstrar que até a base inspiradora de tudo poderia ter sido uma apropriação da apropriação, algo no mínimo curioso.

Tempos depois, Lopez escutou a música de Raul tocando no rádio. "Se eu não fosse ao apartamento do Raul, essa música não existiria." Segundo conta o homem, ele chegou a ir ao estúdio da gravadora Polygram atrás de Raul. Quando o encontrou, Raul bateu em seu ombro e pediu que ele fosse à sua casa outra vez, coisa que não aconteceu. Em 2006, Luciano, mesmo considerando que o manuscrito de "Tente outra vez" é totalmente da lavra de Raulzito, insistiu em buscar reparação na Justiça. Sem conseguir nada, passou a entrar em todos os fóruns de internet, no YouTube e correlatos, para postar a sua versão da história.

Desencanado das noções de propriedade e de autoria, Raul sempre parecera presa fácil para uma debacle incendiária. Mas cedo as filhas de Raul Seixas se organizaram para constituir uma unanimidade mínima em torno dos temas relativos aos direitos autorais e o legado do pai, para equacionar o fluxo da obra. Em 21 de agosto de 2009, na revista *Rolling Stone*, Simone Andrea Vannoy e Scarlet Vaquer Seixas, as filhas norte-americanas de Raul, encaminharam correspondência à redação da revista para rebater os pressupostos de uma reportagem publicada. Contestavam o termo "viúva" para designar Kika Seixas e atestavam que Raul teve dois casamentos registrados (com Edith Wisner e Gloria Vaquer, respectivamente mães de Simone e Scarlet) e outras três companheiras conhecidas — Tânia Menna Barreto, Ângela Maria de Affonso Costa (Kika) e Helena Coutinho (Lena). As filhas de Raul não concordavam com a proibição por Kika, em 1997, do lançamento da trilogia de discos *Deixa eu cantar*. A terceira filha, Vivian, se acertou com as irmãs e hoje fazem juntas a gestão do espólio de Raul.

No final da vida, o porto seguro de Raul era Dalva Borges, era ela que tomava conta dele dia e noite. O cantor reconhecia seu esforço, assim como sua família — a mãe de Raul quis que um dos filhos de Dalva se chamasse Raul, e o garoto acabou virando Raul David. "Eu poderia estar com o maior problema na minha vida, porque todos nós temos problemas, mas quando chegava lá: Dalvitcha, que é que você tem hoje? Aconteceu isso e isso. Senta aí, vamos conversar. Estou sempre aqui, sou uma dona de casa, sempre fui, nunca deixei de ser. Apesar de ter pouco tempo com meus filhos, continuo sendo e sempre fui elogiada pelo Raul por isso. Então, talvez, até por esse motivo, eu continue lutando por eles. E todos eles, você pode conversar com qualquer um, eles não falam Raul, é tio Raul porque ele sempre veio na minha casa, sempre abraçou meus filhos, sempre tiraram fotos juntos, sempre manteve a educação deles", contou Dalva.

Ao desaparecer, Raul deixou aquele gosto de "devíamos ter aproveitado mais" da experiência, ou se engajado no esforço de mantê-lo artisticamente relevante. "Raul foi objeto de desejo de muitos festivais, mas sua instabilidade física e emocional não criava segurança para a contratação", justificou Roberto Medina, promotor do Rock in Rio.

A primeira edição do Rock in Rio, em 1985, perdeu o bonde. É claro que, não só no Raul, como em outros nomes, posso não ter pensado. Confesso que não lembro muito bem como elegi o *casting* nacional. Naquele tempo tinha a Rádio Fluminense — a Maldita —, e eu me pautava no aconselhamento deles. Fiz também pesquisa de opinião — o que faço até hoje — me balizando em tribos e estilos diferentes. Tinha ainda a dificuldade para contratar as bandas. Foi muita pressão. É claro que o Raul Seixas deveria estar presente, mas provavelmente eu tenha esquecido outras pessoas também importantes. A segunda edição do Rock in Rio, em 1991, já tinha perdido o bonde, mas chegou a procurar a viúva de Raul, Kika Seixas, para fazer um selo comemorativo do festival.

"Em 1990, quando estávamos preparando o Rock in Rio no Maracanã, levei à empresa de Correios e Telégrafos a proposta de criar um selo para celebrar o evento [Rock in Rio]", conta Léa Penteado, que era a assessora de imprensa do festival na época. Léa adorava selos e moedas e foi ela quem teve a ideia de cunhar o logotipo do festival e difundi-lo como um mimo para colecionadores e filatelistas. Mas, numa reunião em Brasília, lhe disseram que os Correios não usavam marcas nem produtos; poderiam eventualmente estampar imagens de artistas mortos. "Assim nasceu o selo que reuniu Cazuza e Raul Seixas, lançado em 1991." O desenho, fabuloso, é do desenhista gaúcho José Luís Benício da Fonseca, ou simplesmente Benício, famoso pelos desenhos de *pin-ups* do cinema nacional.

A influência da música de Raul e sua posição desafiadora no mundo não se restringiram ao universo do som, ultrapassaram as fronteiras disciplinares. O educador e diretor de teatro baiano Jorge Portugal afirma:

> O verso que sacudiu minha geração, em 1973, sob a mais densa nuvem de chumbo da ditadura militar, não foi o "vem, vamos embora que esperar não é saber", mas, justamente, "eu tenho uma porção de coisas grandes a conquistar e não posso ficar aí parado". Esse, sim, me levantou do beliche do quarto de pensão de dona Nicinha, onde eu morava, e me fez ganhar as ruas, com o firme propósito de também sonhar uma sociedade alternativa.

Em 2005, por ocasião dos tributos aos cinquenta anos do disco *A Hard Day's Night*, dos Beatles, o jornal francês *Le Monde* surpreendeu ao anunciar sua escolha das melhores versões mundiais de canções do álbum. A reportagem, assinada por Stéphane Davet e Sylvain Siclier, lembrava o pioneirismo de Joe Cocker em gravar "I'll Cry Instead" (com Jimmy Page, futuro Led Zeppelin, na guitarra), algumas semanas antes do lançamento de *A Hard Day's Night*:

> Mas é a versão de Raul Seixas (1945-1989) que nós recomendamos a vocês. Nos anos 1960 e 1970, ele foi uma das figuras mais importantes de ascensão do rock no Brasil, estrela mais conhecida ou tão conhecida quanto grandes nomes anglo-saxônicos. Sua versão *country rock* de "I'll Cry Instead" combinou duas de suas influências, Elvis Presley (1935-1977) e Bob Dylan, e figura em um álbum póstumo registrado nos anos 1960, juntamente com seu grupo The Panthers, *O baú do Raul*, lançado pela divisão brasileira da companhia discográfica Philips em 1992.

O cinema, como não poderia deixar de ser, interessou-se sempre pela saga de Raul Seixas. O crítico Jairo Ferreira realizou, em 1993, um curta experimental de dezenove minutos sobre o roqueiro (*Metamorfose ambulante ou As aventuras de Raul Seixas na cidade de Toth*), com uma profusão de imagens paradas, um ator representando Raul, uma estética psicodélica, underground, com uma leitura dos mandamentos de *O Livro da Lei*, de Aleister Crowley.

O mais bem-sucedido projeto foi realizado pelos diretores Walter Carvalho (diretor de fotografia de *Lavoura arcaica* e *Central do Brasil*) e Evaldo Mocarzel (diretor de *Quebradeiras* e *As quatro irmãs*). Em 21 de abril de 2009, Carvalho e Mocarzel assinaram um contrato com a AF Cinema e Vídeo, de Alain Fresnot, para fazer um longa-metragem chamado *O início, o fim e o meio*, sobre a saga do cantor baiano (um sonho antigo de um dos produtores, Denis Feijão). "O início, o fim e o meio" são as palavras finais da canção "Gita".

O filme, que estrearia em 2012, tinha um orçamento inicial de 2,5 milhões de reais e acabou se convertendo no segundo documentário mais visto do cinema brasileiro, com 160 mil espectadores somente nos cinemas. Uma das cenas mais debatidas do documentário é quando, em visita ao apartamento de Paulo Coelho em Genebra (onde o escritor vive há onze anos), uma mosca passa a incomodá-lo insistentemente enquanto ele fala. "Curioso, primeira vez que aparece uma mosca em Genebra. Aqui não tem", diz Paulo Coelho. A inclusão da cena inoculava no espectador, de certa forma, uma conclusão que já o assaltava, a de que uma inoportuna "Mosca na sopa" voltou a perturbar a rotina de Paulo — insuflando um sentimento difuso de "vingança" nas plateias, que riam muito da cena (afinal, Paulo Coelho é tido por muitos, e até mesmo por Raul, como o homem que o conduziu a certa ruína da vontade). "Não me arrependo de ter apresentado as drogas a ele. Um cara com aquela idade já sabia o que estava fazendo. Maconha, ácido, chá de cogumelo — aquilo fazia parte da minha cultura", disse o escritor.

O início, o fim e o meio foi intensamente criticado (como de resto tudo que se fizer sobre Raul Seixas sofrerá severo criticismo) por ter se esquecido de incluir em seu corte final duas figuras fundamentais da história do Maluco Beleza: Leno e Jerry Adriani. Ambos foram entrevistados, mas a edição preferiu escanteá-los, o que causou espécie em alguns fãs, que não entenderam certo destaque para figuras que não eram centrais na saga de Raul e a sonegação dos dois personagens tão fulcrais.

O filme tem méritos indiscutíveis, talvez o maior deles o de ter ouvido todas as ex-mulheres e as filhas de Raul, assim como o de ter exibido o insólito registro da reunião de Paulo e Raul no palco pela última vez. A façanha foi de Marcelo Nova, que ligou para Paulo Coelho quando tocavam no Rio e o convidou para ir ao show *A panela do diabo* no Canecão, em 1989. "Essa eu não sabia", espantou-se Raul, verdadeiramente surpreso, quando o antigo parceiro foi chamado ao palco. Ambos cantaram juntos "Sociedade Alternativa". No camarim, Raul apalpava Paulo como se não acreditasse naquela aparição, e Paulo se mostrava desambientado, tímido. Era a despedida. Paulo só saberia da morte de Raul quando estava nos Pireneus, na Europa, fazendo um dos caminhos sagrados do cristianismo. "Eu tinha três moedas de cinco francos e a gente estava no meio de lugar nenhum", contou o escritor. Ele parou numa cabine telefônica no meio da estrada e ligou para a mulher, Christina Oiticica, no Brasil. Após alguma hesitação, Christina lhe disse: "Raul morreu". As fichas acabaram e Paulo voltou à estrada, cantando as músicas de Raul. Disse que sentiu uma grande alegria, que pensou que Raul se tornaria um mito e que, muitos anos depois, ainda estaríamos falando dele. Naquela noite, sonhou que Raul estava em posição fetal dentro d'água, bem, realizado. Somente seis meses depois, contou Paulo, é que a tristeza bateu. Conversando por telefone com um amigo comum, Edinho Oliveira, Paulo começou a chorar. "Chorava convulsivamente, daquele jeito que acorda toda a vizinhança." Chorou por mais de uma hora. Entendia ali, como contou, não a dramaticidade da morte, mas o fato de que nunca mais veria Raul. "Senti como se a minha alma tivesse sido lavada, e que todas as coisas que eu tinha guardadas, guardadas no meu coração, algum ressentimento, porque uma relação tem ressentimentos, tinham partido todos os ressentimentos, tinham ficado os fatos."

Naquele ano em que reencontrou Raul no palco, 1989, Paulo Coelho já usufruía de uma fama literária internacional. Seu livro mais vendido, *O alquimista*, lançado um ano antes, chegou a ser traduzido para 81 línguas (há alguns anos, o jornal *The Washington Post* estimou que seus livros tenham vendido mais de 350 milhões de exemplares no mundo todo).

Não pare na pista, com roteiro de Carolina Kotscho e direção de Daniel Augusto, foi a história de Paulo Coelho transposta para a tela grande do cinema em 2014. Evidentemente, Raul Seixas é um personagem transversal da história, mas a ficção deu um jeito de colocá-los juntos na execução do seu manifesto comunitário utópico, "Sociedade Alternativa".

Houve, haveria e haverá muitos tipos de demonstração pública de reconhecimento da singularidade e do talento de Raul, como em 2009, quando o cantor baiano, em memória, foi um dos quarenta agraciados com a insígnia da 16ª Ordem do Mérito Cultural, comenda que o Estado brasileiro outorga desde 1995. A cerimônia foi no centenário Theatro Municipal do Rio de Janeiro. Mas poucas reverências seriam tão efetivas quanto a apresentação do cantor Bruce Springsteen no Brasil, em 2013, quando ele abriu seus shows em São Paulo e Rio de Janeiro com a canção "Sociedade Alternativa", de Raul Seixas.

Bruce Springsteen não é apenas um cantor norte-americano. É um "monumento nacional", como definiu a revista *Esquire*. Sua figura se confunde com a identidade, com as paixões e com a linguagem norte-americanas. Em seu périplo por países estrangeiros, Springsteen toma o cuidado de fazer uma reverência que não soe como demagogia e que não se afaste de seus próprios pressupostos de artista de resistência. "Em uma época sórdida de desejos contidos, a música de [Bruce] Springsteen é majestosa e apaixonada. Podemos nos elevar com ela, apreciando a agitação inebriante de um garoto talentoso navegando no pico de sua criatividade e sentimos sua música e poesia à medida que ele atinge o Nirvana", escreveu de Bruce Springsteen o mais terrível dos críticos de rock, Lester Bangs.

Bruce só passara uma vez pelo Brasil, e foi algo de uma efemeridade elétrica. Em 1988, participou da turnê beneficente Human Rights Now!, da Anistia Internacional, no parque Antártica. Um dos vinte concertos foi no Brasil. "Era um momento muito forte nos países que visitei. Na Argentina, foi impressionante ter contato com o relato de mães e avós cujos filhos e netos foram levados pela ditadura. Aqui no Chile, também havia uma realidade muito dura, triste. Era uma época em que a música e a arte representavam muito, conseguiam falar por muitos." Na África do Sul, o saxofonista de Bruce, Clarence Clemons, tinha comentado que era a primeira vez em toda sua carreira que via mais de uma pessoa negra no show de Bruce. Essa turnê tinha deixado impressões fundas no cantor de Nova Jersey.

Assim, quando retornou à América do Sul em pleno ano de 2013, Bruce chegou decidido a gravar na pedra seu comprometimento. Seus agrados aos públicos de cada país seguiam um roteiro preciso. No Chile, cantou "Manifiesto", de Víctor Jara, cantor chileno assassinado pela ditadura militar; na Argentina, mostrou um vídeo com "Sólo le pido a Dios", do repertório da cantora Mercedes Sosa, voz da resistência étnica e cultural. E quando, no Brasil, escolheu cantar justamente uma música de Raul Seixas, aquilo foi de um simbolismo brutal para os amantes do rock.

"Não estava lá — assisti, comovido, mil vezes na web. Em um arranjo soul arrebatador, cantando em português, Bruce abriu os dois shows com Raul, o brasileiro mais *rocker* de todos os tempos", contou em seu blog o jornalista Álvaro Pereira Júnior.

Álvaro revelou em seguida um surpreendente bastidor da escolha de Springsteen por Raul Seixas. O agente de Springsteen, Jon Landau, tinha entrado em contato com o jornalista brasileiro após uma entrevista que este fizera em Santiago com o cantor americano para a TV. Álvaro contou que não foi o único consultado e que já tinham sugerido duas outras músicas a Bruce: "Canção da América", de Milton Nascimento, e "Comida", dos Titãs.

Landau estava pedindo sugestões por e-mail a brasileiros. Álvaro respondeu que precisava de um tempo para pensar. Pensou na possibilidade de ser um trote. Chegou a pensar em sugerir Legião Urbana, "Que país é esse", e "Inútil", do Ultraje, para Bruce cantar. "Não por amar nenhuma das duas, mas por achar que funcionariam para Bruce e traríam um conteúdo político do agrado dele", imaginou. Mas, ao consultar outro jornalista amigo, André Forastieri, ouviu: "O Bruce tem de tocar Raul!". Álvaro concordou no ato, sentiu que era a escolha certeira. "Claro! Raul, um *outcast*, longe dos lobbies de gravadoras, do establishment da MPB, do rock de consenso, um nome de que ninguém mais se lembraria." Mas tocar o quê?, perguntou-se. "Aluga-se"? Foi quando pensou em uma cena, uma multidão cantando o refrão de "Sociedade Alternativa".

"Voltei para casa, mandei o e-mail no capricho, sugestões com contexto histórico e esclarecimentos: Raul, Legião, Ultraje. Contei a uns poucos amigos. Faltavam dois dias para o show em São Paulo, cinco para o Rock in Rio. Nunca recebi resposta dos americanos."

Álvaro disse que uma amiga o avisou, por e-mail, que ouvira de alguém que estava no local do show em São Paulo, o Espaço das Américas, na Barra Funda, que, da fila, estavam ouvindo incrédulas Bruce Springsteen ensaiar "Sociedade Alternativa" com a E Street Band. O jornalista sabia que não era delírio da moçada, tinha fundamento a história, mas ainda assim se espantou que, em dois dias, Bruce e sua banda tivessem conseguido ensaiar uma canção em português.

Sobre "Canção da América", Álvaro chegou a explicar aos seus interlocutores que era uma canção análoga às que Springsteen apresentara no Chile e na Argentina (números de Víctor Jara e Mercedes Sosa). Mas salientou que "a considerava piegas, tipo um hino de igreja". Sobre "Comida", ele nem comentou, mandou um link e recomendou que Bruce a ouvisse. "Músico sensível até a última célula, claro que ele escolheu Raul. Viva a Sociedade Alternativa!", comemorou Álvaro. "Aprendi a gostar de Raul já adulto. Fiquei espantado com a qualidade da obra dele. Foi especialmente emocionante ouvir um dos maiores artistas dos Estados Unidos prestar tributo a ele, porque aqui ele morreu rejeitado pela indústria, estigmatizado pela esquerda, escanteado", contou o jornalista.

Muitas das teses que poderiam explicar a permanência da obra de Raul parecem esfumaçar-se aos primeiros acordes de "Mosca na sopa" ou "Metamorfose ambulante", de seu primeiro disco solo. Já estava tudo ali: a antevisão criadora, a presença de espírito, a capacidade de articulação política da palavra. Mas, principalmente, pressentimos um tipo de sequestro da razão, a capacidade de tirar o ouvinte de seu estado de autocontrole e oferecer a ele uma outra porta para a percepção, para a libertação. Essa promessa amplamente realizada de Raul o projeta num nicho particular, só dele, embora equilibrado entre os grandes da música brasileira — como os hábeis cancionistas capazes de articular música e letra (Chico Buarque, Noel Rosa, Cartola, Luiz Melodia, Caetano ou Gil); os poetas de inesgotável capacidade de malabarismo e atualização dos temas e das palavras (Cazuza, Renato Russo, Torquato Neto, Antonio Cicero); e os músicos de invenção (João Gilberto, Tom Jobim, Guinga, Jackson do Pandeiro).

Em torno dessas habilidades, circulava de um jeito nômade a figura do sábio popular, esta a mais complexa e difícil de emoldurar. Raul, entre outras visões, enxergou não só o manancial do passado como também as distopias do futuro iminente. "A gente está vivendo no tempo da Intelsat", ele afirmou. Intelsat era uma promessa de comunicação global que fascinava as pessoas nos anos 1970, uma empresa de satélites de comunicação sediada em Luxemburgo que usava células solares e permitia acesso múltiplo a 1500 circuitos de áudio e quatro canais de TV. De certa maneira, insinuava o admirável mundo novo da internet, a rede de comunicações nascida no Pentágono. Raul já se via nesse novo mundo, embora tenha morrido antes de sua chegada. "A gente está vivendo no tempo da Intelsat, de máquinas que falam para milhões de pessoas: você tem que estar ali junto com elas, dentro da máquina, para poder ficar fazendo alguma coisa. Não adianta ficar de fora reclamando. É só falando para milhões de pessoas que vou deixar minha marca, a impressão digital nesse planeta", profetizou. Essa profecia não se realizou: a permanência de Raul Seixas se efetivou não por uma comunicação em ritmo de surto, mas por uma capacidade de contaminação, de espraiamento da palavra, do ritmo, da mística, do entendimento da angústia humana. E, por que não dizer logo?, de uma grande dose do bom e velho feitiço, da infalível mandinga, da catiça da maria linguiça.

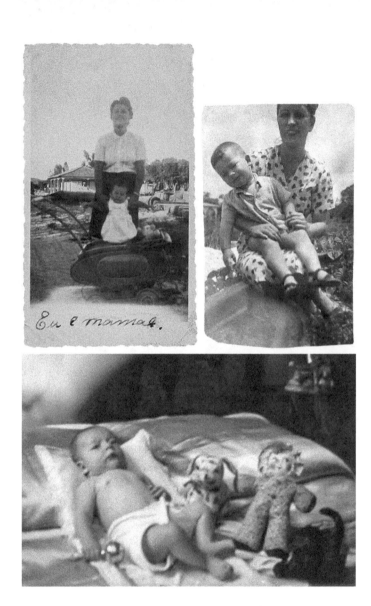

Ainda bebê, e com a mãe, Maria Eugênia, em Salvador:
uma infância privilegiada, sem carências.

Com os pais, Maria Eugênia e Raul Varella Seixas, e o único
irmão, Plínio. Durante a cerimônia de primeira comunhão,
em 1955. Por fim, com o grande amigo e influência
fundamental na adolescência, Waldir Serrão, o Big Ben.

[na página anterior] "Retratos falados": Raul e suas inúmeras agremiações de rock e da tumultuada vida estudantil.

Acima, com pose de Elvis (sempre) e com os irmãos Thildo e Délcio Gama em sua primeira banda, Os Relâmpagos do Rock.

Os Panteras. Na primeira foto, na parede, a flâmula que deu origem ao nome do lendário grupo de Raul, que peregrinou pelos programas de auditório da velha Bahia nos anos 1960.

Com Edith, sua primeira mulher, paixão avassaladora.

Com Sérgio Sampaio, Edy Star e Miriam Batucada, os kavernistas, parceiros de assombroso talento. Abaixo, Raul no palco, bem ao centro, com os concorrentes do Festival Internacional da Canção (FIC) de 1972, pontapé inicial da sua carreira solo.

O agregador: Raul na praia distraindo pescadores, em Salvador; e no Rio de Janeiro, com os primeiros parceiros: Leno, Waldir Serrão e o *"godfather"* Jerry Adriani.

Peregrinando pelo Rio como vocalista de apoio da banda de Leno.

Com Wanderléa, estrela e madrinha de vários perrengues; Rita Lee interpretando Raul Seixas no curta-metragem *Tanta estrela por aí*; Raul com Marcelo Nova, discípulo leal e último parceiro na trajetória do rock 'n' roll.

Nos anos 1970, muso psicodélico de pintores e de cineastas como Ivan Cardoso.

Num ensaio country, de perdigueiro e tudo, à moda folk de Bob Dylan.

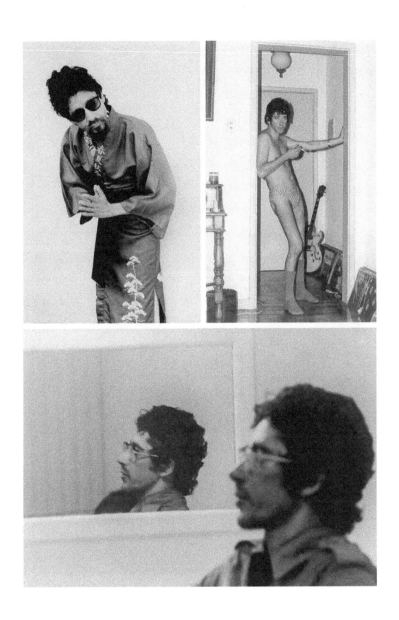

O disciplinado fã de artes marciais, o iconoclasta de sunga e o irreconhecível nerd de estúdio: Raul podia encarnar muitos personagens.

Imagens do performer incendiário: o homem-manifesto da Sociedade Alternativa também podia se tornar a voz de aquecimento para "esperar Papai Noel" no estádio.

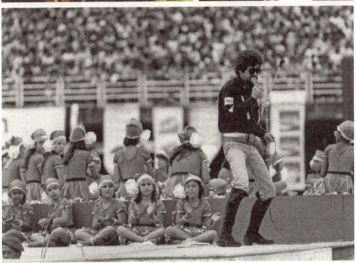

Alvo da repressão, Raul teve inúmeras canções retidas ou decepadas pela ação da censura de costumes ou política da ditadura.

Mestre nas artes midiáticas, Raul foi fustigado por
um inocente gibi, *A fundação de Krig-ha*.

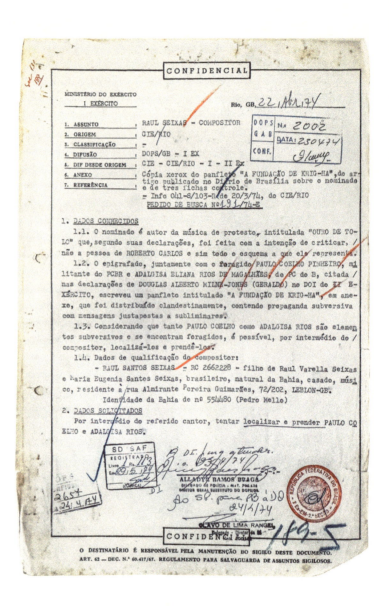

O documento incriminatório da polícia política que
envenenou a relação entre Raul e Paulo Coelho.

Com o "inimigo íntimo" Paulo Coelho,
parceiro de intensos embates e produção.

Carta para a filha Scarlet, com Gloria Vaquer:
dolorosa separação nunca cicatrizada.

"Minha doce filha, Scarlet querida. [Estou te enviando uma foto e alguns discos.] Eu amei o seu desenho. Você gosta das mesmas cores que eu, sabia? São incríveis de pintar. Dá pra notar que você será uma grande e famosa pintora. Você gosta de dançar? O que você mais gosta de fazer? Eu canto, você deve saber, e eu canto para dizer coisas bonitas para muitas e muitas pessoas. Vou te visitar em breve, em alguns poucos meses. Mas antes disso, eu gostaria que você escrevesse uma carta para o seu papai-papai, o.k.? Sinto tanta falta de você que às vezes quase sinto vontade de chorar. Isso é o quanto eu te amo, minha filha. Lembre sempre disso. Ei! Estou com a sua foto colorida e aquela grande que aquela empregada legal te deu, lembra? E coloquei as duas em um quadro na sala de estar. Estou fora desse meu negócio de cantar já por um longo período e eu fiquei quebrado em razão de todo esse tempo. Mas agora deus me estendeu a sua mão e estou gravando o meu 11º álbum. Se eu conseguir um acordo com o meu chefe artístico, vou passar seis meses trabalhando no Brasil e seis meses aí. Imagina só? Vou te levar para passear em vários lugares. Minha Scarlet querida, Deus te abençoe. Com amor, Papai."

Raul na sua pose clássica de "angústia adolescente".

Homem da era do vinil, Raul Seixas teve todos seus discos de carreira lançados no famoso "bolachão", e alguns hoje são raríssimos.

Produtor e compositor multifacetado, Raul burilou discos da chamada música brega e também foi parceiro de artistas de gêneros diversos.

Mesmo em seu último show, os óculos escuros, o cavanhaque, a jaqueta de couro, o sarcasmo: no guarda-roupa de Raul, itens essenciais.

O velório no Anhembi e o enterro em Salvador: a morte
multiplicou o culto e eternizou a idolatria entre os fãs.

Discografia

Raulzito e Os Panteras
(Odeon, 1968)

"Brincadeira" (Mariano Lanat)
"Por quê? Pra quê?" (Eládio Gilbraz)
"Um minuto mais" ("I Will", de Dick Glasser. Versão: Raulzito)
"Vera Verinha" (Raulzito/Eládio Gilbraz)
"Você ainda pode sonhar" ("Lucy in the Sky with Diamonds",
    de John Lennon e Paul McCartney. Versão: Raulzito)
"Menina de Amaralina" (Raulzito)
"Triste mundo" (Mariano Lanat)
"Dê-me tua mão" (Raulzito)
"Alice Maria" (Raulzito/Eládio Gilbraz/Mariano Lanat)
"Me deixa em paz" (Mariano Lanat/Raulzito/Carleba)
"Trem 103" (Raulzito)
"O dorminhoco" (Carleba/Eládio Gilbraz/Mariano Lanat/Raulzito)
Produzido por Milton Miranda

Sociedade da Grã-Ordem Kavernista apresenta Sessão das 10
(CBS/Sony, 1971 [com Raul Seixas, Sérgio Sampaio, Edy Star
    e Miriam Batucada])

"Eta vida" (Raul Seixas/Sérgio Sampaio). Interpretação: Raul Seixas
    e Sérgio Sampaio
"Sessão das 10" (Raul Seixas). Interpretação: Edy Star
"Eu vou botar pra ferver" (Raul Seixas). Interpretação: Raul Seixas
    e Sérgio Sampaio
"Eu acho graça" (Sérgio Sampaio). Interpretação: Sérgio Sampaio
"Chorinho inconsequente" (Sérgio Sampaio/Erivaldo Santos).
    Interpretação: Miriam Batucada
"Quero ir" (Raul Seixas/Sérgio Sampaio). Interpretação: Raul Seixas
    e Sérgio Sampaio
"Soul tabaroa" (Antonio Carlos/Jocafi). Interpretação: Miriam Batucada
"Todo mundo está feliz" (Sérgio Sampaio). Interpretação: Sérgio Sampaio
"Aos trancos e barrancos" (Raul Seixas). Interpretação: Raul Seixas
"Eu não quero dizer nada" (Sérgio Sampaio). Interpretação: Edy Star

"Dr. Paxeco" (Raul Seixas). Interpretação: Raul Seixas
"Finale". Interpretação: Todos
Produzido por Raul Seixas

Os 24 maiores sucessos da era do rock
(Polyfar/Universal Music, 1973 [reeditado em 1975 e 1985
como *20* e *30 anos de rock*, respectivamente])

"Rock Around the Clock" (Max C. Freedman/Jimmy De Knight)/"Blue
Suede Shoes" (Carl Perkins)/"Tutti Frutti" (Little Richard/Dorothy
LaBostrie)/"Long Tall Sally" (Little Richard/Robert "Bumps"
Blackwell/Enotris Johnson)
"Rua Augusta" (Hervé Cordovil)/"O Bom" (Carlos Imperial)
"Poor Little Fool" (Sheeley)/"Bernardine" (J. Mercer)
"Estúpido cupido" ("Stupid Cupid") (N. Sedaka/H. Greenfiel. Versão: Fred
Jorge)/"Banho de lua" ("Tintarella di luna") (Filippi/Migliacci. Versão:
Fred Jorge)/"Lacinhos cor-de-rosa" ("Pink Shoe Laces") (M. Grant.
Versão: Fred Jorge)
"The Great Pretender" (Buck Ram)
"Diana" (Paul Anka)/"Little Darling" (M. Williams)/"Oh! Carol" (H.
Greenfield/N. Sedaka)/"Runaway" (Del Shannon/Max Crook)
"Marcianita" (Marcone/Alderete. Versão Fernando Cesar)/"É proibido
fumar" (Roberto Carlos/Erasmo Carlos)/"Pega ladrão" (Getúlio Cortes)
"Jambalaya" (Hank Williams)/"Shake, Rattle and Roll" (Charles E.
Calhoun)/"Bop-a-Lena" (M. Tillis/W. Pierce)
"Only You" (Ande Rand/Buck Ram)
"Vem quente que eu estou fervendo" (Carlos Imperial/Eduardo Araújo)
Produzido por Raul Seixas e Nelson Motta

Krig-ha, bandolo!
(Philips/Universal Music, 1973)

"Introdução" (Raul, aos nove anos, cantando "Good Rockin' Tonight")
"Mosca na sopa" (Raul Seixas)
"Metamorfose ambulante" (Raul Seixas)
"Dentadura postiça" (Raul Seixas)
"As minas do rei Salomão" (Raul Seixas/Paulo Coelho)
"A hora do trem passar" (Raul Seixas/Paulo Coelho)
"Al Capone" (Raul Seixas/Paulo Coelho)
"How Could I Know" (Raul Seixas)
"Rockixe" (Raul Seixas/Paulo Coelho)
"Cachorro urubu" (Raul Seixas/Paulo Coelho)

"Ouro de tolo" (Raul Seixas)
Produzido por Mazzola

Gita
(Philips/Universal Music, 1974)

"Super-heróis" (Raul Seixas/Paulo Coelho)
"Medo da chuva" (Raul Seixas/Paulo Coelho)
"As aventuras de Raul Seixas na cidade de Thor" (Raul Seixas)
"Água viva" (Raul Seixas/Paulo Coelho)
"Moleque maravilhoso" (Raul Seixas/Paulo Coelho)
"Sessão das 10" (Raulzito)
"Sociedade Alternativa" (Raul Seixas/Paulo Coelho)
"O trem das 7" (Raul Seixas)
"S.O.S." (Raul Seixas)
"Prelúdio" (Raul Seixas)
"Loteria de Babilônia" (Raul Seixas/Paulo Coelho)
"Gita" (Raul Seixas/Paulo Coelho)
Produzido por Mazzola

O rebu
(Som Livre, 1974 [trilha sonora da telenovela homônima])

"Como vovó já dizia" (Raul Seixas/Paulo Coelho).
    Interpretação: Raul Seixas
"Por quê?" (Raul Seixas/Paulo Coelho). Interpretação: Sonia Santos
"Planos de papel" (Raul Seixas). Interpretação: Alcione
"Catherine" (Paulo Coelho). Interpretação: Orquestra Som Livre
"Murungando" (Raul Seixas). Interpretação: Betinho
"O rebu" (Raul Seixas/Paulo Coelho). Interpretação: Orquestra Som Livre
"Salve a Mocidade" (Luiz Reis). Interpretação: Elza Soares
"Um som para Laio" (Raul Seixas). Interpretação: Raul Seixas
"Se o rádio não toca" (Raul Seixas/Paulo Coelho). Interpretação: Fábio
"Água viva" (Raul Seixas/Paulo Coelho). Interpretação: Raul Seixas
"Tema dançante" (Roberto Menescal). Interpretação: Orquestra Som Livre
"Vida a prestação" (Raul Seixas/Paulo Coelho). Interpretação: Trama
"Senha" (Paulo Coelho). Interpretação: Orquestra Som Livre
"Trambique" (Adilson Manhães/João Roberto Kelly).
    Interpretação: Raul Seixas
Produzido por Guto Graça Mello e Mazzola

Novo Aeon
(Philips/Universal Music, 1975)

"Tente outra vez" (Raul Seixas/Paulo Coelho/Marcelo Motta)
"Rock do diabo" (Raul Seixas/Paulo Coelho)
"A maçã" (Raul Seixas/Paulo Coelho/Marcelo Motta)
"Eu sou egoísta" (Raul Seixas/Marcelo Motta)
"Caminhos" (Raul Seixas/Paulo Coelho)
"Tu és o MDC da minha vida" (Raul Seixas/Paulo Coelho)
"A verdade sobre a nostalgia" (Raul Seixas/Paulo Coelho)
"Para Noia" (Raul Seixas)
"Peixuxa (O amiguinho dos peixes)" (Raul Seixas/Marcelo Motta)
"É fim de mês" (Raul Seixas)
"Sunseed" (Raul Seixas/Spacey Glow)
"Caminhos II" (Raul Seixas/Paulo Coelho/Eládio Gilbraz)
"Novo Aeon" (Raul Seixas/Cláudio Roberto/Marcelo Motta)
Produzido por Mazzola

Há 10 mil anos atrás
(Philips/Universal Music, 1976)

"Canto para minha morte" (Raul Seixas/Paulo Coelho)
"Meu amigo Pedro" (Raul Seixas/Paulo Coelho)
"Ave Maria da rua" (Raul Seixas/Paulo Coelho)
"Quando você crescer" (Raul Seixas/Paulo Coelho/Jay Vaquer)
"O dia da saudade" (Raul Seixas/Jay Vaquer)
"Eu também vou reclamar" (Raul Seixas/Paulo Coelho)
"As minas do rei Salomão" (Raul Seixas/Paulo Coelho)
"O homem" (Raul Seixas/Paulo Coelho)
"Os números" (Raul Seixas/Paulo Coelho)
"Cantiga de ninar" (Raul Seixas/Paulo Coelho)
"Eu nasci há 10 mil anos atrás" (Raul Seixas/Paulo Coelho)
Produzido por Sérgio de Carvalho

Raul Rock Seixas
(Fontana/Universal Music, 1977)

"My Way" (Jerry Capehart)/"Trouble" (Jerry Leiber/Mike Stoller)
"The Diary" (Howard Greenfield/Neil Sedaka)
"My Baby Left Me" (Arthur Crudup)/"Thirty Days" (Chuck Berry)/"Rip it Up" (John Marascalco/Robert Blackwell)

"All I Have to Do Is Dream" (Boudleaux Bryant/Felice Bryant)/"Put Your
    Head on My Shoulder" (Paul Anka)/"Dear Someone" (Cy Coben)
"Do You Know What It Means to Miss New Orleans" (Eddie DeLange/
    Louis Alter)
"Lucille" (Albert Collins/Richard Penniman)/"Corrine Corrina" (J. Mayo
    Williams/Bo Chatman/Mitchell Parish)
"Ready Teddy" (John Marascalco/Robert Blackwell)/"Hard Headed Woman"
    (Claude Demetrius)/"Baby I Don't Care" (Jerry Leiber/Mike Stoller)
"Just Because" (Raul Seixas/Gay Vaquer)
"Bye Bye Love" (Boudleaux Bryant/Felice Bryant)/"Be-Bop-a-Lula" (Gene
    Vincent/Tex Davis)/"Love Letters in the Sand" (Charles Kenny/J.
    Frederick Coots/Mick Kenny)/"Hello Mary Lou" (Gene Pitney)
"Blue Moon of Kentucky" (Bill Monroe)/"Asa branca" (Luiz Gonzaga/
    Humberto Teixeira)
Produzido por Jay Vaquer

O dia em que a Terra parou
(WEA, 1977)

"Tapanacara" (Raul Seixas/Cláudio Roberto)
"Maluco Beleza" (Raul Seixas/Cláudio Roberto)
"O dia em que a Terra parou" (Raul Seixas/Cláudio Roberto)
"No fundo do quintal da escola" (Raul Seixas/Cláudio Roberto)
"Eu quero mesmo" (Raul Seixas/Cláudio Roberto)
"Sapato 36" (Raul Seixas/Cláudio Roberto)
"Você" (Raul Seixas/Cláudio Roberto)
"Sim" (Raul Seixas/Cláudio Roberto)
"Que luz é essa?" (Raul Seixas/Cláudio Roberto)
"De cabeça pra baixo" (Raul Seixas/Cláudio Roberto)
Produzido por Mazzola

Mata virgem
(WEA, 1978)

"Judas" (Raul Seixas/Paulo Coelho)
"As profecias" (Raul Seixas/Paulo Coelho)
"Tá na hora" (Raul Seixas/Paulo Coelho)
"Planos de papel" (Raul Seixas)
"Conserve seu medo" (Raul Seixas/Paulo Coelho)
"Negócio é" (Eduardo Brasil/Cláudio Roberto)
"Mata virgem" (Raul Seixas/Tânia Menna Barreto)
"Pagando brabo" (Raul Seixas/Tânia Menna Barreto)

"Magia de Amor" (Raul Seixas/Paulo Coelho)
"Todo mundo explica" (Raul Seixas)
Produzido por Gastão Lamounier e Raul Seixas

Por quem os sinos dobram
(WEA, 1979)

"Ide a mim Dada" (Raul Seixas/Oscar Rasmussen)
"Diamante de mendigo" (Raul Seixas/Oscar Rasmussen)
"A ilha da fantasia" (Raul Seixas/Oscar Rasmussen)
"Na rodoviária" (Raul Seixas/Oscar Rasmussen)
"Por quem os sinos dobram" (Raul Seixas/Oscar Rasmussen)
"O segredo do universo" (Raul Seixas/Oscar Rasmussen)
"Dá-lhe que dá" (Raul Seixas/Oscar Rasmussen)
"Movido a álcool" (Raul Seixas/Oscar Rasmussen/Tânia Menna Barreto)
"Réquiem para uma flor" (Raul Seixas/Oscar Rasmussen)
Produzido por Gastão Lamounier e Oscar Rasmussen

Abre-te Sésamo
(CBS/Sony Music, 1980)

"Abre-te Sésamo" (Raul Seixas/Cláudio Roberto)
"Aluga-se" (Raul Seixas/Cláudio Roberto)
"Anos 80" (Raul Seixas/Dedé Caiano)
"Ângela" (Raul Seixas/Cláudio Roberto)
"Conversa pra boi dormir" (Raul Seixas)
"Minha viola" (Raul Varella Seixas)
"Rock das aranha" (Raul Seixas/Cláudio Roberto)
"O conto do sábio chinês" (Raul Seixas)
"Só pra variar" (Raul Seixas/Kika Seixas/Cláudio Roberto)
"Baby" (Raul Seixas/Cláudio Roberto)
"Ê, meu pai" (Raul Seixas/Cláudio Roberto)
"À beira do pantanal" (Raul Seixas/Cláudio Roberto)
Produzido por Raul Seixas e Mauro Motta

Raul Seixas
(Eldorado, 1983)

"DDI (Discagem Direta Interestelar)" (Raul Seixas/Kika Seixas)
"Coisas do coração" (Raul Seixas/Kika Seixas/Cláudio Roberto)
"Coração noturno" (Raul Seixas/Kika Seixas/Raul Varella Seixas)

"Não fosse o Cabral" ("Slippin and Slidin") (Penniman/Bocage/Collins/
    Smith. Versão: Raul Seixas)
"Quero mais" (Raul Seixas/Kika Seixas/Cláudio Roberto)
"Lua cheia" (Raul Seixas)
"Carimbador maluco" (Raul Seixas)
"Segredo da luz" (Raul Seixas/Kika Seixas)
"Aquela coisa" (Raul Seixas/Kika Seixas/Cláudio Roberto)
"Eu sou eu, nicuri é o diabo" (Raul Seixas)
"Capim Guiné" (Raul Seixas/Wilson Aragão)
"Babilina" (Vincent/Davis. Versão: Raul Seixas)
"So Glad You're Mine" (Arthur Big Boy Crudup)
Produzido por Miguel Cidras

Ao vivo: Único e exclusivo
(Eldorado, 1984)

"My Baby Left Me" (Arthur Crudup)
"Ain't She Sweet" (Jack Yellen/Milton Ager)
"So Glad You're Mine" (Arthur Crudup)
"Do You Know What It Means to Miss New Orleans" (Louis Alter/
    Eddie DeLarge)
"Barefoot Ballad" (Dolores Fuller/Lee Morris)
"Blue Moon Kentucky" (Bill Monroe)/"Asa branca"
    (Luiz Gonzaga/Humberto Teixeira)
"Roll over Beethoven" (Chuck Berry)
"Blue Suede Shoes" (Carl Perkins)
"Be-Bop-a-Lula" ("Sheriff Tex") (Davis/Gene Vicent)
Produzido por Aluizio Falcão

Metrô linha 743
(Som Livre, 1984)

"Metrô linha 743" (Raul Seixas)
"Um Messias indeciso" (Raul Seixas/Kika Seixas)
"Meu piano" (Raul Seixas/Kika Seixas/Cláudio Roberto)
"Quero ser o homem que sou (Dizendo a verdade)" (Raul Seixas/
    A. Simeoni/Kika Seixas)
"Canção do vento" (Raul Seixas/Kika Seixas)
"Mamãe eu não queria" (Raul Seixas)
"Mas I Love You (Pra ser feliz)" (Rick Ferreira/Raul Seixas)
"Eu sou egoísta" (Raul Seixas/Marcelo Motta)
"O trem das 7" (Raul Seixas)

"A Geração da Luz" (Raul Seixas/Kika Seixas)
"Anarkilópolis" (Raul Seixas/Sylvio Passos)
Produzido por Alexandre Agra e Raul Seixas
(Em 2004 foi reeditado com a inédita "Anarkilópolis", não lançada
na época, e novamente reeditado em vinil em 2018.)

Let Me Sing My Rock 'n' Roll
(Raul Rock Club, 1985)

Introdução (Raul no Estúdio Free, dez. 1979)
"Let Me Sing, Let Me Sing" (Raul Seixas/Nadine Wisner)
"Teddy Boy, rock e brilhantina" (Raul Seixas)
"Eterno Carnaval" (Raul Seixas)
"Caroço de manga" (Raul Seixas/Paulo Coelho)
"Loteria da Babilônia" (Raul Seixas/Paulo Coelho)
"Não pare na pista" (Raul Seixas/Paulo Coelho)
"Como vovó já dizia" (Raul Seixas/Paulo Coelho)
"Um som para Laio" (Raul Seixas)
"Rua Augusta" (Hervé Cordovil)/"O Bom" (Carlos Imperial)
"Canto para minha morte" (Raul Seixas/Paulo Coelho)
"Love Is Magick" (Raul Seixas/Spacey Glow)
"Blue Moon of Kentucky" (Bill Monroe)/"Asa branca" (Luiz Gonzaga/
Humberto Teixeira)
Segunda parte da introdução (Depoimento de Raul Seixas, dez. 1979)
Produzido por Sylvio Passos

Raul Rock Seixas volume 2
(Fontana/Universal Music, 1986)

"As aventuras de Raul Seixas na cidade de Thor" (Raul Seixas)
"Não pare na pista" (Raul Seixas/Paulo Coelho)
"Tu és o MDC da minha vida" (Raul Seixas/Paulo Coelho)
"A verdade sobre a nostalgia" (Raul Seixas/Paulo Coelho)
"Teddy Boy, rock e brilhantina" (Raul Seixas)
"Loteria da Babilônia" (Raul Seixas/Paulo Coelho)
"Como vovó já dizia" (Raul Seixas/Paulo Coelho)
"Al Capone" (Raul Seixas/Paulo Coelho)
"Ave Maria da rua" (Raul Seixas/Paulo Coelho)
"Um som para Laio" (Raul Seixas)
"Rockixe" (Raul Seixas/Paulo Coelho)
"S.O.S." (Raul Seixas)
Produzido por Sylvio Passos

Uah-bap-lu-bap-lah-béin-bum!
(Copacabana, 1987)

"Quando acabar o maluco sou eu" (Raul Seixas/Lena Coutinho/
     Cláudio Roberto)
"Cowboy fora da lei" (Raul Seixas/Cláudio Roberto)
"Paranoia II" (Baby Baby Baby) (Raul Seixas/Lena Coutinho/
     Cláudio Roberto)
"I Am" (Raul Seixas)
"Cambalache" (Enrique Discépolo)
"Loba" (Raul Seixas/Lena Coutinho/Cláudio Roberto)
"Canceriano sem lar (Clínica Tobias Blues)" (Raul Seixas)
"Gente" (Raul Seixas/Cláudio Roberto)
"Cantar" (Raul Seixas/Cláudio Roberto)
Produzido por Raul Seixas e Rick Ferreira

A pedra do Gênesis
(Copacabana, 1988)

"A pedra do Gênesis" (Raul Seixas/Lena Coutinho/José Roberto Abrahão)
"A Lei" (Raul Seixas)
"Check up" (Raul Seixas)
"Fazendo o que o diabo gosta" (Raul Seixas/Lena Coutinho)
"Cavalos calados" (Raul Seixas)
"Não quero mais andar na contramão" ("No No Song" — David P.
     Jackson/H. Axton. Versão: Raul Seixas/Lena Coutinho)
"I Don't Really Need You Anymore" (Raul Seixas/Cláudio Roberto)
"Lua bonita" (Zé do Norte/Zé Martins)
"Senhora dona Persona" (Raul Seixas/Lena Coutinho)
"Areia da ampulheta" (Raul Seixas)
Produzido por Raul Seixas e Miguel Cidras

A panela do diabo
(WEA, 1989 [com Marcelo Nova])

"Be-Bop-a-Lula" (Gene Vincent/Bill "Sheriff Tex" Davis)
"Rock 'n' Roll" (Raul Seixas/Marcelo Nova)
"Carpinteiro do universo" (Raul Seixas/Marcelo Nova)
"Quando eu morri" (Marcelo Nova)
"Banquete de lixo" (Raul Seixas/Marcelo Nova)
"Pastor João e a Igreja invisível" (Raul Seixas/Marcelo Nova)
"Século XXI" (Marcelo Nova/Raul Seixas)

"Nuit" (Raul Seixas/Kika Seixas)
"Best-seller" (Marcelo Nova/Raul Seixas)
"Você roubou meu videocassete" (Raul Seixas/Marcelo Nova)
"Cãibra no pé" (Marcelo Nova/Raul Seixas)
Produzido por Pena Schmidt, Calazans, Marcelo Nova e Raul Seixas

Álbuns póstumos

O baú do Raul
(Philips/Universal Music, 1992)

Apresentação do The Panthers na TV Itapoan: "Be-Bop-a-Lula" (Davis/Vincent)/"Jailhouse Rock" (Leiber/Stoller)/"Teddy Bear" (Mann/Lowe)/"Whole Lotta Shakin' Goin'on" (Williams/David)/"Mulher Rendeira" (Zé do Norte)
"Nanny" (Gino Frey)
"How Could I Know" (Raul Seixas)
"Let Me Sing, Let Me Sing" (Raul Seixas/Nadine Wisner)
"Eu sou eu, nicuri é o diabo" (Raul Seixas)
"Metamorfose ambulante" (em espanhol) (Raul Seixas)
"Ouro de tolo" (em espanhol) (Raul Seixas)
"Todo mundo explica" (Raul Seixas)
"Can't Help Falling in Love" (Peretti/Creatore/Weiss)
"Wee Hours" (Chuck Berry)
"Keeps on a Raining" (Williams/Kortlander)
"Kansas City" (J. Leiber/M. Stoller)
"Honey Don't" (Carl Perkins)
"I'll Cry Instead" (John Lennon/Paul McCartney)
"Sou o que sou" (Raul Seixas/Tânia Menna Barreto)
Produzido por Sylvio Passos

Raul vivo
(Eldorado, 1993 [ao vivo em São Paulo, 1983])

"Rock do diabo"
"So Glad You're Mine"
"My Baby Left Me"
"Ain't She Sweet"
"Do You Know What Means To Miss New Orleans"
"Barefoot Ballad"
"Blue Moon of Kentucky"/"Asa branca"
"Roll over Beethoven"
"Blue Suede Shoes"

"Be-Bop-a-Lula"
"Rock das aranha"
"Maluco Beleza"
"Sociedade Alternativa"
"Rockixe"
"Metamorfose ambulante"
"O trem das 7"
"Prelúdio"
Medley: "Gita"/"Ouro de tolo"/"Eu nasci há 10 mil anos atrás"
Produzido por Paulo Gonçalves

Se o rádio não toca...
(Eldorado, 1994 [ao vivo em Brasília, 1974])

Medley ("Al Capone"/"Rockixe"/"Prelúdio"/"Como vovó já dizia")
"Se o rádio não toca..."
"Loteria da Babilônia"
"Água viva"
"Lua bonita"
"Monólogo"
"Sessão das 10"
"Gita"
"Como vovó já dizia"
"As aventuras de Raul Seixas na cidade de Thor"
"S.O.S."
"Metamorfose ambulante"
"O trem das 7"
"Não pare na pista"
"Sociedade Alternativa"
"Rock around the Clock"
Produzido por Sylvio Passos

Documento
(MZA Music, 1998 [reeditado em 2009 como *20 anos sem Raul Seixas*,
acrescido da inédita "Gospel"])

"Gospel" (Raul Seixas/Paulo Coelho)
"Love Is Magick" (Raul Seixas/Spacey Glow)
"Morning Train" ("O trem das 7") (Raul Seixas)
"Faça, fuce, force" (Raul Seixas)
"Blue Moon of Kentucky" (Bill Monroe)/"Asa branca" (Luiz Gonzaga/
Humberto Teixeira)

375

"Orange Juice" ("S.O.S.") (Raul Seixas)
"Check up" (Raul Seixas)
"How Could I Know" (Raul Seixas)
"Rockixe" (Raul Seixas/Paulo Coelho)
"White Wings" ("Asa branca") (Luiz Gonzaga/Humberto Teixeira.
    Versão: Raul Seixas)
"Fool's Gold" ("Ouro de tolo") (Raul Seixas)
"Let Me Sing, Let Me Sing" (Raul Seixas/Nadine Wisner)
"Se o rádio não toca..." (Raul Seixas/Paulo Coelho)
"É fim de mês" (Raul Seixas)
    Produzido por Mazzola

O baú do Raul revirado
(Ediouro, 2005 [lançado somente em CD como brinde do livro
    O baú do Raul revirado])

"Tutti Frutti" (Raulzito, Plininho e Dudu). Diálogo entre Raulzito, Plininho
    e Dudu gravado no apartamento da família Seixas. Salvador, 1964.
"Eu sou egoísta" (Raul Seixas/Marcelo Motta). Gravação caseira. Rio de
    Janeiro, 1975.
"Angel" (Raul Seixas/J. R. R. Abrahão). Composição inédita gravada em
    casa, em um gravador mono. São Paulo, 1988.
"Brazilian Rock" (Raul Seixas). Gravado ao vivo durante show realizado no
    Teatro Pixinguinha. São Paulo, 4 jul. 1981.
"Manifesto Sociedade Alternativa" (Raul Seixas). Gravado ao vivo durante
    show realizado no Teatro Pixinguinha. São Paulo, 4 jul. 1981.
"Lena" (Raul Seixas). Composição inédita gravada em casa, em um
    gravador mono. Butantã, São Paulo, 1988.
    Produzido por Sylvio Passos

Raul: O início, o fim e o meio
(Universal Music, 2012 [Trilha Sonora Original])

CD I
"Let Me Sing, Let Me Sing"
"Mosca na sopa"
"Al Capone"
"Ouro de tolo"
"Metamorfose ambulante"
"Gita"
"Sociedade Alternativa"
"Como vovó já dizia"

"Sessão das 10"
"Medo da chuva"
"A maçã"
"Tente outra vez"
"Rock do diabo"
"É fim de mês"

CD 2
"Tu és o MDC da minha vida"
"A verdade sobre a nostalgia"
"Eu nasci há 10 mil anos atrás"
"Eu também vou reclamar"
"Meu amigo Pedro"
"Canto para minha morte"
"Maluco Beleza"
"Lucille"/"Corrine, Corrina"
"Blue Moon of Kentucky"/"Asa branca"
"Aluga-se"
"Rock das aranha"
"Carimbador maluco"
"Cowboy fora da lei"
"Carpinteiro do universo"
Produzido por Alain Fresnot, com coprodução de Denis Feijão

Eu não sou hippie
(Eldorado, 2014 [ao vivo no Cine Teatro Patrocínio. Patrocínio-MG, 1974])

"Se o rádio não toca..."
"Ouro de tolo"
"O trem das 7"
"Cachorro urubu"
"Gita"
"Água viva"
"Sessão das 10"
"As minas do rei Salomão"
"Não pare na pista"
"Let Me Sing, Let Me Sing"
"Rock Around the Clock"
"Ready Teddy"
"Metamorfose ambulante"
"As aventuras de Raul Seixas na cidade de Thor"
"Sociedade Alternativa"
Produzido por Sylvio Passos

Isso aqui não é Woodstock, mas um dia pode ser
(Eldorado, 2014 [ao vivo no II Festival de Águas Claras-SP, 1981])

"Rock do diabo"
"Aluga-se"
"Como vovó já dizia"
"Abre-te Sésamo"
"As aventuras de Raul Seixas na cidade de Thor"
"O trem das 7"
"Blue Suede Shoes"
"Ready Teddy"
"Maluco Beleza"
"Al Capone"
"Rock das aranha"
"Sociedade Alternativa"
Produzido por Sylvio Passos

DVDs oficiais

O baú do Raul: Uma homenagem a Raul Seixas
(Som Livre, 2014)

20 anos sem Raul Seixas
(MZA Music, 2009 [CD e DVD])

Raul: O início, o fim e o meio
(Paramount, 2012)

25 anos sem o Maluco Beleza: Toca Raul!
(Eldorado, 2014)

Fontes e referências bibliográficas

Livros e trabalhos acadêmicos

ABRAÃO, J. R. R. *O quarto segredo: A chave do poder mágico*. São Paulo: Pacific Post Editora, 1995.

AGUIAR, Joselia. *Jorge Amado: Uma biografia*. São Paulo: Todavia, 2018.

ALEXANDRE, Ricardo. *Dias de luta: O rock e o Brasil dos anos 1980*. Porto Alegre: Arquipélago, 2002.

ALVES, Luciane. *Raul Seixas: O sonho da Sociedade Alternativa*. São Paulo: Martin Claret, 1993.

ARAÚJO, Paulo César. *Eu não sou cachorro, não: Música popular cafona e ditadura militar*. Rio de Janeiro: Record, 2005.

_____. *Roberto Carlos em detalhes*. São Paulo: Planeta, 2006.

BARCINSKI, André; NOVA, Marcelo. *O galope do tempo: Conversas com André Barcinski*. São Paulo: Benvirá, 2017.

BITTENCOURT, Tiago. *O Raul que me contaram*. São Paulo: Martin Claret, 2017.

BRYAN, Guilherme; VILLARI, Vincent. *Teletema: A história da música popular através da teledramaturgia brasileira*. São Paulo: Dash, 2014. v. 1: 1964 a 1989.

COELHO, Paulo. *Hippie*. São Paulo: Paralela, 2018.

FRANS, Elton. *Raul Seixas, a história que não foi contada*. Rio de Janeiro: Irmãos Vitale, 2000.

GAMA, Thildo. *A trajetória de um ídolo*. São Paulo: Pen, 1995.

JUVINO, Sonielson. *Raul Seixas e a modernidade: Uma viagem na contramão*. 2. ed. Campina Grande: Latus, 2014.

LUCENA, Mario; ZINZA, Igor; KOHAN, Laura. *Raul Seixas: Metamorfose Ambulante. Vida, alguma coisa acontece. Morte, alguma coisa pode acontecer*. São Paulo: B & A, 2009.

MORAIS, Fernando. *O mago*. São Paulo: Planeta, 2008.

MOREIRA, Rodrigo. *Eu quero é botar meu bloco na rua!: A biografia de Sérgio Sampaio*. 3. ed. Niterói: Muiraquitã, 2017.

MOURA, Fernando; VICENTE, Antônio. *Jackson do Pandeiro: O Rei do Ritmo*. São Paulo: Ed. 34, 2001.

RENNÓ, Carlos. *Gilberto Gil: Todas as letras*. São Paulo: Companhia das Letras, 1996.

SASTRE, Angelo. *Luar aos avessos*. São Paulo: Scortecci, 1999.

SEIXAS, Kika; ESSINGER, Silvio. *O baú do Raul revirado*. Rio de Janeiro: Ediouro, 1992.

_____. *Raul Rock Seixas*. Rio de Janeiro: Globo, 1995.

SOARES, Jô; SUZUKI, Matinas. *O Livro de Jô: Uma autobiografia desautorizada*. São Paulo: Companhia das Letras, 2018. v. 2.

SOUZA, Lucas Marcelo Tomaz de. *Construção e autoconstrução de um mito: Análise sociológica da trajetória artística de Raul Seixas*. São Paulo: FFLCH-USP, 2016. Tese (Doutorado em Sociologia).

TEIXEIRA, Rosana da Câmara. *Krig-ha, bandolo! Cuidado, aí vem Raul Seixas*. Rio de Janeiro: 7 Letras, 2008.

VAZ, Toninho. *Solar da Fossa*. Rio de Janeiro: Casa da Palavra, 2011.

VELOSO, Caetano. *Verdade tropical*. São Paulo: Companhia das Letras, 1997.

Artigos e reportagens

CHIMENTO, Victor. "Entrevista: Claudio Roberto, o parceiro de Raul". *Diário do Rio*, 31 ago. 2019.

CUNHA, Lucas. "Novo olhar no baú do Raul". *A Tarde*, 21 abr. 2009.

DOMINGUES, André. "Salve, maluco beleza!". *Diário do Comércio*, 21 ago. 2009.

"ELA sabe das coisas. Miriam Batucada muda o ritmo no novo long-play". *O Globo*, 1 set. 1971.

ESCOBAR, Pepe. "O Golden Hit do diabo". *Status*, n. 136, nov. 1985.

FELITTI, Chico. "Luciano tenta há 13 anos (e 3 processos) provar que escreveu música com Raul Seixas". BuzzFeed, 17 abr. 2018. Disponível em: <www.buzzfeed.com/br/felitti/luciano-tenta-ha-13-anos-e-3-processos--provar-que-escreveu>. Acesso em: 10 set. 2019.

"INICIADA a fase nacional do FIC". *Folha de S.Paulo*, 26 set. 1971.

HELLER, Karen. "Meet the Writers Who Still Sell Millions of Books. Actually, Hundreds of Millions". *The Washington Post*, 20 dez. 2016.

LACOMBE, Milly. "Kika Seixas". *TPM*, 8 maio 2012.

LARSEN, Felipe. "A persona non grata da ditadura". *Caros Amigos*, ago. 2009.

"LENO no FIC inscreveu 'Sentado no arco-íris'". *O Globo*, 8 jun. 1971.

LUZ, Sérgio. "Marcelo Nova: 'Eu e Raul Seixas não nos juntamos para celebrar afinidades em produtos químicos ilícitos'". *O Globo*, 2 ago. 2019.

"MIRIAM e a arte de sua batucada no Waldorf Astoria". *O Globo*, 24 abr. 1972.

OROSCO, Dolores. "'Nos apaixonamos sem rima e sem razão', conta ex-mulher de Raul Seixas". *G1*, 22 ago. 2009.

PIMENTEL, João. "Beleza, Maluco?!". *O Globo*, 21 ago. 2009. Segundo Caderno.

"POLÍCIA liga mortes de Piabetá à de cantor argentino". *Jornal do Brasil*, 7 dez. 1979. Primeiro Caderno.

RIBEIRO, Josué. "Entrevista com o cantor Balthazar: Agradável do começo ao fim". Disponível em: <http://musicapopulardobrasil.blogspot.com/2008/08/entrevista-com-o-cantor-balthazar.html>. Acesso em: 10 set. 2019.

SAMANIOTTO, Gilberto. "BR-163: Aventura na estrada esquecida", TV Bandeirantes, ago. 2015.

THE WONDERS OF SICILY. "Aleister Crowley and the Abbey of Thelema in Cefalù". Disponível em: <www.wondersofsicily.com/cefalu-aleister-crowley--abbey-thelema.htm>. Acesso em: 10 set. 2019.

Entrevistas e depoimentos

Álvaro Pereira Júnior
Antonio Cecchin Jr. (Leivinha)
Ariel Severino
Arnaldo Dias Baptista
Bartira Val Marques
Carleba Castro
Carlos Eládio Gil Braz da Cunha
Christopher Dunn
Cristina Villares
Dalto Roberto Medeiros
Dan Dickason
Dimitri Lee
Edy Star
Enelmar Chagas
Fernando Morais
Fernando Moura
Frederyko Mendonça de Oliveira
    (Fredera)
Ian Guest
Januário Garcia
Jards Macalé
João Moraes
José Roberto
Juca Ferreira
Lafayette Coelho Varges Limp
Léa Penteado
Leno
Luizão Bueno

Mara de Moraes Sampaio
Marcelo Fróes
Marcelo Nova
Márcio Greyck
Marcus Vilar
Mauro Motta
Mirna Lavecc
Nelson Liano Jr.
Norma Albano
Odair José
Paulo César Araújo
Raimundo Góis
Renato Piau
Rick Ferreira
Roberto Magalhães
Roberto Menescal
Rodrigo Moreira
Silvio Brito
Sonia Santos
Sylvio Passos
Thiago Mattar
Tom Zé
Sérgio Zurawski
Solano Ribeiro
Zé Ramalho
Zeca Baleiro
Zezão Castro
Wanderléa

Índice remissivo

VII Festival Internacional da Canção (FIC, 1972), 93, 109, 112, 128
14 Mais, As (coletâneas anuais), 62, 64, 81
16ª Ordem do Mérito Cultural (Brasil), 330
24 maiores sucessos da era do rock, Os (LP), 128-9
30 anos de rock (LP de Raul Seixas), 284
53º Batalhão de Infantaria da Selva, 289-90
2001 (revista), 120-2, 125

A

"À beira do pantanal" (canção), 251
"À janela" (canção), 152
"A qualquer hora" (canção), 79
AA *ver* Astrum Argentum (organização secreta)
Abadia de Thelema (Cefalù, Sicília), 142-3
Abbey Road (LP dos Beatles), 134
ABC (TV norte-americana), 263
ABC paulista, 282
Abdias (sanfoneiro), 97
Abi-Ackel, Ibrahim, 244
Abolição (grupo musical), 110; *ver também* Dom Salvador
Abraham de Würzburg (rabino), 298
Abrahão, José Roberto Romeiro, 296-7, 310
Abramelin (mago), 241, 297, 298
Abre-te Sésamo (LP de Raul Seixas), 91, 243, 247, 250-1, 265
Abreu, Caio Fernando, 311
Abreu, Sílvio de, 268
Acari (Rio de Janeiro), 83
acid rock, 9, 112
ácido lisérgico (LSD), 10, 328

Actor's Studio (Nova York), 157
Adão (primeiro homem), 310
Adílio (jogador), 242
Adolfo, Antonio, 201
Adrenalina (casa de shows em Rudge Ramos), 282-3
Aeroanta (São Paulo), 229
Aeroporto Dois de Julho (Salvador), 315
AF Cinema e Vídeo, 328
África Brasil (LP de Jorge Ben), 212
África do Sul, 331
afro-brasileira, música e cultura, 149, 212, 250
agnosticismo, 55, 60
Água Branca (PA), 289
"Água viva" (canção), 157, 181
Aguiar, Cyro, 20
Aguiar, Luiz, 39
Agulha (morador de rua), 241-2
Agulhas Negras, pico das (Itatiaia), 222
AI-5 (Ato Institucional nº 5, 1968), 81, 85, 223
"Ainda é hora de chorar" (canção), 91
"Ainda queima a esperança" (canção), 74
"Ainda sou mais eu" (canção), 78
"Al Capone" (canção), 209
Albano, Norma, 307
Albin, Ricardo Cravo, 248
Álbum branco (LP dos Beatles), 202, 221
Alcione, 157
álcool, 230, 232, 240, 295, 300; *ver também* drogas
"Alegria alegria" (canção), 88, 107, 240
Alemanha, 113
Alencar, José de, 11
Aleph, O (Borges), 133
Ali, Muhammad, 93, 142
"Alice Maria" (canção), 54
"Aline" (canção), 230
Allianz Parque (São Paulo), 289

Allman Brothers (banda), 160
Almeida, Euclydes Lacerda de, 193-4
Almeida, Maurício, 21
Almir Pernambuquinho (jogador), 24
Almirante Pereira Guimarães, rua (Rio de Janeiro), 63, 111, 123, 152
alquimia, 123, 133, 193, 296
Alquimista, O (Paulo Coelho), 281, 330
Alter, Louis, 260
Alto da Boa Vista (São Paulo), 292
Alucinação (LP de Belchior), 212
"Alucinação" (canção), 214
"Aluga-se" (canção), 332
Alves, Francisco, 61
Amado, João Jorge, 38
Amado, Jorge, 19, 23, 38, 102, 282
Amado, Paloma, 38
"Amante, O" (canção), 226
America (banda), 119
América do Norte, 295
América do Sul, 331
América Latina, 125
American dream, 33
Amiga (revista), 74, 98, 253
"Amigo (Contigo eu me confesso)" (canção), 70
amor livre, 142, 247
Amorim, Fernando, 315
Amorrotu, Hugo Angel, 244-5
Ampeg (amplificador), 209
anarquismo, 11, 54, 162, 269
Andrade, Haroldo de, 56
Angel, Hildegard, 173
Angel, Stuart, 173
Ângela Maria (cantora), 286
Ângela Maria (ex-companheira de Raul) *ver* Costa, Ângela Maria de Affonso (Kika)
Angela Ro Ro, 104, 210
"Ângela" (canção), 251
Angu do Gomes (restaurante carioca), 73
Anhembi, Palácio de Convenções do (São Paulo), 132, 134, 312-3
Anistia Internacional, 331
"aniversário" de 55 anos do golpe militar (2019), 173; *ver também* golpe militar (1964)

Anjos, Augusto dos, 87
Anjos, José Severino dos, 245
Anka, Paul, 147, 220
Ankh (símbolo hieroglífico), 131-2, 313
anos 1980, Raul Seixas sobre, 253
"Anos 80" (canção), 91-2
"anos de chumbo" da ditadura, 120, 139, 223, 327; *ver também* ditadura militar (1964-85)
antibióticos, 316
anticomercialismo, 212
Antônio Carlos e Jocafi (dupla), 102, 108
Antonio Cicero (poeta), 333
Antonio Marcos, 187
Anysio, Chico, 41, 45-6, 58
"Aonde Deus está" (canção), 84
"Aos trancos e barrancos" (canção), 63
"Apenas um rapaz latino-americano" (canção), 189
Apollo 15 (astronave), 299
apropriações indébitas *ver* "empréstimos" musicais de Raul Seixas
Aqui é quente, Bicho (LP de Roberto Barreiros), 79
"Aqui é quente, Bicho" (canção), 103
Aquino, Hermes, 190
Aragão, Wilson, 261-2
Aranha, Fernando, 315
Araraquara (SP), 257
Arariboia, praça (Niterói), 116
Araújo, Guilherme, 145, 206, 322
Araújo, Paulo César, 75
Arembepe (BA), 36
Arena (Aliança Renovadora Nacional), 223
Argentina, 246, 331, 333
Ariola (gravadora), 318
Aristóteles, 138, 164
Arjuna (personagem mitologico hindu), 212-3
Arquivo Nacional (Rio de Janeiro), 241
Arquivo Público do Estado do Rio de Janeiro, 176
Arquivos do inferno (Paulo Coelho), 267, 280
arraia-jamanta (peixe-diabo), 118

"Arrombou a festa" (canção), 191
"Arrombou a festa nº 2" (canção), 191
art déco, 19
Artur da Távola (jornalista), 267
"Asa branca" (canção), 221
Assim falou Zaratustra (Nietzsche), 18
Associação Cultural Brasil-Estados
    Unidos (ACBEU, Salvador), 24
astrologia, 280, 293
astronomia, 49, 122, 194
Astrum Argentum (AA, organização
    secreta), 130, 194, 196
Átila, 89, 91; *ver também* Guest, Ian
"atitude", 11
Atlanta (EUA), 184
Augusta, rua (São Paulo), 263, 272
Augusto César (compositor), 226
Aurora Dourada, Ordem Hermética
    da, 297
autoritarismo, 178
Avallons, The (banda), 113
"Ave Maria da rua" (canção), 186
"Aventuras de Raul Seixas na Cidade
    de Thor, As" (canção), 186, 189,
    209, 309
*Aventuras de Raul Seixas na cidade de
    Thor, As* (livro de Raul Seixas),
    266, 281
"Avôhai" (canção), 318
axé music, 275, 306
Azeredo, Cláudio Roberto Andrade de
    ver Cláudio Roberto
Azevedo, Carlos Anisio Santos
    Paranhos de *ver* Carlô
    (saxofonista)
Azevedo, Geraldo, 114
Azevedo, Gileno Osório Wanderley de
    ver Leno (cantor)
Azymuth (grupo), 46, 78, 129, 201
B52's (banda), 150
"Babilina" (canção), 270
"Baby Let Me Take You Home"
    (canção), 39
"Baby" (canção), 233
Bach, Johann Sebastian, 122, 124
Bach, Richard, 273
Bad Bob's Vapor Club (Memphis), 164

Badfinger (banda), 324
Baez, Joan, 220, 299

B

Bahia, 10, 13-4, 18-9, 23-4, 26-7, 29-30, 32-
    3, 36-9, 42-3, 46-7, 54, 59, 63, 75, 77,
    79, 102, 114, 118, 139, 148, 154, 182,
    210, 237, 241, 261, 275, 285, 306, 316
Baía de Guanabara, 65, 72
baião, 9, 96, 98, 114-5, 160, 200, 227,
    250, 306
baioque (baião com roque), 97, 139
Baixada Fluminense (RJ), 57, 246
"Balada do louco" (canção), 293
"Balada para un loco" (canção), 218
baladas, 9, 49, 51, 55, 69, 127, 137, 220-1,
    226, 230, 251, 270
Balança Mas Não Cai (programa de
    rádio), 23
Baltar, Amelita, 218
Baltazar da Rocha (personagem
    cômico), 58
Balthazar (cantor), 127, 204-5
Banda Radar, 189
"Banda, A" (canção), 107
Bangs, Lester, 331
"Banho de lua" (canção), 50, 275
"Banquete de lixo" (canção), 291
Banquete dos mendigos (concerto de
    Jards Macalé), 147, 155
Baptista, Arnaldo Dias, 151, 229, 259, 293
Baptista, Sérgio Dias, 209, 240
baquigrafia, 118
Bar do Auzílio (Cachoeiro de
    Itapemirim), 242
Baratos Afins (Galeria do Rock, São
    Paulo), 259, 322
Barbalho (Salvador), 39
barbitúricos, 140
Barbosa, Abelardo *ver* Chacrinha
Barbosa, Adoniran, 95
Barclays James Harvest (banda), 203
Bariri (SP), 320
Barra da Tijuca (Rio de Janeiro), 79,
    143, 161

Barreiros, Roberto, 79
Barreto, Lima (cineasta), 298
Barros, Luiz Fernando Jimenes de (Little Piga), 260
Barros, Paulo Cezar, 68, 97, 129, 150, 183, 201, 274
Barros, Renato, 49, 51, 64, 66, 80
Barros, Sérgio, 58, 68
Barroso, Júlio, 273
Basie, Count, 32
Bassini, Rubens, 90
Bateau, Le (boate carioca), 59, 246
batidas policiais, 38, 123; *ver também* ditadura militar (1964-85)
Batista, Amado, 198, 321
Batman (série de TV), 263
Baú do Raul, O (coletânea póstuma), 220, 299, 327
bayou, 96
Beatles, 34, 40-1, 44, 50-1, 53-5, 57-8, 63, 67, 69-70, 83, 134, 138, 141, 161, 180, 187, 195, 202, 220-1, 253-4, 291, 307, 327
beatnik, 121, 200
Bebeto (jogador), 309
bebop, 95
"Be-Bop-a-Lula" (canção), 224
Beco das Garrafas (Rio de Janeiro), 89
Begé (Raphael, primo de Leno), 70
Beggars Banquet (LP dos Rolling Stones), 37, 147
Belchior, 189-90, 192, 212, 214, 216, 256
Belém (PA), 286
Bello, Nair, 103
Belo Horizonte (MG), 65, 154, 156, 208
"Bem-te-vi" (canção), 117
Benício (desenhista), 326
Benito di Paula, 96, 167
Benvenuti Jr., Lídio ("Nenê"), 287, 290
Bergier, Jacques, 123, 145
Berklee College of Music (Boston, EUA), 110
Berry, Chuck, 49, 164-5, 219, 260, 300, 302, 308
Bertrami, José Roberto, 46, 78, 129, 201, 285
Beto Rockfeller (telenovela), 125, 127

Bhagavad Gita (poema hindu), 213
Bibliothèque de l'Arsenal (Paris), 297
big bands, 31-2
Biggs, Ronald, 238
Bill Haley e seus Cometas, 19
Billboard (revista), 119
Billy Blanco, 104
Billy Fury, 52
Bira (contrabaixista), 24
Bizarro, Tony, 78, 101, 205
blackmusic, 108, 201, 234
Black Power (relatório de Alladyr Braga), 179
Black Rio (grupo), 145, 149, 201, 234, 240
"Blackbird" (canção), 221
Blake, William, 130, 280
Blota Jr., 104
"Blue Moon of Kentucky" (canção), 221, 223-4
blues, 138, 161, 186, 203, 292
Bo Diddley, 96, 165
Boa Viagem, largo da (Salvador), 13
Boate Cowboy (Rio de Janeiro), 102
Boate Drink (Rio de Janeiro), 103
Bocage, Edwin, 270
Boite Cowboy (Rio de Janeiro), 146
bolero, 14, 65, 69-70, 138
Boletim informativo sobre a viagem de Raul Seixas aos Estados Unidos (Sociedade Alternativa), 161, 164
Bolha, A (banda), 84, 206-8
Bolsonaro, Jair, 173
Bonanza (série de TV), 180
Boni (José Bonifácio de Almeida Sobrinho), 113, 277
Book of the Sacred Magic of Abramelin the Mage, The (Mathers), 297
Boone, Pat, 162
"Bop-a-Lena" (canção), 129, 270
Borba, Emilinha, 61
Borboremas (conjunto), 95
Borga Junior, Hiran Fernando, 283
Borges, Dalva (cuidadora de Raul Seixas), 309-10, 314, 325
Borges, Jorge Luis, 132-4, 228
Bossa Broto (programa de TV), 29
bossa nova, 35, 37, 39, 77, 89, 307

385

Boston (EUA), 110
Botafogo (Rio de Janeiro), 88, 168, 208
Botafogo (time), 207
Botelho, Milton, 145
Bottle's Bar (Rio de Janeiro), 89
Bournemouth (Inglaterra), 53
Bowie, David, 23
Braga, Alladyr Ramos, 176-9
Brandão Filho, 58
Brandão Neto, João Augusto Soares
     (Guty), 58
Brandão, Arnaldo, 84, 207
Brandão, Geraldo, 58
Brandão, Leci, 216
Brando, Marlon, 93, 142
Brás (São Paulo), 39
Brasil, Eduardo, 96
Brasileiro Tênis Clube (Rio de Janeiro),
     206
Brasília, 154, 156, 166, 308, 326
Breedlove, Jimmy, 249
brega, 9, 67-9, 71, 198-9, 204; *ver
     também* "cafonas"
Brega & Chique (telenovela), 295
Brejo do Cruz (PB), 119
"Bridge Over Troubled Water" (canção),
     186
Brilhante Ustra, Carlos Alberto, 296
Bring it All Back Home (LP de Bob
     Dylan), 302
brit rock, 157
Brito, Maurício Camargo, 300
Brito, Silvio, 187-92
Brizola, Leonel, 308
Brizola, Neusinha, 281
Broadway (Nova York), 239
Brooklin (São Paulo), 254, 260, 304
Brotas (Salvador), 315
Brouwer, Jimmy, 267
Brown, Roy, 32, 149
Buarque, Chico, 43-4, 98, 107, 113, 147,
     204, 307, 333
Bubbles, The (banda), 207
Buda, Toninho, 281
Buddy Holly, 161
Bueno, Luizão, 305
Buenos Aires, 133

Burroughs, Edgar Rice, 136, 170
Burroughs, William, 267
Butantã (São Paulo), 297, 322
Butt, Mary, 142
Buzzcocks, 275
Byafra (cantor), 117
Byrds, The, 82, 249

C

cabala, 272, 296, 298
Cabaret (espetáculo de Liza Minnelli),
     146
Cabral, Luís Carlos, 145
Cabral, Sérgio, 239
Cáceres, Oldimar "Pocho", 270
Cachoeiro de Itapemirim (ES), 92, 241
"Cachorro urubu" (canção), 147-8
Caeiro, Alberto (heterônimo de
     Fernando Pessoa), 198
Café Filho, 166
"cafonas", 68, 137, 198-9, 226, 247; *ver
     também* brega
Caieiras (SP), 256-8
Caioba, rio, 245
Cajazeiras (PB), 299
Calanca, Luiz Carlos, 259, 322
calipso, 103
Calmon, Waldir, 22
Câmara dos Deputados, 223
Câmara Municipal de São Paulo, 42
Camden Town (Londres), 36
"Caminho de Pedro" (canção), 108
Caminho de Santiago (Espanha), 216,
     282
Camisa de Vênus (banda), 275, 301
Campello, Celly, 50, 207, 274-5
Campo Grande (Salvador), 31, 36, 42,
     206, 279, 323
Canária, Wilson, 57
"Canção da América" (canção), 332-3
"Canceriano sem lar (Clínica Tobias
     Blues)" (canção), 293
candomblé, 37, 149, 306
Canecão (Rio de Janeiro), 46, 306, 329
Canela, bairro do (Salvador), 16, 21, 34

Cangaceiro, O (filme), 298-9

Cannes, Festival de, 299

Cantagalo, morro do (Rio de Janeiro), 244

"Cantar" (canção), 145-6

"Cantiga de ninar" (canção), 168

Cantinho da Música (loja de Salvador), 18

"Canto para minha morte" (canção), 218-9, 315-6

"Capim Guiné" (canção), 261-2

Capinam, José Carlos, 314

capitalismo, 17, 182, 286

Capitão Marvel (personagem), 135

capoeira, 149, 200, 312

Caracu (cerveja), 57

Caravelle (gravadora), 74

Cardoso, Heitor (Monny), 71

Cardoso, Ivan, 231, 232

Cardoso, Wanderley, 27, 137

"Carimbador maluco (Plunct plact zum)" (canção), 263, 268-70

Carimbador maluco (LP de Raul Seixas), 270

Carleba (baterista), 27, 31, 43-7, 52, 55, 59-60, 86

Carlini, Luiz, 203

Carlô (saxofonista), 26-7

Carnaval, 21, 28, 98-9, 107, 236, 306

"Caroço de manga" (canção), 126-7, 247

Carpenters, The, 49

"Carpinteiro do universo" (canção), 297, 305

Carroll, Peter J., 310

"Cartão-postal" (canção), 203

Cartas de amor (LP de Balthazar), 204

Carter, Jimmy, 212

Cartola (sambista), 110, 333

Carvalhaes, Carmélia, 220

Carvalho, João Pinheiro de, 105

Carvalho, Sérgio, 180, 219

Carvalho, Walter, 328

Cassiano, 101

Castilho, Almira, 95

Castrioto, João, 192

Castro, Antonio Carlos *ver* Carleba (baterista)

Castro, Tarso de, 102

Catedral de St. Paul (Londres), 266

Catulo da Paixão Cearense, 268, 298

Cavalcanti, Flávio, 183

Cavern Club (fã-clube dos Beatles), 254

Caymmi, Danilo, 239

Caymmi, Dori, 239

Caymmi, Dorival, 207

Cazuza, 311, 326, 333

CBS (gravadora), 45, 48, 51-2, 58, 61, 63-74, 77-80, 82-3, 85, 88-9, 91, 94, 100-4, 109-11, 115, 120, 122, 124-6, 141, 145, 185, 205, 219, 247, 265-6

Ceará, 190, 203

Cecchin Jr., Antonio (Leivinha), 263-4

Cefalù (Sicília), 142

Celso Blues Boy, 248

Cemitério de Vila Alpina (São Paulo), 312

Cemitério Jardim da Saudade (Salvador), 315, 317

censura, 65, 82, 86, 102, 136, 139-40, 148, 152, 158-9, 175-6, 179, 248, 272, 276, 290, 292, 296

Central do Brasil (filme), 328

Cervantes, Miguel de, 15, 204

chá-chá-chá, 117, 127

Chacrinha (apresentador), 67, 69, 250, 258

Chagas, Enelmar, 24

Chamando os filhos do Sol (Motta), 193

Chantecler (gravadora), 188, 191

Chapada Diamantina (BA), 261

Chapelin, Sérgio, 308

"Charanga do Urubu" (Henfil), 109

Charles, príncipe, 266

Charmettes, The, 50

"Check up" (canção), 139-40, 292

"Chegada de Raul Seixas e Lampião no FMI, A" (canção), 323

Chelsea Hotel #2 (LP de Leonard Cohen), 272

Chelsea Hotel (Manhattan), 88

Cher, 76

Chicago Seven (ativistas), 163

"Chiclete com banana" (canção), 95-6

"Child of the Universe" (canção), 203

Chile, 18, 331, 333

China, 320

"Chorinho inconsequente" (canção), 89, 107

Christina (mulher de Paulo Coelho) *ver* Oiticica, Christina

Christophe (cantor francês), 230

Christovam, André, 305

Cidade Baixa (Salvador), 13, 16, 19, 32, 43

Cidade das Águas *ver* Dias d'Ávila (BA)

Cidras, Miguel, 153, 183, 186, 214, 230

cigarros, 21, 23, 124, 200

Cilibrinas do Éden (banda), 132, 294

cinema, 15, 18-20, 107, 143, 183, 228, 308, 321, 326, 328, 330

Cine Belluzzo (Bariri, SP), 321

Cine Rian (Rio de Janeiro), 84

Cine Roma (Salvador), 10, 19-20, 28, 30, 32, 41-2, 59

Cinelândia (Rio de Janeiro), 105, 120

Cinema Império (Rio de Janeiro), 105

Cinemateca (São Paulo), 311

"Cintura fina" (canção), 32

Circo Voador (Rio de Janeiro), 275

"Ciuminho" (canção), 71

Civilização Brasileira (livraria de Salvador), 18

Clarice (filha de Odair José e Diana), 78

Clark, Gene, 276

Clarksdale (EUA), 161

Clash, The, 182

classe média, 16, 111, 211

classe trabalhadora, 312

"Classificados nº 1" (canção), 94

Cláudio Roberto, 96, 146, 195, 197, 226-7, 229, 230, 243, 247-8, 251, 277, 280, 295

Clément Panhard (carro francês), 26

Clementina de Jesus, 110

Clemons, Clarence, 331

Clevers, The, 287

Clínica Tobias (São Paulo), 292

Clínica Vila Serena (São Paulo), 295

Clodo, Climério e Clésio (irmãos), 216

Clube Bahiano de Tênis (Salvador), 40, 42-3, 46

Clube Comercial (Salvador), 24

Clube Excursionista (Rio de Janeiro), 44

cocaína, 142, 184-5, 242, 244-5, 252, 295, 300

Cocker, Joe, 327

"Coco verde" (canção), 89, 92, 93

Coelho, Lygia (mãe de Paulo Coelho), 173

Coelho, Paulo, 88, 111, 120-2, 124-7, 130-1, 133-6, 141-7, 150-1, 156-7, 160-1, 163, 165, 167-73, 175-7, 179, 181-2, 184-6, 189-92, 195-203, 213-6, 219, 221-2, 226, 235, 243, 247, 266-7, 280-2, 318, 328-30

Coelho de Souza, Pedro Queima (pai de Paulo Coelho), 171, 173-4, 219

cogumelo, chá de, 328

Cohen, Leonard, 272-3

Coke Luxe (banda), 260

Cole, Nat King, 22

Colégio Dom Macedo Costa (Salvador), 20

Colégio Ipiranga (Salvador), 22, 27

Colégio Marista (Salvador), 16, 22

Colégio São Bento (Salvador), 15

Collins, Al, 270

Collins, Phil, 208, 322

Collor de Melo, Fernando, 308

Colton, Tony, 58

Columbia (gravadora), 61

comics ver quadrinhos

"Comida" (canção), 332-3

Comissão Nacional da Verdade (2014), 176

"Como dois e dois" (canção), 97

"Como vovó já dizia" (canção), 157-8, 209

Companhia das Letras (editora), 165, 296

comunismo, 33

Concha Acústica (Salvador), 210

Congresso Nacional, 223

Connolly, John, 310

Conselho Superior de Censura, 248; *ver também* censura

constelações zodiacais, 194

"Contatos urbanos" (canção), 84

Conti, Ivan *ver* Mamão (baterista)

Continental (gravadora), 21, 140, 188

contracultura, 29, 97, 157, 264

"Conversa pra boi dormir" (canção), 252, 272
"Convite para Ângela" (canção), 85, 251
Cook, Paul, 237
Copa América (1989), 309
Copa do Mundo (1970), 63-4
Copacabana (gravadora), 140, 292, 294, 296
Copacabana (Rio de Janeiro), 47, 49, 84, 89, 93, 116, 128, 146, 243-4, 246, 280
Cor do Som, A (banda), 180
cordel, literatura de, 160
"Coroné Antônio Bento" (canção), 108
Corpo e alma (LP de Márcio Greyck), 67
Corpos da Paz (programa governamental norte-americano), 33
Corrêa, Djalma, 32
Corrêa, José Celso Martinez, 145
Corredor da Vitória (Salvador), 24
Correio da Bahia (jornal), 315
Correios, 326
Cortes, Getúlio, 70, 85, 101
Costa, Alexandre, 244
Costa, Ângela Maria de Affonso (Kika, ex-companheira de Raul), 220, 235-6, 241, 249, 251, 256, 258, 268, 270-3, 276, 278-9, 325-6
Costa, Gal, 32, 88, 96, 99, 145, 207-8, 212
Count Basie Big Band, 32
country music, 9, 84, 91, 139, 180-1, 220, 260, 327
Coutinho, Helena (Lena, ex-companheira de Raul), 197, 279-80, 283-5, 287, 294, 296, 300, 325
Coutinho, Laerte, 279
"Cowboy fora da lei" (canção), 295
Cream (trio), 64, 84
Creedence Clearwater Revival, 293
Cristaldi, Ricardo, 274
cristianismo, 154, 157, 196, 202, 282, 329
Cristina (moça do Rio Vermelho), 59-60
Cristo ver Jesus Cristo
"Crivo, O" (canção), 21
Crockett, Davy, 131
Crosby, David, 82
Crosby, Stills, Nash & Young (banda), 82
crossover, 149

Crow Dog (chefe indígena), 148
Crowley, Aleister, 134, 141-3, 150, 154, 174, 193-6, 209, 220-1, 239-40, 294, 296-7, 299, 310, 328
Crudup, Arthur, 25, 260
Crumb, Robert, 149
Cruz das Almas (BA), 24-5, 262
"Crying" (canção), 161
Cultura Inglesa, 193
cultura pop, 118, 170
Cunha, Carlos Eládio Gil Braz da ver Eládio (guitarrista)
Curitiba (PR), 156
Curso de magia, O (Abrahão), 296

D

D'Ávila, Rakami, 58
D'Ávila, Walter, 58
D'Ávila Filho, Walter, 58
dadaísmo, 228
Dadi (contrabaixista), 180
Dakota Sioux (tribo indígena), 148
Dalí, Salvador, 311
Dalto (cantor), 116-7
Dalva (cuidadora de Raul Seixas) ver Borges, Dalva
"Dá-me fogo" (canção), 226
"Dá-me tua mão" (canção), 55
Dancin' Day (boate em Itaituba, PA), 289
Daniel Augusto (cineasta), 330
Daniel Filho, 156
Dantas, Zé, 32, 200
Darin, Bobby, 50
Dave Clark Five (banda), 180
Davet, Stéphane, 327
Davis, Angela, 163
Davis, Miles, 304
Davis, Rennie, 163
Davis, Tex, 260
"Day After Day" (canção), 324
"DDI (Discagem Direta Interestelar)" (canção), 270-1
"De cabeça pra baixo" (canção), 232
De Lange, Eddie, 260
Dean, James, 253

declaração de óbito de Raul Seixas, 313

Declaração Universal dos Direitos Humanos, 146-7

Dedé Caiano (Jorge Sampaio), 91

Dee, John, 310

Deep in My Soul (LP de Smokey Robinson), 228

"Degraus da Iniciação" (esoterismo), 132

Deixa eu cantar (trilogia de discos), 325

"Deixe-me levá-la pra casa" (canção), 39

Del Vecchio (contrabaixo), 27

Delfim Netto, 167

Dellinger, David, 163

Delta Airlines, 215

DeMille, Cecil B., 217

"Dentadura postiça" (canção), 135, 148, 153

dentes de Raul Seixas, 300

Deodato, Eumir, 150

Departamento de Informações (Rio de Janeiro), 176

Departamento de Projetos Especiais da Warner, 236; *ver também* Warner/WEA (gravadora)

Despertar dos mágicos, O (Pauwels e Bergier), 123, 145

Detroit (EUA), 201

Deus Sol da Meia-Noite (conceito crowleyano), 195

"Deusa do asfalto" (canção), 106

deuses gregos, 310, 318

"Devolva-me" (canção), 49

"Dia da saudade, O" (canção), 291-2

"Dia em que a Terra parou, O" (canção), 225, 227, 288

Dia em que a Terra parou, O (LP de Raul Seixas), 97, 224, 227-8, 231, 233

Dia, O (jornal), 208

diabetes de Raul Seixas, 314

diabo, 27, 34, 118, 150, 161, 200, 202; *ver também* satanismo

"Diabo no corpo" (canção), 111

"Diamante de mendigo" (canção), 247

Diamantes, Os (banda), 19

Diamond, Neil, 76, 273

Diana (cantora), 74-6, 78-9, 103, 111, 127, 205

Diana (LP), 74

Diana, princesa, 266

Diário de Brasília (jornal), 145

Diário de um mago, O (Paulo Coelho), 281-2

Diário do Grande ABC (jornal), 283

Diário Oficial, 194

"Diary, The" (canção), 220

Dias d'Ávila (BA), 16-7, 22, 42, 149, 182, 233, 316

Dias, Cláudio, 244

Dias, Gonçalves, 11

Dias, Paulo Rogério, 244-5

Dick, Philip K., 267

Dickason, Dan, 35, 65, 276

Dickason, Daniel, 34, 81

Dienpax (medicamento), 140

Dinho (empresário de Raul Seixas), 258-9

Diniz, Abílio, 309

Diniz, Paulo, 88, 180

direitos autorais, 75, 159, 325

direitos civis, 162

discos voadores (óvnis), 121-4, 143-4

Disney World (Orlando), 160

ditadura argentina (1966-73/1976-83), 331

ditadura chilena (1973-90), 331

ditadura militar (1964-85), 49, 64, 82, 113, 123, 139-40, 146, 148, 151-4, 166, 167, 173, 176, 187, 201, 223, 262, 276, 281, 289, 296, 308, 327

Djalma Galo Cego (percussionista), 314

"Doce, doce amor" (canção), 76, 80-1

Doces bárbaros (LP), 212

Dodô e Osmar (dupla), 28

Does Humor Belong in Music? (LP de Frank Zappa), 136

Doi-Codi (Destacamento de Operações de Informação — Centro de Operações de Defesa Interna), 281, 296

Dom Quixote (Cervantes), 15, 204

Dom Salvador (músico), 77, 110

Domingo Alegre (programa de TV), 50-1

Dominguinhos, 160

"Don't Wanna Be a Soldier Mama" (canção), 276

Dops (Departamento de Ordem Política e Social), 168-71, 174-5, 177-8, 209

Doré, Gustave, 204

"Dorminhoco, O" (canção), 55

"Down in the Willow Garden" (canção), 251

"Dr. Paxeco" (canção), 108-9

drogas, 142, 148, 161, 191, 193, 222, 232, 244, 246, 253, 295, 314, 328; *ver também* álcool; *drogas específicas*

Duarte, Lima, 157, 208

Duarte, Regina, 112

Duboc, Jane, 64

Dulce, irmã, 10

Dunbar, John, 36

Dunbar, Nicholas, 36

Dunn, Christopher, 306

Duofel, 305

Duplo sentido (LP do Camisa de Vênus), 301

Duque de Caxias (RJ), 57

Dutra, Eduardo, 11

Dylan, Bob, 84, 137-8, 142, 189, 212, 221, 272-3, 302, 327

E

"É fim de mês" (canção), 199-200, 202

"É proibido fumar" (canção), 129

E Street Band, 332

"É, meu pai" (canção), 250

...E o vento levou (filme), 278

Easy Loving (LP de Freddie Hart), 180

Easy Rider (filme), 228

Ebal (editora), 135

Eça, Luizinho, 90

Ecad (Escritório Central de Arrecadação e Distribuição), 204, 229

eclipse lunar (1989), 309

Eco (editora), 281

ecologia, 202, 211

Ed Wilson, 27, 70

Eddy Teddy, 260

Edições Paulinas, 187

Edifício Aliança (São Paulo), 251, 309

Edifício Nossa Senhora das Graças (Salvador), 27, 34

Edifício Upacy (Rio de Janeiro), 87

Édipo (personagem trágica), 157

Edy Star, 20, 22-3, 66, 79, 82, 102-3, 105-6, 108-11, 146, 249

Egito Antigo, 194, 297, 311, 316

egoísmo, conceito niilista de, 197

Eládio (guitarrista), 32, 36, 43, 45, 52, 54-5, 59-60, 88

Eldorado (gravadora), 260, 263, 266, 270-1

Elis Regina, 113, 190-1, 201, 212, 236, 282

Elizabeth II, rainha da Inglaterra, 161

Elswick, William Reed, 244

Elvis Rock Club, 18, 23

"Embora seja noite" (São João da Cruz), 157

Emerson, Lake & Palmer (banda), 150

"empréstimos" musicais de Raul Seixas, 10, 82, 158, 186, 205, 215, 230, 233, 249, 251, 270, 276-7, 291, 293, 299, 324

Encruzilhada, A (filme), 14

Enoque (personagem bíblico), 310

enoquiano (idioma), 310

Envergadura Moral (banda), 303

Epic (selo), 64, 69-70, 74

Equinócio dos deuses, O (Crowley, trad. Motta), 193

Era de Aquário (período astrológico), 194

Erasmo Carlos, 28, 47, 51, 70, 129, 188, 191, 207

Eros (deus grego), 310

Escada para o Sucesso (programa de TV), 25

Escobar, Pepe, 287, 288, 289

Escolinha do Professor Raimundo (programa de TV), 58

escoliose de Raul Seixas, 232

esoterismo, 122-3, 130, 133, 174, 195-6, 216

Espaço das Américas (São Paulo), 332

Espanha, 71

Espírito Santo, Flávio do, 210

Esporte Clube Barbarense (Santa Bárbara d'Oeste, SP), 302

esquadrão da morte, 88, 166

391

Esquire (revista), 37, 330
Essa gatinha é minha (filme), 39
Esso (postos de combustíveis), 200
Estado de S. Paulo, O (jornal), 266, 271
Estados Unidos, 24, 33-4, 64, 77, 96-7, 110, 146, 148, 160-1, 163-4, 167-8, 179, 183-4, 212, 227, 232, 239-40, 255, 273, 295, 307, 333
Estiano, Marjorie, 74
"Estou completamente apaixonada" (canção), 76
Estudando o samba (LP de Tom Zé), 212
Estúdios Transamérica (Rio de Janeiro), 234
"Estúpido cupido" (canção), 275
"Eta, vida!" (canção), 106
"Eterno Carnaval!" (canção), 99
"Eu acho graça" (canção), 107
"Eu não presto mas eu te amo" (canção), 68-9
"Eu nasci há 10 mil anos atrás" (canção), 37-8, 134, 214-5, 318; ver também *Há 10 mil anos atrás* (LP de Raul Seixas)
Eu quero é botar meu bloco na rua (LP de Sérgio Sampaio), 89, 138-9
"Eu quero é botar meu bloco na rua" (canção), 93, 97-8
"Eu sou assim" (canção), 81
"Eu sou egoísta" (canção), 197, 277
"Eu sou eu, nicuri é o diabo" (canção), 93, 109, 116-9, 270
"Eu também vou reclamar" (canção), 189-90
"Eu vou botar pra ferver" (canção), 107
Eu vou mudar a minha vida (LP de Raphael), 79
"Eu vou tirar você desse lugar" (canção), 78
Europa, 125, 235, 329
evangélicos, 302
Evans, Ray, 180
Everly Brothers, The, 251
Excelsior a Go Go (programas de TV), 39
"Exercício (Exercício de relaxamento yoga), O" (canção), 137
Exército brasileiro, 167, 205

experimentalismo, 85, 100
Expresso 2222 (LP de Gilberto Gil), 96, 148
Exu (orixá), 150, 216

F

Fábio (cantor paraguaio), 157
Faculdade Gama Filho (Rio de Janeiro), 235
Fafá de Belém, 216
Fagner, Raimundo, 99, 114, 216, 256
Faithfull, Marianne, 36, 37
Falso brilhante (LP de Elis Regina), 212
Falso brilhante (show de Elis Regina), 190
"Fanny" (canção), 116
Fantástico (programa de TV), 236
Faria, Betty, 88
Farmácia Piauí (Rio de Janeiro), 278
Fatos & Fotos (revista), 103, 114
Fats Domino, 224
Fazenda Folha Branca (Morro do Chapéu, BA), 262
Fazenda Santa Virgínia (Iacanga, SP), 263
"Fazendo o que o diabo gosta" (canção), 296-7
FBI (Federal Bureau of Investigation), 164
Feijão, Denis, 328
Feira Velha (BA), 16-7, 316; *ver também* Dias d'Ávila (BA)
"Felicidade vem depois, A" (canção), 324
Fernandes, Millôr, 102
Fernando Mu (guitarrista), 283
Fernão Capelo Gaivota (filme), 273
Ferrante, Armandinho, 271
Ferraz, Buza, 157
Ferreira, Arnaldo, 258
Ferreira, Edemar Cid, 244
Ferreira, Isidoro, 79
Ferreira, Jairo, 328
Ferreira, Renato Costa *ver* Piau, Renato
Ferreira, Rick, 180-3, 201, 221, 234, 273, 276, 292-3, 295, 299
Ferreira Neto, 277
Ferrer, Horacio, 218

"Festa de arromba" (canção), 71, 191
Festa do Senhor do Bonfim (Salvador), 36
Festival de Águas Claras (Iacanga, SP), 263-5
Festival de San Remo (Itália), 113
Festival de Verão de Nova Jerusalém (1975), 206-7
Fevers, The, 69, 71, 88
Ficções (Borges), 132
Figueiredo, Augusto, 120-1
Flamengo (Rio de Janeiro), 122, 235
Flamengo (time), 51-2, 242
Fleming, Bob, 22
Flying Burrito Brothers, 276
"Foi você" (canção), 67
Folha da Tarde (jornal), 277
Folha de S.Paulo (jornal), 86, 137, 155, 207
folk, 9, 54, 58, 76, 154, 212, 214, 273, 299
Fonseca, José Luís Benício da, 326
Fontana (selo), 219, 221
Fonte Nova, Estádio da (Salvador), 28
Forastieri, André, 332
forró, 9, 70, 96, 160, 262
Fortaleza (CE), 190, 201, 256
Fortuna, Claudio, 235
Foto Ideal (estúdio de Salvador), 25
Foxtrot (LP de Genesis), 208
França, 26, 148
França, Cátia de, 216
França, Dudu, 226
França, Marcelo, 210
Francisco de Assis, são, 145
Franco, Walter, 114
Fratelli Vita (refrigerantes), 28, 39
Fredera (guitarrista), 145, 207-9
Free (grupo inglês), 84
Freedman, Max C., 129
Freeman, Robert, 53
Frei Caneca, rua (São Paulo), 251, 300, 309
Freitas, Aníbal, 26-7
French, Bill, 64, 97, 129
Frenéticas, As, 192
Fresnot, Alain, 328
Freud, Sigmund, 164, 202, 251
"Friends of Mine" (canção), 205

Fróes, Marcelo, 83
Froines, John, 163
Fruto proibido (LP de Rita Lee), 203
fumo *ver* cigarros
Fundação de Krig-ha, A (gibi do encarte de *Krig-ha, bandolo!*), 135-6, 170, 172, 176; ver também *Krig-ha, bandolo!* (LP de Raul Seixas)
funk, 101, 108, 127, 205, 212
futebol, 27-8, 63, 241, 242

G

Gabriel o Pensador, 200
Gabriel, Peter, 322
Galeria Alaska (Rio de Janeiro), 146
Galeria do Rock (São Paulo), 259, 322
Gama, Délcio, 24-6, 314
Gama, Thildo, 21-7, 30-1, 112, 146, 154, 167, 285, 301
Gandhi, Paulo, 79
Gandra, Antenor, 293
Gang 90 (banda), 273
Gantois, Terreiro do (Salvador), 36
Garcia, Januário, 216, 217, 218
Gargântua e Pantagruel (Rabelais), 142
garimpeiros, 13, 285-7, 291
"Garota de Ipanema" (canção), 90
Garotos da Lua (grupo), 103
Gary and the Pacemakers (banda), 180
Gasolina (sambista), 104
gasolina aditivada, 31
Gato Félix (empresário), 287
gays, 23, 103
Geisel, Ernesto, 105, 165, 223
Genebra, 328
General Severiano, estádio (Rio de Janeiro), 207
Genesis (banda), 208, 322
"Gente" (canção), 111
Gentileza, Profeta (José Datrino), 217
Gentlemen, The, 20
Geszti, George, 90
"Get Back" (canção), 291
"Get Down Woman" (canção), 293
Ghost Rider (revista), 129-30

Giannini (guitarra), 30, 287

gibi do encarte de *Krig-ha, bandolo!* ver *Fundação de Krig-ha, A*

Gibson (guitarra), 209, 302

Gil, Gilberto, 14, 32, 38, 60, 79, 96, 98, 102, 113, 148, 160, 207, 212, 225, 227, 236, 265, 305, 312, 333

Gilberto, João, 22, 264, 333

Ginásio Aécio de Borba (Fortaleza), 256

Ginásio Antônio Balbino (Salvador), 29

Ginásio Emílio Médici (Brasília), 166

Ginsberg, Allen, 121, 136

"Gioconda" (canção), 81

"Girl" (canção), 50

Gisa (namorada de Paulo Coelho) *ver* Rios de Magalhães, Adalgisa Eliana

"Gita" (canção), 182, 212-3, 225, 257, 273, 295, 318, 320, 328

Gita (LP de Raul Seixas), 63, 82, 106, 132, 157, 175, 179-80, 182-6, 188, 200, 202, 234, 237, 309

glam rock, 23, 82, 249

Glasser, Dick, 52

Globo, O (jornal), 104-5, 125-6, 161, 239, 246, 285

Globo, Rede *ver* TV Globo

gnósticos, 133, 142

"God" (canção), 97

Góes Neto, Balthazar *ver* Balthazar (cantor)

Góis, Raimundo, 39-40

Góis, Renato, 40

golpe militar (1964), 118, 173, 205

Gomes, Cícero, 95, 97

Gomes, Hilton, 112

Gomes, Pepeu, 30, 96, 102, 234

Gomes, Roberto, 116

Gonçalves, Nelson, 106, 138

Gonzaga, Chiquinha, 268

Gonzaga, Luiz, 32, 53, 92, 97, 200, 221, 264-5

Gonzaga, praia do (Santos), 265

Gonzaguinha, 147

Good Neighbour Club (Salvador), 24

"Good Rockin' Tonight" (canção), 32, 149

Gordurinha (compositor), 95

gospel, 76, 186, 274

"Gospel" (canção), 158, 159

"Gotham City" (canção), 146

Goulart, João (Jango), 118

governo militar *ver* ditadura militar (1964-85)

Govinda (restaurante paulistano), 304

Graceland (casa de Elvis Presley, EUA), 146

Gráfica Lux (Rio de Janeiro), 193

Grande Otelo, 112

Grande Parada, A (programa de TV), 45

Granja Viana (SP), 263

Grant, Kenneth, 311

Grão, O (banda), 206

Grécia Antiga, 157

Greenwich Village (Nova York), 184

Greyck, Márcio, 65-7, 69, 91

grilagem de terras, 262

Groisman, Serginho, 259

Guerra do Vietnã, 34, 64, 163

Guerra dos Sexos (telenovela), 268

guerrilla concerts, 151

Guest, Ian, 84, 89-91, 110, 126

Guinga (músico), 333

guitar heroes, 65

Gurdjieff, George, 145

H

Há 10 mil anos atrás (LP de Raul Seixas), 37, 63, 96, 168, 186, 189, 214-6, 218-20, 292, 315; *ver também* "Eu nasci há 10 mil anos atrás" (canção)

Hair (musical), 151

Haley, Bill, 19, 129

Hall, Jim, 65

"Hallelujah" (canção), 273

Händel, Georg Friedrich, 266

"Hang on Sloopy" (canção), 49

Hard Day's Night, A (filme), 51

Hard Day's Night, A (LP dos Beatles), 220, 327

hard rock, 84, 107, 149

Haroldo de Andrade Show (programa de TV), 56

Harrison, George, 55

Hart, Freddie, 180
Hayden, Tom, 163
Hearts and Bones (LP de Paul Simon), 273
Help! (LP dos Beatles), 54
Hendrix, Jimi, 40, 64, 150, 275
Henfil (cartunista), 109-10
"Here Tonight" (canção), 276
Herkenhoff, Paulo Estellita, 241, 242
Herman's Hermits (banda), 180
heroína, 142, 295
hieróglifos egípcios, 131
Hi-Fi (loja de discos paulistana), 263, 272
Highway 61 Revisited (LP de Bob Dylan), 272
hinduísmo, 213
hip-hop, 299
hipoglicemia de Raul Seixas, 309
hippies, 107, 130, 164, 178, 200, 211, 227, 230
Hirsig, Leah, 142
Hoffman, Abbie, 163
"Hoje sonhei com você" (canção), 76
Holanda, 144
Hollies, The, 119
Hollywood (Califórnia), 18, 20, 207, 216
Hollywood (cigarros), 200
Hollywood Rock (Rio de Janeiro, 1975), 206-8, 210
Homem que matou o facínora, O (filme), 161
Homem Total, conceito de, 197
"Homem, O" (canção), 96, 219
homofobia, 248-9, 301
Hora da Criança, A (programa de rádio), 22
"Hora do trem passar, A" (canção), 54, 150-1
"Horse With no Name, A" (canção), 119
Hórus (deus egípcio), 194
Hospital Albert Einstein (São Paulo), 251, 277
Hospital Matarazzo (São Paulo), 278
Hospital Sírio Libanês (São Paulo), 300
Hotel da Bahia (Salvador), 36, 322-3
Hotel Intercontinental (Rio de Janeiro), 95
Hotel Palace Court (Bournemouth, Inglaterra), 53

Hotel Waldorf Astoria (Nova York), 110
"How'd We Ever Get This Way" (canção), 58
Howlin' Wolf, 148
Human Rights Now! (turnê beneficente da Anistia Internacional), 331
Hummel, Karl, 275
Hungria, 90
Hunt, Karis, 36

I

"I Can See Clearly Now" (canção), 78
"I Should Have Known Better" (canção), 51
"I Stand Accused" (canção), 58
"I Was Born about Ten Thousand Years Ago" (canção), 214-5
"I Will" (canção), 52
"I'll Cry Instead" (canção), 220, 327
"I'm a Believer" (canção), 273
"I'm Only Sleeping" (canção), 55
Iacanga (SP), 263-4
Ibiza (Espanha), 235
ICA (Ignition Control Additive), 31
Icaraí (Niterói), 116
Iceia (colégio estadual de Salvador), 60
idealismo, 189
Idée générale de la révolution au XIXe siècle (Proudhon), 269
iê-iê-iê, 9, 31, 39, 45, 50, 52, 58, 60, 70, 82, 98, 211, 323
Igreja católica, 19
Igreja do Senhor do Bonfim (Salvador), 19
Igreja Evangélica Quadrangular, 260-1
Ilha de Wight (Inglaterra), 84
Ilha do Governador (Rio de Janeiro), 86, 205
Illuminates of Thanateros (grupo ocultista), 310
Ilusão (LP de Wando), 274
"Ilusões: As aventuras de um Messias indeciso" (Richard Bach), 273
Imagine (LP de John Lennon), 276
IML do Rio de Janeiro, 126

Imperial, Carlos, 47
"Impossível acreditar que perdi você"
(canção), 66
imprensa, 56, 59, 104, 112, 114, 120, 137,
143, 151, 155, 163, 173, 186, 226, 237,
246, 258, 266, 271, 295, 309, 311, 318,
326; *ver também* jornalismo musical
Incríveis, Os, 55
índios, 148, 286
indústria cultural brasileira, 156
Infantozzi, Albino, 293
Infidels (LP de Bob Dylan), 273
Inglaterra, 38, 84, 266, 312
Início, o fim e o meio, O (filme), 328-9
Inquisição (Santo Ofício), 281
"Instant Karma!" (canção), 134
Instituto Baiano de Reabilitação, 20
insulina, 290, 309, 314, 322
Intelsat, 334
Interlagos (São Paulo), 295
internet, 231, 268, 324, 334
InTerValo (revista), 37
"Inútil" (canção), 332
Iório, Ana Maria Siqueira *ver* Diana
(cantora)
Ipanema (Rio de Janeiro), 91, 106-7, 115,
122, 276
Irã, 239
Ira! (banda), 312
IstoÉ (revista), 295
Itabuna (BA), 19
Itaituba (PA), 287-90
Itatiaia (RJ), 222
Itaúna (Saquarema), 210
Ituaçu (ba), 148

J

"jabá" nas rádios, 86
Jacarepaguá (Rio de Janeiro), 158
Jackson do Pandeiro, 95-7, 250, 333
Jackson, Michael, 266
Jacob do Bandolim, 53
Jacobina, 101
Jagger, Mick, 36-7
Jaguar (cartunista), 102

Jane & Herondy (dupla), 49
Jango *ver* Goulart, João
Japão, 105
Jara, Víctor, 331, 333
Jardim de Alah (Rio de Janeiro), 111,
123, 147
Jardim Zoológico (Rio de Janeiro), 152-3
"Jardineira, A" (canção), 236
Jardins (São Paulo), 251, 271
jazz, 32, 65, 77, 90, 260
Jefferson Airplane (banda), 112
Jerry (LP), 81
Jerry Adriani, 38-42, 45, 48, 61-3, 65,
79-81, 87, 114, 137-8, 329
Jesus Cristo, 38, 138, 159, 195, 241
jingles publicitários, 38, 98, 274
Joanes, Jamil, 201
João da Cruz, São, 157
Jobim, Tom, 43, 216, 333
Johnny Cash, 302
Johnny McCartney (show), 84
"Johnny McCartney" (canção), 82
Johnson, Robert, 161, 200
Jones, Quincy, 150
Jones, Steve, 237-8
Joplin, Janis, 149
Jorge Ben (Jor), 99, 112, 123, 132, 212
Jormans, The, 39, 43
Jornal da Tarde, 110, 266
Jornal de Música, 189, 215, 224-5
Jornal do Brasil, 245, 250, 281, 295
Jornal Nacional (telejornal), 47, 151
jornalismo musical, 199, 224; *ver
também* imprensa
José Augusto, 226
José Ricardo (cantor), 71
José Roberto (cantor), 68-9, 76, 127
José Roberto e seus sucessos (LP), 69
José Walter (primo de Raul) *ver* Seixas,
José Walter
Jovem Guarda, 28, 31, 38, 44, 48, 53,
55, 57-8, 62, 66, 69-71, 83, 141
Jovens, Os (compacto), 58
Jovens, Os (dupla), 20, 58
Juiz de Fora (MG), 252, 275
Júnior (jogador), 242
"Just Because" (canção), 223-4

K

Kafka, Franz, 87
"Kansas City" (canção), 63
Karma (banda), 234
Kaufman, Murray, 50
Kéfera, 74
Kelley, Edward, 310
Kelly, Rose, 194
Kennedy, John F., 33
Kenton, Stan, 32
Khomeini, aiatolá, 239
Kid Colt (personagem de quadrinhos), 118
Kid Vinil (banda), 312
"Killer Diller" (canção), 249
Kim, Andy, 58
King Creole (filme), 34
Kinks Are the Village Green Preservation Society, The (LP), 233
Kinks, The, 233, 249
Kiri Te Kanawa, 266
Klapenin, Orlando, 246
Kleiton e Kledir (dupla), 282
Knapp, Sílvia Lília Barrie *ver* Lílian (cantora)
Knight, Dede, 129
Knudsen, Tadeu, 284
Koellreutter, Hans-Joachim, 53
Kokó (Jorge Sampaio), 91
Korg Polysix (sintetizador), 271
Kotscho, Carolina, 330
"Kreegah Bundolo" (canção), 136
Krig-ha, bandolo! (LP de Raul Seixas), 131-2, 135-6, 148-9, 156, 168, 170, 172, 235, 269
Krishna (divindade hindu), 158, 213

L

Lacerda, Genival, 223
Ladeira, Renato, 84, 207
"Lady Baby" (canção), 84
Laerte (cartunista), 279
Lafayette (tecladista), 52, 62, 86, 91, 97
"Lágrimas nos olhos" (canção), 68-9

Laio (personagem trágica), 157
Lalado (Luís Eládio), 36-7
Lalo Califórnia (guitarrista chileno), 263
Lamounier, Gastão, 233-4, 243
Lanat, Egberto, 43-4
Lanat, Mariano, 26-7, 30, 32, 36, 43, 45, 53, 55, 59-60
Lanatm família, 26
"Lançamento na Bahia da Minissaia para Homens diretamente do Le Bateau (Rio)" (concurso), 59
Landau, Jon, 332
Lapa (Rio de Janeiro), 72
lápide do túmulo de Raul Seixas, 317
Latini, Murilo, 101
Lavecchia, Miriam Ângela *ver* Miriam Batucada
Lavecchia, Mirna, 103-4
LaVey, Anton, 310
Lavoura arcaica (filme), 328
Lawrence, D. H., 142
Lázaro, Marcos, 104
"Leão ferido" (canção), 117
Leão, Nara, 41-2, 95, 99, 113-4, 228, 309
Leblon (Rio de Janeiro), 63, 74, 84, 93, 110-1, 123, 166-7, 231, 244, 278
Led Zeppelin, 64, 254, 275, 327
Lee, Dimitri, 303, 304
Lee, Rita, 132, 191, 203, 206-7, 210, 284, 294, 296
Legião Urbana, 295, 332
legorne (tipo de galinha), 109
Lei de Thelema, 193, 196, 203
"Lei, A" (canção), 299
Leif's, Os (grupo), 102
Leigh, Vivien, 278
Leílson, Francisco, 257-8
Leite, Cobel Pereira, 66
Leite, Márcio Pereira *ver* Greyck, Márcio
Leivinha (Antonio Cecchin Jr.), 263-5
Leminski, Paulo, 309
lendas e mitos no rock 'n' roll, 161
Lennon, John, 41, 97, 134, 145, 160-6, 174, 187, 188, 195, 208, 220-1, 224, 276
Leno & Lílian (dupla), 49, 85

Leno (cantor), 49-52, 64, 66-8, 70, 79-80, 82-6, 103, 112, 121-4, 131, 226, 231, 234-5, 251, 329
Les Paul Studio (guitarra), 301
Lessa (jogador), 13
Lester, Richard, 51
"Let Me Sing, Let Me Sing" (canção), 45, 93-5, 97-8, 109, 114-7, 128, 131, 277
Let Me Sing My Rock 'n' Roll (LP de Raul Seixas), 221, 285, 288
"Let the Bright Seraphim" (ária de Händel), 266
"Let's Move to Cleveland" (canção), 136
Lewis, Jerry Lee, 25, 49, 164, 223-4, 260
Liano Jr., Nelson, 281, 282
Liber Null & Psychonaut (Carroll), 310
Liberdade (SP), 263
Lílian (cantora), 49, 85, 103, 226
Lima (jogador), 24
Lima, Pedro, 208
Limp, Lafayette Coelho Varges *ver* Lafayette (tecladista)
Lions, The, 20
literatura, 15, 18
literatura, 51, 87, 197, 217, 273, 282, 296
Little Club (Rio de Janeiro), 89
Little House I Used to Live In (LP de Frank Zappa), 109
Little Piga (baixista), 260
Little Richard, 25, 51, 92, 129, 224, 270, 293, 300, 308, 321
Liverpool (Inglaterra), 58
Livi, Roberto, 226
Livingstone, Jay, 180
Livro da Lei, O (Crowley), 193, 195, 209, 299, 328
Livro de Jô: Uma autobiografia desautorizada, O (Soares e Suzuki), 165
Livro negro de Neusinha Brizola, O (Shogun Editora), 281
Lobão, 311
Lobato, Monteiro, 23
Lobo, Edu, 113, 216
Lobos, Os (banda), 93, 114, 116-7
Londres, 113, 134, 143, 201, 202, 267, 281, 310

"Long Cool Woman (In a Black Dress)" (canção), 119
"Long Tall Sally" (canção), 129, 165
Lopez, Luciano, 323-4
Los Angeles, 158, 162
"Lost in the Supermarket" (canção), 182-3
"Loteria da Babilônia" (canção), 131-4
Louisiana (EUA), 33
Loureiro, João José, 58
"Love" (canção), 221
"Love is Magick" (canção), 194, 220-1
Loveday, Raoul, 143
"Lua bonita" (canção), 298-9
"Lua branca" (canção), 268
"Lua cheia" (canção), 268
"Lucy in the Sky with Diamonds" (canção), 54
Ludwig (bateria), 209
Luís Paulo (tecladista), 149
Luiz Melodia, 145, 240, 333
Luiz Wagner (guitarrista), 68
Luiz, Aldo, 216
Lula da Silva, Luiz Inácio, 150-1, 308
Lunardi, Pedro Ivo, 293
Luxemburgo (Grão-Ducado), 334
"Luz polarizada" (canção), 123
Luz, Alcyvando, 32
Lynyrd Skynyrd (banda), 160
Lyra, Carlos, 201

M

"Maçã, A" (canção), 195, 202, 247
Macalé, Jards, 146-7, 155
Macchio, Ralph, 14
Macdowell, Cecília (Cissa), 184, 186
Macedo, Joaquim Manuel de, 18
Machado, Aldo, 275
Machado, Aluísio, 111
maconha, 21, 124, 158, 161, 171-2, 231, 328
macumba, 37
"Madalena" (canção), 79
Madureira (Rio de Janeiro), 179
"Mãe Serpente" (conceito crowleyano), 195
Magal, Sidney, 101, 226

Magalhães, Antonio Carlos, 11, 40
Magalhães, Francisco Peixoto de, 40
Magalhães, Oberdan, 239
Magalhães, Roberto, 231-2
Magé (RJ), 243, 245-6
Maggi, sopa, 44, 59
magia, 123, 193, 241, 296, 298; *ver também* esoterismo; ocultismo
Magick (conceito crowleyano), 194, 220-1, 297
Mago, O (Morais), 173
Mahabharata (epopeia hindu), 213
Maia, Tim, 59, 88, 101, 108, 206, 212, 216, 234, 240
Máida e Maísa (dupla), 75
Maio de 1968, movimento de (Paris), 147
Maldini (jogador italiano), 24
Malheiros, Alex, 46
"Malmequer" (canção), 236
"Maluco Beleza" (canção), 162, 190, 228-30, 301
"Mamãe eu não queria (servir o Exército)" (canção), 276, 290
Mamão (baterista), 46, 129, 138, 183, 201
Mamberti, Cláudio, 284
Mamede, Sônia, 23
Manchete (revista), 105
Mancini, Henry, 150
Manfred Mann (banda), 273
mangani (linguagem ficcional), 136
Manhattan (Nova York), 88, 161
Manhumirim (MG), 61
Manual prático de vampirismo (Paulo Coelho e Liano Jr.), 281-2
Manzanero, Armando, 282
Maracanã, estádio do (Rio de Janeiro), 24, 106, 326
Maracanãzinho, estádio do (Rio de Janeiro), 94, 114
maracatu, 200
marcas e sociedade de consumo, 199
"Marcha soldado" (canção), 290
marchinhas, 9, 99, 107, 236
Marcia (mulher de Cláudio Roberto), 227
Maria Bethânia, 32, 212
Maria Creuza, 102, 106

Mariano, César Camargo, 114
Marighella, Carlos, 38
Marília Gabriela (apresentadora), 150
Maringá (PR), 104
Marinho, Roberto, 126
Mariscot, Mariel, 88
Marlene (cantora), 61
Marlton Hotel (Nova York), 184
Martin Claret (editora), 317
Martinelli, Paulo, 182
Martinho da Vila, 110
Martins, Zé, 298
Marupá, garimpo de (Itaituba, PA), 286-7, 289
Marzagão, Augusto, 113
"Mas I love you (Pra ser feliz)" (canção), 276
"Máscara negra" (canção), 236
Mata virgem (LP de Raul Seixas), 96, 233
Matéria Prima (grupo), 112
materialismo, 189, 216
Mathers, S. L. MacGregor, 297
Matilda (LP de Edy), 79
"Matilda, Matilda" (canção), 103
Matin des magiciens, Le (Pauwels e Bergier), 123, 145
Matos, Elizabeth Rodrigues, 246
Matos, Silvio, 245
Matos, Wilson (Vaposeiro), 245
Matusalém (personagem bíblico), 310
Mautner, Jorge, 132, 147, 158
maxixe, 98
May, Betty, 143
Mazzeo, Alcione, 165
Mazzola, Marco, 97, 130, 153, 157, 159, 196, 227, 252
McCartney, Paul, 82, 208, 219, 220
McCoys, The, 50
McDonald's (palhaço), 291
McLaren, Malcolm, 11, 238
"Me deixa em paz" (canção), 55
"Me deixas louca" (canção), 282
Mecenas Marcos, 25, 35
Medeiros, Dalto Roberto *ver* Dalto (cantor)
medicina antroposófica, 292
Medina, Roberto, 326

399

"Medo da chuva" (canção), 202, 247, 318
Memphis (EUA), 160, 164-5
Mendes, Fernando, 198, 226
Mendes, Sergio, 90
Menescal, Roberto, 95, 98, 128, 130, 173, 180, 191, 221, 222, 225, 277
Menezes, Zé, 153
"Menina de Amaralina" (canção), 43
"Menina do Rio Vermelho" (canção), 60
"Menina do subúrbio" (canção), 226
"Menina linda" (canção), 51
Menna Barreto, Tânia (ex-companheira de Raul), 233, 325
"Menti pra você" (canção), 74
Merky, Zoltán, 90
Merseybeats, The, 58
"Messias indeciso, O" (canção), 273
"Metamorfose ambulante" (canção), 65, 73, 150, 190, 333
Metamorfoses (Ovídio), 150
"Metrô linha 743" (canção), 54, 271-2, 276
Metrô linha 743 (LP de Raul Seixas), 260, 273, 275, 277, 289, 318
metrô paulistano, 272
"Meu amigo Pedro" (canção), 219
"Meu amor Michelle" (canção), 226
"Meu bem" (canção), 50
"Meu piano" (canção), 274
"Meu primeiro amor" (canção), 226
Miami, 101, 160
Michigan (EUA), 33
micuri (peixe-diabo), 118
Midani, André, 145, 158, 225, 236, 252-3
Miguel Pereira (RJ), 229, 243
"milagre brasileiro" (anos 1970), 152
Milan (time italiano), 24
"Milionário, O" (canção), 55
Miller, Glenn, 32
Millo, Aprile, 311
Mina (cantora italiana), 50
"Minas do rei Salomão, As" (canção), 148
Minas Gerais, 163, 174, 222
"Mind Games" (canção), 164
"Minha viola" (canção), 248
Minimoog (sintetizador), 149
Ministério do Exército, 152, 184
Minnelli, Liza, 146

"Minuto a mais, Um" (canção), 52
Miranda, Milton, 52, 54
Miriam Batucada, 66, 102-11, 317
Miss Bahia (concurso), 24
Miss Brasil (concurso), 166
Missa do Caos (ritual ocultista), 310
Mississippi (EUA), 161
misticismo, 130-1, 154, 157, 193, 196, 220-1, 263, 281, 296, 317-8, 334
"mitologia" de Raul Seixas, 10, 111, 115, 146, 151, 263, 316
Moby Dick (Melville), 10
Mocarzel, Evaldo, 328
Mochizuki, Masaomi, 105
Mocidade Independente (programa de TV), 254
Mojo (revista), 293
Monde, Le (jornal), 327
Monny (Heitor Cardoso), 71
monogamia, 202
Monroe, Bill, 221
Monroe, Marilyn, 141-2
Monsieur Parron (baterista), 283
Monte Serrat (Salvador), 13
Monteiro, Doris, 93
Monteiro, Túlio, 70
Mooca (São Paulo), 103
Moon de Chevalier, Scarlet, 244
Moraes, Chiquinho de, 274
Moraes, Vinicius de, 90, 201, 207
Morais, Fernando, 124, 173, 177, 281
morcego-do-mar (peixe-diabo), 118
Moreira, Adelino, 106
Moreira, Moraes, 265
Moreninha, A (Macedo), 18
Morgantown (EUA), 64
Morrinhos (GO), 71
Morris, Lee, 260
Morro do Chapéu (BA), 262
morte de Raul Seixas, 309
"Mosca na sopa" (canção), 149, 328, 333
Mosteiro de São Bento (Salvador), 38
Mothers of Invention, The (banda), 136
Motoqueiro Fantasma, O (personagem de quadrinhos), 129
Motown (gravadora), 57, 117
Motta, Marcelo, 192-7, 201-2, 241

Motta, Márcio, 152
Motta, Mauro, 57, 62, 64, 67-8, 70-1, 74-
6, 79, 81, 86, 92, 97, 102, 111, 152,
185, 204, 247
Motta, Nelson, 98, 128-9, 141, 161-2,
207-10, 254, 285, 311
"Movido a álcool" (canção), 240
Movimento dos Sem-Terra, 85
movimento estudantil, 35, 90
Mozema, Waldemar (Risonho), 55
MPB (música popular brasileira), 50, 93,
114, 137, 156, 185, 190-1, 201, 223,
264, 332
MPB4 (grupo), 99, 132
"Mr. Spaceman" (canção), 82
"Mr. Tambourine Man" (canção), 221
"Muita estrela, pouca constelação"
(canção), 301
"Muito estranho" (canção), 117
Muito obrigado, meu bem (LP de Paulo
Gandhi), 79
"Mulher rendeira" (canção), 299
Mullen, Gustavo, 275
Mundo É dos Jovens, O (programa de
TV), 66
"Mundo feito de saudade" (canção), 76
"Murungando" (canção), 157
Museu de Arte de São Paulo (Masp), 311
Museu de Arte Moderna (Rio de
Janeiro), 146
Mussolini, Benito, 143
Mutantes, Os, 43, 60, 114, 132, 151, 206-
7, 209, 229, 240, 293-4, 307

N

Nações Unidas, 163
Não acredito (LP de Leno e Lílian), 85
"Não faço segredo" (canção), 81
"Não há lei em Grilo City" (canção), 84
Não pare na pista (filme), 330
"Não quero mais andar na contramão"
(canção), 292
Nascimento, Alfredo Ricardo do *ver*
Zé do Norte
Nascimento, Milton, 147, 206, 332

Nash, Johnny, 78
Nashville (EUA), 214
Natal Records (gravadora), 83
Nazaré das Farinhas (BA), 148
Ned, Nelson, 69
"Negócio é" (canção), 96
negros, 37, 40, 43, 57, 93, 113, 179, 216-
7, 312, 331
Nero, imperador romano, 164
Nêumanne Pinto, José, 137
Neves, Wilson das, 138
New York Times, The (jornal), 11
Nicinha, dona, 327
"nicuri" (significado), 118
Nietzsche, Friedrich, 18, 84, 197
"Night Before, The" (canção), 54
Nilo, rio, 298
Ninos (banda), 30
Niterói (RJ), 93, 116
Noé (personagem bíblico), 310
"Noite do Ali Babá e os 40 Ladrões"
(especial do *Programa do
Chacrinha*), 250
Nordeste brasileiro, 34, 45, 96, 160,
204, 223
Nós, por exemplo... (show dos
tropicalistas), 32
Nossa Senhora da Boa Viagem, 17
"Nostalgia 65" (canção), 188
Nova Jerusalém (PE), 206-7
Nova Orleans, 160, 184
Nova vida, Uma (LP de Diana), 78
"Nova vida, Uma" (canção), 78
Nova York, 77, 110, 160, 162-3, 165, 174,
183-5, 239, 272, 291
Nova, Fernando, 20
Nova, Marcelo, 21, 165, 275, 300-4, 306-
7, 309-10, 314-5, 329
Novelli (baixista), 129
"Novo Aeon" (canção), 195, 226
Novo Aeon (Era de Aquário), 194
Novo Aeon (fã-clube de Raul Seixas),
320
Novo Aeon (LP de Raul Seixas), 132, 192,
194-8, 200, 220, 323
"Novo amor há de vir, Um" (canção), 58
Novos Baianos, Os, 102, 108, 180, 206, 264

401

"Nuit" (canção), 195
Nunes, Oswaldo, 58
Nursery Cryme (LP de Genesis), 208
Nutopia (utopia de Lennon e Yoko), 163
"Nuvem passageira" (canção), 190

O

O'Meara, Gabriel, 201
"Objeto voador" (canção), 82
"Ob-la-di-Ob-la-da" (canção), 202
"Óculos escuros" (canção), 158; *ver também* "Como vovó já dizia"
ocultismo, 123, 132, 134, 141, 143, 150, 154, 192-3, 196-7, 209, 282, 296, 310-1
Odair José, 72, 75-8, 127, 132, 205
Odebrecht (construtora), 19
Odeon (gravadora), 52, 59, 71, 86, 90
Odessey and Oracle (LP dos Zombies), 205
Ogum (orixá), 298
Oiticica, Christina, 266, 280-1, 329
Olimpo, deuses do *ver* deuses gregos
Oliveira, Edinho, 329
Oliveira, Frederyko Mendonça de *ver* Fredera (guitarrista)
Olympia (São Paulo), 307
Ono, Yoko, 162-5, 221
Opala (carro), 295
Operação Bandeirantes, 296
"Opus 666" (canção), 241
Opus 666 (projeto de LP de Raul Seixas), 239-40
Orbison, Roy, 161
Ordem do Mérito Cultural (Brasil), 330
Ordem Hermética da Aurora Dourada, 297
Ordo Templi Orientis (OTO, sociedade esotérica), 130, 192, 202
Oregon (EUA), 35
orixás, 150, 216-7, 250, 298, 305
Orlando (EUA), 160
Osanah, Tony, 251, 283-4, 287
Otávio Augusto (ator), 284

"Ouro de tolo" (canção), 11, 44, 47, 151-3, 187-8, 200, 252, 309
Ovídio (poeta latino), 150
óvnis *ver* discos voadores; ufologia
"Owner of a Lonely Heart" (canção), 273
Oxalá (orixá), 250, 305
oxímoros, 133
Oxóssi (orixá), 305
Oxum (orixá), 305

P

Pablo (cantor), 77
Pacheco, Emanuel, 39, 43, 60
Pacheco, Luís Sérgio, 116
Pacote de Abril (1977), 223
Page, Jimmy, 327
Palace Hotel (Salvador), 18
Palácio do Catete (Rio de Janeiro), 113
Palermo (Itália), 142
Palmeiras, estádio do (São Paulo), 260
"Paloma, La" (canção), 270
Pal-ul-don (reino fictício), 170
pancreatite de Raul Seixas, 251, 309, 317
"Panela do diabo, A" (canção), 292
Panela do diabo, A (LP de Raul Seixas), 195, 223, 291, 302, 304-5, 311, 329
Panella, Silvia, 302-3
Pang, May, 162
Panicali, Lyrio, 53
Panteras, Os, 28, 30, 35-8, 41-7, 49, 51-2, 54-6, 59-60, 67-8, 84, 86, 88, 102, 146, 152, 296; ver também *Raulzito e Os Panteras* (LP)
Panthers, The, 26-30, 299, 327
Pão de Açúcar (Rio de Janeiro), 238
"Papa Was a Rollin' Stone" (canção), 119
Paquetá (Rio de Janeiro), 238
Pará, 285-7
Paradoxx International (gravadora), 101
"Para Noia (com amor e com medo)" (canção), 197
"Paranoia II" (canção), 197, 279-80
"Pare o casamento" (canção), 28, 50
"Parei na contramão" (canção), 30

402

"Parei, olhei" (canção), 30
Paris, 147, 158, 231, 235, 297
Parker, Tom, 216
Parque Antártica (São Paulo), 331
Parque Edu Chaves (São Paulo), 292
Pascoal, Hermeto, 114, 265
Pasquim, O (semanário), 85-7, 102, 109, 143
Passeata dos 100 Mil (Rio de Janeiro, 1968), 48
Passeio Público (Salvador), 32
Passos, Sylvio, 221, 254-5, 285-9, 292, 317
"Pastor João e a Igreja invisível" (canção), 303, 305
"Pastorinhas" (canção), 236
Patrocínio (PA), 289
Paulinho Batera, 149
Paulinho da Viola, 88, 147
Paulo Bob, 51
Paulo Sérgio, 69
Pauwels, Louis, 123, 145
Pavão, Nelsinho, 287
PCBR (Partido Comunista Brasileiro), 123
PCdoB (Partido Comunista do Brasil), 123
Pedra da Sereia (bar em Salvador), 285
Pedra do Gênesis, A (LP de Raul Seixas), 132, 140, 241, 296-300
Pedrinho Batera, 214
Pedro Paulo (cantor), 52
Pedroso, Bráulio, 156
Peg-Pag (supermercados), 182, 200
"Pegue as minhas mãos" (canção), 76
"Peguei uma Apollo" (canção), 84
peiote, 10
"Peixuxa (O amiguinho dos peixes)" (canção), 202
Pelé (jogador), 24, 251
Pellegrino, Helinho, 235
Pelourinho (Salvador), 36
Pensa em mim (LP de Jerry Adriani), 80
"Pense bem, baby" (canção), 21
Pentágono (EUA), 334
Penteado, Léa, 326
Pepe (jogador), 24
"Perdido em pensamentos" (canção), 69
Pereira Júnior, Álvaro, 331-3

Pereira, Eduardo Alberto da Silva (Eddy Teddy), 260
"Pergunte a você" (canção), 90
Perkins, Carl, 129, 260
Pernambuco, 206-7
Peruzzi, Edmundo, 205
Peso, O (grupo), 201, 207
Pessoa, Fernando, 198
Pessoal do Ceará, 206
"Peter Gunn Theme" (canção), 150
Petrobras, 33, 323
Philips (gravador), 63, 86, 89, 96-8, 115, 125, 128-30, 135, 138, 145, 151, 156-7, 168, 172, 186, 220, 225, 234, 299, 327
Phono 73 (festival), 131, 133, 137, 140, 294
Phonogram (gravadora), 96, 131, 145, 179, 197, 205, 219, 221, 224-6
Phonogram News, 156
Piabetá (RJ), 245-6
Piaf, Edith, 138
Piau, Renato, 94, 138, 151
Piazzolla, Astor, 218
Piccadilly Circus (Londres), 201
Pierce (compositor), 129
Pignatari, Décio, 114
Pinheiros (São Paulo), 317
Pink Floyd, 109
Pinto, Rossini, 64, 66, 72, 76-7
Pipocas (revista), 120
"pirâmide de rejuvenescimento", 183
Pireneus (Europa), 329
Pires, Jairo, 51-2, 58, 72, 78, 152
pirita (minério), 153
Piritiba (BA), 261, 262
Pirulito (trem da RFFSA), 16
Pixinguinha, 96, 255
Place du Père-Teilhard-de-Chardin (Paris), 297-8
"Planos de Papel" (canção), 157
Plant, Robert, 208, 209
Plastic Ono Band (LP de Lennon e Yoko), 187, 221
Ploog, Mike, 129
Plopschi, Miguel, 226
Plunct, Plact, Zuuum (especial infantil da TV Globo, 1983), 263, 268
"Pobre do rei" (canção), 82, 84

"Pobre menina" (canção), 49
"Pobreza" (canção), 49
Poder Jovem (programa de TV), 102
Police, The, 231
Polícia Federal, 135, 167, 176, 184, 296
Polícia Militar, 313
Polícia Política, 123, 172
Polydor (gravadora), 58, 78, 226
Polyfar (selo), 128
Polygram (gravadora), 95, 216, 222, 284, 299, 324
"Polythene Pam" (canção), 134
Pomba, A (revista), 120-1
Pombajira (entidade afro-brasileira), 150
Pop (revista), 217
pop art norte-americana, 136
pop rock, 116
"Por dentro estou morrendo" (canção), 226
Por que brigamos (LP de Odair José), 73
"Por que não" (canção), 84
"Por quê? Para quê?" (canção), 55
"Por quê?" ("Gospel", canção), 159
Por quem os sinos dobram (LP de Raul Seixas), 239-40, 243, 247
"Porque é proibido pisar na grama" (canção), 112
Portela (escola de samba), 179
Portugal, 71
Portugal, Jorge, 327
Poster Graph (editora), 120
Praça do Pacificador (Duque de Caxias, RJ), 57
Praça Mauá (Rio de Janeiro), 71, 102, 146, 151
Praça Tiradentes (Rio de Janeiro), 72, 320
"Praça, A" (canção), 47
Prado, Eduardo, 121
Praia Ipanema Hotel (Rio de Janeiro), 276
preconceito racial *ver* racismo
Presley, Elvis, 15, 18, 25-6, 32, 34, 41, 79-80, 92, 93, 158, 160, 189, 214-6, 221, 223-4, 249, 253, 277, 293, 300, 303, 327
Prieto, Arnaldo, 167
Primavera Árabe (2011), 238
Prisioneiro do rock, O (filme), 15

ProÁlcool (programa governamental), 240
"Problemas" (canção), 71
Projeto Pixinguinha, 96, 255
protesto, música de, 152, 187
Proudhon, Pierre-Joseph, 164, 269
psicanálise, 202
psiquiatria, 59, 202, 292, 317
punk rock, 231, 237, 275
Puruca (Francisco Fraga), 58, 80
"Put Your Head on My Shoulder" (canção), 220

Q

quadrinhos/gibis, 135-6
Quadros, Jânio, 296
Quarto segredo, O (Abrahão), 296
"Quase 2000 anos depois" (canção), 188
Quatro irmãs, As (filme), 328
"Que luz é essa?" (canção), 227
"Que país é esse" (canção), 332
"Que tolo fui" (canção), 76
Quebradeiras (filme), 328
"Quero gritar" (canção), 58
"Quero ir" (canção), 108
"Quero ser o homem que sou (Dizendo a verdade)" (canção), 274
"Quero voltar pra Bahia" (canção), 88
Quintela, Antônio, 117

R

R&B (rhythm and blues), 57
Rabelais, François, 142
racismo, 40, 92, 179
Rádio Aratu, 275
Rádio Continental, 107
Rádio Cultura, 14
Rádio Fluminense, 326
Rádio Globo, 74
Rádio Mundial, 94
Rádio Nacional, 23
Rádio Record, 104, 174
Rádio Sociedade da Bahia, 22

Rádio Transamérica, 234, 305
Rakhmáninov, Sergei, 57
Ramalho, Zé, 119, 278-9, 318
Ramos, Luiz Cláudio, 78
Rangel, Olavo de Lima, 176
Raphael (Begé, primo de Leno), 70
Raposo, Olmair, 283
rappers, 200
Rasmussen, Oscar, 239, 243-7
Raul David (filho de Dalva), 325
"Raul, o parceiro: uma inimizade
    íntima" (Paulo Coelho), 190, 215
Raul Rock Club (fã-clube), 288
Raul Rock Seixas (LP de 1977), 219, 221,
    223-4, 285
Raul Seixas (LP de 1983), 270
Raul Seixas ao vivo (LP de 1984), 260-1
Raul Seixas por ele mesmo (org. Sylvio
    Passos), 317
raul-seixismo, 60, 231, 249, 288, 303,
    305, 313, 321
Raulzito e Os Panteras (LP), 43, 52-
    3, 57, 59-60, 86, 91; *ver também*
    Panteras, Os
"Raulzito Seixas" (canção), 138-9
Rayol, Agnaldo, 69
RCA Victor (gravadora), 21
Reactivan (suplemento vitamínico), 279
"Rebelde" (canção), 226
Rebouças, Diógenes, 36
Rebu, O (telenovela), 156-7
"Recado a Raul Seixas" (Nêumanne
    Pinto), 137
Recoleta (Buenos Aires), 133
Rede Ferroviária Federal S/A (RFFSA),
    16
Rede Globo *ver* TV Globo
reforma agrária, 84
regime militar *ver* ditadura militar
    (1964-85)
Regional do Canhoto (grupo), 53
Regional Jackson do Pandeiro, 96, 250
regionalismo, 189
Régulus (guitarra), 209
Rei dos Violões, O (marca), 22
Reis do iê-iê-iê, Os (filme), 51
Relâmpagos do Rock, 23-6, 35, 146, 314

religiões afro-brasileiras, 36, 150; *ver
    também* candomblé; umbanda
Renato e seus Blue Caps, 40, 44, 49, 51-2,
    57, 62, 64, 66, 70, 77, 84, 89, 91, 137
Renato Russo, 295, 333
Resende, André Lara, 235
Resende, Otto Lara, 235
Resnick, J., 50
"Restos de amor" (canção), 226
"Retalhos e remendos" (canção), 180-1
Revista do Rádio, 56
revistas *teen*, 74
"Revolução de 64, A" (canção), 205
Revolução Húngara (1956), 90
Revolução Iraniana (1979), 239
Revolver (LP dos Beatles), 55
Ribeiro, Evandro, 61-2, 66, 72-5, 77, 80,
    82, 86, 105, 110
Ribeiro, Pery, 39
Ribeiro, Roberto, 216
Ribeiro, Solano, 113
Ribeiro, Sonia, 112
Richards, Keith, 37, 161
Richie, Lionel, 49
riffs, 12, 50, 89, 203, 249, 293
Rio Branco, avenida (Rio de Janeiro),
    72, 119, 151, 217
Rio de Janeiro, 24, 33, 43-7, 50, 53, 59,
    61-4, 66-8, 71-2, 83-4, 88-90, 94-
    5, 103-4, 106, 113, 120, 126, 146, 151,
    153-4, 166, 171, 173, 176, 185, 193,
    201, 205-6, 222, 237, 241, 245, 261,
    275, 295, 299, 317, 320, 329-30
Rio Gerez (restaurante carioca), 146
Rio Grande do Sul, 89
Rio Vermelho (Salvador), 38, 59, 285
Rios de Magalhães, Adalgisa Eliana
    (Gisa), 122-4, 136, 144, 146, 160,
    170-3, 175-7
Rios, Lena, 103
Risonho (guitarrista), 55
ritmos afro-brasileiros, 149
Rito do Caos ("extrema-unção"), 310-1
Riviera Clube (Rio de Janeiro), 79
Roadmaster (LP de Gene Clark), 276
Roberto Carlos, 28-31, 38-9, 45, 50-3, 67-
    8, 70-1, 83, 97, 104, 129, 152, 188, 191

Robin, Sydney, 223
Robinson, Smokey, 228
Robson Jorge, 101
rocha lunar, 299
Rocha, Glauber, 18, 35
Rocha, Mimi, 256
rockabilly, 260
rock 'n' roll, 10, 13-4, 18-9, 20, 25, 27, 32, 37, 42, 50, 58, 91, 96-7, 114, 129, 149, 161, 164, 197, 209, 219, 223, 249, 251, 260, 293-5, 302, 307, 314
rock nacional, 188, 203, 208, 210, 308, 311
rock progressivo, 203, 234, 273
rock psicodélico, 200
"Rock 'n' Raul" (canção de Caetano Veloso), 306
"Rock 'n' Roll" (canção de Raul Seixas), 223
Rock 'n' Roll (LP de John Lennon), 224
"Rock Around the Clock" (canção), 129
"Rock das aranha" (canção), 248-50
"Rock do diabo" (canção), 202, 261
Rock Generation (banda fictícia), 129
Rock in Rio, 326, 332
Rock Special (programa de rádio), 275
"Rockixe" (canção), 148-50
Rocky Horror Show (show), 206
"Roda, A" (canção), 275
Rodrigo de Freitas, lagoa (Rio de Janeiro), 230
Rodrigues, Jair, 110, 113
Rodrigues, Nelson, 126
Rodrix, 206
Rogers, Roy, 286
Rohmer, Éric, 311
Roland Juno 60 (sintetizador), 274
Rolling Stone (revista), 325
Rolling Stones, 36-7, 147, 157, 161, 180
Rolling Thunder Revue (turnê de Bob Dylan), 212
Ronald McDonald's (palhaço), 291
Rosa, Noel, 333
Rosacruz (sociedade secreta), 193
Ross, Diana, 49
Rossi, Reginaldo, 198
Rotten, Johnny, 11

Rowland, Henry, 238
Rubber Soul (LP dos Beatles), 35, 50
Rubi, rua (São Paulo), 254
Rubin, Jerry, 163
Rudge Ramos (São Bernardo do Campo), 282
Russell, Cecil Frederick, 143

S

"S.O.S." (canção), 82-3, 85, 181
Sá, Luis Carlos, 116
Sá e Guarabyra (dupla), 101
"Sá Marina" (canção), 201
Sabino, Haroldo, 300
Sagrada magia, A (Abramelin), 241
Saint-Marie, Buffy, 76
Salerno (Itália), 103
Salvador (BA), 16, 18-9, 22, 24-6, 28-33, 35-6, 38, 40, 49, 51, 59, 61-2, 68, 88, 97-9, 102, 114, 148, 150, 160, 167-8, 203, 210, 233, 250, 261, 267, 275-6, 279, 282, 285, 300, 305, 308, 314-5, 322
samba, 9, 37, 63, 138, 139, 157, 212, 236, 238, 307
samba-canção, 157
samba jazz, 77
samba-rock, 90, 95
samba soul, 77
Sampaio, Hélio, 242
Sampaio, Jorge, 91
Sampaio, Mara, 242
Sampaio, Maria de Lourdes, 242
Sampaio, Raul, 242
Sampaio, Sérgio, 66, 88-9, 91-5, 97, 99, 102, 105-9, 111, 132, 138, 151, 216, 241-2, 317
San Remo, Festival de (Itália), 113
Sandoval Quaresma (personagem cômico), 58
Sandra (cantora), 66
"Sandra" (canção), 204-5
Sandy (garota americana), 33
Sangalo, Ivete, 215
Sansão (oratório de Händel), 266

Santa Bárbara d'Oeste (SP), 302
"Santa Teresa" (canção), 116
Santana (compositor), 58
Santana, Albertinho, 314
Santana, Carlos, 101
Santana, Robério, 275
Santiago (Chile), 332
Santiago de Compostela (Espanha), 282
Santo Ofício (Inquisição), 281
Santos (SP), 104, 265
Santos FC (time), 24
Santos, Erivaldo, 107
Santos, José Gomes, 258
Santos, Luiz Carlos dos (Batera), 145
Santos, Lulu, 208, 244
Santos, Silvio, 92, 254
Santos, Sonia, 158, 159
"São coisas da vida" (canção), 71
São Conrado (Rio de Janeiro), 95, 185, 324
São Paulo, 23, 31, 38-9, 42, 60, 98, 100,
    103-4, 132, 134, 145, 182, 187-8, 205,
    222, 229, 233, 241, 250-1, 254-7, 259,
    263, 266, 270-2, 278, 292, 294-6, 302,
    307, 309, 311-5, 317, 320, 322, 330, 332
"Sapato 36" (canção), 85, 232
Saquarema (RJ), 210
Sargento, Nelson, 92-3
Sarney, família, 244
Sarney, José, 312
Sá-Rodrix, 206
Sartana (filmes), 36
Satanic Bible, The (LaVey), 310
satanismo, 37, 193, 241, 310
Saucerful of Secrets, A (LP do Pink Floyd),
    109
Saudades de um pracinha (filme), 26
SBT (Sistema Brasileiro de Televisão), 92
Scandurra, Edgard, 312
Scarambone, Zé Carlos, 68
Scarlet (filha de Raul) *ver* Seixas,
    Scarlet Vaquer
Scarlett O'Hara (personagem), 278
Schopenhauer, Arthur, 87
Schroeter, Gustavo, 207, 209
Scott, Randolph, 228
Scuderie Le Cocq, 166
"Se ainda existe amor" (canção), 204-5

"Se eu sou feliz, por que estou
    chorando?" (canção), 64
"Se o rádio não toca" (canção), 157
"Se pensamento falasse" (canção), 80-1
"Se por acaso te encontrar" (canção), 91
"Se você me prometer" (canção), 58
"Se você tentasse" (canção), 78
"Sebastiana" (canção), 96
Secretaria de Segurança Pública do Rio
    de Janeiro, 166, 171
Sedaka, Neil, 220
"Segredo da luz" (canção), 271
"Seis horas" (canção), 81
Seixas Discos (Itaituba, PA), 287
Seixas, Edith Wisner (ex-mulher de
    Raul) *ver* Wisner, Edith Nadine
Seixas, Gloria (ex-mulher de Raul) *ver*
    Vaquer, Gloria
Seixas, Heloísa (prima de Raul), 17, 243
Seixas, José Walter (Zeva, primo de
    Raul), 17
Seixas, Kika (ex-mulher de Raul) *ver*
    Costa, Ângela Maria de Affonso
Seixas, Maria Eugênia (mãe de Raul),
    14-8, 22, 25, 34-5, 167, 175, 233, 279,
    296, 301, 314-5, 325
Seixas, Plínio (irmão de Raul), 15-6, 21, 52,
    59, 60, 87, 99, 146, 203, 219, 314
Seixas, Raul (avô de Raul), 13, 22
Seixas, Raul Varella (pai de Raul), 13-7,
    26-7, 150, 248, 308
Seixas, Scarlet Vaquer (filha de Raul),
    213, 232, 255, 278, 313, 325;
Seixas, Simone Andrea (filha de Raul)
    ver Vannoy, Simone Andrea
Seixas, Vivian Costa (filha de Raul), 251,
    254, 256, 258, 278, 313, 325
Self, Ronnie, 270
selo de Raul Seixas (Correios, 1991), 326
Selvagem, O (filme), 93
Selvagens, Os (conjunto), 94
Semana, A (jornal), 257
Sementes da violência (filme), 19
Senado, 11
"Sentado à beira do caminho" (canção),
    188
"Sentado no arco-íris" (canção), 84, 112

Sérgio & Cobel (dupla), 66
Sérgio Murilo, 53
Sergipe, 11
Serra da Mantiqueira, 222
Serra Pelada, garimpo de (PA), 285, 291
Serrão, Waldir, 13-4, 18, 20-3, 29-30, 32, 35, 41-2, 59-60, 79, 87, 301, 314
"Sessão das 10" (canção), 106, 108
Sete de Chicago (ativistas), 163
"Seu táxi está esperando" (canção), 81
Severino, Ariel, 271
Severo do Acordeon, 95
Sex Pistols, 11, 237-8, 275
sexo livre, 142
Sgt. Pepper's Lonely Hearts Club Band (LP dos Beatles), 54, 141
"Sha la la (Quanto eu te adoro)" (canção), 68
Shadows, The, 180
Shakers, Los (grupo uruguaio), 84
Shakespeare, William, 83, 199
"Sheila" (canção), 70
Shell, 31
Shelton, Bob, 223
Shelton, Joe, 223
Sheraton Hotel (Nova York), 164
Shogun (editora), 266, 280
Shopping Iguatemi (São Paulo), 31
Shouters, The, 51
show business, 18, 29, 41, 89, 92, 154, 167, 207, 213, 236, 278, 280
Show do Botica (Belo Horizonte), 208
Shumway, Ninette, 142
Sicília, 142
Siclier, Sylvain, 327
Sigillum Sanctum Fraternitatis, 194
Silva, Carlos, 40
Silva, Carlos Augusto Santana, 317
Silva, Inês, 314
Silva, Luiz Antonio da, 254
Silva, Odibar Moreira da, 88-9
Silveira, Orlando, 53-4
"Sim" (canção), 232
Simas, Luiz Paulo, 129, 285
Simon & Garfunkel, 186
Simon, Paul, 272-3
Simone (cantora), 192

Simone (filha de Raul) *ver* Vannoy, Simone Andrea
sincretismo religioso, 36, 250
Singin' Alone (LP de Arnaldo Dias Baptista), 259
Sítio de Camboatá (Salvador), 285
"Sítio do Pica-Pau Amarelo" (canção), 74
"Slippin' and Slidin'" (canção), 224, 270
Smith, James, 270
Smith, Ray, 58
Smiths, The, 231
"Smokestack Lightning" (canção), 148
Só Para Brotos (programa de rádio), 14
Só por hoje e para sempre: Diário do recomeço (Renato Russo), 296
Soares, Jô, 24, 165-6, 291, 311
Sociedade Alternativa (associação), 130-1, 141-2, 147, 154, 156, 160-1, 163-5, 172, 174, 194, 265, 315, 327
"Sociedade Alternativa" (canção), 141, 193, 209, 265, 329-30, 332-3
Sociedade da Grã-Ordem Kavernista apresenta Sessão das 10 (LP de Raul Seixas et al.), 63, 66, 102, 105-6, 109-11, 127, 139, 317
sociedade de consumo, 109, 199
Sociedade Esportiva Palmeiras (estádio paulistano), 260
Sociedade Novo Aeon, 194
sociedades secretas, 123, 193; *ver também* esoterismo; ocultismo
"Sol 40 graus" (canção), 89
Solar da Fossa (Rio de Janeiro), 88
"Sólo le pido a Dios" (canção), 331
Solta o pavão (LP de Jorge Ben), 123
Som Brasil (programa de TV), 203
Som do Big Ben, O (programas de TV), 79
Som Imaginário (banda), 201, 207
Som Livre (gravadora), 117, 158, 191, 271, 273-5
Som Nosso de Cada Dia (grupo), 214
"Som para Laio, Um" (canção), 156, 157
Som, sangue e raça (LP de Dom Salvador e Abolição), 110
Som, Sol e Surf, festival (Saquarema, 1976), 210

"Somehow it Got to Be Tomorrow Today" (canção), 50
Sony (gravadora), 83
Soriano, Waldick, 69, 70
Sosa, Mercedes, 331, 333
Sosa, Ricardo (El Gato), 245-6
soul music, 65, 70, 77-8, 100-1, 127, 201, 212, 331
"Soul tabaroa" (canção), 108
Southern rock, 160
Souza, Antonio Monte de (Gasolina), 104
Souza, Edivaldo *ver* Edy Star
Souza, Isaac Soares de, 320
Souza, Jair Alves de *ver* Jerry Adriani
Souza, Ruth de, 157
Souza, Tárik de, 250
Spacey Glow (codinome de Gloria Vaquer), 220
Spector, Phil, 62, 221
Spinelli (alfaiate), 18
Spinozza, David, 162
Spirituals Sisters Quintet, 149
"Splish Splash" (canção), 30, 50
Springsteen, Bruce, 330-3
"Sr. Imposto de Renda" (canção), 84
Stan Kenton & His Orchestra, 32
Stancka, Luciano, 310
Starr, Ringo, 27, 53
"Starstruck" (canção), 233
Status (revista), 287
Stella Paula, 122, 280
Stevens, Clive, 273
Stevenson, Claudio, 234
Stirner, Max, 197
Stone, Cotten, 310
stoner rock, 208
"Stop the Wedding" (canção), 50
Streisand, Barbra, 76, 160
"subversão", 123, 135, 140, 142, 148-9, 164, 175, 178, 209, 276, 297, 317
Suíça, 161, 243
Sul dos Estados Unidos, 96, 307
"Sunseed" (canção), 220
Sunshines, The, 57-8
Super Estrela (LP de Edy Star), 82
"Super-heróis" (canção), 63, 135
Supernatural (série de TV), 310
Suprema Corte dos Estados Unidos, 148
Suriá (filho de Lena), 279
surrealismo, 153, 232
Surubim (PE), 258
Suzuki, Matinas, 165
Sweet Edy (LP de Edy Star), 82
Swingin' London, 84
"Sympathy for the Devil" (canção), 37
Syomara, Sandra, 204

T

"Tá todo mundo louco" (canção), 188
tabagismo *ver* cigarros
Taiwan, 162
"Take my Hand for a While" (canção), 76
Tambá (Rio de Janeiro), 208
Tangarella: A tanga de cristal (filme), 165
tango, 9, 117-8, 218
"Tânia" (canção), 233
Tanta estrela por aí (curta-metragem), 284
"Tapanacara" (canção), 225, 227-8
Tarzan (personagem), 136, 170
Tarzan (revista em quadrinhos), 135
táxi aéreo, 286, 287
Teatro Bandeirantes (São Paulo), 233
Teatro Castro Alves (Salvador), 300
Teatro da Praia (Rio de Janeiro), 206
Teatro das Nações (São Paulo), 134, 145
Teatro de Arena (companhia teatral), 113
Teatro Pixinguinha (São Paulo), 248, 251
Teatro Tereza Rachel (Rio de Janeiro), 134, 235, 238
Teatro Vila Velha (Salvador), 32, 305
"Teddy Boy, rock e brilhantina" (canção), 115
Teixeira, Humberto, 221
Telles, Cláudia, 86
Temple, Julien, 238
Temple, Shirley, 142
"Tempo de solidão" (canção), 90
Tempo não para, O (telenovela), 215
Temptations, The, 119
Tennessee (EUA), 164-5
"Tente outra vez" (canção), 195-6, 203, 323-4

Terço, O (banda), 99, 206-7
"Ternura" (canção), 28, 50
"Teu cabelo não nega, O" (canção), 236
"Teus olhos azuis" (canção), 34
Texas (EUA), 33, 184
Thanatos (deus grego), 310
"That's All Right, Mama!" (canção), 25, 221
Theatro Municipal (Rio de Janeiro), 330
"Thirty Days" (canção), 219-20
Thomas, Harry, 103
Tibério Gaspar, 201
Tietê, rio, 131
Tillis (compositor), 129
Tim Maia racional vol. 2 (LP), 212
Timóteo, Agnaldo, 60, 69
"Tintarella di luna" (canção), 50
Tiso, Wagner, 145
Titãs (banda), 259, 332
Titó (amigo de Raul), 14
Tobias, José Alves *ver* José Ricardo
(cantor)
Toca Raul! (bloco de carnaval carioca),
320
"Toca Raul!" (canção), 322
"Toca Raul!" (grito em shows), 320-1
Toca Raul! (Virada Cultural de São
Paulo, 2009), 60
Tocaia no asfalto (filme), 35
"Todo meu amor você levou" (canção), 91
Tom Zé, 32, 205-6, 212, 322-3
Tony e Frankye (dupla), 78-9, 100, 108, 127
Tony e Frankye (LP), 101
Top Club (Bariri, SP), 321
"Toque, O" (canção), 203-4
Toquinho, 207
Tornado, Tony, 206
Torquato Neto, 333
Torquemada, Tomás de, 281
Torres, Lula, 165
torturas na ditadura, 135, 172-5, 177, 181,
194, 202, 281
tráfico de drogas, 244-6
Trama (grupo vocal), 157
tranquilizantes (medicamentos), 140
transcriação, 52, 277; *ver também*
"empréstimos" musicais de Raul
Seixas

Trapattoni (jogador italiano), 24
"Trem 103" (canção), 54, 150
Trem azul (LP de Elis Regina), 282
"Trem das 7" (canção), 54, 181, 309, 277
trens como metáforas, 17
Três Patetas, Os (grupo cômico), 20
Três Pontas (MG), 187
Tri Jormans (conjunto), 39-40
Tribuna da Imprensa (jornal), 240
"Trifocal" (canção), 101
Trimano, Luis, 130, 285
trio elétrico, 28
Trio Esperança, 91
Trio Irakitan, 14
Trio Ternura, 84, 89, 91
"Triste amor" (canção), 39
"Triste mundo" (canção), 55
Troféu Caymmi (Salvador), 300
Troféu Imprensa (SBT), 92
tropicalismo, 32, 44, 206, 305-7
Trótski, Leon, 238
Tryptanol (medicamento), 140
"Tu és o MDC da minha vida" (canção),
198-9
Tucunduva, Cássio, 116-7
Tucunduva, Cristina, 116
"Tudo acabado" (canção), 73
"Tudo que é bom dura pouco" (canção),
80
Túlio Monteiro (LP), 70
Tumlinson, Pete, 118
turma da Urca (gangue), 48
Turnbull, Lúcia, 132
Turquia, 320
Tutti Frutti (banda), 191, 203, 207
"Tutti Frutti" (canção), 293, 321
TV Bandeirantes, 250, 254
TV Excelsior, 39, 56, 88, 113
TV Globo, 93, 112-3, 125, 128, 156, 203,
236, 263, 268-9, 271, 277, 295
TV Itacolomi, 65
TV Itapoan, 25, 29, 68, 102
TV Record, 205
TV Tupi, 45-6, 65
Twitter, 173

U

"Uah-bap-lu-bap-lah-béin-bum!" (canção), 293

Uah-bap-lu-bap-lah-béin-bum! (LP de Raul Seixas), 140, 280, 287, 292, 294

ufologia, 121-4, 143

UFRJ (Universidade Federal do Rio de Janeiro), 227

uísque, 10, 124, 159, 185, 219, 227, 285

"Uivo, O" (Ginsberg), 121, 136

Última Hora (jornal), 246

"Última vez que vi Rosane, A" (canção), 112

Ultraje a Rigor, 332

Um grande amor (LP de Jerry Adriani), 39

umbanda, 149-50, 200, 214, 250, 298

União Soviética, 90

Único e sua propriedade, O (Stirner), 197

Universidade de São Paulo (USP), 175, 279

Universidade Federal da Bahia, 59

Universitária (livraria de Salvador), 18

Urca (Rio de Janeiro), 43-6, 48

Urubu, Cláudio, 225

US Top (calças jeans), 192

V

Valadão, Jece, 39

Vale, Clinger Borges do, 288

Vale, João do, 108

Valença, Alceu, 114, 265

Valençam Dionísio Amêndola, 315

Valium (medicamento), 140

Valkírias, As (Paulo Coelho), 142

Valladares, Mauricio, 238

Valle, Paulo Sérgio, 84

vampirismo, 281, 282

Vannoy, Simone Andrea (filha de Raul), 63, 65, 123, 152, 167-8, 255-6, 313, 325

Vanucci, Augusto Cesar, 268

Vanusa, 187

Vaquer, Gay Anthony, 64, 97, 129, 155, 183, 214, 224, 291

Vaquer, Gloria, 183-4, 186, 208, 212, 220, 232, 243, 256, 324-5

Vaquer, Jay *ver* Vaquer, Gay Anthony

Varginha (MG), 187

Various Positions (LP de Leonard Cohen), 273

Vasconcelos, Fred, 116

"Velha roupa colorida" (canção), 190

Veloso, Caetano, 32-3, 88, 94, 97-8, 102, 107, 113, 132, 139, 207, 212, 216, 228, 240, 306-7, 333

Veludo (banda), 207

"Vem quente que eu estou fervendo" (canção), 47

Ventures, The, 180

Vera Furacão (chacrete), 71

"Vera Verinha" (canção), 54

"Verdade sobre a Inquisição, A" (Paulo Coelho), 281

"Verdade sobre a nostalgia, A" (canção), 197-8

Vereza, Carlos, 156-7

Viação Férrea Federal Leste Brasileira, 148

"Viagens maravilhosas: bruxaria e rock" (Motta), 161-2

Vice-Versa (estúdio), 274

"Vida a prestação" (canção), 157

Vida e obra de Johnny McCartney (LP de Leno e Raul Seixas), 82-3, 90, 127

Vidigal (Rio de Janeiro), 208

Vietnã, Guerra do, 34, 64, 163

Vigna, Elvira, 121

Villa Operária (Salvador), 13

Villares, Cristina, 287, 290-1

"Vim dizer que ainda te amo" (canção), 70

Vímana (banda), 207-8

Vincent, Gene, 260

Vinhas, Luiz Carlos, 90

Vips, Os, 70

Virada Cultural de São Paulo (2009), 60

Virgínia Ocidental (EUA), 64

Visconde de Inhaúma, rua (Rio de Janeiro), 120

vítimas da ditadura, 176; *ver também* ditadura militar (1964-85)
Vitória da Conquista (BA), 75
Viu menina (LP de Tony e Frankye), 79
"Viu menina" (canção), 100
Viver a Vida (telenovela), 159
Vivian (filha de Raul) *ver* Seixas, Vivian Costa
"Você ainda pode sonhar" (canção), 54
"Você roubou meu videocassete" (canção), 305
"Você tem que aceitar" (canção), 76
Volta de Beto Rockfeller, A (telenovela), 125, 127
"Volta, A" (canção), 70
Von Cydoll, Max (cantor amador), 321
Von Sydow, Max, 321
Von, Ronnie, 47, 50, 65, 132

W

waif look, 34
Waldir Serrão e Seus Cometas, 14
Waldir Serrão Show (Cine Roma), 59
Wanderléa, 28, 50, 73, 132, 236, 262
Wando, 274
Warhol, Andy, 267
Warner/WEA (gravadora), 96-7, 165, 189-90, 224-5, 227, 231, 233, 236, 243, 247, 299, 302
Washington Post, The (jornal), 173, 177, 330
"Way We Were, The" (canção), 160
"We Can Be Together" (canção), 112
Weiner, Lee, 163
West, Adam, 263
Wisner, Edith Nadine (primeira esposa de Raul Seixas), 33-6, 43-5, 49, 59, 63, 87, 94, 100, 123-4, 146, 154-5, 160, 167, 235, 325
Wisner, Esther, 34
Wisner, George, 34, 87-8
Wisner, Helen, 34
With the Beatles (LP), 53
Wolfe, Jane, 143
Woodell, Pat, 50

Woodstock, festival de (1969), 84, 264
"Working Class Hero" (canção), 187
"Working on the Building" (canção), 158

X

xaxado, 9, 107
xenofobia, 263
xote, 9, 97, 108
"Xote das meninas, O" (canção), 200

Y

Yes (banda), 273
Yo Maria Creuza (LP), 106
Young, K., 50
Youngsters, The, 46
YouTube, 324
Yunes, Milhem, 166

Z

Zagallo, 299
"Zahir, O" (Borges), 133
Zambianchi, Kiko, 312
Zappa, Frank, 109, 136
Zé do Norte, 298-9
Zé Geraldo, 312
Zé Ramalho canta Raul Seixas (CD e DVD), 318
Zeca Baleiro, 321-2
Zeva (primo de Raul) *ver* Seixas, José Walter
Zicartola nº 2 (casa de samba carioca), 110
Zico (jogador), 242
Zinga (filho de Lena), 279
zodíaco, 194
Zombies, The (banda), 205
Zorro (personagem), 135
Zurawski, Sérgio, 283-4

Créditos das imagens

capa: Fotógrafo não identificado/ Coleção José Ramos Tinhorão/ Acervo Instituto Moreira Salles

pp. 335, 342, 343 (ao centro) e 345: Dan Dickason
pp. 336, 337, 338, 339, 341 (abaixo), 358 (primeira linha, ao centro; segunda linha, à esq.; e terceira linha, à dir.) e 359 (primeira linha, ao centro): Acervo pessoal de Sylvio Passos
pp. 340 e 341 (acima): DR/ Panteras
p. 343 (acima): Foto arquivo/ Agência O Globo
p. 343 (abaixo): DR/ Os Lobos
p. 344 (acima): Juvenal Pereira
p. 344 (abaixo): Leno Azevedo
p. 346 (acima): Kenji Honda/ Estadão Conteúdo
p. 346 (ao centro): Dominique Torquato/ Folhapress
p. 346 (abaixo): Antonio Moura/ Agência O Globo
pp. 347, 348 e 349 (à dir.): Ivan Cardoso/ Topázio Filmes
p. 349 (à esq.): Juvenal Pereira
pp. 349 (abaixo), 350 (à esq.) e 351 (à esq. e à dir.): Mário Luiz Thompson
p. 350 (à dir.): Luiz Pinto/ Agência O Globo
pp. 350 (abaixo) e 357: Fotógrafo não identificado/ Coleção José Ramos Tinhorão/ Acervo Instituto Moreira Salles
p. 351 (abaixo): Cezar Loureiro/ Agência O Globo
p. 352: Arquivo Nacional
p. 353 (à esq. e à dir., acima): DR/ *Revista Pop*/ Reprodução Eduardo Menezes
pp. 353: (à esq. e à dir., abaixo) e 354: Arquivo Público do Estado do Rio de Janeiro
p. 355: Amiccuci Gallo/ Veja/ Abril Comunicações S.A.
p. 356: Arquivo do autor
pp. 358, 359 e 360: Arquivo do autor/ Reprodução Nino Andrés
p. 361: Norma Albano
p. 362: Egberto Nogueira
p. 363: Marcio Lima/ Agência O Globo
p. 364: Fernando Seixas/ Veja/ Abril Comunicações S.A.

© Jotabê Medeiros, 2019

Todos os direitos desta edição reservados à Todavia.

Grafia atualizada segundo o Acordo Ortográfico da Língua Portuguesa de 1990, que entrou em vigor no Brasil em 2009.

capa
Elohim Barros
Renata Mein
pesquisa de imagens
Ana Laura Souza
tratamento de imagens
Carlos Mesquita
composição
Bloco Gráfico
preparação
Leny Cordeiro
checagem
Luiza Miguez
índice remissivo
Luciano Marchiori
revisão
Huendel Viana
Tomoe Moroizumi

1ª reimpressão, 2025

Dados Internacionais de Catalogação na Publicação (CIP)

Medeiros, Jotabê (1962-)
Raul Seixas : Não diga que a canção está perdida /
Jotabê Medeiros. — 1. ed. — São Paulo : Todavia, 2019.

ISBN 978-65-80309-61-0

1. Biografia 2. Perfil biográfico 3. Música brasileira.
I. Seixas, Raul. II. Título.

CDD 780.92

Índice para catálogo sistemático:
1. Biografia: perfil biográfico 780.92

Bruna Heller — Bibliotecária — CRB 10/2348

todavia
Rua Luís Anhaia, 44
05433.020 São Paulo SP
T. 55 11. 3094 0500
www.todavialivros.com.br

fonte
Register*
papel
Avena 80 g/m²
impressão
Forma Certa